ŒUVRES COMPLÈTES

DE

SHAKSPEARE

VIII

Paris. — Imprimerie Bonaventure et Ducessois, 55, quai des Augustins

OEUVRES COMPLÈTES
DE
SHAKSPEARE

TRADUCTION

DE

M. GUIZOT

NOUVELLE ÉDITION ENTIÈREMENT REVUE

AVEC UNE ÉTUDE SUR SHAKSPEARE
DES NOTICES SUR CHAQUE PIÈCE ET DES NOTES

VIII

La vie et la mort du roi Richard III
Le roi Henri VIII. — Titus Andronicus
POEMES ET SONNETS :
Vénus et Adonis. — La mort de Lucrèce
La plainte d'une amante
Le Pèlerin amoureux. — Sonnets.

PARIS

A LA LIBRAIRIE ACADÉMIQUE
DIDIER ET Cᵉ, LIBRAIRES-ÉDITEURS
35, QUAI DES GRANDS-AUGUSTINS.

1863

Tous droits réservés.

LA VIE ET LA MORT

DU ROI RICHARD III

TRAGÉDIE

NOTICE

SUR LA VIE ET LA MORT DE RICHARD III

Richard III est l'un de ces hommes qui ont fait sur leur temps cette impression d'horreur et d'effroi toujours fondée sur quelque cause réelle, bien qu'ensuite elle porte à exagérer les réalités. Hollinshed le met au nombre de « ces personnes mauvaises qui ne vivront une heure exemptes de faire et exercer cruauté, méchef et outrageuse façon de vivre. » Sans doute, et la critique historique en a fourni la preuve, la vie de Richard a été chargée de plusieurs crimes qui ne lui ont pas appartenu ; mais ces erreurs et ces exagérations, fruit naturel du sentiment populaire, expliquent, sans la justifier, la bizarre fantaisie qu'a eue Horace Walpole de réhabiliter la mémoire de Richard, en le déchargeant de la plupart des crimes dont on l'accuse. C'est là une de ces questions paradoxales sur lesquelles s'échauffe l'imagination du critique qui s'en est laissé saisir, et où la plus ingénieuse discussion ne sert ordinairement qu'à prouver jusqu'à quel point l'esprit peut s'employer à embarrasser la marche simple et ferme de la vérité. Sans doute il ne faut pas juger un personnage de ces temps de désordre d'après les habitudes douces et régulières de nos idées modernes, et beaucoup de choses doivent être mises sur le compte de l'entourage d'hommes et de faits au milieu desquels apparaissent les caractères historiques; mais lorsqu'à l'époque où a vécu Richard III, après les horreurs de la Rose rouge et de la Rose blanche, la haine publique va choisir un homme entre tous pour le présenter comme un modèle de cruauté et de perfidie, il faut assurément qu'il y ait eu dans ses crimes quelque chose d'extraordinaire, ne fût-ce que cet éclat que peut y ajouter la supériorité des talents et du caractère qui, lorsqu'elle s'emploie au crime, le rend à la fois plus dangereux et plus insultant.

L'opinion généralement établie sur Richard a pu contribuer au succès de la pièce qui porte son nom : aucun peut-être des ouvrages de Shakspeare n'est demeuré aussi populaire en Angleterre. Les critiques ne l'ont pas en général traité aussi favorablement que le public; quelques-uns, entre autres Johnson, se sont étonnés de son prodigieux succès ; on pourrait s'étonner de leur surprise si l'on ne savait, par expérience, que le critique, chargé de mettre de l'ordre dans les richesses dont le public a joui d'abord confusément, s'affectionne quelquefois tellement à cet ordre et surtout à la manière dont il l'a conçu, qu'il se laisse facilement induire à condamner les beautés auxquelles, dans son système, il ne sait pas trouver une place convenable.

Richard III présente, plus qu'aucun des grands ouvrages de Shakspeare, les défauts communs aux pièces historiques qui étaient avant lui en possession du théâtre; on y retrouve cet entassement de faits, cette accumulation de catastrophes, cette invraisemblance de la marche dramatique et de l'exécution théâtrale, résultats nécessaires de tout ce mouvement matériel que Shakspeare a réduit, autant qu'il l'a pu, dans les sujets dont il disposait plus librement, mais qui ne pouvait être évité dans des sujets nationaux d'une date si récente, et dont tous les détails étaient si présents à la mémoire des spectateurs. Peut-être en doit-on admirer davantage le génie qui a su se tracer sa route dans ce chaos, et diriger à travers ce labyrinthe un fil qui ne s'interrompt et ne se perd jamais. Une idée domine toute la pièce, c'est celle de la juste punition des crimes qui ont ensanglanté les querelles d'York et de Lancaster. Exemple et organe à la fois de la colère céleste, Marguerite, par les cris de sa douleur, appelle sans cesse la vengeance sur ceux qui ont commis tant de forfaits, sur ceux même qui en ont profité; c'est elle qui leur apparaît quand cette vengeance les a atteints; son nom se mêle à l'effroi de leurs derniers moments, c'est sous sa malédiction qu'ils croient succomber autant que sous les coups de Richard, sacrificateur du temple sanglant dont Marguerite est la sibylle, et qui lui-même tombera, dernière victime de l'holocauste, emportant avec lui tous les crimes qu'il a vengés et tous ceux qu'il a commis.

Cette fatalité qui, dans *Macbeth*, se révèle sous la figure des sorcières, et dans *Richard III* sous celle de Marguerite, n'est cependant en aucune façon la même dans les deux pièces. Macbeth, entraîné de la vertu dans le crime, offre à notre imagination l'image effrayante de la puissance de l'ennemi de l'homme, puissance soumise cependant au maître éternel et suprême qui, du même coup dont il décide la chute, prépare la punition. Richard, agent bien plus direct, bien plus volontaire de l'esprit du mal, semble plutôt jouter avec lui que lui obéir ; et dans ce jeu terrible des pouvoirs infernaux, c'est comme en passant que s'exerce la justice du ciel jusqu'au moment où elle éclatera sans équivoque sur l'insolent coupable qui s'imaginait la braver en accomplissant ses desseins.

Cette différence dans la marche des idées se peint dans tous les détails du caractère et de la destinée des personnages. Macbeth, une fois tombé, ne se soutient que par l'ivresse du sang où il se plonge toujours davantage ; et il arrive à la fin fatigué de ce mouvement étranger à sa nature, désabusé des biens qui lui ont coûté si cher, et ne puisant que dans l'élévation naturelle de son caractère la force de défendre ce qu'il n'a presque plus le désir de conserver. Richard, inférieur à Macbeth pour la profondeur des sentiments autant qu'il lui est supérieur par la force de l'esprit, a cherché, dans le crime même, le plaisir d'exercer des facultés comprimées, et de faire sentir aux autres une supériorité ignorée ou dédaignée. Il trompe à la fois pour réussir et pour tromper, pour s'assujettir les hommes et pour se donner le plaisir de les mépriser ; il se moque de ses dupes et des moyens qu'il a employés pour les duper ; et à la satisfaction qu'il ressent de les voir vaincus, s'allie celle d'avoir acquis la preuve de leur faiblesse. Cependant ce qu'il en découvre ne suffit pas encore à la tyrannie de ses volontés ; la bassesse ne va jamais tout à fait aussi loin qu'il l'a conçu, et qu'il a eu besoin de le concevoir : obligé de sacrifier ensuite ce qu'il a d'abord corrompu, il faut que sans cesse il séduise de nouveaux agents pour abattre de nouvelles victimes Mais arrive enfin le moment où ses moyens de séduction ne suffisent plus à surmonter les difficultés qu'il s'est créées, où l'appât qu'il peut présenter aux passions des hommes n'est plus de force à surmonter l'effroi qu'il leur a inspiré sur leurs intérêts les plus pressants ; alors ceux qu'il avait divisés pour les faire succomber l'un par l'autre se réunissent contre lui. Il se sentait trop fort pour chacun d'eux, il est seul contre tous, et il a cessé d'espérer en lui-même ; il se rend justice alors, mais sans s'abandonner, et, par un dernier effort, il se brise contre l'obstacle qu'il s'indigne de ne pouvoir plus vaincre.

La peinture d'un pareil personnage, et des passions qu'il sait mettre en jeu pour les faire servir à ses intérêts, offre un spectacle d'autant plus frappant qu'on voit clairement que l'hypocrisie de

Richard n'agit que sur ceux qui ont intérêt à s'en laisser aveugler; le peuple demeure muet à ces lâches appels par lesquels on l'invite à s'unir aux hommes en pouvoir qui vont donner leur voix pour l'injustice; ou si quelques voix inférieures s'élèvent, c'est pour exprimer un sentiment général d'éloignement et d'inquiétude, et faire entrevoir, à côté d'une cour servile, une nation mécontente. L'attente qui en résulte, le pathétique de quelques scènes, la sombre énergie du caractère de Marguerite, l'inquiète curiosité qui s'attache à ces projets si menaçants et si vivement conduits, achèvent de répandre sur cet ouvrage un intérêt qui explique la constance de son succès.

Le style de Richard III est assez simple et, si l'on en excepte un ou deux dialogues, il offre peu de ces subtilités qui fatiguent quelquefois dans les plus belles pièces de Shakspeare. Dans le rôle de Richard, l'un des plus spirituels de la scène tragique, l'esprit est presque entièrement exempt de recherche.

Ce drame comprend un espace de quatorze ans, depuis 1471 jusqu'en 1485.

Il paraît avoir été représenté en 1597 : on avait, avant cette époque, plusieurs pièces sur le même sujet.

LA VIE ET LA MORT
DU ROI RICHARD III
TRAGÉDIE

PERSONNAGES

ÉDOUARD IV, roi d'Angleterre.
ÉDOUARD, prince de Galles, ensuite Édouard V. } fils d'Édouard IV
RICHARD, duc d'York.
GEORGE, duc de Clarence. } frères du roi.
RICHARD, duc de Glocester, ensuite Richard III,
UN JEUNE FILS du duc de Clarence.
HENRI, comte de Richmond, ensuite Henri VII.
LE CARDINAL BOURCHIER, archevêque de Cantorbéry.
THOMAS ROTHERAM, archevêque d'York.
JOHN MORTON, évêque d'Ély.
LE DUC DE BUCKINGHAM.
LE DUC DE NORFOLK
LE COMTE DE SURREY, son fils.
LE COMTE RIVERS, frère de la reine Élisabeth, femme d'Édouard.
LE MARQUIS DE DORSET, } fils de la reine.
LORD GREY.
LE COMTE D'OXFORD.
LORD HASTINGS.
LORD STANLEY.
LORD LOVEL.
SIR THOMAS VAUGHAN.
SIR RICHARD RATCLIFF.
SIR WILLIAM CATESBY.
SIR JAMES TYRREL.
SIR JAMES BLUNT.
SIR WALTER HERBERT.
SIR ROBERT BRAKENBURY, lieutenant de la Tour de Londres.
CHRISTOPHE URSWICK, prêtre.
UN AUTRE PRÊTRE.
LE LORD MAIRE DE LONDRES.
LE SHÉRIF DE WILTSHIRE.
LA REINE ÉLISABETH, femme d'Édouard IV.
LA REINE MARGUERITE D'ANJOU, veuve de Henri VI.
LA DUCHESSE D'YORK, mère d'Édouard IV, duc de Clarence, et du duc de Glocester.
LADY ANNE, veuve d'Édouard, prince de Galles, fils de Henri VI, mariée ensuite au duc de Glocester.
UNE FILLE du duc de Clarence.

LORDS, et autres personnes de la suite. DEUX GENTILSHOMMES, UN POURSUIVANT, UN CLERC, CITOYENS, MEURTRIERS, MESSAGERS, SPECTRES, SOLDATS, ETC.

La scène est en Angleterre.

ACTE PREMIER

SCÈNE I

A Londres. — Une rue.

Entre LE DUC DE GLOCESTER.

GLOCESTER.—Enfin le soleil d'York a changé en un brillant été l'hiver de nos disgrâces, et les nuages qui s'étaient abaissés sur notre maison sont ensevelis dans le sein du profond Océan. Maintenant notre front est ceint des guirlandes de la victoire, et nos armes brisées sont suspendues pour lui servir de monument. Le funeste bruit des combats a fait place à de joyeuses réunions, nos marches guerrières à des danses agréables. La guerre au visage renfrogné a aplani son front chargé de rides, et maintenant, au lieu de monter des coursiers armés pour le combat, et de porter l'effroi dans l'âme des ennemis tremblants, elle danse d'un pied léger dans les appartements des femmes, charmée par les sons d'un luth voluptueux. Mais moi qui ne suis point formé pour ces jeux badins, ni tourné de façon à caresser de l'œil une glace amoureuse ; moi qui suis grossièrement bâti et qui n'ai point cette majesté de l'amour qui se pavane devant une nymphe folâtre et légère ; moi en qui sont tronquées toutes les belles proportions, moi dont la perfide nature évita traîtreusement de tracer les traits lorsqu'elle m'envoya avant le temps dans ce monde des vivants, difforme, ébauché, à peine à moitié fini, et si irrégulier, si étrange à voir, que les chiens aboient contre moi quand je m'arrête auprès d'eux ; moi qui, dans ces ébats efféminés de la paix, n'ai aucun plaisir auquel je puisse passer le temps, à moins que je ne le passe à observer mon ombre au soleil, et à deviser sur ma propre difformité ;—si je ne puis être amant et contribuer aux plaisirs de ces beaux jours de galanterie, je suis décidé à me montrer un scélérat, et je hais les amusements de ces jours de frivolité. J'ai ourdi des plans, j'ai fait servir de radoteuses prophéties, des songes, des libelles à élever de dangereux soupçons, propres à animer l'un contre l'autre d'une haine mortelle mon frère Clarence et le roi ; et pour peu que le roi Édouard soit aussi franc, aussi fidèle à sa parole, que je suis rusé, fourbe et traître, ce jour doit voir Clarence mis en cage d'après une prédiction qui annonce que G... donnera la mort aux héritiers d'Édouard. Pensées, replongez-vous dans le fond de mon âme. Voilà Clarence. (*Entre Clarence avec des gardes et Brakenbury.*) Bonjour, mon frère.

Que signifie cette garde armée qui suit Votre Grâce?

CLARENCE.—C'est Sa Majesté qui, chérissant la sûreté de ma personne, me l'a donnée pour me conduire à la Tour.

GLOCESTER.—Et pour quelle cause?

CLARENCE.—Parce que mon nom est *George*.

GLOCESTER.—Hélas! milord, cette faute n'est pas la vôtre. Ce sont vos parrains qu'il devrait faire mettre en prison pour cela. Oh! selon toute apparence, Sa Majesté a le projet de vous faire baptiser de nouveau dans la Tour.—Mais au vrai, Clarence, quelle est la raison?—Puis-je le savoir?

CLARENCE.—Oui, Richard, quand je le saurai : car je proteste que, quant à présent, je l'ignore : mais autant que j'ai pu comprendre, il prête l'oreille à des prophéties, à des songes; il veut ôter de l'alphabet la lettre G, et il dit qu'un sorcier lui a annoncé que G... priverait ses enfants de sa succession : et parce que mon nom commence par un G, il en conclut dans sa tête que c'est moi qui suis désigné. Ce sont ces sottises-là et quelques autres du même genre qui, à ce que j'apprends, ont déterminé Sa Majesté à me faire emprisonner.

GLOCESTER.—Oui, voilà ce qui arrive lorsque les hommes sont gouvernés par les femmes.—Ce n'est pas le roi qui vous envoie à la Tour : c'est sa femme milady Grey : Clarence, c'est elle qui pousse à cette extrémité. N'est-ce pas elle, et cet honnête homme de bien Antoine Woodville son frère, qui ont fait envoyer lord Hastings à la Tour, dont il vient de sortir ce jour même? Nous ne sommes pas en sûreté, Clarence, nous ne sommes pas en sûreté.

CLARENCE. — Par le Ciel, je crois en effet que personne n'est en sûreté ici que les parents de la reine, et les messagers nocturnes qui se fatiguent à aller et venir entre le roi et sa maîtresse Jeanne Shore. N'avez-vous pas su quelles humbles supplications lui a faites le lord Hastings pour obtenir sa délivrance?

GLOCESTER.—C'est par ses humbles prières à cette divinité que milord chambellan a obtenu sa liberté. Je vous le dis : si nous voulons nous conserver dans les bonnes grâces du roi, je pense que le meilleur moyen est de nous mettre au nombre de ses gens, de porter sa livrée. La vieille et jalouse veuve et celle-ci, depuis que notre frère en a fait des dames, sont de puissantes commères dans cette monarchie.

BRAKENBURY.—Je demande pardon à Vos Grâces : mais Sa Majesté m'a expressément enjoint de ne permettre à aucun homme, de quelque rang qu'il puisse être, un entretien particulier avec son frère.

GLOCESTER.—Oui? Eh bien, s'il plaît à Votre Seigneurie, Brakenbury, vous pouvez être en tiers dans tout ce que nous disons : il n'y a nul crime de trahison dans nos paroles, mon cher.—Nous disons que le roi est sage et vertueux, et que la noble reine est d'âge à plaire, belle et point jalouse.—Nous disons que la femme de Shore a le pied mignon, les lèvres vermeilles comme la cerise, un œil charmant, le discours infiniment agréable; que les parents de la reine sont devenus de beaux gentilshommes : qu'en dites-vous, mon ami? Tout cela n'est-il pas vrai?

BRAKENBURY.—Milord, je n'ai rien à faire de tout cela.

GLOCESTER.—Rien à faire avec mistriss Shore? Je te dis, ami, que celui qui a quelque chose à faire avec elle, hors un seul, ferait bien de le faire en secret et quand ils seront seuls.

BRAKENBURY.—Hors un seul! lequel, milord?

GLOCESTER.—Eh! son mari, apparemment.—Voudrais-tu me trahir?

BRAKENBURY.—Je supplie Votre Grâce de me pardonner, et aussi de cesser cet entretien avec le noble duc.

CLARENCE.—Nous connaissons le devoir qui t'est imposé, Brakenbury, et nous allons obéir.

GLOCESTER.—Nous sommes les sujets méprisés[1] de la

---

[1] *We are the queen abjects.*
Nous sommes les abjects de la reine. Il a fallu renoncer à rendre cette amère plaisanterie de Richard, qui ne pouvait conserver en français le sel qu'elle a en anglais, où *abjects et subjects* ayant la même terminaison, l'un peut être substitué à l'autre sans laisser aucune équivoque sur l'intention de l'interlocuteur.

reine, et il nous faut obéir!—Adieu, mon frère. Je vais trouver le roi, et à quoi que ce soit qu'il vous plaise de m'employer, fût-ce d'appeler ma sœur la veuve que s'est donnée le roi Édouard, je ferai tout pour hâter votre délivrance.—En attendant, ce profond outrage fait à l'union fraternelle m'affecte plus profondément que vous ne pouvez l'imaginer.

CLARENCE.—Je sais qu'il ne plaît à aucun de nous.

GLOCESTER.—Allez, votre emprisonnement ne sera pas long : je vous en délivrerai, ou je prendrai votre place. En attendant, tâchez d'avoir patience.

CLARENCE.—Il le faut bien. Adieu.

(Clarence sort avec Brakenbury et les gardes.)

GLOCESTER.—Va, suis ton chemin, par lequel tu ne repasseras jamais, simple et crédule Clarence. Je t'aime tant, que dans peu j'enverrai ton âme dans le ciel, si le ciel veut en recevoir le présent de ma main. Mais qui s'approche? C'est Hastings, tout nouvellement élargi.

(Entre Hastings.)

HASTINGS.—Bonjour, mon gracieux lord.

GLOCESTER.—Bonjour, mon digne lord chambellan. Je me félicite de vous voir rendu au grand air. Comment Votre Seigneurie a-t-elle supporté son emprisonnement?

HASTINGS.—Avec patience, mon noble lord, comme il faut que fassent les prisonniers. Mais j'espère vivre, milord, pour remercier les auteurs de mon emprisonnement.

GLOCESTER.—Oh! sans doute, sans doute; et Clarence l'espère bien aussi : car ceux qui se sont montrés vos ennemis sont aussi les siens, et ils ont réussi contre lui, comme contre vous.

HASTINGS.—C'est pitié que l'aigle soit mis en cage, tandis que les vautours et les étourneaux pillent en liberté.

GLOCESTER.—Quelles nouvelles du dehors?

HASTINGS.—Il n'y a rien au dehors d'aussi fâcheux que ce qui se passe ici.—Le roi est en mauvais état, faible, mélancolique, et ses médecins en sont fort inquiets.

GLOCESTER.—Oui, par saint Paul; voilà une nouvelle

bien fâcheuse en effet! oh! il a suivi longtemps un mauvais régime; et il a par trop épuisé sa royale personne: cela est triste à penser. Mais quoi, garde-t-il le lit?

HASTINGS.—Il est au lit.

GLOCESTER.—Allez-y le premier, et je vais vous suivre. (*Hastings sort.*) Il ne peut vivre; je l'espère: mais il ne faut pas qu'il meure avant que George ait été dépêché en poste pour le ciel. — Je vais entrer, pour irriter encore plus sa haine contre Clarence par des mensonges armés d'arguments qui aient du poids; et si je n'échoue pas dans mes profondes machinations, Clarence n'a pas un jour de plus à vivre. Cela fait, que Dieu dispose du roi Édouard dans sa miséricorde, et me laisse à mon tour la scène du monde pour m'y démener.—Alors j'épouserai la fille cadette de Warwick.... Quoi, après avoir tué son mari et son père?—Le moyen le plus court de donner satisfaction à cette pauvre créature, c'est de devenir son mari et son père; et c'est ce que je veux faire, non pas tant par amour que pour certaine autre vue secrète à laquelle je dois parvenir en l'épousant.—Mais me voilà toujours à courir au marché avant mon cheval. Clarence respire encore, Édouard vit et règne: c'est quand ils n'y seront plus que je pourrai faire le compte de mes bénéfices.

(Il sort.)

SCÈNE II

Toujours à Londres.—Une rue.

Entre le convoi du roi Henri VI; son corps est porté dans un cercueil découvert et entouré de troupes avec des hallebardes; LADY ANNE *suivant le deuil.*

ANNE.—Déposez, déposez ici votre honorable fardeau (si du moins l'honneur peut s'ensevelir dans un cercueil): laissez-moi un moment répandre les pleurs du deuil sur la mort prématurée du vertueux Lancastre.—Pauvre image glacée d'un saint roi! pâles cendres de la maison de Lancastre! restes privés de sang royal, qu'il me soit permis d'adresser à ton ombre la prière d'écouter les lamentations de la pauvre Anne, de la femme de ton Édouard, de ton fils massacré, percé de la même main qui t'a fait ces blessures! Vois; dans ces ouvertures par où ta vie s'est écoulée, je verse le baume inutile de mes pauvres yeux. Oh! maudite soit la main qui a ouvert ces larges plaies! maudit soit le cœur qui en eut le courage! maudit le sang qui fit couler ce sang! Que des calamités plus désastreuses que je n'en peux souhaiter aux serpents, aux aspics, aux crapauds, à tous les reptiles venimeux qui rampent en ce monde tombent sur l'odieux misérable qui, par ta mort, causa notre misère! Si jamais il a un fils, que ce fils, avorton monstrueux, amené avant terme à la lumière du jour, effraye de son aspect hideux et contre nature la mère qui l'attendait pleine d'espérance; et qu'il soit l'héritier du malheur qui accompagne son père! Si jamais il a une épouse, qu'elle devienne, par sa mort, plus misérable encore que je ne le suis par la perte de mon jeune seigneur et par la sienne!—Allons, marchez maintenant vers Chertsey, avec le saint fardeau que vous avez tiré de Saint-Paul, pour l'inhumer en ce lieu.—Et toutes les fois que vous serez fatigués de le porter, reposez-vous, tandis que je ferai entendre mes lamentations sur le corps du roi Henri.

(Les porteurs reprennent le corps et se remettent en marche.)

(Entre Glocester.)

GLOCESTER.—Arrêtez, vous qui portez ce corps; posez-le à terre.

ANNE.—Quel noir magicien évoque ici ce démon, pour venir mettre obstacle aux œuvres pieuses de la charité?

GLOCESTER.—Misérables, posez ce corps, vous dis-je; ou, par saint Paul, je fais un corps mort du premier qui me désobéira.

ANNE.—Milord, rangez-vous, et laissez passer ce cercueil.

GLOCESTER.—Chien mal-appris! Arrête quand je te l'ordonne: relève ta hallebarde de dessous ma poitrine;

ou, par saint Paul, je t'étends à terre d'un seul coup, et je te foule sous mes pieds, malotru, pour punir ton audace.

(Les porteurs déposent le corps.)

ANNE.—Quoi! vous tremblez? vous avez peur?—Hélas! je ne vous blâme point. Vous êtes des mortels, et les yeux des mortels ne peuvent soutenir la vue du démon... Eloigne-toi, effroyable ministre des enfers!—Tu n'avais de pouvoir que sur son corps mortel : tu ne peux en avoir sur son âme ; ainsi, va-t'en.

GLOCESTER.—Douce sainte, au nom de la charité, point tant d'imprécations.

ANNE.—Horrible démon, au nom de Dieu, loin d'ici, et laisse-nous en paix. Tu as établi ton enfer sur cette heureuse terre que tu as remplie de cris de malédiction, et de profondes exclamations de douleur. Si tu te plais à contempler tes odieux forfaits, regarde cet échantillon de tes assassinats. Oh! voyez, voyez! les blessures de Henri mort rouvrent leurs bouches glacées, et saignent de nouveau. Rougis, rougis de honte, masse odieuse de difformités : car c'est ta présence qui fait sortir le sang de ces vides et froides veines qui ne contenaient plus de sang. C'est ton forfait inhumain et contre nature qui provoque ce déluge contre nature.—O Dieu, qui formas ce sang, venge sa mort! Terre qui bois ce sang, venge sa mort! Ciel, d'un trait de ta foudre frappe à mort le meurtrier; ou bien ouvre ton sein, ô terre, et dévore-le à l'instant comme tu engloutis le sang de ce bon roi, qu'a assassiné son bras conduit par l'enfer.

GLOCESTER.—Madame, vous ignorez les règles de la charité, qui rend le bien pour le mal, et bénit ceux qui nous maudissent.

ANNE.—Scélérat, tu ne connais aucune loi, ni divine ni humaine : il n'est point de bête si féroce qui ne sente quelque atteinte de pitié.

GLOCESTER.—Je n'en sens aucune, preuve que je ne suis point une de ces bêtes.

ANNE.—O prodige! entendre le diable dire la vérité!

GLOCESTER.—Il est encore plus prodigieux de voir un ange se mettre ainsi en colère.—Souffrez, divine perfection entre les femmes, que je puisse me justifier en détail de ces crimes supposés.

ANNE.—Souffre plutôt, monstre d'infection entre tous les hommes, que, pour ces crimes bien connus, je maudisse en détail ta personne maudite.

GLOCESTER.—Toi, qui es trop belle pour que des noms puissent exprimer ta beauté, accorde-moi avec patience quelques instants pour m'excuser.

ANNE.—Toi qui es plus odieux que le cœur ne peut le concevoir, il n'est pour toi d'autre excuse admissible que d'aller te pendre.

GLOCESTER.—Par un pareil désespoir je m'accuserais moi-même.

ANNE.—Et c'est par le désespoir que tu pourrais t'excuser, en faisant sur toi-même une juste vengeance de l'injuste carnage que tu fais des autres.

GLOCESTER.—Dites, si je ne les avais pas tués?

ANNE.—Eh bien, alors ils ne seraient pas morts! mais ils sont morts, et par toi, scélérat diabolique.

GLOCESTER.—Je n'ai point tué votre mari.

ANNE.—Il est donc vivant?

GLOCESTER.—Non, il est mort; il a été tué de la main d'Édouard.

ANNE.—Tu as menti par ton infâme gorge.—La reine Marguerite a vu ton épée meurtrière fumante de son sang, cette même épée que tu allais ensuite diriger contre elle-même, si tes frères n'en eussent écarté la pointe.

GLOCESTER.—Je fus provoqué par sa langue calomnieuse, qui chargeait de leur crime ma tête innocente.

ANNE.—Tu fus provoqué par ton âme sanguinaire, qui ne rêva jamais que sang et carnage.—N'as-tu pas tué ce roi?

GLOCESTER.—Je vous l'accorde.

ANNE.—Tu l'accordes, porc-épic? Eh bien, que Dieu m'accorde donc aussi que tu sois damné pour cette action maudite!—Oh! il était bon, doux, vertueux.

GLOCESTER.—Il n'en était que plus digne du Roi du ciel, qui le possède maintenant.

ANNE.—Il est dans le ciel, où tu n'entreras jamais.

GLOCESTER.—Qu'il me remercie donc de l'y avoir envoyé : il était plus fait pour ce séjour que pour la terre.

ANNE.—Et toi, tu n'es fait pour aucun autre séjour que l'enfer.

GLOCESTER.—Il y aurait encore une autre place, si vous me permettiez de la nommer.

ANNE.—Quelque cachot, sans doute.

GLOCESTER.—Votre chambre à coucher.

ANNE.—Que l'insomnie habite la chambre où tu reposes !

GLOCESTER.—Elle l'habitera, madame, jusqu'à ce que j'y repose entre vos bras [1].

ANNE.—Je l'espère ainsi.

GLOCESTER.—Et moi, j'en suis sûr.—Mais, aimable lady Anne, finissons cet assaut de mots piquants, et discutons d'une manière plus posée.—L'auteur de la mort prématurée de ces Plantagenet, Henri et Édouard, n'est-il pas aussi condamnable que celui qui en a été l'instrument ?

ANNE.—Tu en as été la cause, et de toi est sorti cet effet maudit.

GLOCESTER.—C'est votre beauté qui a été la cause de cet effet. Oui, votre beauté qui m'obsédait pendant mon sommeil, et me ferait entreprendre de donner la mort au monde entier, si je pouvais à ce prix vivre seulement une heure sur votre sein charmant.

ANNE.—Si je pouvais le croire, je te déclare, homicide, que tu me verrais déchirer de mes ongles la beauté de mon visage.

GLOCESTER. — Jamais mes yeux ne supporteraient la destruction de cette beauté. Vous ne parviendrez pas à l'outrager, tant que je serai présent. C'est elle qui m'anime comme le soleil anime le monde : elle est ma lumière, ma vie.

---

[1] *Till I lie with you.*

ANNE.—Que la sombre nuit enveloppe ta lumière, que la mort éteigne ta vie !

GLOCESTER.—Ne prononce pas de malédictions contre toi-même, belle créature ; tu es pour moi l'une et l'autre.

ANNE.—Je le voudrais bien, pour me venger de toi.

GLOCESTER.—C'est une haine bien contre nature, que de vouloir te venger de celui qui t'aime !

ANNE.—C'est une haine juste et raisonnable, que de vouloir être vengée de celui qui a tué mon mari.

GLOCESTER.—Celui qui t'a privée de ton mari ne l'a fait que pour t'en procurer un meilleur.

ANNE.—Il n'en existe point de meilleur que lui sur la terre.

GLOCESTER.—Il en est un qui vous aime plus qu'il ne vous aimait.

ANNE.—Nomme-le.

GLOCESTER.—Plantagenet.

ANNE.—Eh ! c'était lui.

GLOCESTER.—C'en est un du même nom ; mais d'une bien meilleure nature.

ANNE.—Où donc est-il ?

GLOCESTER.—Le voilà. (*Elle lui crache au visage.*) Pourquoi me craches-tu au visage ?

ANNE.—Je voudrais, à cause de toi, que ce fût un mortel poison.

GLOCESTER.—Jamais poison ne vint d'un si doux endroit.

ANNE.—Jamais poison ne tomba sur un plus odieux crapaud.—Ote-toi de mes yeux ; ta vue finirait par me rendre malade.

GLOCESTER.—C'est de tes yeux, douce beauté, que les miens ont pris mon mal.

ANNE.—Que n'ont-ils le regard du basilic pour te donner la mort !

GLOCESTER.—Je le voudrais, afin de mourir tout d'un coup, au lieu qu'ils me font mourir sans m'ôter la vie. Tes yeux ont tiré des miens des larmes amères. Ils les ont fait honteusement rougir de pleurs puérils, ces yeux qui ne versèrent jamais une larme de pitié, ni quand mon père York et Édouard pleurèrent au douloureux gémissement que poussa Rutland dans l'instant où l'affreux Clifford le perça de son épée; ni lorsque ton belliqueux père, me faisant le funeste récit de la mort de mon père, s'interrompit vingt fois pour pleurer et sangloter comme un enfant, et que tous les assistants avaient les joues trempées de larmes, comme des arbres chargés des gouttes de la pluie; en ces tristes instants mes yeux virils ont dédaigné de s'humecter d'une seule larme; mais ce que n'ont pu faire toutes ces douleurs, ta beauté l'a fait, et mes yeux sont aveuglés de pleurs. Jamais je n'ai supplié ni ami ni ennemi; jamais ma langue ne put apprendre un doux mot capable d'adoucir la colère; mais aujourd'hui que ta beauté peut en être le prix, mon cœur superbe sait supplier, et pousse ma langue à parler. (*Anne le regarde avec dédain.*) Ah! n'enseigne pas à tes lèvres cette expression de mépris : elles ont été faites pour le baiser et non pour l'outrage. Si ton cœur vindicatif ne sait pas pardonner, tiens, je te prête cette épée acérée : si tel est ton désir, enfonce-la dans ce cœur sincère, et fais enfuir une âme qui t'adore : j'offre mon sein nu au coup mortel, et à tes genoux je te demande humblement la mort. (*Il découvre son sein : Anne dirige l'épée contre lui.*) Non, n'hésite pas : j'ai tué le roi Henri.—Mais ce fut ta beauté qui m'y entraîna. Allons, hâte-toi.—C'est moi qui ai poignardé le jeune Édouard. (*Elle dirige de nouveau l'épée contre lui.*) Mais ce fut ce visage céleste qui poussa mes coups. (*Elle laisse tomber l'épée.*) Relève cette épée ou relève-moi.

ANNE.—Lève-toi, fourbe : quoique je désire ta mort, je ne veux pas être ton bourreau.

GLOCESTER.—Eh bien, ordonne-moi de me tuer, et je t'obéirai.

ANNE.—Je te l'ai déjà dit.

GLOCESTER.—C'était dans ta colère.... Redis-le encore; et au moment où tu auras prononcé l'ordre, cette main qui, par amour pour toi, tua l'objet de ton amour, tuera encore, par amour pour toi, un amant bien plus sincère. Tu auras contribué à leur mort à tous deux.

ANNE. — Plût à Dieu que je pusse connaître ton cœur !

GLOCESTER. — Ma langue vous le représente.

ANNE. — Je crains bien qu'ils ne soient faux tous deux.

GLOCESTER. — Il n'y eut donc jamais d'homme sincère

ANNE. — Bien, bien ; reprenez votre épée.

GLOCESTER. — Dis donc que tu m'as pardonné.

ANNE. — Vous le saurez par la suite.

GLOCESTER. — Mais puis-je avoir de l'espérance ?

ANNE. — Tous les hommes l'ont : espère.

GLOCESTER. — Daigne porter cet anneau.

ANNE *met l'anneau à son doigt.* — Recevoir n'est pas donner.

GLOCESTER. — Vois comme cet anneau entoure ton doigt : c'est ainsi que mon pauvre cœur est enfermé dans ton sein. Use de tous deux, car tous deux sont à toi ; et si ton pauvre et dévoué serviteur peut encore solliciter de ta gracieuse beauté une seule faveur, tu assures son bonheur pour jamais.

ANNE. — Quelle est cette faveur ?

GLOCESTER. — Qu'il vous plaise de laisser ce triste emploi à celui qui a plus que vous sujet de se couvrir de deuil ; et d'aller d'ici vous reposer à Crosby où, dès que j'aurai solennellement fait inhumer ce noble roi dans le monastère de Chertsey, et arrosé son tombeau des larmes de mon repentir, j'irai vous retrouver encore avec un vertueux empressement. Pour plusieurs raisons que vous ignorez, je vous en conjure, accordez-moi cette grâce.

ANNE. — De tout mon cœur ; et j'ai bien de la joie de vous voir si touché de repentir. — Tressel, et vous, Berkley, accompagnez-moi.

GLOCESTER. — Dites-moi donc adieu ?

ANNE. — C'est plus que vous ne méritez : mais puisque vous m'instruisez à vous flatter, imaginez-vous que je vous ai dit adieu.

(Lady Anne sort avec Tressel et Berkley).

GLOCESTER. — Allons, vous autres, emportez ce corps.

UN DES OFFICIERS. — A Chertsey, noble lord ?

GLOCESTER. — Non, à White-Friars. — Et attendez-moi

là. (*Le cortége sort avec le corps.*) A-t-on jamais fait la cour à une femme de cette manière? a-t-on jamais fait de cette manière la conquête d'une femme? Je l'aurai, mais je ne compte pas la garder longtemps.—Quoi! moi qui ai tué son époux et son père, l'attaquer au plus fort de la haine qu'elle a pour moi dans le cœur, les malédictions à la bouche, les larmes dans les yeux, et en présence de l'objet sanglant qui excite sa vengeance! Dieu, sa conscience et ce cercueil sollicitaient contre moi ; et moi, sans aucun ami pour appuyer mes sollicitations, que le diable en personne et mes regards dissimulés! Et en venir à bout! c'est du moins ce qu'on peut parier, le monde contre rien.—Ah! a-t-elle donc déjà oublié son époux, ce brave Édouard, que j'ai, il y a à peu près trois mois, poignardé à Tewksbury dans ma fureur? Le plus gracieux et le plus aimable gentilhomme que puisse jamais offrir l'univers entier, formé par la nature avec prodigalité ; jeune, vaillant, sage, et l'on n'en peut douter, tout fait pour être roi? Et elle abaisse ses regards sur moi qui ai moissonné dans son riche printemps cet aimable prince, et qui ai fait de son lit le séjour d'un douloureux veuvage! sur moi, qui tout entier ne vaux pas la moitié de ce que valait Édouard! sur moi, boiteux et si horriblement contrefait! Mon duché contre un misérable denier, que je me suis mépris tout ce temps sur ma personne. Sur ma vie, elle trouve, quoique je n'en puisse faire autant, que je suis un homme singulièrement bien tourné. Allons, je veux faire emplette de miroirs, et entretenir à mes frais quelques douzaines de tailleurs, pour étudier les modes et en parer ma personne : puisque me voilà parvenu à gagner ses bonnes grâces, je ferai bien quelques frais pour me maintenir dans cette heureuse situation.—Mais commençons par faire loger le compagnon dans son tombeau, et ensuite je reviendrai soupirer aux genoux de ma belle.—Brillant soleil, luis en attendant que j'achète un miroir, afin qu'en marchant je puisse voir mon ombre.

(Il sort.)

SCÈNE III

Toujours à Londres.—Un appartement dans le palais.

Entrent LA REINE ELISABETH, LORD RIVERS
ET LORD GREY.

RIVERS.—Madame, calmez-vous : il n'est pas douteux que Sa Majesté ne recouvre bientôt sa santé accoutumée.

GREY.—Vos inquiétudes ne font qu'aggraver son mal. Ainsi, au nom de Dieu, prenez meilleure espérance, et tâchez de réjouir Sa Majesté par des discours gais et animés.

ÉLISABETH.—S'il était mort, que deviendrais-je?

GREY.—Vous n'auriez d'autre malheur que la perte d'un tel époux.

ÉLISABETH.—La perte d'un tel époux renferme tous les malheurs.

GREY.—Le ciel vous a fait don d'un excellent fils pour être votre consolateur et votre appui quand le roi ne sera plus.

ÉLISABETH.—Ah! il est jeune, et sa minorité est confiée aux soins de Richard de Glocester, à un homme qui ne m'aime point, ni aucun de vous.

RIVERS.—Est-il décidé qu'il sera protecteur?

ÉLISABETH.—Cela est décidé. Cela n'est pas encore fait, mais cela sera nécessairement si le roi vient à manquer.

(Entrent Buckingham et Stanley).

GREY.—Voici les lords Buckingham et Stanley.

BUCKINGHAM.—Mes bons souhaits à Votre royale Majesté.

STANLEY.—Dieu veuille rendre à Votre Majesté le bonheur et la joie.

ÉLISABETH.—La comtesse de Richmond [1], mon cher lord Stanley, aurait bien de la peine à dire *amen* à cette bonne prière. Cependant, Stanley, quoiqu'elle soit votre

---

[1] La comtesse de Richmond, mère du jeune comte de Richmond depuis Henri VII, avait épousé en secondes noces lord Stanley.

femme et qu'elle ne m'aime pas, soyez bien sûr, mon bon lord, que son orgueilleuse arrogance ne vous attire point ma haine.

STANLEY.—Je vous supplie, ou de ne pas ajouter foi aux propos calomnieux de ses jaloux et perfides accusateurs, ou, quand l'accusation sera fondée, d'avoir de l'indulgence pour sa faiblesse, résultat de l'aigreur que donne la maladie, et non d'aucune mauvaise volonté réelle.

ÉLISABETH.—Avez-vous vu le roi aujourd'hui, milord?

STANLEY.—Nous sortons dans le moment, le duc de Buckingham et moi, de faire visite à Sa Majesté.

ÉLISABETH.—Voyez-vous, milords, quelque apparence que sa santé puisse s'améliorer?

BUCKINGHAM.—Madame, il y a tout lieu d'espérer. Sa Majesté parle avec gaieté.

ÉLISABETH.—Que Dieu lui accorde la santé! Avez-vous parlé d'affaires avec lui?

BUCKINGHAM.—Oui, madame. Il désire fort pacifier les différends du duc de Glocester avec vos frères, et ceux de vos frères avec milord chambellan : il vient de les mander tous devant lui.

ÉLISABETH.—Dieu veuille que tout s'arrange! mais cela ne sera jamais.—Je crains bien que notre bonheur ait atteint son dernier terme.

(Entrent Glocester, Hastings et Dorset.)

GLOCESTER.—Ils me calomnient, et je ne le souffrirai pas.—Qui sont-ils, ceux qui se plaignent au roi que je leur fais mauvaise mine, et que je ne les aime pas? Par saint Paul! ils aiment bien peu Sa Grâce, ceux qui remplissent ses oreilles de semblables tracasseries! Parce que je ne sais pas flatter, dire de belles paroles, sourire aux gens, cajoler, feindre, tromper, saluer d'un coup de tête à la française, et avec des singeries de politesse, il faudra qu'on m'accuse de rancune et d'inimitié! Un homme franc et qui ne pense point à mal ne saurait-il éviter que sa sincérité ne soit mal interprétée par de fourbes et insinuants faquins vêtus de soie?

GREY.—A qui, dans cette assemblée, Votre Grâce nous fait-elle l'honneur de s'adresser?

GLOCESTER. — A toi, qui n'as pas plus de probité que [1] d'honneur. Quand t'ai-je fait tort? ou à toi, ou à toi (*en montrant les autres lords*), à aucun de votre cabale? Dieu vous confonde tous! Sa Majesté..... (que Dieu veuille conserver plus longtemps que vous ne le souhaitez!) ne peut respirer un moment tranquille, que vous n'alliez la fatiguer de vos infâmes délations.

ÉLISABETH. — Mon frère de Glocester, vous avez mal pris la chose. Le roi, de sa propre et royale volonté, et sans en avoir été sollicité par personne, ayant en vue, apparemment, la haine que vous nourrissez dans votre cœur, et qui éclate dans votre conduite, contre mes enfants, mes frères et moi-même, vous mande auprès de lui, afin de prendre connaissance des motifs de votre mauvaise volonté pour travailler à les écarter.

GLOCESTER. — Je ne saurais dire, mais le monde est devenu si pervers, que le roitelet vient picoter là où n'oserait percher l'aigle. — Depuis que tant de Gros-Jean sont devenus gentilshommes, bien des gentilshommes sont redevenus Gros-Jean.

ÉLISABETH. — Allons, allons, mon frère Glocester, nous devinons votre pensée. Vous êtes blessé de mon élévation et de l'avancement de mes amis : Dieu nous fasse la grâce de n'avoir jamais besoin de vous!

GLOCESTER. — En attendant, Dieu nous fait la grâce, madame, d'avoir besoin de vous : c'est par vos menées que mon frère est emprisonné, que je suis moi-même disgracié, et que la noblesse du royaume est tenue en mépris; tandis qu'on fait tous les jours de nombreuses promotions pour anoblir des personnages qui, deux jours auparavant, avaient à peine un noble.

ÉLISABETH. — Au nom de Celui qui, du sein de la destinée tranquille où je vivais satisfaite, m'a élevée à cette

---

[1] *To whom in all this presence speaks your grace?*
  — To thee that hast nor honesty nor grace.

Il a fallu, pour conserver quelque chose de la forme de cette réplique de Glocester, substituer le mot *honneur* au mot *grâce*, qui ne peut s'entendre en français dans le sens qu'il a ici en anglais.

grandeur pleine d'inquiétudes, je jure que jamais je n'ai aigri Sa Majesté contre le duc de Clarence, et qu'au contraire j'ai plaidé sa cause avec chaleur. Milord, vous me faites une honteuse injure de jeter sur moi, contre toute vérité, ces soupçons déshonorants.

GLOCESTER.—Vous êtes capable de nier que vous avez été la cause de l'emprisonnement de milord Hastings?

RIVERS.—Elle le peut, milord; car...

GLOCESTER.—Elle le peut, lord Rivers? et qui ne le sait pas qu'elle le peut? Elle peut vraiment faire bien plus que le nier : elle peut encore vous faire obtenir nombre d'importantes faveurs et nier après que sa main vous ait secondé, et faire honneur de toutes ces dignités à votre rare mérite. Que ne peut-elle pas? Elle peut!... oui, par la messe [1], elle peut...

RIVERS.— Eh bien! par la messe, que peut-elle?...

GLOCESTER.—Ce qu'elle peut, par la messe! épouser un roi, un beau jeune adolescent. Nous savons que votre grand'mère n'a pas trouvé un si bon parti.

ÉLISABETH.—Milord de Glocester, j'ai trop longtemps enduré vos insultes grossières, et vos brocards amers. Par le ciel! j'informerai Sa Majesté de ces odieux outrages que j'ai tant de fois soufferts avec patience. J'aimerais mieux être servante de ferme que d'être une grande reine à cette condition d'être ainsi tourmentée, insultée, et en butte à vos emportements. Je trouve bien peu de joie à être reine d'Angleterre!

(Entre la reine Marguerite, qui demeure en arrière).

MARGUERITE.—Et ce peu, puisse-t-il être encore diminué! Mon Dieu, je te le demande! Tes honneurs, ta grandeur, et le trône où tu t'assieds, sont à moi.

---

[1]   *Ay marry may she!*
     —What marry may she?
     —What marry may she? marry with a king.

Il y a ici un jeu de mots entre le mot *marry*, espèce de serment, et *marry*, qui signifie marier, épouser. Il a fallu, pour conserver quelque sens à cette partie du dialogue, substituer à *marry* le serment *par la messe*, assez familier aux Anglais de cette époque.

GLOCESTER, *à Élisabeth*.—Quoi! vous me menacez de vous plaindre au roi? Allez l'instruire, et ne m'épargnez pas : comptez que ce que je vous ai dit, je le soutiendrai en présence du roi : je brave le danger d'être envoyé à la Tour. Il est temps que je parle : on a tout à fait oublié mes travaux.

MARGUERITE, *toujours derrière*.—Odieux démon! Je ne m'en souviens que trop. Tu as tué, dans la Tour, mon époux Henri, et mon pauvre fils Édouard à Tewksbury.

GLOCESTER, *à Élisabeth*.—Avant que vous fussiez reine, ou votre époux roi, j'étais le cheval de peine dans toutes ses affaires, l'exterminateur de ses fiers ennemis, le rémunérateur prodigue de ses amis ; pour couronner son sang, j'ai versé le mien.

MARGUERITE. — Oui, et un sang bien meilleur que le sien ou le tien.

GLOCESTER, *à Élisabeth*.—Et pendant tout ce temps, vous et votre mari Grey, combattiez pour la maison de Lancastre ; et vous aussi, Rivers.—Votre mari n'a-t-il pas été tué dans le parti de Marguerite, à la bataille de Saint-Albans? Laissez-moi vous remettre en mémoire, si vous l'oubliez, ce que vous étiez alors, et ce que vous êtes aujourd'hui ; et en même temps ce que j'étais moi, et ce que je suis.

MARGUERITE.—Un infâme meurtrier, et tu l'es encore.

GLOCESTER.—Le pauvre Clarence abandonna son père Warwick, et se rendit parjure. Que Jésus le lui pardonne!....

MARGUERITE.—Que Dieu l'en punisse!

GLOCESTER. — Pour combattre en faveur des droits d'Édouard à la couronne, et pour son salaire, ce pauvre lord est dans les fers! Plût à Dieu que j'eusse comme Édouard un cœur de roche, ou que celui d'Édouard fût tendre et compatissant comme le mien! Je suis, pour le monde où nous vivons, d'une sensibilité vraiment trop puérile.

MARGUERITE.—Fuis donc aux enfers, de par l'honneur, et quitte ce monde, démon infernal ; c'est là qu'est ton royaume.

RIVERS.—Milord de Glocester, dans ces temps difficiles, où vous nous reprochez d'avoir été les ennemis de votre maison, nous avons suivi notre maître, notre légitime souverain ; nous en ferions de même pour vous si vous deveniez notre roi.

GLOCESTER.—Si je le devenais? J'aimerais mieux être porte-balle : loin de mon cœur une pareille pensée !

ÉLISABETH.—Milord, quand vous vous figurez qu'il y ait si peu de joie à être roi d'Angleterre, vous pouvez vous figurer aussi que je n'ai pas plus de joie à en être reine.

MARGUERITE.—La reine d'Angleterre goûte, en effet, très peu de joie, car c'est moi qui le suis, et je n'en ai plus aucune.—Je ne peux me contenir plus longtemps. (*Elle s'avance.*) Écoutez-moi, pirates querelleurs, qui vous disputez le partage des dépouilles que vous m'avez enlevées : qui de vous peut me regarder sans trembler? Si vous ne vous inclinez pas comme des sujets soumis, devant moi votre reine, c'est comme des rebelles que vous frissonnez devant moi que vous avez déposée. (*A Glocester.*) Ah! brigand de noble race, ne te détourne pas.

GLOCESTER.—Abominable sorcière ridée, que viens-tu offrir à ma vue?

MARGUERITE.—L'image de ce que tu as détruit; c'est là ce que je veux faire, avant de te laisser partir.

GLOCESTER.—N'as-tu pas été bannie sous peine de mort?

MARGUERITE.—Oui, je l'ai été : mais je trouve l'exil plus cruel que ne serait la mort pour être restée en ces lieux.—Tu me dois un époux et un fils!—(*à la reine Élisabeth*) et toi, un royaume ; (*à l'assemblée*) et vous tous l'obéissance : mes douleurs vous appartiennent de droit, et tous les biens que vous usurpez sont à moi.

GLOCESTER.—La malédiction qu'appela sur toi mon noble père, lorsque tu ceignis son front belliqueux d'une couronne de papier, et que par tes outrages tu fis couler de ses yeux des torrents de larmes, et qu'ensuite, pour les essuyer, tu lui présentas un mouchoir trempé dans le sang innocent du charmant Rutland; ces malédictions que, dans l'amertume de son cœur, il invoqua contre toi, sont tombées sur sa tête : c'est Dieu, et non pas nous, qui a puni ton action sanguinaire.

ÉLISABETH.—Dieu montre sa justice en faisant droit à l'innocent!

HASTINGS.—Oh! ce fut l'action la plus odieuse, d'égorger cet enfant; le trait le plus impitoyable dont on ait jamais entendu parler!

RIVERS.—Les tyrans mêmes pleurèrent, quand on leur en fit le récit.

DORSET.—Il n'est personne qui n'en ait prédit la vengeance.

DUCKINGHAM.—Northumberland qui y était présent en pleura.

MARGUERITE.—Quoi! vous étiez à vous quereller et tout prêts à vous prendre à la gorge avant que j'arrivasse, et maintenant vous tournez toutes vos haines contre moi! Les malédictions d'York ont-elles donc eu tant de pouvoir sur le ciel, que la mort de Henri, la mort de mon aimable Édouard, la perte de leur couronne, et mon déplorable bannissement aient seulement servi de satisfaction pour la mort de ce méchant petit morveux? Les malédictions peuvent-elles percer les nuages et pénétrer dans les cieux? S'il en est ainsi, nuages épais, donnez passage à mes rapides imprécations.—Qu'au défaut de la guerre, votre roi périsse par la débauche, comme le nôtre a péri par le meurtre, pour le faire roi! (*A la reine.*) Qu'Édouard ton fils, aujourd'hui prince de Galles, pour me payer Édouard, mon fils, avant lui prince de Galles, périsse dans sa jeunesse, par une fin violente! Et toi, qui es reine, pour ma vengeance à moi qui étais reine, puisses-tu survivre à tes grandeurs, comme moi, malheureuse que je suis! Puisses-tu vivre longtemps pour pleurer longtemps la perte de tes enfants, et en voir une autre parée de tes dépouilles, comme je te vois aujourd'hui à ma place! Que tes jours de bonheur expirent longtemps avant ta mort, et après de longues heures de peine; meurs après avoir cessé d'être mère, d'être épouse, d'être reine d'Angleterre! Rivers, et toi, vous étiez présents, et tu l'étais aussi, lord Hastings, lorsque mon fils fut percé de leurs poignards sanglants. Que Dieu, je l'en conjure, ne laisse vivre aucun de vous, jusqu'au terme naturel de sa vie, mais qu'un accident imprévu tranche vos jours!

GLOCESTER.—Mégère, as-tu fini ta conjuration, vieille et détestable sorcière que tu es?

MARGUERITE.—Et je t'oublierais, toi! Arrête, chien : il faut que tu m'entendes. Si le Ciel tient en réserve quelques châtiments douloureux, plus cruels que ceux que je peux te souhaiter, oh! qu'il les retienne encore jusqu'à ce que la mesure de tes forfaits soit comblée, et qu'alors il précipite sur toi leur indignation, perturbateur du repos de ce triste univers! Que le ver de la conscience ronge ton âme sans relâche! que, tant que tu vivras, tes amis te soient suspects comme traîtres, et que les traîtres les plus perfides soient pris par toi pour tes meilleurs amis! Que jamais le sommeil ne ferme ton œil de mort, si ce n'est pour qu'un songe terrible t'épouvante d'une troupe infernale de hideux démons; avorton dévoué par les fées, pourceau dévastateur[1], marqué à ta naissance pour être le rebut de la nature, et le fils de l'enfer! toi, l'opprobre du ventre pesant de ta mère, fruit abhorré des reins de ton père, lambeau déshonoré! détestable....

GLOCESTER.—Marguerite!

MARGUERITE.—Richard!

GLOCESTER.—Quoi?

MARGUERITE.—Je ne t'appelle point.

GLOCESTER.—En ce cas, pardonne; j'avais cru que tous ces noms odieux s'adressaient à moi.

MARGUERITE.—Oui, c'était à toi; mais je n'attendais pas de réponse.—Oh! laisse-moi finir mon imprécation.

GLOCESTER.—Je l'ai finie, moi; elle se termine par ce nom : Marguerite.

ÉLISABETH.—Ainsi, toutes vos imprécations retombent sur vous-même.

---

[1] Richard portait dans ses armes un sanglier que Marguerite, pour l'insulter davantage transforme ici en pourceau (*hog*).

MARGUERITE.—Pauvre reine en peinture! Vain fantôme de mes grandeurs! pourquoi répandre le sucre devant cette araignée au large ventre¹ dont la toile funeste t'enveloppe de toutes parts? Insensée, insensée! tu aiguises le couteau qui doit t'égorger! Un jour viendra où tu imploreras mon secours pour t'aider à maudire ce venimeux crapaud de bossu.

HASTINGS.—Fausse prophétesse, finis tes frénétiques imprécations, ou crains, pour ton malheur, de lasser notre patience.

MARGUERITE.—Opprobre sur vous tous : vous avez tous lassé la mienne.

RIVERS.—Si l'on vous faisait justice, on vous apprendrait votre devoir.

MARGUERITE.—Pour me faire justice, vous devriez tous me rendre vos devoirs, m'enseigner à être votre reine, et apprendre, vous, à être mes sujets : oh! faites-moi justice, et apprenez vous-mêmes à observer ce devoir.

DORSET.—Ne disputez point avec elle; c'est une lunatique.

MARGUERITE.—Silence, maître marquis; point tant d'insolence. Vos dignités, tout nouvellement frappées, commencent à peine à avoir cours. Oh! si votre noblesse toute jeune encore pouvait juger ce que c'est que de perdre son rang, et de tomber dans la misère! Ceux qui se trouvent placés sur les hauteurs sont exposés à un bien plus grand nombre de coups de vents, et s'ils tombent, ils se brisent en mille morceaux.

GLOCESTER.—Le conseil est bon, vraiment! retenez-le, retenez-le, marquis.

DORSET.—Il vous regarde, milord, autant que moi.

GLOCESTER.—Sans doute, et beaucoup plus. Mais je suis né à une telle élévation que notre nid, bâti sur la cime du cèdre, se joue dans les vents et brave le soleil.

MARGUERITE.—Et le plonge dans les ténèbres.—Hélas, hélas! témoin mon fils, qui maintenant est plongé dans les ombres de la mort, lui, dont ta rage ténébreuse a

---

¹ *Bouttled spider*, araignée en forme de bouteille.

enveloppé les purs et brillants rayons dans une nuit éternelle. Votre aire a été bâtie dans notre nid aérien [1]. O Dieu qui le vois, ne le souffre pas ! Il a été conquis par le sang ; qu'il soit perdu de même.

BUCKINGHAM.—Cessez, cessez, par pudeur, si ce n'est par charité.

MARGUERITE.—Ne me parlez ni de charité ni de pudeur. Vous en avez agi avec moi sans charité, et vous avez sans pudeur moissonné cruellement toutes mes espérances. Ma charité, c'est l'outrage ; si je rougis, c'est de vivre ; et puisse ma honte entretenir à jamais la rage de ma douleur !

BUCKINGHAM.—Finissez, finissez.

MARGUERITE.—Oh ! noble Buckingham ! je baise ta main en signe d'union et d'amitié avec toi. Que le bonheur te suive, toi et ton illustre maison ! Tes vêtements ne sont pas teints de notre sang, et tu n'es pas compris dans mes malédictions.

BUCKINGHAM.—Non, ni personne de ceux qui sont ici : les malédictions expirent en sortant de la bouche qui les exhale dans l'air.

MARGUERITE.—Moi, je ne puis m'empêcher de croire qu'elles s'élèvent au ciel, et qu'elles y interrompent le doux sommeil de la miséricorde de Dieu. O Buckingham ! prends garde à ce chien ; sois sûr que quand il flatte c'est pour mordre, et que quand il mord, le venin de sa dent s'aigrit jusqu'à causer la mort. N'aie rien à démêler avec lui ; prends garde à lui : le péché, le crime et l'enfer l'ont marqué de leur sceau, et tous leurs ministres l'environnent.

GLOCESTER.—Que dit-elle, milord Buckingham ?

BUCKINGHAM.—Rien qui arrête mon attention, mon gracieux lord.

MARGUERITE.—Quoi ! tu payes de mépris mes conseils bienveillants, et tu flattes le démon que je t'avertis d'éviter ! Oh ! ne manque pas de te le rappeler un jour,

---

[1] *Your aiery buildeth in our aiery nest*, jeu de mots entre *aiery* (aire) et *aiery* (aérien)

lorsqu'il brisera ton cœur d'amertume; et dis alors: l'infortunée Marguerite l'avait prédit. Vivez tous pour être les objets de sa haine, lui de la vôtre, et tous, tant que vous êtes, de celle de Dieu.

(Elle sort.)

BUCKINGHAM.—Mes cheveux se dressent d'entendre ses imprécations.

RIVERS.—Et les miens aussi : je m'étonne de ce qu'on la laisse en liberté.

GLOCESTER.—Je ne puis la blâmer. Par la sainte mère de Dieu, elle a essuyé de trop cruels outrages, et je me repens, en mon particulier, du mal que je lui ai fait.

ÉLISABETH.—Je ne me rappelle pas, moi, lui avoir jamais fait aucun tort.

GLOCESTER.—Et cependant vous recueillez tout le profit de ses pertes. Moi, j'ai été trop ardent à servir les intérêts de quelqu'un qui est trop froid pour s'en souvenir encore. C'est comme Clarence : vraiment, il en est bien récompensé! Voilà, pour sa peine, qu'on l'a mis à engraisser sous le toit à porcs. Dieu veuille pardonner à ceux qui en sont la cause!

RIVERS.—C'est finir vertueusement et chrétiennement, que de prier pour ceux qui nous ont fait du mal

GLOCESTER.—C'est toujours ma coutume, et je la crois sage (*à part*), car si j'avais maudit en ce moment, je me serais maudit moi-même.

(Entre Catesby.)

CATESBY.—Madame, Sa Majesté vous demande, (*à Richard*) ainsi que Votre Grâce; et vous aussi, mes nobles lords.

ÉLISABETH.—Catesby, je vous suis.—Lords, voulez-vous venir avec moi?

RIVERS.—Madame, nous allons accompagner Votre Majesté.

(Ils sortent tous, excepté Glocester.)

GLOCESTER.—Je fais le mal, et je crie le premier. Toutes les méchancetés que j'ourdis en secret, je les fais peser sur le compte des autres. Clarence, que moi seul j'ai fait mettre à l'ombre, je le pleure devant quantité de pauvres oisons comme Stanley, Hastings, Buckingham; et je leur dis que c'est la reine et sa famille qui aigrissent le roi contre le duc mon frère : les en voilà tous persuadés; et ils m'excitent à me venger de Rivers, de Vaughan et de Grey ; mais je leur réponds, avec un soupir accompagné d'un lambeau de l'Écriture, que Dieu nous ordonne de rendre le bien pour le mal : c'est ainsi que je couvre la nudité de ma scélératesse de quelque vain bout de phrase volé aux livres sacrés, et je parais un saint, précisément lorsque je joue le mieux le rôle du diable!—Mais, silence; voilà mes exécuteurs. (*Entrent deux assassins.*) Eh bien, mes braves, mes robustes et résolus compagnons, êtes-vous prêts à finir cette affaire?

PREMIER ASSASSIN.—Tout prêts, milord ; et nous venons chercher un ordre qui nous autorise à pénétrer jusqu'aux lieux où il est.

GLOCESTER.—J'y ai bien pensé : je l'ai ici sur moi. (*Il leur donne l'ordre.*) Dès que vous aurez fini, réfugiez-vous à Crosby. Mais, messieurs, de la promptitude dans l'exécution, et soyez inexorables. Ne vous arrêtez point à l'entendre plaider; car Clarence parle bien, et peut-être finirait-il par exciter vos cœurs à la pitié, si vous écoutiez ses discours.

SECOND ASSASSIN.—Allez, allez, milord, nous ne nous amuserons pas à babiller : les grands parleurs ne sont pas bons pour l'action. Soyez certain que nous allons agir du bras, et non pas de la langue.

GLOCESTER.—Oui, vos yeux pleurent des meules de moulin, quand les imbéciles versent des larmes. Vous me plaisez tout à fait, mes enfants. Sur-le-champ à l'ouvrage... Allez, allez, dépêchez.

PREMIER ASSASSIN.—Nous y allons, mon noble lord.

(Ils sortent.)

SCÈNE IV

A Londres.—Une chambre dans la Tour.

Entrent CLARENCE ET BRAKENBURY.

BRAKENBURY.—D'où vous vient aujourd'hui, milord, cet air si abattu?

CLARENCE.—Oh! j'ai passé une nuit déplorable, une nuit si pleine de songes effrayants et de fantômes hideux, qu'en vérité, comme je suis un fidèle chrétien, je ne voudrais pas en passer une autre semblable, dussé-je acheter à ce prix une éternité d'heureux jours! tant j'ai été pendant toute la soirée assiégé d'affreuses terreurs!

BRAKENBURY.—Quel était votre songe, milord? Je vous prie, racontez-le-moi.

CLARENCE.—Je me croyais échappé de la Tour et embarqué pour me rendre en Bourgogne, ayant mon frère de Glocester avec moi. Il est venu me chercher dans mon cabinet, pour nous promener sur le tillac du vaisseau, d'où nous jetions nos regards sur l'Angleterre, et nous nous rappelions l'un l'autre mille mauvais moments que nous avons eus à passer pendant les guerres d'York et de Lancastre. Tandis que nous arpentions le sol tremblant du tillac, j'ai cru voir Glocester faire un faux pas; comme je voulais le retenir, il m'a poussé par-dessus le bord, dans les vagues amoncelées de l'Océan. O Dieu! qu'il m'a semblé que c'était une mort douloureuse que de se noyer! Quel vacarme effrayant des eaux dans mes oreilles! Sous combien de formes hideuses la mort s'offrit à mes yeux! Je m'imaginai voir les effroyables débris de mille naufrages, des milliers d'hommes que rongeaient les poissons, des lingots d'or, des ancres énormes, des monceaux de perles, des pierres inestimables, des joyaux sans prix semés au fond de la mer; quelques-uns dans des têtes de morts; et là, dans les ouvertures qu'avaient occupées les yeux, s'étaient introduites à leur place, comme par dérision, des pierres brillantes qui semblaient contempler avec ardeur le fond fangeux de l'abîme, et se rire des os des morts répandus de tous côtés.

BRAKENBURY.—Mais pouviez-vous ainsi, en mourant, contempler les secrets de l'abîme?

CLARENCE.—Il me semblait le pouvoir. Et plusieurs fois je m'efforçai de rendre l'âme: mais toujours les flots jaloux laissaient vivre mon âme malgré moi, et ne voulaient point lui permettre d'aller au dehors errer dans les vastes et vides espaces de l'air ; mais ils la retenaient dans mon sein haletant, prêt à se briser pour l'exhaler dans les ondes.

BRAKENBURY.—Et vous ne vous êtes pas éveillé dans cette cruelle agonie?

CLARENCE.—Oh! non : mon songe s'est prolongé au delà de ma vie; et c'est alors qu'ont commencé les orages de mon âme. Il me sembla que, conduit par le sombre nocher dont nous parlent les poëtes, je passais le fleuve mélancolique, et j'entrais dans le royaume de l'éternelle nuit. La première ombre qui salua mon âme à son arrivée fut celle de mon illustre beau-père, le renommé Warwick, qui s'écria d'une voix forte : *Quel supplice propre au parjure ce sombre royaume pourra-t-il fournir pour le perfide Clarence?* Et elle s'évanouit. Ensuite je vis s'approcher, errant çà et là, une ombre semblable à un ange ; sa brillante chevelure était trempée de sang, et elle cria fortement : *Clarence est arrivé!—Le traître, l'inconstant, le parjure Clarence, qui m'a poignardé dans les champs de Tewksbury! Saisissez-le, furies, livrez-le à vos tourments.*—A ces mots, il m'a semblé qu'une légion de démons hideux m'environnait, hurlant à mes oreilles des cris si affreux qu'à ce bruit je me suis éveillé tremblant, et longtemps après je ne pouvais me persuader que je ne fusse pas en enfer, tant ce songe m'avait laissé une impression terrible!

BRAKENBURY.—Je ne m'étonne pas, milord, qu'il vous ait épouvanté : il me semble que je le suis moi-même de vous l'avoir entendu raconter.

CLARENCE.—O Brakenbury, toutes ces choses qui maintenant déposent contre mon âme, je les ai faites pour l'amour d'Édouard; et tu vois comme il m'en récompense! O Dieu, si mes prières élevées du fond du cœur ne te peuvent apaiser, et que tu veuilles être vengé de mes offenses, n'exécute que sur moi l'œuvre de ta colère. Oh! épargne mon innocente femme et mes pauvres enfants!—Je te prie, cher gardien, demeure auprès de moi. Mon âme est appesantie, et je voudrais dormir.

BRAKENBURY.—Je resterai, milord; que Dieu accorde à Votre Grâce un sommeil paisible! (*Clarence s'endort sur une chaise.*) Le chagrin intervertit les temps et les heures du repos. Il fait de la nuit le matin, et du midi la nuit. La gloire des princes se réduit à leurs titres; des honneurs extérieurs pour des peines intérieures, et pour des rêveries imaginaires, ils sentent souvent un monde de soucis inquiets; en sorte qu'entre leurs titres et un nom obscur, il n'y a d'autre différence que la renommée extérieure.

(Entrent les deux assassins.)

PREMIER ASSASSIN.—Holà! y a-t-il quelqu'un ici?

BRAKENBURY.—Que veux-tu, mon ami? Et comment es-tu arrivé jusqu'ici?

SECOND ASSASSIN.—Je voulais parler à Clarence.—Et je suis arrivé sur mes jambes.

BRAKENBURY.—Quoi! le ton si bref?

PREMIER ASSASSIN.—Oh! ma foi, il vaut mieux être bref qu'ennuyeux. (*A son camarade.*) Montre-lui notre commission, et trêve de discours.

(On remet un papier à Brakenbury qui le lit.)

BRAKENBURY.—Cet ordre m'enjoint de remettre le noble duc de Clarence entre vos mains.—Je ne ferai point de réflexions sur les intentions qui l'ont dicté, je veux les ignorer pour en être innocent. Voilà les clefs,—et voici le duc endormi. Je vais trouver le roi, et lui rendre compte de la manière dont je vous ai remis mes fonctions.

PREMIER ASSASSIN.—Vous le pouvez, mon cher, et c'est un acte de prudence. Adieu.

(Brakenbury sort.)

SECOND ASSASSIN. — Eh quoi, le tuerons-nous endormi?

PREMIER ASSASSIN.—Non, il dirait à son réveil que nous l'avons tué en lâches.

SECOND ASSASSIN.—A son réveil! imbécile. Il ne se réveillera jamais qu'au grand jour du jugement.

PREMIER ASSASSIN.—Eh bien, il dirait alors que nous l'avons tué pendant qu'il dormait.

SECOND ASSASSIN.—Ce mot de jugement, que je viens de prononcer, a fait naître en moi une espèce de remords.

PREMIER ASSASSIN.—Quoi ! as-tu peur ?

SECOND ASSASSIN.—Non pas de le tuer, puisque nous avons notre ordre pour garantie, mais d'être damné pour l'avoir tué : ce dont aucun ordre ne pourrait me sauver.

PREMIER ASSASSIN.—Je t'aurais cru plus résolu.

SECOND ASSASSIN.—Je suis résolu de le laisser vivre.

PREMIER ASSASSIN.—Je vais retourner trouver le duc de Glocester, et lui conter cela.

SECOND ASSASSIN.—Non, je te prie : arrête un moment. J'espère que cet accès de dévotion me passera ; il n'a pas coutume de me tenir plus de temps qu'un homme n'en mettrait à compter vingt.

PREMIER ASSASSIN.—Eh bien, comment te sens-tu maintenant ?

SECOND ASSASSIN.—Ma foi, je sens encore en moi quelque résidu de conscience.

PREMIER ASSASSIN.—Songe à notre récompense quand l'action sera faite.

SECOND ASSASSIN.—Allons, il va mourir : j'avais oublié la récompense.

PREMIER ASSASSIN.—Où est ta conscience à présent ?

SECOND ASSASSIN.—Dans la bourse du duc de Glocester.

PREMIER ASSASSIN.—Ainsi dès que sa bourse s'ouvrira pour nous donner notre salaire, voilà ta conscience partie.

SECOND ASSASSIN.—Cela m'est bien égal.—Qu'elle s'en aille ; elle ne trouvera pas beaucoup de gens, ou même pas du tout, qui veuillent l'héberger.

PREMIER ASSASSIN.—Mais si elle allait te revenir ?

SECOND ASSASSIN.—Je n'irai pas me commettre avec elle : c'est une dangereuse espèce. Elle vous fait d'un homme un poltron : on ne peut pas voler qu'elle ne vous accuse ; on ne peut pas jurer qu'elle ne vous gourmande ; on ne peut pas coucher avec la femme du voisin qu'elle ne vous trahisse : c'est un lutin au visage timide et toujours prêt à rougir, qui est sans cesse à se mutiner dans le sein d'un homme; elle vous remplit partout d'obstacles; elle m'a fait restituer une fois une bourse d'or que j'avais trouvée par hasard; elle réduit à la mendicité quiconque la garde chez soi; aussi est-elle bannie de toutes les villes et cités comme une chose dangereuse; et tout homme qui veut vivre à son aise doit s'arranger pour ne s'en rapporter qu'à soi et se passer d'elle.

PREMIER ASSASSIN.—Corbleu ! la voilà précisément à mon oreille qui veut me persuader de ne pas tuer le duc.

SECOND ASSASSIN.—Renferme ce diable-là dans ton esprit, et ne l'écoute pas; il ne veut s'insinuer auprès de toi que pour te coûter ensuite des soupirs.

PREMIER ASSASSIN. — Je suis robuste de ma nature : elle n'aura pas le dessus.

SECOND ASSASSIN.—C'est parler en brave compagnon jaloux de sa réputation. Allons, nous mettrons-nous à l'ouvrage?

PREMIER ASSASSIN.—Attrape-le-moi par le haut de la tête avec la poignée de ton épée, et ensuite jetons-le dans cette tonne de malvoisie qui est dans la chambre voisine.

SECOND ASSASSIN.—O l'excellente idée! Nous en ferons une soupe.

PREMIER ASSASSIN.—Doucement. Il s'éveille....

SECOND ASSASSIN.—Frappe.

PREMIER ASSASSIN.—Non; raisonnons un peu avec lui.

CLARENCE.—Où es-tu, gardien? Donne-moi un verre de vin.

PREMIER ASSASSIN.—Vous allez tout à l'heure, milord, avoir du vin tant que vous en voudrez.

CLARENCE.—Au nom de Dieu, qui es-tu?

PREMIER ASSASSIN.—Un homme, comme vous en êtes un.

CLARENCE.—Mais non pas, comme moi, du sang royal.

PREMIER ASSASSIN. — Et vous n'êtes pas, comme nous, un homme loyal.

CLARENCE.—Ta voix est un tonnerre : mais ton regard est humble !

PREMIER ASSASSIN.—Ma voix est celle du roi : mes regards sont de moi.

CLARENCE.—Que tes réponses sont obscures, mais qu'elles sont sinistres! vos yeux me menacent : pourquoi êtes-vous si pâles? Qui vous a envoyés ici? Pourquoi venez-vous?

LES DEUX ASSASSINS.—Pour... pour... pour...

CLARENCE.—Pour m'assassiner?

LES DEUX ASSASSINS.—Oui. Oui.

CLARENCE.—A peine avez-vous le cœur de me le dire; vous n'aurez donc pas le cœur de le faire. En quoi, mes amis, vous ai-je offensés?

PREMIER ASSASSIN.—Nous? vous ne nous avez pas offensés : mais c'est le roi.

CLARENCE.—Je suis sûr d'être bientôt réconcilié avec lui.

PREMIER ASSASSIN.—Jamais, milord. Ainsi, préparez-vous à mourir.

CLARENCE.—Êtes-vous donc choisis entre tous les hommes pour égorger l'innocent? Quel est mon crime? où sont les preuves qui m'accusent? quel jury légal a donné son verdict à mon juge? qui a prononcé l'amère sentence de mort du pauvre Clarence? Avant que je sois convaincu d'un crime par la loi, me menacer de la mort est un acte illégal. Je vous enjoins, sur vos espérances de rédemption, et par le précieux sang du Christ versé pour nos graves péchés, de sortir d'ici, et de ne me pas toucher. L'action que vous voulez faire est une action damnable.

PREMIER ASSASSIN.—Ce que nous voulons faire, nous le faisons par ordre.

SECOND ASSASSIN.—Et celui qui l'a donné est notre roi.

CLARENCE.—Sujet insensé! Le grand Roi des rois a dit dans les tables de sa loi : « Tu ne commettras pas de meurtre. » — Veux-tu donc mépriser son ordre pour obéir à celui d'un homme? Prends garde; il tient dans sa main la vengeance, pour la précipiter sur la tête de ceux qui violent sa loi.

SECOND ASSASSIN.—Et c'est cette vengeance qu'il précipite sur toi, comme sur un traître parjure et sur un meurtrier : tu avais fait le serment sacré de combattre pour la cause de la maison de Lancastre.

PREMIER ASSASSIN.—Et, traître au nom de Dieu, tu as

violé ton serment, et avec ton épée perfide tu as percé les entrailles du fils de ton souverain.

SECOND ASSASSIN.—Que tu avais juré de soutenir et de défendre.

PREMIER ASSASSIN.—Comment peux-tu nous opposer la loi redoutable de Dieu, après l'avoir violée à tel point?

CLARENCE.—Hélas! pour l'amour de qui ai-je commis cette mauvaise action? Pour Édouard, pour mon frère, pour lui seul : et ce n'est pas pour cela qu'il vous envoie m'assassiner : car il est dans ce péché tout aussi avant que moi. Si Dieu veut en tirer vengeance, sachez qu'il se venge publiquement; n'ôtez pas à son bras puissant le soin de sa querelle; il n'a pas besoin de moyens indirects et illégaux pour retrancher du monde ceux qui l'ont offensé.

PREMIER ASSASSIN.—Qui donc t'a chargé de te faire son ministre sanglant, en frappant à mort le brave Plantagenet, ce noble adolescent, qui s'élevait avec tant de vigueur?

CLARENCE.—Mon amour pour mon frère, le diable et ma rage.

PREMIER ASSASSIN.—C'est notre amour pour ton frère, notre obéissance et ton crime, qui nous amènent ici pour t'égorger.

CLARENCE.—Si vous aimez mon frère, ne me haïssez pas. Je suis son frère, et je l'aime beaucoup. Si vous êtes payés pour cette action, allez-vous-en, et je vous enverrai de ma part à mon frère Glocester, qui vous récompensera bien mieux pour m'avoir laissé vivre qu'Édouard ne vous payera la nouvelle de ma mort.

SECOND ASSASSIN.—Vous êtes dans l'erreur : votre frère Glocester vous hait.

CLARENCE.—Oh! cela n'est pas. Il m'aime, et je lui suis cher : allez le trouver de ma part.

LES DEUX ASSASSINS.—Oui, nous irons.

CLARENCE.—Dites-lui que lorsque notre illustre père York bénit ses trois fils de sa main victorieuse, et nous recommanda du fond de son cœur de nous aimer mutuellement, il ne prévoyait guère cette discorde dans nôtre amitié : dites à Glocester de se souvenir de cela, et il pleurera.

PREMIER ASSASSIN.—Oui, des meules de moulin : voilà les pleurs qu'il nous a enseignés à verser.

CLARENCE.—Oh! ne le calomniez pas; il est bon.

PREMIER ASSASSIN.—Précisément, comme la neige sur la récolte.—Tenez, vous vous trompez; c'est lui qui nous envoie ici pour vous tuer.

CLARENCE.—Cela ne peut pas être, car il a gémi de ma disgrâce, et, me serrant dans ses bras, il m'a juré, avec des sanglots, qu'il travaillerait à ma délivrance.

PREMIER ASSASSIN.—C'est ce qu'il fait aussi lorsqu'il veut vous délivrer de l'esclavage de ce monde, pour vous envoyer aux joies du ciel.

SECOND ASSASSIN.—Faites votre paix avec Dieu; car il vous faut mourir, milord.

CLARENCE.—Comment, ayant dans l'âme cette sainte pensée de m'engager à faire ma prière avec Dieu, peux-tu être toi-même assez aveugle sur les intérêts de ton âme pour faire la guerre à Dieu en m'assassinant? O mes amis, réfléchissez, et songez bien que celui qui vous a envoyés pour commettre ce forfait vous haïra pour l'avoir commis.

SECOND ASSASSIN.—Que devons-nous faire?

CLARENCE.—Vous laisser toucher et sauver vos âmes.

PREMIER ASSASSIN.—Nous laisser toucher! ce serait une lâcheté, une faiblesse de femme.

CLARENCE.—Ne se point laisser toucher est d'un être brutal, sauvage, diabolique.—Qui de vous deux, s'il était fils d'un roi, privé de sa liberté comme je le suis à présent, voyant venir à lui deux assassins tels que vous, ne plaiderait pas pour sa vie? Mon ami, j'entrevois quelque pitié dans tes regards. Oh! si ton œil n'est pas hypocrite, range-toi de mon côté, et demande grâce pour moi comme tu la demanderais si tu étais dans la même détresse.—Quel homme, réduit à mendier sa vie, n'aurait pas pitié d'un prince réduit à prier pour la sienne¹!

---

¹ *A begging prince what beggar pities not?*

ACTE I, SCÈNE IV.

SECOND ASSASSIN.— Détournez la tête, milord.

PREMIER ASSASSIN, *le poignardant.*—Tiens, tiens encore; et si tout cela ne suffit pas, je vais vous noyer dans ce tonneau de malvoisie qui est ici à côté.

(Il sort avec le corps.)

SECOND ASSASSIN.—O action sanguinaire, et bien imprudemment précipitée! Que je voudrais, comme Pilate, pouvoir me laver les mains de cet odieux et coupable meurtre[1]!

(Rentre le premier assassin.)

PREMIER ASSASSIN.—Eh bien, à quoi penses-tu donc de ne pas m'aider? Par le ciel! le duc saura comme tu as été lâche.

SECOND ASSASSIN.—Je voudrais qu'il pût savoir que j'ai sauvé son frère.—Va recevoir seul la récompense, et rends-lui ce que je dis là; car je me repens de la mort du duc.

(Il sort.)

PREMIER ASSASSIN.—Et moi, non.—Va, poltron que tu es.—Allons, je vais cacher ce cadavre dans quelque trou, jusqu'à ce que le duc donne des ordres pour sa sépulture. Et lorsque j'aurai reçu mon salaire je disparaîtrai; car ceci va éclater, et alors il ne serait pas bon que je restasse ici.

(Il sort.)

---

[1] Clarence ne périt point de cette manière ni par le fait seul du duc de Glocester, mais de concert avec le roi qui, aigri par Richard et par la reine, et d'ailleurs toujours disposé à se méfier de Clarence, le fit condamner à mort par la chambre des pairs, instrument servile, à cette époque, des actes de tyrannie les plus odieux envers les particuliers, en même temps qu'elle était presque intraitable sur les subsides. Clarence fut condamné pour de simples propos qu'on avait eu soin de provoquer.

FIN DU PREMIER ACTE.

ACTE DEUXIÈME

SCÈNE I

Toujours à Londres. — Un appartement dans le palais.

Entrent LE ROI ÉDOUARD, *malade et soutenu;* LA REINE ÉLISABETH, DORSET, RIVERS, HASTINGS, BUCKINGHAM, GREY *et autres lords.*

LE ROI ÉDOUARD.—Allons, je suis satisfait ; j'ai fait un bon emploi de ma journée.—Conservez, nobles pairs, cette étroite union. J'attends de jour en jour un message de mon Rédempteur, pour m'élargir de ce monde : mon âme le quittera avec plus de paix pour aller au ciel, puisque j'ai rétabli la paix entre mes amis sur la terre. Rivers, et vous, Hastings, prenez-vous la main. Ne gardez plus de haine dissimulée : jurez-vous une amitié mutuelle.

RIVERS.—Le ciel m'est témoin que mon âme est purgée de tout secret venin de haine, et de ma main je scelle la sincère amitié de mon cœur.

HASTINGS.—Puissé-je prospérer comme je fais avec sincérité le même serment !

LE ROI ÉDOUARD.—Gardez-vous de vous jouer de votre roi, de peur que Celui qui est le suprême Roi des rois ne confonde votre fausseté cachée, et ne vous condamne à périr l'un par l'autre.

HASTINGS.—Puissé-je ne prospérer qu'autant que je jure avec sincérité une affection parfaite !

RIVERS.—Et moi, comme il est vrai que j'aime Hastings du fond de mon cœur.

LE ROI ÉDOUARD.—Madame, vous n'êtes pas non plus étrangère à ceci... ni votre fils Dorset... ni vous, Buckingham. Vous avez tous agi les uns contre les autres. Ma femme, aimez lord Hastings; donnez-lui votre main à baiser, et ce que vous faites, faites-le sincèrement.

ÉLISABETH.—Voilà ma main, Hastings.—Jamais je ne me souviendrai de nos anciennes haines : j'en jure par mon bonheur et celui des miens.

LE ROI ÉDOUARD.—Dorset, embrassez-le.—Hastings, soyez l'ami du marquis Dorset.

DORSET.—Je proteste ici que de ma part ce traité d'amitié sera inviolable.

HASTINGS.—Et je fais le même serment.
(Il embrasse Dorset.)

LE ROI ÉDOUARD.—Maintenant c'est à toi, illustre Buckingham, à mettre le sceau à cette union, en embrassant les parents de mon épouse, et en me donnant le bonheur de vous voir amis.

BUCKINGHAM, *à la reine.*—Si jamais Buckingham tourne son ressentiment contre Votre Majesté, s'il ne vous rend pas à vous et aux vôtres tous les soins et les devoirs de l'attachement, que Dieu m'en punisse par la haine de ceux de qui j'attends le plus d'amitié. Que dans l'instant où j'aurai le plus besoin d'employer un ami, où je compterai le plus sur son zèle, je le trouve faux, perfide, traître et plein d'artifices envers moi ! Voilà ce que je demande au ciel aussitôt que je me montrerai froid dans mes affections pour vous et les vôtres.
(Il embrasse Rivers.)

LE ROI ÉDOUARD.—Noble Buckingham, ce vœu que tu viens de faire est un doux cordial pour mon âme malade. Il ne manque plus ici que notre frère Glocester, pour achever de couronner l'ouvrage de cette heureuse paix.

BUCKINGHAM.—Voici le noble duc qui arrive tout à propos.

(Entre Glocester.)

GLOCESTER.—Bonjour, mes souverains roi et reine, et vous, illustres pairs; que cette heure du jour vous soit heureuse !

LE ROI ÉDOUARD.—Elle est heureuse par l'emploi que

nous avons fait de ce jour. Mon frère, nous avons accompli des œuvres de charité. Nous avons, entre ces pairs irrités de ressentiments toujours croissants, fait succéder la paix aux inimitiés, l'amitié à la haine.

GLOCESTER.—C'est une œuvre de bénédiction, mon souverain seigneur. Si dans cette assemblée princière, il est quelqu'un qui, trompé par de faux rapports ou par d'injustes soupçons, m'ait tenu pour son ennemi; si j'ai fait à mon insu ou dans un moment de colère quelque action qui ait offensé aucun de ceux qui sont ici présents, je désire sincèrement me remettre avec lui en paix et amitié. C'est la mort pour moi que d'être en inimitié avec quelqu'un; je déteste cela, et je désire l'amitié de tous les gens de bien.—Je commence par vous, madame, et je vous demande une paix sincère, que j'aurai soin d'entretenir par un respectueux dévouement.—Je vous la demande aussi à vous, mon noble cousin Buckingham, si jamais il a existé entre nous quelque secret mécontentement.—A vous, lord Rivers, et lord Grey, qui m'avez toujours, sans que je l'aie mérité, regardé d'un œil malveillant.—En un mot à vous tous, ducs, comtes, lords, gentilshommes. Je ne connais pas un seul Anglais vivant contre qui mon âme renferme, sur quelque point que ce soit, plus d'aigreur que n'en a l'enfant qui naquit cette nuit; et je remercie Dieu de m'avoir donné ces sentiments d'humilité.

ÉLISABETH.—Ce jour sera consacré pour être désormais un jour de fête. Plût à Dieu que toutes les querelles fussent accommodées!—Mon souverain seigneur, je conjure Votre Majesté de recevoir en grâce notre frère Clarence.

GLOCESTER.—Quoi, madame, suis-je donc venu vous offrir ici mon amitié pour me voir ainsi bafoué en présence du roi? Qui ne sait que cet aimable duc est mort? (*Tous tressaillent.*) C'est l'outrager que d'insulter ainsi à son cadavre.

LE ROI ÉDOUARD.—Qui ne sait qu'il est mort? Eh! qui sait qu'il le soit?

ÉLISABETH.—O ciel qui vois tout, quel monde est celui-ci!

BUCKINGHAM.—Lord Dorset, suis-je aussi pâle que les autres?

DORSET.—Oui, mon bon lord; et il n'est personne dans cette assemblée dont les joues n'aient perdu leur couleur.

LE ROI ÉDOUARD.—Est-il vrai que Clarence soit mort? —L'ordre avait été révoqué.

GLOCESTER.—Mais le pauvre malheureux a été mis à mort sur le premier ordre, il avait été porté sur les ailes de Mercure; le second ordre est arrivé lentement par quelque messager boiteux survenu trop tard, et seulement pour le voir ensevelir.—Dieu veuille que quelqu'un, moins noble et moins fidèle que Clarence, moins proche du roi par le sang, mais d'un cœur plus sanguinaire, et cependant encore exempt de soupçons, n'ait pas mérité bien pis que le malheureux Clarence!

(Entre Stanley.)

STANLEY.—Une grâce, mon souverain, pour tous mes services.

LE ROI ÉDOUARD.—Je t'en prie, laisse-moi : mon âme est pleine de douleur.

STANLEY.—Je ne me relève point que Votre Majesté ne m'ait entendu.

LE ROI ÉDOUARD.—Dis donc en peu de mots ce que tu demandes.

STANLEY.—La grâce, mon souverain, d'un de mes serviteurs qui a tué aujourd'hui un gentilhomme querelleur, depuis peu attaché au duc de Norfolk.

LE ROI ÉDOUARD.—Ma langue aura prononcé l'arrêt de mort de mon frère, et l'on veut que cette même langue prononce le pardon d'un valet? Mon frère n'avait tué personne : son crime ne fut qu'une pensée; et cependant il a été puni par une mort cruelle. Qui de vous m'a sollicité pour lui? Qui, dans ma colère, s'est jeté à mes pieds, et m'a engagé à réfléchir? Qui m'a parlé des liens fraternels? Qui m'a parlé de notre affection? Qui m'a rappelé comment le pauvre malheureux avait abandonné le puissant Warwick, et avait combattu pour moi? Qui m'a rappelé que dans les champs de Tewksbury, lorsque Oxford m'avait terrassé, il me sauva la vie, en disant : *Cher frère, vivez, et soyez roi?* Qui m'a rappelé comment, lorsque couchés tous deux sur la terre, nous étions presque morts de froid, il m'enveloppa de ses propres vêtements, et s'exposa nu et sans force au froid pénétrant de la nuit? Hélas! ma brutale colère avait criminellement arraché tout cela de mon souvenir, et pas un de vous n'a eu la charité de me le remettre.... Mais lorsqu'un de vos palefreniers ou de vos valets de pied a commis un meurtre dans l'ivresse, et défiguré la précieuse image de notre bien-aimé Rédempteur, vous voilà aussitôt à mes genoux demandant pardon, pardon; et il faut qu'injuste autant que vous, je vous l'accorde! —Mais pour mon frère, personne n'a élevé la voix, ni moi non plus, ingrat! je ne me suis rien dit en faveur de ce pauvre malheureux!—Les plus fiers d'entre vous ont été ses obligés pendant sa vie, et pas un de vous n'aurait parlé pour le défendre. —O Dieu! je crains bien que ta justice ne venge ce crime sur moi, sur vous, sur les miens et les vôtres!—Venez, Hastings; aidez-moi à regagner mon cabinet.—O pauvre Clarence!....

(Sortent le roi et la reine, Hastings, Rivers, Dorset et Grey.)

GLOCESTER.—Voilà les fruits d'une aveugle colère!—N'avez-vous pas remarqué comme tous ces coupables parents de la reine ont pâli à la nouvelle de la mort de Clarence! Oh! ils n'ont cessé de la solliciter auprès du roi. Dieu en tirera vengeance.—Allons, milord, voulez-vous venir avec moi tenir compagnie à Édouard, pour soulager sa douleur?

BUCKINGHAM.—Nous suivons Votre Grâce.

(Ils sortent.)

SCÈNE II

Toujours à Londres.

Entre LA DUCHESSE D'YORK, *avec* LE FILS ET LA FILLE DE CLARENCE.

LE FILS.—Bonne grand'maman, dites-nous si notre père est mort.

LA DUCHESSE.—Non, mon enfant.

LA FILLE.—Pourquoi donc pleurez-vous si souvent, et frappez-vous votre poitrine, en criant : *O Clarence! ô mon malheureux fils!*

LE FILS.—Pourquoi nous regardez-vous en secouant la tête, et nous appelez-vous *orphelins, infortunés dans l'abandon,* si notre père est encore en vie?

LA DUCHESSE.—Mes chers enfants, vous vous méprenez tous deux : je pleure la maladie du roi que je crains de perdre, et non la mort de votre père : ce seraient des larmes perdues que de pleurer un homme mort.

LE FILS.—Ainsi donc, grand'maman, vous convenez enfin qu'il est mort. — Le roi mon oncle est bien condamnable pour cette action : Dieu la vengera, et je l'importunerai de pressantes prières, et toutes pour qu'il la venge.

LA FILLE.—Et j'en ferai autant.

LA DUCHESSE.—Paix, mes enfants, paix! Le roi vous aime bien tous deux. Pauvres innocents, simples et sans expérience, vous ne pouvez guère deviner qui a causé la mort de votre père.

LE FILS.—Nous le pouvons très-bien, grand'maman; car mon bon oncle Glocester m'a dit que le roi, poussé à cela par la reine, avait inventé des prétextes pour l'emprisonner; et quand mon oncle me dit cela, il pleurait et me plaignait, et il me baisait tendrement la joue; et il me disait de compter sur lui comme sur mon père, et qu'il m'aimerait aussi tendrement que si j'étais son fils.

LA DUCHESSE.—Ah! est-il possible que la perfidie emprunte des formes si douces, et cache la profondeur de ses vices sous le masque de la vertu? Il est mon fils... et ma honte; mais ce n'est pas dans mon sein qu'il puisa cet art de feindre.

LE FILS.—Croyez-vous, grand'mère, que mon oncle ne fût pas sincère?

LA DUCHESSE.—Oui, mon fils, je le crois.

LE FILS.—Moi, je ne le puis croire.—Écoutez... Quel est ce bruit?

(Entrent la reine Élisabeth dans le désespoir. Rivers et Dorset la suivent.)

ÉLISABETH.—Ah! qui pourra m'empêcher de gémir et de pleurer, de m'irriter contre mon sort, et de me désespérer? Oui, je veux seconder le noir désespoir qui attaque mon âme, et devenir ennemie de moi-même.

LA DUCHESSE.—A quoi tendent ces furieux transports?

ÉLISABETH.—A quelque acte de violence tragique... Édouard, mon seigneur, ton fils, notre roi, est mort.— Pourquoi les rameaux croissent-ils encore quand le tronc est abattu? Pourquoi les fleurs ne périssent-elles pas quand la séve est tarie? Si vous voulez vivre, pleurez : si vous voulez mourir, hâtez-vous; et que nos âmes dans leur vol rapide puissent encore atteindre celle du roi, ou le suivre, en sujets fidèles, dans son nouveau royaume de l'éternel repos.

LA DUCHESSE.—Ah! j'ai autant de part dans ta douleur que j'avais de droits sur ton noble mari. J'ai pleuré la mort d'un époux vertueux, et je ne conservais la vie qu'en contemplant encore ses images : mais maintenant la mort ennemie a brisé en pièces deux des miroirs où se retraçaient ses traits augustes ; et il ne me reste pour toute consolation qu'une glace infidèle qui m'afflige de la vue de mon opprobre. Tu es veuve, mais tu es mère, et tes enfants te restent pour consolation. Mais moi, la mort a enlevé de mes bras mon époux, et arraché de mes faibles mains les deux appuis qui me soutenaient, Clarence et Édouard. Oh! puisque ta perte n'est que la moitié de la mienne, qu'il est donc juste que mes plaintes surmontent les tiennes, et étouffent tes cris !

LE FILS.—Ah! ma tante, vous n'avez pas pleuré la mort de notre père! Comment pouvons-nous vous aider de nos larmes?

LA FILLE.—On a vu sans gémir nos pleurs d'orphelins; votre douleur de veuve demeurera de même sans larmes.

ÉLISABETH.—Ne m'aidez point à me plaindre; je ne serai pas stérile de lamentations. Puisse le cours de tous les ruisseaux venir aboutir à mes yeux! et puissé-je, ainsi gouvernée par l'humide influence de la lune, verser des larmes assez abondantes pour submerger le monde! Ah! mon mari! Ah! mon cher seigneur Édouard!

LES DEUX ENFANTS.—Ah! notre tendre père! Notre cher seigneur Clarence!

LA DUCHESSE.—Hélas! je pleure sur tous deux : tous deux étaient à moi. Mon Édouard! mon Clarence!

ÉLISABETH.—Quel appui avais-je qu'Édouard? Et il m'a quittée!

LES ENFANTS.—Quel appui avions-nous que Clarence? et il nous a quittés!

LA DUCHESSE.—Quels appuis avais-je qu'eux deux? Et ils m'ont quittée!

ÉLISABETH.—Jamais veuve n'a tant perdu.

LES ENFANTS.—Jamais orphelins n'ont tant perdu.

LA DUCHESSE.—Jamais mère n'a tant perdu. Hélas! Je suis la mère de toutes ces douleurs. Leurs pertes sont partagées entre eux : la mienne les embrasse toutes. Elle pleure un Édouard, et moi aussi : je pleure un Clarence, et elle n'a point de Clarence à pleurer. Ces enfants pleurent Clarence, et moi aussi : mais je pleure un Édouard, et ces enfants n'ont point d'Édouard à pleurer. Hélas! c'est sur moi, trois fois malheureuse! que vous faites tomber toutes vos larmes; c'est moi qui suis chargée de vos douleurs, et je les nourrirai par mes lamentations.

DORSET.—Prenez courage, ma bonne mère. Dieu s'offense de vous voir vous révolter avec tant d'ingratitude contre sa volonté. Dans le monde, les hommes taxent d'ingratitude celui qui se refuse de mauvaise grâce à rendre la dette qu'une main libérale lui a généreusement prêtée : c'en est une plus grande que de disputer ainsi contre le Ciel, parce qu'il vous redemande ce prêt royal qu'il vous a fait.

RIVERS.—Madame, songez, comme le doit une tendre mère, au jeune prince votre fils : envoyez-le chercher sans délai, pour le faire couronner roi : c'est en lui que réside votre consolation. Ensevelissez cette douleur désespérée dans le tombeau d'Édouard mort, et replacez votre bonheur sur le trône d'Édouard vivant.

(Entrent Glocester, Buckingham, Stanley, Hastings, Ratcliff et autres.)

GLOCESTER.—Consolez-vous, ma sœur; tous tant que

nous sommes, nous avons tous sujet de déplorer l'obscurcissement de l'étoile qui brillait sur nous. Mais nul ne peut guérir ses maux avec des larmes. Madame ma mère, je vous demande pardon : je n'avais pas aperçu Votre Grâce. — Je demande humblement à vos genoux votre bénédiction.

LA DUCHESSE. — Dieu te bénisse et mette dans ton cœur la bonté, la bienveillance, la charité, l'obéissance et la fidélité à ton devoir.

GLOCESTER, *à part.* — Amen, et qu'il me fasse la grâce de mourir vieux et bon homme ; c'est à cela que tend la bénédiction d'une mère : je suis étonné que Sa Grâce l'ait oublié.

BUCKINGHAM. — O vous, princes en deuil, pairs au cœur rempli de tristesse, qui tous partagez le poids de la douleur commune, cherchez maintenant votre consolation dans une amitié réciproque. Nous perdons, il est vrai, la récolte que nous offrait ce roi : mais il nous reste l'espérance de celle que nous promet son fils. Il faut maintenant conserver et maintenir soigneusement l'union et le lien si récemment formés entre vos cœurs naguère gonflés de ressentiments qui viennent d'être apaisés. — Je crois qu'il conviendrait d'envoyer chercher dès à présent le jeune prince qui est à Ludlow, et de l'amener à Londres avec peu de suite pour le faire couronner roi.

RIVERS. — Et pourquoi avec peu de suite, milord de Buckingham ?

BUCKINGHAM. — De peur, milord, que dans une foule considérable les blessures de la haine, trop nouvellement fermées, ne trouvassent occasion de se rouvrir, ce qui serait d'autant plus dangereux que le royaume est dans un état d'enfance, et encore sans maître. Quand chacun des chevaux dispose du frein qui le contient, et peut diriger sa course comme il lui plaît, on doit, à mon avis, prévenir avec autant de soin la crainte du mal que le mal lui-même.

GLOCESTER. — Je me flatte que le roi nous a tous réconciliés ; et quant à moi, la réconciliation est solide et sincère de ma part.

RIVERS. — J'en peux dire autant de moi, et, je crois, de nous tous. Mais puisque le lien de notre amitié est si frais encore, il ne faut pas l'exposer à la plus légère occasion de rupture; danger qui serait peut-être plus à craindre si le cortége était nombreux : ainsi, je pense, comme le noble Buckingham, qu'il est prudent de n'envoyer que peu de monde pour chercher le jeune prince.

HASTINGS. — C'est aussi mon avis.

GLOCESTER. — Eh bien, soit; allons délibérer sur le choix de ceux que nous enverrons à l'heure même à Ludlow. — (*A la reine.*) Madame, et vous, ma mère, voulez-vous venir donner vos avis sur cette affaire importante?

(Tous sortent, excepté Buckingham et Glocester.)

BUCKINGHAM. — Milord, quels que soient ceux qui seront envoyés vers le prince, au nom de Dieu, songez bien qu'il ne faut pas que nous restions ici ni l'un ni l'autre. Je veux, chemin faisant, pour prélude du projet dont nous avons parlé, trouver l'occasion d'écarter du jeune prince l'ambitieuse parenté de la reine.

GLOCESTER. — Oh! mon second moi-même, mon conseil tout entier, mon oracle, mon prophète, mon cher cousin, je suivrai tes avis avec la docilité d'un enfant. Rendons-nous donc à Ludlow, car il ne faut pas rester en arrière.

(Ils sortent.)

SCÈNE III

Toujours à Londres. — Une rue.

Entrent DEUX CITOYENS *se rencontrant.*

PREMIER CITOYEN. — Bonjour, voisin. Où allez-vous si vite?

SECOND CITOYEN. — Je vous jure que je ne le sais pas trop moi-même. Savez-vous les nouvelles?

PREMIER CITOYEN. — Oui, le roi est mort.

SECOND CITOYEN. — Funeste nouvelle, par Notre-Dame! Rarement le successeur est meilleur. Je crains, je crains bien que le monde n'aille de travers.

(Entre un troisième citoyen.)

TROISIÈME CITOYEN.—Voisins, Dieu vous garde!

PREMIER CITOYEN.—Je vous donne le bonjour, mon cher.

TROISIÈME CITOYEN.—La nouvelle de la mort du bon roi Édouard se confirme-t-elle?

SECOND CITOYEN.—Oui; elle n'est que trop vraie. Dieu veuille nous assister!

TROISIÈME CITOYEN.—En ce cas, messieurs, attendez-vous à voir du trouble dans le royaume.

PREMIER CITOYEN.—Non, non, s'il plaît à Dieu, son fils régnera.

TROISIÈME CITOYEN.—Malheur au pays qui est gouverné par un enfant!

SECOND CITOYEN.—Il peut nous donner l'espérance d'être bien gouvernés : d'abord par un conseil sous son nom, pendant sa minorité; et ensuite par lui-même, quand l'âge l'aura mûri. N'en doutez pas, il gouvernera bien.

PREMIER CITOYEN.—Telle était la situation de l'Etat, lorsque Henri VI fut couronné à Paris, à l'âge de neuf mois.

TROISIÈME CITOYEN.—Telle était la situation de l'État, dites-vous? Non, mes bons amis, Dieu le sait; car alors ce pays-ci était singulièrement bien fourni de sages politiques, et le roi avait des oncles vertueux pour le soutenir.

PREMIER CITOYEN.—Celui-ci en a aussi, tant du côté paternel que du côté maternel.

TROISIÈME CITOYEN.—Il vaudrait bien mieux ou qu'il n'en eût que du côté paternel, ou qu'il n'eût aucun parent de ce côté; car la rivalité des prétentions, à qui sera le plus près du roi, nous causera bien des maux si Dieu n'y met la main. Oh! le duc de Glocester est un homme bien dangereux, et les fils et frères de la reine sont superbes et hautains. Si, au lieu de gouverner, ils étaient tous contenus dans l'obéissance, ce pays languissant pourrait encore avoir de bons moments comme par le passé.

PREMIER CITOYEN.—Allons, allons; nous voyons au pis. Tout ira bien.

TROISIÈME CITOYEN.—Quand on voit paraître des nuages,

les hommes sages prennent leur manteau. Quand les grandes feuilles commencent à tomber, l'hiver n'est pas loin. Quand le soleil se couche, qui ne s'attend à la nuit? Les orages hors de saison menacent d'une disette. Tout peut aller bien : mais si Dieu nous fait cette grâce, c'est plus que nous ne méritons, et que je n'espère.

SECOND CITOYEN.—Au fait, tous les cœurs sont agités de crainte. Vous ne pouvez vous entretenir avec personne qui ne vous paraisse triste et rempli de frayeur.

TROISIÈME CITOYEN.—C'est ce qui arrive toujours à la veille des jours de révolution. L'esprit de l'homme, par un instinct divin, pressent le danger qui s'avance, comme nous voyons l'eau s'enfler à l'approche d'une violente tempête. Mais laissons tout entre les mains de Dieu. Où allez-vous?

SECOND CITOYEN.—Eh! vraiment, nous sommes mandés par les juges.

TROISIÈME CITOYEN.—Et moi aussi. Je vous tiendrai compagnie.

(Ils sortent.)

SCÈNE IV

Toujours à Londres.—Un appartement du palais.

Entrent L'ARCHEVÊQUE D'YORK, LE JEUNE DUC D'YORK, LA REINE, LA DUCHESSE D'YORK.

L'ARCHEVÊQUE.—On m'a dit qu'ils avaient couché la nuit dernière à Stony-Stratford et qu'ils devaient coucher ce soir à Northampton [1]. Demain, ou après-demain, ils seront ici.

[1] Stony-Stratford est plus près de Londres que Northampton; mais le duc de Glocester ayant fait arrêter Rivers, Grey, etc., à Stony-Stratford, où ils avaient passé la nuit avec le jeune roi, ramena celui-ci à Northampton où lui-même avait couché la veille, et ce fut de là qu'ils se rendirent à Londres. Au reste, on fait observer que l'archevêque ne pouvait encore être instruit de cette marche, puisqu'il ne sait pas l'arrestation des lords, ou bien, s'il en est instruit sans en connaître la cause, il devrait, ainsi que les autres personnages, en témoigner quelque étonnement.

LA DUCHESSE. —Je brûle d'impatience de voir le prince. J'espère qu'il aura beaucoup grandi depuis la dernière fois que je l'ai vu.

ÉLISABETH.—Mais j'ai ouï dire que non. On assure même que mon fils York l'a presque regagné pour la taille.

YORK.—On le dit, ma mère; mais j'aurais voulu que cela fût autrement.

LA DUCHESSE.—Eh! pourquoi donc, mon enfant? Il est bon de grandir.

YORK.—Grand'maman, un soir que nous étions à souper, mon oncle Rivers disait que je grandissais beaucoup plus vite que mon frère : « Ah! dit mon oncle Glo« cester, ce sont les petites plantes qui sont bonnes à « quelque chose, et les mauvaises herbes croissent rapi« dement; » et depuis ce temps il me semble que j'aimerais mieux ne pas grandir si vite, puisque les belles fleurs viennent lentement, et que les mauvaises herbes se dépêchent.

LA DUCHESSE.—Vraiment, vraiment, celui qui t'a dit cela est lui-même une exception au proverbe : c'était dans son enfance l'être le plus chétif, le plus lent à croître et le moins avancé; si sa règle était vraie, il devrait être rempli de qualités.

L'ARCHEVÊQUE.—Et il n'est pas douteux qu'il ne le soit, ma gracieuse dame.

LA DUCHESSE.—Je veux bien l'espérer, mais permettez l'inquiétude aux mères.

YORK.—Oh! si je m'en étais souvenu, j'aurais pu lancer à Sa Grâce, mon oncle, sur sa croissance, une épigramme bien meilleure que celle qu'il m'a dite sur la mienne.

LA DUCHESSE.—Et comment mon petit York? Dis-le-moi, je t'en prie.

YORK.—Vraiment, l'on dit que mon oncle grandissait si vite, que deux heures après sa naissance il pouvait ronger une croûte, tandis que moi, à deux ans, je n'avais pas encore fait seulement une dent. N'est-ce pas grand'maman, ç'aurait été une bonne plaisanterie pour e faire enrager?

LA DUCHESSE.—Eh ! je t'en prie, mon cher petit York, qui est-ce qui t'a raconté cela?

YORK.—Sa nourrice, grand'maman.

LA DUCHESSE.—Sa nourrice? Eh bon !... elle était morte avant que tu fusses né.

YORK.—Si ce n'est pas elle, je ne me rappelle pas qui me l'a dit.

ÉLISABETH.—Petit raisonneur !—Allons, pas tant de malice, je vous prie.

L'ARCHEVÊQUE.—Ma bonne madame, ne le grondez pas.

ÉLISABETH.—Les murs [1] ont des oreilles.

(Entre un messager.)

L'ARCHEVÊQUE. — Voici un messager. — Quelles nouvelles?

LE MESSAGER.—De telles nouvelles qu'il m'est pénible, milord, de vous les annoncer.

ÉLISABETH.—Comment se porte le prince?

LE MESSAGER.—Bien, madame, il est en bonne santé.

LA DUCHESSE.—Quelles sont donc tes nouvelles?

LE MESSAGER.—Lord Rivers et lord Grey ont été conduits en prison à Pomfret, et avec eux sir Thomas Vaughan.

LA DUCHESSE.—Et par quel ordre?

LE MESSAGER.—Par ordre des puissants ducs de Glocester et de Buckingham.

ÉLISABETH.—Et pour quel crime?

LE MESSAGER.—Je vous ai dit tout ce que j'en sais. Par quel motif ou dans quelle intention ces nobles ducs ont été emprisonnés, c'est, ma gracieuse dame, ce que j'ignore absolument.

ÉLISABETH.—Hélas! je prévois la ruine de ma maison. Le tigre a saisi la brebis sans défense. L'insolente tyrannie commence à s'élever sur le trône qu'un innocent enfant ne peut faire respecter. Arrivez donc, destruction, carnage, massacre. Je vois tracée, comme sur une carte, la fin de tout ceci.

---

[1] *Pitchers have ears.*

Les pots ont des oreilles. Le proverbe anglais est: *Les petits pots ont de grandes oreilles.*

LA DUCHESSE.—Exécrables jours de troubles et de discorde, combien de fois mes yeux vous ont vus renaître ! Mon époux a perdu la vie pour gagner la couronne ; et mes fils ont été, haut et bas, battus de la fortune, me donnant tantôt à jouir de leurs succès, tantôt à pleurer leurs malheurs. Établis enfin lorsque toutes les querelles domestiques sont entièrement dissipées, voilà que, devenus les maîtres, ils se font la guerre les uns aux autres, frère contre frère, sang contre sang, chacun contre soi-même ! — Oh ! frénétiques insultes à la nature, cessez vos fureurs maudites, ou laissez-moi mourir ; que je n'aie plus la mort devant les yeux !

ÉLISABETH.—Viens, viens, mon enfant ; allons nous renfermer dans le sanctuaire.—Adieu, madame.

LA DUCHESSE.—Attendez, je veux vous suivre.

ÉLISABETH.—Nous n'avez rien à craindre.

L'ARCHEVÈQUE, *à la reine*.—Venez, ma gracieuse dame, et apportez vos trésors et tout ce que vous possédez. Pour moi, je veux remettre entre vos mains les sceaux qui m'étaient confiés ; et puisse-t-il m'advenir selon que e me conduira envers vous et les vôtres ! Venez, je vais vous conduire au sanctuaire.

FIN DU DEUXIÈME ACTE.

ACTE TROISIÈME

—

SCÈNE I

Toujours à Londres.—Une rue.

On entend les trompettes. Entrent LE PRINCE DE GALLES, GLOCESTER, BUCKINGHAM, LE CARDINAL BOUCHIER (*le même que* L'ARCHEVÊQUE), *et autres.*

BUCKINGHAM. — Soyez le bienvenu, aimable prince, dans votre ville de Londres, votre demeure [1].

GLOCESTER.—Soyez le bienvenu, cher cousin, souverain de mes pensées. Il paraît que la fatigue de la route vous a rendu mélancolique.

LE PRINCE.—Non, mon oncle. Mais les douloureux incidents de notre voyage me l'ont rendu ennuyeux, pénible et fatigant. Je voudrais voir ici plus d'oncles pour me recevoir.

GLOCESTER.—Cher prince, l'innocente pureté de votre âge n'a pas encore pénétré les mensonges du monde. Vous ne pouvez discerner dans un homme que ce que son extérieur offre à vos yeux; et les dehors, Dieu le sait, s'accordent rarement, pour ne pas dire jamais, avec le cœur. Ces oncles, que vous auriez voulu voir ici, étaient des hommes dangereux. Votre Grâce ne sentait que le miel de leurs paroles, et n'apercevait pas le poison de leurs cœurs. Dieu vous préserve d'eux, et d'amis aussi perfides!

LE PRINCE.—Dieu me préserve d'amis perfides! Mais ils ne l'étaient pas.

---

[1] *Your chamber:* Votre chambre.

GLOCESTER. — Milord, voici le maire de Londres qui vient vous rendre son hommage.
(Entre le lord maire et son cortége.)

LE MAIRE. — Que le Ciel accorde à Votre Grâce la santé et des jours prospères !

LE PRINCE. — Je vous remercie tous. (*Sortent le maire*, etc.) — Je croyais que ma mère et mon frère York seraient venus, il y a longtemps, nous joindre en chemin. — Quel indigne paresseux que ce Hastings, qui ne vient pas nous dire s'ils arrivent ou non !
(Entre Hastings.)

BUCKINGHAM. — Le voici fort à propos, et tout en nage.

LE PRINCE. — Soyez le bienvenu, milord. Eh bien, notre mère vient-elle ?

HASTINGS. — La reine votre mère, et votre frère York, ont été, à propos de quoi, Dieu le sait et non pas moi, se réfugier dans le sanctuaire. — Le jeune prince aurait bien souhaité venir avec moi au-devant de Votre Grâce, mais sa mère l'a retenu malgré lui.

BUCKINGHAM. — Fi donc ! quelle conduite déplacée et maussade ! (*A l'archevêque.*) Lord cardinal, Votre Grâce veut-elle aller déterminer la reine à envoyer sur-le-champ le duc d'York à son auguste frère? Si elle s'y oppose, milord Hastings, allez avec le cardinal, et alors arrachez-le par force de ses bras jaloux.

L'ARCHEVÊQUE. — Milord Buckingham, si ma faible éloquence peut obtenir de sa mère le jeune duc d'York, attendez-vous à le voir ici dans un moment : mais, si elle s'obstine à résister à des instances amicales, que le Dieu du ciel ne permette pas que nous violions jamais le saint privilége du bienheureux sanctuaire ! Pour le royaume entier, je ne voudrais pas me rendre coupable d'un si noir péché.

BUCKINGHAM. — Vous vous entêtez ici contre toute raison, milord, pour de pures formes et de vieilles traditions. Considérez la chose même conformément aux idées grossières de ce siècle, vous trouverez que vous ne violez point les droits du sanctuaire en forçant le prince d'en sortir. Le bénéfice de l'asile n'est accordé qu'à ceux à qui leurs actions l'ont rendu nécessaire, et qui ont assez de jugement pour le réclamer. Mais le prince ne peut ni le réclamer ni en avoir besoin. Il n'est donc pas, à mon avis, en droit de l'obtenir; ainsi, en le faisant sortir de là où il ne peut être, vous ne violez aucun privilège, aucune charte. J'ai souvent ouï parler d'hommes réfugiés dans le sanctuaire; mais d'enfants, jamais jusqu'à présent.

L'ARCHEVÊQUE.—Milord, pour cette fois votre opinion l'emporte sur la mienne[1].—Allons, milord Hastings, voulez-vous venir avec moi?

HASTINGS.—Je vous suis, milord.

LE PRINCE.—Chers lords, faites, je vous prie, toute la diligence qui vous sera possible. (*Sortent le cardinal et Hastings.*) Dites, mon oncle Glocester, si notre frère vient, où logerons-nous jusqu'au jour de notre couronnement?

GLOCESTER.—Dans le lieu qui plaira le plus à Votre Altesse. Si vous voulez suivre mon conseil, vous vous reposerez un ou deux jours à la Tour, et ensuite dans le lieu qui vous plaira, et qui sera jugé le plus favorable à votre santé et à vos amusements.

LE PRINCE.—La Tour est l'endroit du monde qui me plaît le moins.—Est-il vrai, mon oncle, que ce soit Jules César qui l'ait bâtie?

GLOCESTER.—C'est lui, mon gracieux seigneur, qui l'a bâtie d'abord; puis dans la suite des siècles elle a été rebâtie plusieurs fois.

LE PRINCE.—Ce fait est-il constaté par des actes, ou bien a-t-on seulement raconté d'âge en âge que c'est lui qui l'avait bâtie?

BUCKINGHAM.—Par des actes, milord.

LE PRINCE.—Mais supposez, milord, que cela n'eût pas été consigné dans les archives, il me semble que la vérité devrait vivre d'âge en âge, comme un héritage

---

[1] L'archevêque ne céda point ainsi, mais voyant que, malgré ses protestations, on était résolu à employer la force, il fit comprendre à la reine que la résistance était inutile.

transmis à la postérité, jusqu'au jour de la fin universelle.

GLOCESTER, *à part*.—Des enfants si précoces et si sages, dit-on, ne vivent pas longtemps.

LE PRINCE.—Que dites-vous, mon oncle?

GLOCESTER.—Je disais que, sans le secours des caractères, la renommée vit longtemps [1]. (*A part.*) Ainsi, comme l'Iniquité personnifiée sur nos théâtres, je moralise avec des mots à double sens.

LE PRINCE.—Ce Jules César était un homme bien fameux! Sa valeur a illustré son génie, et son génie a déposé dans ses écrits de quoi faire vivre sa valeur. La mort n'a pu faire de ce conquérant sa conquête, car il est encore vivant par la gloire, bien qu'il ait perdu la vie.—Je veux vous dire une chose, mon cousin Buckingham.

BUCKINGHAM.—Quoi, mon gracieux seigneur?

LE PRINCE.—Si j'atteins l'âge d'homme, je veux ou reconquérir nos anciens droits sur la France, ou mourir en soldat, comme j'aurai vécu en roi.

GLOCESTER.—Les courts étés ont eu ordinairement un printemps très-précoce.

(Entre York, Hastings et le cardinal.)

BUCKINGHAM.—Ah! voici le duc d'York qui vient comme nous l'avions désiré.

LE PRINCE.—Richard d'York, comment se porte notre cher frère?

YORK.—Bien, mon redouté seigneur; car c'est ainsi que je dois vous nommer désormais.

LE PRINCE.—Oui, mon frère, à notre grande douleur ainsi qu'à la vôtre : il est trop vrai qu'il vient de mourir celui qui eût dû plus longtemps conserver ce titre, auquel sa mort a ôté beaucoup de majesté.

GLOCESTER.—Comment se porte notre cousin le noble duc d'York?

YORK.—Je vous remercie, cher oncle. O milord! c'est vous qui avez dit que mauvaise herbe croît bien vite : le

---

[1] *Without characters, fame lives long.*

prince, mon frère, a grandi beaucoup plus que moi.

GLOCESTER.—Il est vrai, milord.

YORK.—Il est donc mauvais?

GLOCESTER.—O mon beau cousin! je ne dis pas cela du tout.

YORK.—En ce cas, il vous a plus d'obligation que moi.

GLOCESTER.—Il peut me commander, lui, à titre de mon souverain; et vous, vous avez sur moi le pouvoir d'un parent.

YORK.—Je vous prie, mon oncle, donnez-moi ce poignard.

GLOCESTER.—Mon poignard, petit cousin? De tout mon cœur.

LE PRINCE.—Mendie-t-on comme cela, mon frère?

YORK.—Ce n'est qu'à mon cher oncle, qui, je le sais bien, me le donnera volontiers: ce n'est qu'une bagatelle qu'il ne peut pas avoir de peine à me donner.

GLOCESTER.—Je veux faire à mon cousin un plus beau présent.

YORK.—Un plus beau présent! Oh! vous voulez donc y joindre l'épée?

GLOCESTER.—Oui, mon beau cousin, si elle était assez légère.

YORK.—Oh! je vois bien que vous n'aimez à me faire que des dons légers; et, dans des demandes d'un plus grand poids, vous refuseriez au mendiant.

GLOCESTER.—Mais elle est, pour vous, trop pesante à porter.

YORK.—Fût-elle plus pesante, je la manierais très-facilement.

GLOCESTER.—Quoi! vous voudriez avoir mon épée, petit lord?

YORK.—Oui, je le voudrais, pour vous remercier de l'épithète que vous me donnez.

GLOCESTER.—Quelle épithète?

YORK.—Petit.

LE PRINCE.—Milord d'York sera toujours contrariant dans ses discours: mais, mon oncle, Votre Grâce sait comment le supporter.

YORK.—Vous voulez dire me porter, et non pas me supporter.—Mon oncle, mon frère se moque de vous et de moi. Parce que je suis aussi petit qu'un singe, il croit que vous pourriez me porter sur votre épaule.

BUCKINGHAM, *à part.*—Avec quelle finesse et quelle promptitude d'esprit il raisonne! Pour adoucir le sarcasme qu'il lance à son oncle, il se raille lui-même avec toute sorte de grâce et d'adresse. Tant de malice à cet âge est une chose étonnante!

GLOCESTER.—Mon gracieux seigneur, voulez-vous continuer votre route? Mon bon cousin Buckingham et moi, nous allons nous rendre auprès de votre mère pour la presser de venir vous trouver à la Tour et vous féliciter sur votre arrivée.

YORK.—Quoi! vous voulez aller à la Tour, mon prince?

LE PRINCE.—Milord protecteur dit qu'il le faut.

YORK.—Je ne dormirai pas tranquillement dans la Tour.

GLOCESTER.—Et pourquoi, mon ami? Qu'y voyez-vous à craindre?

YORK.—Vraiment, l'âme irritée de mon oncle Clarence. Ma grand'mère m'a dit qu'il y avait été assassiné.

LE PRINCE.—Je ne crains pas les oncles morts.

GLOCESTER.—Ni les vivants non plus, je m'en flatte.

LE PRINCE.—Oui, s'ils vivent, je n'ai, je l'espère, rien à craindre.—Mais marchons, milord : et, le cœur plein de tristesse, je vais, en songeant à eux, me rendre à la Tour.

(Sortent le prince, York, Hastings et le cardinal.)

BUCKINGHAM.—Pensez-vous, milord, que ce petit babillard d'York n'ait pas été excité par son artificieuse mère à vous poursuivre de ses sarcasmes insultants?

GLOCESTER.—Il n'y a pas de doute, il n'y a pas de doute. C'est un petit raisonneur, hardi, vif, spirituel, prompt et capable. C'est tout le portrait de sa mère, de la tête aux pieds.

BUCKINGHAM.—Laissons-les pour ce qu'ils sont.—Approche, cher Catesby. Tu t'es engagé aussi fortement à exécuter les intentions que nous t'avons communiquées, qu'à garder soigneusement le secret de la confidence que nous t'avons faite. Tu as entendu nos raisons pendant la route?—Qu'en penses-tu? Seraït-il si difficile de faire entrer le lord Hastings dans le projet que nous avons d'installer cet illustre duc sur le trône royal de cette île fameuse?

CATESBY.—Il aime si tendrement le jeune prince, à cause de son père, qu'il ne sera pas possible de l'engager à rien de contraire à ses intérêts.

BUCKINGHAM.—Et Stanley, qu'en penses-tu? S'y refusera-t-il?

CATESBY.—Stanley fera tout ce que fera Hastings.

BUCKINGHAM.—En ce cas, il faut s'en tenir à ceci. Va, cher Catesby, sonde de loin lord Hastings pour savoir de quel œil il verrait notre projet; et invite-le à se rendre demain à la Tour, pour assister au couronnement. Si tu trouves qu'on puisse le disposer pour nous, alors encourage-le, et dis-lui toutes nos raisons. S'il est de plomb, de glace, froid, et mal disposé, sois de même, romps aussitôt l'entretien, et viens nous instruire de ses dispositions.—Demain nous tenons deux conseils séparés où tu joueras un grand rôle.

GLOCESTER.—Assure lord William de mon attachement, et dis-lui, Catesby, que l'ancienne ligue de ses dangereux ennemis va verser son sang demain au château de Pomfret; et recommande de ma part à mon ami de donner, en signe de joie de cette bonne nouvelle, un doux baiser de plus à mistriss Shore [1].

BUCKINGHAM.—Va, cher Catesby : exécute habilement ta commission.

CATESBY.—Mes bons lords, je vous promets à tous deux d'y donner tous les soins dont je suis capable.

GLOCESTER.—Catesby, aurons-nous de vos nouvelles, avant de nous mettre au lit?

---

[1] Jeanne Shore avait été maîtresse d'Edouard, et à ce qu'il paraît de lord Hastings. Elle fut comprise dans l'accusation intentée contre lui après sa mort, et subit une pénitence publique. Elle mourut dans la misère, abandonnée de tous ceux auxquels elle avait rendu des services pendant sa faveur.

CATESBY.—Vous en aurez, milord.
GLOCESTER.—A Crosby : tu nous trouveras là tous deux.
(Catesby sort.)

BUCKINGHAM.—Que ferons-nous, milord, si nous voyons que Hastings ne se prête pas à nos projets?

GLOCESTER.—Nous ferons tomber sa tête, mon cher.—Nous viendrons à bout de quelque chose.—Et souviens-toi, lorsque je serai roi, de me demander le comté d'Hereford, dont le roi mon frère était en possession, avec toutes ses dépendances.

BUCKINGHAM.—Je réclamerai de Votre Grâce l'effet de cette promesse.

GLOCESTER. — Et compte qu'elle te sera accordée en toute affection.—Allons, il faut souper de bonne heure afin d'avoir ensuite le temps de digérer nos projets et de leur donner une certaine forme.
(Ils sortent.)

SCÈNE II

Devant la maison de lord Hastings.)

Entre UN MESSAGER.

LE MESSAGER, *frappant à la porte.*—Milord, milord?
HASTINGS, *en dedans.*—Qui est là?
LE MESSAGER.—Quelqu'un de la part de lord Stanley.
HASTINGS.—Quelle heure est-il?
LE MESSAGER. — Vous allez entendre sonner quatre heures.
(Entre Hastings.)

HASTINGS.—Ton maître trouve-t-il donc la nuit trop longue pour dormir?

LE MESSAGER.—Il y a toute apparence, d'après ce que j'ai à vous dire. D'abord, il me charge de présenter ses salutations à Votre Seigneurie.

HASTINGS.—Et après...

LE MESSAGER.—Ensuite il vous annonce qu'il a rêvé, cette nuit, que le sanglier lui avait jeté son casque à bas.

Il vous informe aussi qu'on tient deux conseils, et qu'il serait possible que, dans l'un des deux, on prît un parti qui pourrait à tous deux vous faire déplorer l'autre. C'est ce qui l'a déterminé à m'envoyer savoir vos intentions; et si, à l'instant même, vous voulez monter à cheval avec lui, et vous réfugier en toute hâte dans le nord pour éviter le danger que pressent son âme.

HASTINGS.—Va, mon ami, retourne vers ton maître. Dis-lui que nous n'avons rien à craindre de ces deux conseils séparés. Son Honneur et moi nous serons de l'un des deux, et mon bon ami Catesby doit se trouver à l'autre; il ne peut rien s'y passer relativement à nous que je n'en sois instruit. Dis-lui que ses craintes sont vaines et sans motifs; et quant à ses songes, je m'étonne qu'il soit assez simple pour ajouter foi aux illusions d'un sommeil agité. Fuir le sanglier avant qu'il nous poursuive, ce serait l'exciter à courir sur nous, et diriger sa poursuite vers la proie qu'il n'avait pas intention de chasser. Va, dis à ton maître de se lever, et de venir me joindre; nous irons ensemble à la Tour, où il verra que le sanglier nous traitera bien.

LE MESSAGER.—J'y vais, milord; et lui rapporterai vos paroles.

(Il sort.)

(Entre Catesby.)

CATESBY.—Mille bonjours à mon noble lord.

HASTINGS.—Bonjour, Catesby. Vous êtes bien matinal aujourd'hui. Quelles sont les nouvelles, dans ce temps d'incertitude?

CATESBY.—En effet, milord, les choses sont peu stables; et je crois qu'elles ne reprendront point de solidité, que Richard ne porte le bandeau royal.

HASTINGS.—Comment! le bandeau royal? Veux-tu dire la couronne?

CATESBY.—Oui, mon bon lord.

HASTINGS.—La couronne de ma tête tombera de dessus mes épaules avant que je voie la couronne si odieusement déplacée. Mais crois-tu t'apercevoir qu'il y vise?

CATESBY.—Oui, sur ma vie: il se flatte de vous voir

ardent à le soutenir dans ses projets pour y parvenir; et c'est dans cette confiance qu'il m'envoie vous apprendre l'agréable nouvelle que, ce jour même, vos ennemis, les parents de la reine, doivent mourir à Pomfret.

HASTINGS.—J'avoue que cette nouvelle ne m'afflige pas, car ils ont toujours été mes ennemis; mais que je donne jamais ma voix à Richard, au préjudice du droit des légitimes héritiers de mon maître! Dieu sait que je n'en ferai rien, dût-il m'en coûter la vie.

CATESBY.—Dieu conserve Votre Seigneurie dans ces bons sentiments!

HASTINGS.—Mais je rirai pendant un an d'avoir assez vécu pour voir la fin tragique de ceux qui m'avaient attiré la haine de mon maître. Va, va, Catesby, avant que je sois plus vieux de quinze jours, j'en ferai dépêcher encore quelques-uns qui ne s'y attendent guère.

CATESBY.—C'est une vilaine chose, mon cher lord, de mourir sans préparation, et lorsqu'on s'y attend le moins.

HASTINGS.—Oh! affreux, affreux. Et c'est pourtant ce qui arrive à Rivers, Vaughan et Grey; et il en arrivera autant à quelques autres, qui se croient aussi en sûreté que toi et moi, qui, tu le sais, sommes aimés du prince Richard et de Buckingham.

CATESBY.—Oh! ils vous tiennent en très-haute estime, (à part) car ils estiment que sa tête sera bientôt sur le pont.

HASTINGS.—Je sais qu'il en est ainsi, et je l'ai bien mérité. (Entre Stanley.) Comment! comment! mon cher, où est donc votre épieu, mon cher? Quoi! vous craignez le sanglier, et vous marchez sans armes?

STANLEY.—Bonjour, milord. — Bonjour, Catesby. — Vous pouvez plaisanter; mais, par la sainte croix, je n'aime point ces conseils séparés, moi.

HASTINGS.—Milord, j'aime autant ma vie, que vous la vôtre; et même je vous proteste qu'elle ne me fut jamais aussi précieuse qu'elle me l'est en ce moment. Croyez-vous, de bonne foi, que, si je n'étais pas certain de notre sûreté, vous me verriez un air aussi triomphant?

STANLEY.—Les lords qui sont à Pomfret étaient joyeux aussi, lorsqu'ils partirent de Londres; ils s'y croyaient bien en sûreté; ils n'avaient, en effet, aucun sujet de défiance, et pourtant vous voyez combien promptement le jour s'est obscurci pour eux : ce coup, si soudainement porté par la haine, éveille mes inquiétudes; veuille le Ciel que ma peur n'ait pas le sens commun ! — Eh bien ! nous rendrons-nous à la Tour ? Le jour s'avance.

HASTINGS.—Allons, allons; j'ai quelque chose à vous dire... Devinez-vous ce que c'est, milord? Aujourd'hui, les lords dont vous parlez sont décapités.

STANLEY.—Hélas! pour la fidélité, ils méritent mieux de porter leurs têtes que quelques-uns de ceux qui les ont accusés de porter leurs chapeaux. Mais, venez, milord ; partons.

(Entre un sergent d'armes.)

HASTINGS.—Allez toujours devant, je veux dire un mot à ce brave homme. (*Sortent Stanley et Catesby.*)—Eh bien, ami, comment va ?

LE SERGENT.—D'autant mieux, que Votre Seigneurie veut bien s'en informer.

HASTINGS.—Je te dirai, mon ami, que les choses vont mieux pour moi, aujourd'hui, que la dernière fois que tu me rencontras ici. On me conduisait en prison à la Tour où j'étais envoyé par les menées des parents de la reine; mais maintenant je te dirai (garde cela pour toi) qu'aujourd'hui ces mêmes ennemis sont mis à mort, et que je suis en meilleure position que je n'étais alors.

LE SERGENT.—Dieu veuille vous y maintenir, à la satisfaction de Votre Honneur.

HASTINGS.—Mille grâces, ami. Tiens, bois à ma santé.

(Il lui jette sa bourse.)

LE SERGENT.—Je remercie Votre Honneur.

(Sort le sergent.)

(Entre un prêtre.)

LE PRÊTRE.—Bienheureux de vous rencontrer, milord, je suis fort aise de voir Votre Honneur.

HASTINGS.—Je te remercie de tout mon cœur, mon bon sir John. Je vous suis redevable pour votre dernier office. Venez chez moi dimanche prochain, et je m'acquitterai avec vous.

(Entre Buckingham.)

BUCKINGHAM.—Quoi! en conversation avec un prêtre, lord chambellan? Ce sont vos amis de Pomfret qui ont besoin du ministère d'un prêtre; mais vous, je ne crois pas que vous ayez occasion de vous confesser.

HASTINGS.—Non, ma foi; et lorsque j'ai rencontré ce saint homme, j'ai songé à ceux dont vous parlez. — Eh bien, allez-vous à la Tour?

BUCKINGHAM.—J'y vais, milord : mais je n'y resterai pas longtemps; j'en reviendrai avant vous.

HASTINGS.—Cela est assez probable; car j'y resterai à dîner.

BUCKINGHAM, *à part.*—Et à souper aussi, quoique tu ne t'en doutes pas.—Allons, voulez-vous venir?

HASTINGS.—Je vous suis, milord.

(Ils sortent.)

SCÈNE III

A Pomfret.—Devant le château.

Entre RATCLIFF, *conduisant, avec une escorte,* RIVERS, GREY ET VAUGHAN *à la mort.*

RATCLIFF.—Allons, conduisez les prisonniers.

RIVERS.—Sir Richard Ratcliff, laisse-moi te dire ceci : tu vois mourir aujourd'hui un sujet fidèle, puni de son zèle et de sa loyauté.

GREY.—Dieu garde le prince de votre clique à tous! Vous êtes là une troupe liguée de damnés vampires.

VAUGHAN.—Il y en a parmi vous qui un jour crieront malheur sur tout ceci.

RATCLIFF.—Dépêchons; le terme de votre vie est arrivé.

RIVERS.—O Pomfret, Pomfret! ô toi, prison sanglante, prison fatale et de mauvais augure aux nobles pairs de ce royaume! Dans la coupable enceinte de tes murs fut massacré Richard II ; et pour rendre plus odieux ton sinistre séjour, nous allons te donner à boire encore notre sang innocent.

GREY.—C'est maintenant que tombe sur nos têtes la malédiction de Marguerite, lorsqu'elle reprocha à Hastings, à vous et à moi, d'être restés spectateurs tranquilles, pendant que Richard poignardait son fils.

RIVERS.—Elle maudit aussi Hastings, elle maudit Buckingham, elle maudit Richard. Souviens-toi, ô Dieu, d'exaucer contre eux ses prières, comme tu les exauces contre nous !—Mais ma sœur, et les princes ses enfants... ô Dieu miséricordieux, contente-toi de notre sang fidèle, qui, tu le vois, va être injustement versé !

RATCLIFF. — Finissons : l'heure marquée pour votre mort est déjà passée.

RIVERS.—Allons, Grey,—allons, Vaughan. Embrassons-nous ici.—Adieu, jusqu'à notre réunion dans le ciel.

(Ils sortent.)

SCÈNE IV

A Londres.—Un appartement dans la Tour.

BUCKINGHAM, STANLEY, HASTINGS, L'ÉVÈQUE D'ÉLY, CATESBY, LOVEL *et autres, autour d'une table, les officiers du conseil sont présents.*

HASTINGS.—Nobles pairs, nous sommes ici rassemblés pour fixer le jour du couronnement ; au nom de Dieu, parlez, quel jour nommez-vous pour cette auguste cérémonie ?

BUCKINGHAM.—Tout est-il préparé pour ce grand jour ?

STANLEY.—Tout : il ne reste plus qu'à le fixer.

L'ÉVÈQUE D'ÉLY.—Demain serait, ce me semble, un jour heureusement choisi.

BUCKINGHAM.—Qui de vous ici connaît les intentions du protecteur ? quel est le confident le plus intime du noble duc ?

L'ÉVÊQUE D'ÉLY.—C'est vous, milord, à ce que nous croyons, qui connaissez le mieux sa pensée.

BUCKINGHAM.—Nous connaissons tous les visages l'un de l'autre : mais pour nos cœurs.... Il ne connaît pas plus le mien que moi le vôtre : et je ne connais pas plus le sien, milord, que vous le mien.—Lord Hastings, vous êtes liés tous deux d'une étroite amitié.

HASTINGS.—Je sais que Sa Grâce a la bonté de m'accorder beaucoup d'affection. Mais quant à ses vues sur le couronnement, je ne l'ai point sondé, et il ne m'a fait connaître en aucune manière ses gracieuses volontés à ce sujet. Mais vous, noble lord, vous pourriez nommer le jour : et je donnerai ma voix au nom du duc; j'ose espérer qu'il ne le prendra pas en mauvaise part.

(Entre Glocester.)

L'ÉVÊQUE D'ÉLY.—Voici le duc lui-même, qui vient fort à propos.

GLOCESTER —Mes nobles lords et cousins, je vous souhaite à tous le bonjour. J'ai dormi tard; mais je me flatte que mon absence n'a pas empêché qu'on s'occupât d'aucun des objets importants qui devaient se régler en ma présence.

BUCKINGHAM.—Si vous n'aviez pas fait votre entrée à point nommé, milord, voilà lord Hastings qui allait se charger de votre rôle; je veux dire qu'il aurait donné votre voix pour le couronnement du roi.

GLOCESTER.—Personne ne pouvait le faire avec plus de confiance que milord Hastings. Il me connaît bien; il m'est tendrement attaché.—Milord d'Ély, la dernière fois que je me trouvai à Holborn, je vis des fraises dans votre jardin[1]. Je vous prie, envoyez-m'en quelques-unes.

---

[1] La demande des fraises est historique, et donnée comme un échantillon de la bonne humeur qu'affecta ce jour-là Richard au commencement du conseil. Probablement Shakspeare en a profité pour faire sortir l'évêque d'Ély, afin qu'il ne s'établît pas de discussion entre ce prélat, qui a demandé que le couronnement d'Édouard V eût lieu le lendemain, et Stanley à qui un instant de prudence fait exprimer le désir qu'il soit retardé. C'est ce que n'ont point aperçu les commentateurs.

L'ÉVÊQUE D'ÉLY.—Oui-dà, milord, et de tout mon cœur.
(L'évêque d'Ély sort.)

GLOCESTER.—Cousin Buckingham, un mot. (*Il le prend à part:*)—Catesby a sondé Hastings sur notre projet, et il a trouvé cet entêté-là si violent qu'il perdra, dit-il, sa tête avant de consentir à ce que le fils de son maître, comme il l'appelle respectueusement, perde la souveraineté du trône d'Angleterre.

BUCKINGHAM.—Sortez un moment, je vous accompagnerai.
(Sortent Glocester et Buckingham.)

STANLEY.—Nous n'avons pas encore fixé ce jour solennel. Demain, à mon avis, est trop précipité. Pour moi, je ne suis pas aussi bien préparé que je le serais si l'on éloignait ce jour.
(Rentre l'évêque d'Ély.)

L'ÉVÊQUE D'ÉLY.—Où est milord protecteur? Je viens d'envoyer chercher les fraises.

HASTINGS.—Le duc paraît ce matin bien disposé et de bonne humeur. Il faut qu'il soit occupé de quelque idée qui lui plaît, pour nous avoir souhaité le bonjour d'un air si animé. Je ne crois pas qu'il y ait, dans toute la chrétienté, un homme moins capable de cacher sa haine ou son amitié que lui : vous lisez d'abord sur son visage ce qu'il a dans le cœur.

STANLEY.—Et quels traits de son âme voyez-vous donc aujourd'hui sur son visage, d'après les apparences qu'il a laissé voir?

HASTINGS.—Hé! j'y vois clairement qu'il n'est irrité contre personne, car, si cela était, on l'aurait vu dans ses yeux.
(Rentrent Richard et Buckingham.)

GLOCESTER.—Je vous le demande à tous, dites-moi ce que méritent ceux qui conspirent ma mort par les pratiques diaboliques d'une damnable sorcellerie, et qui sont parvenus à soumettre mon corps à leurs charmes infernaux?

HASTINGS.—Le tendre attachement que j'ai pour Votre Grâce, milord, m'enhardit à prononcer le premier, dans cette illustre assemblée, l'arrêt des coupables. Quels qu'ils soient, je soutiens, milord, qu'ils ont mérité la mort.

GLOCESTER.—Eh bien, que vos yeux soient donc témoins du mal qu'ils m'ont fait. Voyez comme ils m'ont ensorcelé : regardez, mon bras est desséché comme une jeune perche frappée de la gelée. C'est l'ouvrage de cette épouse d'Édouard, de cette horrible sorcière, liguée avec cette malheureuse, cette prostituée, la Shore : ce sont elles qui m'ont ainsi marqué de leurs sortiléges.

HASTINGS.—Si elles sont les auteurs de ce forfait, milord....

GLOCESTER.—Si! que prétends-tu avec tes si, toi, le protecteur de cette odieuse prostituée?—Tu es un traître.—A bas sa tête.—Oui, je jure ici par saint Paul, que je ne dînerai pas que je ne l'aie vue à bas.—Lovel et Catesby, ayez soin que cela s'exécute.—Pour vous autres, qui m'aime se lève et me suive.

(Tout le conseil se lève, et suit Richard et Buckingham.)

HASTINGS.—Malheur, malheur à l'Angleterre! car de moi je n'en donnerais pas cela. Imbécile que je suis, j'aurais pu prévenir ce qui m'arrive. Stanley avait vu en songe le sanglier lui abattre son casque; mais j'ai méprisé cet avis, et j'ai dédaigné de fuir. Trois fois aujourd'hui mon cheval caparaçonné a bronché et a fait un écart à l'aspect de la Tour, comme s'il eût refusé de me mener à la boucherie.—Ah! j'ai besoin maintenant du prêtre à qui je parlais tantôt. Je me repens à présent d'avoir dit à ce sergent, d'un air de triomphe, que mes ennemis périssaient aujourd'hui à Pomfret d'une mort sanglante, et que moi j'étais sûr d'être en grâce et en faveur. O Marguerite, Marguerite! c'est maintenant que ta funeste malédiction tombe sur la tête infortunée du pauvre Hastings!

CATESBY.—Allons, milord, abrégez : le duc attend pour dîner. Faites une courte confession; il est pressé de voir votre tête.

HASTINGS. — O faveur momentanée des mortels que nous poursuivons avec plus d'ardeur que la grâce de

Dieu! Celui qui bâtit son espérance sur ton fantastique sourire est comme le matelot ivre au haut d'un mât, toujours prêt à tomber à la moindre secousse, dans les fatales entrailles de l'abîme.

LOVEL. —Allons, allons, finissons : ces lamentations sont inutiles.

HASTINGS. — O sanguinaire Richard ! — Malheureuse Angleterre! je te prédis les jours les plus effroyables qu'aient encore vus les siècles les plus malheureux.— Allons, conduisez-moi à l'échafaud : portez-lui ma tête. —J'en vois sourire à mon malheur qui ne me survivront pas longtemps.

(Ils sortent.)

SCÈNE V

Toujours à Londres.—Les murs de la Tour.

Entrent GLOCESTER ET BUCKINGHAM *vêtus d'armures rouillées et singulièrement en désordre.*

GLOCESTER. — Dis-moi, cousin, peux-tu trembler et changer de couleur, perdre la respiration au milieu d'un mot, recommencer ton discours et t'arrêter encore comme si tu avais la tête perdue, l'esprit égaré de frayeur?

BUCKINGHAM.—Bon! je suis en état d'égaler le plus grand tragédien, de parler en regardant en arrière, et promenant autour de moi un œil inquiet, de trembler et tressaillir au mouvement d'un brin de paille, comme assailli d'une crainte profonde. Le regard épouvanté et le sourire forcé sont également à mes ordres; ils sont toujours prêts, chacun dans son emploi, à donner à mes stratagèmes l'apparence convenable. Mais Catesby est-il parti?

GLOCESTER.—Oui, et le voilà qui ramène avec lui le maire.

BUCKINGHAM.—Laissez-moi lui parler. (*Entrent le lord maire et Catesby.*) Lord maire....

GLOCESTER.—Prenez garde au pont.

BUCKINGHAM.—Écoutez, écoutez le tambour.

GLOCESTER.—Catesby, veillez sur les remparts.

BUCKINGHAM.—Lord maire, la raison qui nous a fait vous mander....

GLOCESTER.—Prends garde, défends-toi....—Voilà les ennemis.

BUCKINGHAM.—Que Dieu et notre innocence nous défendent et nous protégent !

(Entrent Lovel et Catesby, portant la tête de Hastings.)

GLOCESTER.—Non, rassurez-vous, ce sont nos amis : Lovel et Catesby.

LOVEL.—Voilà la tête de cet ignoble traître, de ce dangereux Hastings qu'on était si loin de soupçonner.

GLOCESTER.—J'ai tant aimé cet homme que je ne puis m'empêcher de pleurer. Je l'avais toujours cru le plus sincère et le meilleur humain qui jamais sur terre ait porté le nom de chrétien. Il était pour moi comme un livre où mon âme déposait le récit de ses plus secrètes pensées. Il savait couvrir ses vices d'un vernis de vertu si séduisant, que, sauf une faute notoire et visible à tous les yeux (je parle de son commerce déclaré avec la femme de Shore), il vivait à l'abri du plus léger soupçon.

BUCKINGHAM.—Oh ! c'était bien le traître le plus caché, le plus habilement déguisé qui ait jamais vécu !—Voyez, lord maire, auriez-vous jamais imaginé, et pourriez-vous même le croire encore, si la Providence ne nous avait pas conservés vivants pour vous le dire, que ce rusé traître avait comploté de nous assassiner, moi et le bon duc de Glocester, aujourd'hui même dans la chambre du conseil ?

LE MAIRE.—Quoi, est-il vrai ?

GLOCESTER.—Quoi ? nous prenez-vous pour des Turcs et des infidèles ? Et pensez-vous que nous eussions ainsi, contre la forme des lois, procédé si violemment à la mort du scélérat, si l'extrême danger de la chose, le repos de l'Angleterre et la sûreté de nos personnes ne nous eussent pas forcés à cette rapide exécution ?

LE MAIRE.—Puisse-t-il vous bien arriver ! Il a mérité la mort ; et Vos Grâces ont très-sagement procédé, en faisant un exemple capable d'effrayer les faux traîtres qui voudraient renouveler de pareilles tentatives. Je n'ai rien espéré de mieux de sa part, depuis que je l'ai vu en relation avec mistriss Shore.

BUCKINGHAM.—Et cependant notre intention n'était pas qu'il fût exécuté avant que vous fussiez arrivé, milord, pour être présent à sa fin. Mais le zèle affectionné de nos amis a empêché, un peu contre notre intention, que cela ne fût ainsi. Nous aurions été bien aises que vous eussiez entendu le traître parler, et confesser en tremblant les détails et le but de sa trahison, afin que vous eussiez pu en rendre compte aux citoyens qui seraient peut-être tentés de mal interpréter cette exécution, et de plaindre sa mort.

LE MAIRE.—La parole de Votre Grâce, mon bon lord, vaudra autant que si je l'avais vu et entendu parler : et ne doutez nullement ni l'un ni l'autre, nobles princes, que je n'informe nos fidèles citoyens de la justice avec laquelle vous avez agi en cette occasion.

GLOCESTER.—C'était pour cela que nous souhaitions la présence de Votre Seigneurie, afin d'éviter la censure des langues mal intentionnées.

BUCKINGHAM.—Mais enfin, puisque vous êtes arrivé trop tard pour remplir nos intentions, vous pouvez du moins attester tout ce que nous venons de vous en apprendre. Et sur ce, mon bon lord maire, nous vous souhaitons le bonjour.

(Le lord maire sort.)

GLOCESTER.—Allons, suivez, suivez-le, cousin Buckingham. Le maire va se rendre en diligence à Guild-Hall. Là, lorsque vous trouverez le moment favorable, mettez en avant la bâtardise des enfants d'Edouard. Dites-leur comment Edouard fit mettre à mort un citoyen [1], pour avoir dit qu'il ferait son fils héritier de la couronne, lors-

---

[1] Un riche mercier de la Cité, nommé Walker. Ce fut en chaire que Richard fit d'abord attaquer les actes d'Édouard, la légitimité de ses enfants, et la sienne propre, par un docteur Shand, frère du maire de Londres.

qu'il n'entendait parler que de sa maison, dont l'enseigne portait ce nom. Ensuite insistez sur ses abominables débauches, et la brutalité de ses penchants inconstants, qui s'étendaient jusqu'à leurs servantes, leurs filles, leurs femmes, partout où son œil lascif et son cœur dévorant s'arrêtaient pour chercher une proie. De là vous pouvez, dans un besoin, ramener le discours sur ma personne.—Dites-leur que, lorsque ma mère devint grosse de cet insatiable Édouard, le duc d'York, mon illustre père, était occupé dans les guerres de France; et qu'en faisant une supputation exacte des dates, il reconnut évidemment que l'enfant ne lui appartenait pas; vérité confirmée encore par sa physionomie, qui n'avait aucun des traits du noble duc mon père; cependant touchez cela légèrement, et comme en passant, car vous savez, milord, que ma mère vit encore.

BUCKINGHAM.—Reposez-vous sur moi, milord; je vais parler avec autant d'éloquence que si la brillante récompense qui fait l'objet de mon plaidoyer devait être pour moi-même; et sur ce, adieu, milord.

GLOCESTER.—Si vous réussissez, amenez-les au château de Baynard; vous m'y trouverez vertueusement entouré de révérends pères et de savants évêques.

BUCKINGHAM.—Je pars; et comptez que vers les trois ou quatre heures, vous recevrez des nouvelles de ce qui se sera passé à Guild-Hall.

(Buckingham sort.)

GLOCESTER. — Lovel, allez chercher promptement le docteur Shaw.—Et vous, Catesby, amenez-moi le moine Penker. Dites-leur de venir me trouver avant une heure d'ici, au château de Baynard. *(Lovel et Catesby sortent.)* Je vais rentrer. Il faut que je donne des ordres secrets pour mettre hors de vue cette petite race de Clarence, et recommander qu'on ne souffre pas que personne au monde approche les princes.

(Ils sortent.)

SCÈNE VI

Une rue de Londres.

Entre UN CLERC.

LE CLERC.—Voilà les chefs d'accusation intentés contre ce bon lord Hastings, grossoyés dans une belle écriture à main posée, pour être lus tantôt publiquement dans l'église de Saint-Paul! Et remarquez comme tout cela est d'accord!—J'ai employé onze heures entières à les mettre au net; car ce n'est que d'hier au soir que Catesby me les a envoyés; l'original avait coûté au moins autant de temps à rédiger, et pourtant il n'y a pas cinq heures que Hastings vivait encore, et sans avoir été ni accusé, ni interrogé, en pleine liberté. Il faut avouer que nous sommes dans un joli monde! — Qui serait assez stupide pour ne pas voir ce grossier artifice? Et cependant qui serait assez hardi pour avoir le courage de ne pas dire qu'il ne le voit pas? Le monde est mauvais; et tout est perdu sans ressource, quand il faut, en voyant de pareilles actions, se contenter de penser.

(Il sort.)

SCÈNE VII

Toujours à Londres.— La cour du château de Baynard [1].

GLOCESTER ET BUCKINGHAM *entrent par différents côtés*.

GLOCESTER.—Eh bien? eh bien? Que disent nos bourgeois?

BUCKINGHAM.—Par la sainte Mère de notre Sauveur, les bourgeois ont la bouche close, et ne disent pas un mot!

---

[1] Le château de Baynard était, à ce qu'il paraît, une habitation fortifiée, bâtie par un des gentilshommes qui accompagnèrent Guillaume le Conquérant. Elle était située dans Londres même, au bord de la Tamise, où l'on en aperçoit encore les fondations lorsque les eaux sont basses.

GLOCESTER.—Avez-vous touché l'article de la bâtardise des enfants d'Édouard?

BUCKINGHAM.—Oui; j'ai parlé de son contrat de mariage avec lady Lucy, et de celui qui a été fait en France par ses ambassadeurs; de l'insatiable voracité de ses désirs, et de ses violences sur les femmes de la Cité; de sa tyrannie à propos de rien; j'ai dit que lui-même était bâtard puisqu'il avait été conçu lorsque votre père était en France; qu'il n'avait point de ressemblance avec le duc; j'ai en même temps rappelé vos traits et je vous ai montré comme la véritable image de votre père, tant par la physionomie que par la noblesse de l'âme. J'ai fait valoir toutes vos victoires dans l'Écosse, votre science dans la guerre, votre sagesse dans la paix, vos vertus, la bonté de votre naturel, et votre humble modestie; enfin, rien de ce qui pouvait tendre à vos vues n'a été laissé de côté dans ma harangue, ni touché avec négligence. Et lorsque je suis venu à la fin, j'ai sommé ceux qui aimaient le bien de leur pays, de crier : Dieu conserve Richard, roi d'Angleterre !

GLOCESTER.—Et l'ont-ils fait?

BUCKINGHAM.—Non. Que Dieu me soit aide ! ils n'ont pas dit un mot. Mais tous, comme de muettes statues ou des pierres insensibles, sont demeurés à se regarder l'un l'autre, et pâles comme des morts.— Quand j'ai vu cela, je les ai réprimandés, et j'ai demandé au maire ce que signifiait ce silence obstiné. Sa réponse a été, que le peuple n'était pas accoutumé à se voir haranguer par d'autres que par le greffier. Alors on l'a pressé de répéter mon discours : mais il n'a parlé que d'après moi; *voilà ce qu'a dit le duc, voilà comment le duc a conclu*; sans rien prendre sur lui. Lorsqu'il a eu fini, un certain nombre de mes gens, apostés dans le bas de la salle, ont jeté leurs bonnets en l'air, et environ une douzaine de voix ont crié: *Dieu conserve le roi Richard !* J'ai saisi l'occasion qu'ils me donnaient. *Je vous remercie, bons citoyens, braves amis, leur ai-je dit. Cette acclamation générale et ces cris de joie prouvent votre discernement, et votre affection pour Richard :* et j'ai fini là, et me suis retiré.

GLOCESTER.—Quels muets imbéciles! Quoi! Ils n'ont pas voulu parler?—Mais le maire et ses adjoints ne viendront-ils pas?

BUCKINGHAM.—Le maire est tout près d'ici, milord. Montrez quelque crainte. Ne leur donnez audience qu'après de vives instances; et ayez soin, mon bon lord, de paraître devant eux un livre de prières à la main, et entre deux ecclésiastiques : car je veux sur ce texte faire un sermon édifiant. Et ne vous laissez pas aisément gagner à nos sollicitations. Jouez le rôle de la jeune fille : répondez toujours non, tout en acceptant.

GLOCESTER.—Je rentre : et, si vous plaidez aussi bien pour eux que je saurai répondre non pour mon propre compte, nul doute que nous ne conduisions notre projet à une heureuse issue.

BUCKINGHAM.—Allez, allez, montez sur la terrasse; voilà le maire qui frappe. (*Sort Glocester.*)—(*Entrent le lord maire, les aldermen, des citoyens.*)—Soyez le bienvenu, milord. Je perds mon temps à attendre le duc. Je ne crois pas qu'il veuille nous recevoir. (*Entre Catesby, venant du château.*) Eh bien, Catesby, qu'a répondu le duc à ma requête?

CATESBY.—Il prie Votre Grâce, mon noble lord, de remettre votre visite à demain, ou au jour suivant. Il est enfermé avec deux vénérables ecclésiastiques, et saintement occupé de méditations, et désire qu'aucune affaire temporelle ne vienne le distraire de son pieux exercice.

BUCKINGHAM.—Retournez, bon Catesby, vers le gracieux duc. Dites-lui que le maire, les aldermen et moi, nous sommes venus pour conférer avec Sa Grâce sur des affaires de la dernière conséquence, sur des projets très-importants, et qui se rattachent au bien général de l'État.

CATESBY.—Je vais l'en instruire sur-le-champ.

(Il sort.)

BUCKINGHAM, *au maire.*—Ha! ha! milord : ce prince-là n'est pas un Édouard. Il n'est pas à se bercer sur un voluptueux canapé. Il est sur ses genoux, occupé à la contemplation. On ne le trouve pas se divertissant avec une couple de courtisanes : mais il médite avec deux profonds et savants docteurs. Il n'est pas à dormir pour engraisser son corps indolent : mais il prie pour enrichir son âme vigilante. Heureuse l'Angleterre, si ce vertueux prince voulait se charger d'en être le souverain ! Mais, je le crains bien, jamais nous n'obtiendrons cela de lui.

LE MAIRE.—Vraiment, Dieu nous préserve d'un refus de sa part !

BUCKINGHAM.—Ah ! je crains bien qu'il ne refuse.— Voilà Catesby qui revient. (*Entre Catesby.*) Eh bien, Catesby, que dit Sa Grâce ?

CATESBY.—Elle ne conçoit pas dans quel but vous avez réuni un si grand nombre de citoyens, pour les amener chez elle, sans l'en avoir prévenue auparavant ; elle craint, milord, que vous n'ayez de mauvais desseins contre elle.

BUCKINGHAM.—Je suis mortifié que mon noble cousin puisse me soupçonner de mauvais desseins contre lui. Par le ciel ! nous venons à lui remplis d'affection ; retournez encore, je vous prie, et assurez-en Sa Grâce. (*Catesby sort.*) Quand ces hommes pieux et d'une dévotion profonde sont à leur chapelet, il est bien difficile de les en retirer : tant sont doux les plaisirs d'une fervente contemplation.

(Glocester paraît sur un balcon élevé, entre deux évêques. Catesby revient avec lui.)

LE MAIRE.—Eh ! tenez, voilà Sa Grâce qui arrive entre deux ecclésiastiques.

BUCKINGHAM.—Deux appuis pour la vertu d'un prince chrétien, et qui le préservent des chutes de la vanité ! Voyez ! dans sa main un livre de prières : ce sont là les véritables parures auxquelles se fait reconnaître un saint.—Fameux Plantagenet, très-gracieux prince, prête une oreille favorable à notre requête, et pardonne-nous d'interrompre les dévots exercices de ton zèle vraiment chrétien.

GLOCESTER.—Milord, vous n'avez pas besoin d'apologie. C'est moi qui vous prie de m'excuser si mon ardeur pour le service de mon Dieu m'a fait négliger la visite de mes amis. Mais laissons cela ; que désire Votre Grâce ?

BUCKINGHAM.—Une chose qui, j'espère, sera agréable à Dieu, et réjouira tous les bons citoyens de cette île dans l'anarchie.

GLOCESTER.—Vous me faites craindre d'avoir commis quelque faute répréhensible aux yeux de cette ville, et vous venez sans doute me reprocher mon ignorance ?

BUCKINGHAM.—Vous avez deviné juste, milord. Votre Grâce daignerait-elle, à nos instantes prières, réparer sa faute ?

GLOCESTER. — Comment pourrais-je autrement vivre dans un pays chrétien ?

BUCKINGHAM. — Sachez donc que vous êtes coupable d'abandonner le siége suprême, le trône majestueux, les fonctions souveraines de vos ancêtres, les grandeurs qui vous appartiennent, les droits de votre naissance et la gloire héréditaire de votre royale maison, au rejeton corrompu d'une tige souillée ; tandis que vous êtes plongé dans le calme de vos pensées assoupies, dont nous venons de vous réveiller aujourd'hui pour le bien de notre patrie, cette belle île se voit mutilée dans plusieurs de ses membres, son visage est défiguré par des marques d'infamie, la tige de ses rois est greffée sur d'ignobles sauvageons, et elle-même se voit presque entièrement ensevelie dans l'abîme profond de la honte et de l'oubli. C'est pour la sauver que nous venons vous solliciter ardemment, gracieux seigneur, de prendre sur vous le fardeau et le gouvernement de ce pays qui est le vôtre, non plus comme protecteur, régent, lieutenant, ou comme agent subalterne qui travaille pour le profit d'un autre, mais comme héritier qui a reçu de génération en génération les droits successifs à un empire qui vous appartient en propre. Voilà ce que, d'accord avec les citoyens, vos amis sincères et dévoués, et sur leurs ardentes sollicitations, je suis venu demander à Votre Grâce avec de légitimes instances.

GLOCESTER.—Je suis incertain, s'il convient mieux à

mon rang et aux sentiments où vous êtes, que je me retire en silence, ou que je réponde pour vous adresser d'amers reproches. Car, si je ne réponds pas, vous pourriez peut-être imaginer que ma langue, liée par l'ambition, consent par son silence à ce joug doré de la souveraineté, que vous voulez follement m'imposer ici. Et si, d'un autre côté, je vous reproche les offres que vous me faites, et qui me touchent par l'expression de votre fidèle attachement pour moi, j'aurai maltraité mes amis.... Pour vous répondre donc et éviter ce premier inconvénient, et ne pas tomber, en m'expliquant, dans le second, voici définitivement ma réponse. Votre amour mérite mes remerciments; mais mon mérite, qui n'est d'aucune valeur, se refuse à de si hautes propositions. D'abord, quand tous les obstacles seraient écartés, et que le chemin au trône me serait aplani, quand il me reviendrait comme une succession ouverte, et par les droits de ma naissance, telle est la pauvreté de mes talents, et telles sont la grandeur et la multitude de mes imperfections, que je chercherais à me dérober à mon élévation, frêle barque que je suis, peu faite pour affronter une mer puissante, plutôt que de m'exposer à me voir caché sous ma grandeur, et englouti dans les vapeurs de ma gloire. Mais, Dieu merci, on n'a pas besoin de moi; et je répondrais bien peu à votre besoin, si c'était à moi à vous secourir. La tige royale nous a laissé un fruit royal, qui, mûri par les heures que nous dérobe le temps, sera digne de la majesté du trône, et nous rendra, je n'en doute point, tous heureux sous son règne. C'est sur lui que je dépose ce que vous voudriez placer sur moi, ce qui lui appartient par les droits de sa naissance, et par son heureuse étoile. — Et Dieu me préserve de vouloir le lui ravir.

BUCKINGHAM. — Milord, c'est une preuve des délicatesses de la conscience de Votre Grâce; mais ses scrupules sont frivoles et sans importance, dès qu'on vient à bien considérer les choses. Vous dites qu'Édouard est le fils de votre frère : nous en convenons avec vous; mais il n'est pas né de l'épouse légitime d'Édouard; car celui-ci s'était engagé auparavant avec lady Lucy; et votre mère peut servir de témoin à son engagement[1]. Ensuite il s'est fiancé par ambassadeur à la princesse Bonne, sœur du roi de France. Ces deux épouses mises à l'écart, il s'est présenté une pauvre suppliante, une mère accablée des soins d'une nombreuse famille, une veuve dans la détresse, qui, bien que sur le déclin de sa beauté, a conquis et charmé l'œil lascif d'Édouard, et l'a fait tomber de la hauteur et de l'élévation de ses premières pensées, dans le honteux abaissement d'une dégoûtante et vile bigamie : c'est de cette veuve, et dans sa couche illégitime, qu'il a engendré cet Édouard, que, par courtoisie, nous appelons le prince. Je pourrais m'en plaindre ici en termes plus amers, si, retenu par les égards que je dois à certaine personne vivante, je n'imposais à ma langue une prudente circonspection. Ainsi, mon bon seigneur, prenez pour votre royale personne cette dignité qui vous est offerte; si ce n'est pour nous rendre heureux, et avec nous tout le pays, que ce soit du moins pour retirer votre noble race de la corruption que lui ont fait contracter les abus du temps, et pour la rendre à son cours direct et légitime.

LE MAIRE.—Acceptez, mon bon seigneur : vos citoyens de la ville de Londres vous en conjurent.

BUCKINGHAM.—Ne refusez pas, puissant prince, l'offre de notre amour.

CATESBY.—Oh! rendez-les heureux, en souscrivant à leur juste requête!

GLOCESTER.—Hélas! pourquoi voulez-vous m'accabler de ce fardeau d'inquiétudes ? Je ne suis pas fait pour les grandeurs et la majesté d'un trône.—Je vous en prie, ne le prenez pas en mauvaise part, mais je ne puis ni ne veux céder à vos désirs.

BUCKINGHAM.—Si vous vous obstinez à le refuser, si

---

[1] On voulut en effet arguer de cet argument pour empêcher le mariage d'Édouard avec lady Grey. Mais lady Lucy, sommée sous serment de dire la vérité, déclara qu'elle n'avait reçu aucune promesse d'Edouard.

par sensibilité et par attachement vous répugnez à déposer un enfant, un fils de votre frère; car nous connaissons bien la tendresse de votre cœur, et cette pitié douce et efféminée, que nous avons toujours remarquée en vous pour vos proches, et qui au reste s'étend également à toutes les classes d'hommes : .... eh bien, apprenez, que, soit que vous acceptiez nos offres ou non, jamais le fils de votre frère ne régnera sur nous comme notre roi; mais que nous placerons quelque autre sur le trône, à la disgrâce et à la ruine de votre maison;— et c'est dans cette résolution que nous vous quittons. —Venez, citoyens; nous ne le solliciterons pas plus longtemps.

(Buckingham sort avec le maire et sa suite.)

CATESBY. — Rappelez-les, cher prince; acceptez leur demande : si vous la refusez, tout le pays en portera la peine.

GLOCESTER.—Voulez-vous donc me précipiter dans un monde de soucis? Eh bien, rappelez-les : je ne suis pas fait de pierre, et je sens que mon cœur est touché de vos tendres sollicitations (*sort Catesby*), quoique ce soit contre ma conscience et mon inclination. (*Entrent Buckingham et les autres.*) Cousin Buckingham.... et vous, hommes sages et respectables, puisque vous voulez charger mes épaules du fardeau de la grandeur, et me le faire porter, que je le veuille ou non, il faut bien que je m'y soumette avec résignation. Mais si la noire calomnie, ou le blâme au visage odieux, sont un jour la conséquence du devoir que vous m'imposez, la violence que vous me faites me sauvera de toutes les censures, et de toutes les taches d'ignominie qui pourraient en résulter; car Dieu m'est témoin, et vous le voyez en quelque sorte vous-mêmes, combien je suis loin de désirer ce qui m'arrive.

LE MAIRE.—Que Dieu bénisse Votre Grâce! Nous le voyons, et nous le publierons.

GLOCESTER. — En le disant, vous ne direz que la vérité.

BUCKINGHAM.—Je vous salue donc de ce titre royal.—

Longue vie au roi Richard, le digne souverain de l'Angleterre !

TOUS.—*Amen.*

BUCKINGHAM.—Vous plairait-il d'être couronné demain ?

GLOCESTER.—Ce sera quand il vous plaira, puisque vous le voulez absolument.

BUCKINGHAM.—Nous viendrons donc demain pour accompagner Votre Grâce : et nous prenons congé de vous, le cœur rempli de joie.

GLOCESTER, *aux ecclésiastiques qui sont avec lui.*—Venez : allons reprendre nos pieux exercices.—Adieu, bon cousin.—Adieu, chers amis.

FIN DU TROISIÈME ACTE.

ACTE QUATRIÈME

—

SCÈNE I

Devant la Tour.

Entrent d'un côté LA REINE ÉLISABETH, LA DUCHESSE D'YORK, ET LE MARQUIS DE DORSET, *et de l'autre* ANNE, DUCHESSE DE GLOCESTER, *menant* LADY MARGUERITE PLANTAGENET, *fille du duc de Clarence.*

LA DUCHESSE.—Qui rencontrons-nous ici?—Ma nièce Plantagenet que conduit par la main sa bonne tante de Glocester! Sur ma vie, elle se rend à la Tour par pure tendresse de cœur pour y saluer le jeune prince.—Ma fille, je me félicite de vous trouver ici.

ANNE, *à Élisabeth et à la duchesse.*—Que le ciel vous soit propice à toutes deux dans cette heure du jour!

ÉLISABETH.—Je vous en souhaite autant, bonne sœur! Où donc allez-vous?

ANNE.—Pas plus loin qu'à la Tour; et, à ce que je présume, dans le même sentiment qui vous y mène, pour y féliciter les jeunes princes.

ÉLISABETH.—Je vous en remercie, ma chère sœur: nous y entrerons de compagnie. Et voilà fort à propos le lieutenant qui arrive. (*Entre Brakenbury.*) Monsieur le lieutenant, avec votre permission, dites-moi, je vous prie, comment se portent le prince, et mon jeune fils York.

BRAKENBURY. — Très-bien, madame.... Mais, soit dit sans vous offenser, je ne puis vous permettre de les voir: le roi l'a sévèrement défendu.

ÉLISABETH.—Le roi? quel roi?

BRAKENBURY.—C'est du lord protecteur que je parle.

ÉLISABETH.—La protection du Seigneur le préserve de ce titre de roi!—A-t-il donc élevé une barrière entre la tendresse de mes enfants et moi? Je suis leur mère. Qui pourra m'empêcher d'arriver jusqu'à eux?

LA DUCHESSE.—Je suis mère de leur père, et je prétends les voir.

ANNE.—Je suis leur tante par alliance, et leur mère par ma tendresse : ainsi conduisez-moi vers eux ; je me charge de la faute, et je t'absous de l'ordre à mes périls.

BRAKENBURY.—Non, madame, je ne puis me départir ainsi de ma charge : je suis lié par serment; ainsi daignez m'excuser.

(Il sort.)

(Entre Stanley.)

STANLEY, *à la duchesse.*—Mesdames, si je vous rencontre dans une heure d'ici, je pourrai saluer dans Sa Grâce la duchesse d'York, la respectable mère de deux belles reines qu'elle aura vues régner l'une après l'autre. (*A la duchesse de Glocester.*) Venez, madame ; il faut vous rendre sans délai à Westminster, pour y être couronnée reine comme épouse de Richard.

ÉLISABETH.—Ah! coupez mon lacet, afin que mon cœur oppressé puisse battre en liberté... ou je sens que je vais m'évanouir à cette mortelle nouvelle.

ANNE.—Odieuse nouvelle! ô sinistre événement!

DORSET, *à Élisabeth.*—Prenez courage, ma mère : comment se trouve Votre Grâce?

ÉLISABETH.—O Dorset, ne me parle pas; va-t'en. La mort et la destruction sont à ta poursuite et prêtes à te saisir. Le nom de ta mère est fatal à ses enfants : si tu veux échapper à la mort qui te poursuit, traverse les mers, et va vivre avec Richmond hors des atteintes de l'enfer. Va, hâte-toi, hâte-toi de fuir cette boucherie, si tu ne veux pas augmenter le nombre des morts, et me faire mourir selon la malédiction de Marguerite, n'étant plus ni mère, ni femme, ni reine actuelle de l'Angleterre.

STANLEY.—Votre conseil, madame, est dicté par de

très-sages craintes.—Dorset, saisissez rapidement l'avantage que vous laissent quelques heures. Je vous donnerai des lettres de recommandation pour mon fils, et lui écrirai de venir au-devant de vous; ne vous laissez pas surprendre par un imprudent délai.

LA DUCHESSE.—O vent funeste du malheur qui nous disperse tous! — O entrailles maudites, couches de mort, vous avez donné le jour à un serpent dont le regard est mortel à qui n'a pas su l'éviter!

STANLEY.—Allons, madame, venez; j'ai été envoyé en toute hâte.

ANNE.—Et je vais vous suivre à contre-cœur. Oh! plût à Dieu que le cercle d'or, qui va ceindre mon front, fût un fer rouge qui me brûlât jusqu'au cerveau! Puissé-je être ointe d'un poinçon meurtrier, qui me fasse expirer avant qu'on ait pu dire : Dieu conserve la reine!

ÉLISABETH.—Va, va, pauvre créature; je n'envie pas ta gloire; ma douleur ne désire pas se repaître de tes maux.

ANNE.—Eh! pourquoi pas? — Lorsqu'au moment où je suivais le cercueil de Henri, celui qui est aujourd'hui mon époux vint me trouver, les mains à peine lavées du sang de cet ange qui fut mon premier époux, et de celui du saint défunt que j'accompagnais en pleurant; lorsqu'en ce moment, dis-je, je fixai mes yeux sur Richard, voici quel fut mon vœu : « Sois maudit pour m'avoir condamnée, moi si jeune, à un si long veuvage; et, quand tu te marieras, que la douleur assiége ta couche, et que ton épouse (s'il est une femme assez folle pour le devenir) soit plus malheureuse par ta vie [1] que tu ne m'as rendue malheureuse par le meurtre de mon cher époux! » Hélas! avant que je pusse répéter cette malédiction, dans cet espace de temps si court, mon cœur de femme s'était laissé si grossièrement surprendre par ses mielleuses paroles, et avait fait de moi l'objet de ma propre malédiction. Depuis ce moment elle a privé mes yeux de tout repos : je n'ai pas encore joui une heure

---

[1] La malédiction d'Anne fut: *Sois plus malheureuse par ta mort*, etc.

dans sa couche des précieuses vapeurs du sommeil, sans être réveillée par les songes effrayants qui agitent Richard. Je sais d'ailleurs qu'il me hait, par la haine qu'il portait à mon père Warwick, et sans doute il ne tardera pas à se défaire de moi.

ÉLISABETH.—Pauvre chère âme, adieu. Je plains tes douleurs.

ANNE.—Pas plus que mon cœur ne gémit sur les vôtres.

DORSET.—Adieu, toi qui accueilles si tristement les grandeurs.

ANNE, *à Dorset.*—Adieu, pauvre malheureux qui vas prendre congé d'elles.

LA DUCHESSE, *à Dorset.*—Va joindre Richmond, et qu'une heureuse fortune guide tes pas! (*A lady Anne.*) Va joindre Richard, et que les anges gardiens veillent sur tes jours! (*A la reine.*) Va au sanctuaire, et que de bonnes pensées s'emparent de toi! Moi je vais à mon tombeau, et puissent le repos et la paix y descendre avec moi. J'ai vu quatre-vingts tristes années de chagrins, et chacune de mes heures de joie est toujours venue s'abimer dans une semaine de douleurs.

ÉLISABETH. — Arrêtez, encore. — Jetons encore un regard sur la Tour. — O vous, pierres antiques, prenez en compassion ces tendres enfants, que la haine a renfermés dans vos murs! Berceau bien rude pour de si jolis petits enfants! dure et sauvage nourrice! vieille et triste compagne de jeu pour de jeunes princes, traite bien mes enfants! Pierres, c'est ainsi qu'une douleur insensée prend congé de vous.

(Ils sortent tous.)

SCÈNE II

Une salle d'apparat dans le palais.

Fanfares et trompettes. RICHARD *en habits royaux, sur son trône,* BUCKINGHAM, CATESBY, UN PAGE *autres personnages.*

LE ROI RICHARD, *à sa suite.*—Écartez-vous tous. — Cousin Buckingham?

BUCKINGHAM.—Mon gracieux souverain?

LE ROI RICHARD.—Donne-moi ta main.—C'est par tes conseils et par ton assistance que le roi Richard se voit placé si haut. Mais ces grandeurs ne vivront-elles qu'un jour? ou seront-elles durables, et pourrons-nous en jouir avec satisfaction?

BUCKINGHAM.—Puissent-elles être permanentes et durer toujours!

LE ROI RICHARD.—Ah! Buckingham, c'est en ce moment que je vais employer la pierre de touche pour savoir si ton or est vraiment de bon aloi.—Le jeune Édouard vit. Cherche maintenant dans ta pensée ce que je veux dire.

BUCKINGHAM.—Dites-le, cher seigneur.

LE ROI RICHARD.—Buckingham, je te dis que je voudrais être roi.

BUCKINGHAM.—Eh! mais vous l'êtes en effet, mon trois fois renommé souverain.

LE ROI RICHARD.—Ah! suis-je vraiment roi? — Oui, je le suis, mais Édouard vit!

BUCKINGHAM.—Il est vrai, noble prince.

LE ROI RICHARD.—Et voilà donc la cruelle conséquence de ce qu'il vit encore, il est vrai, noble prince. — Cousin, tu n'avais pas coutume d'avoir l'esprit si lent. Faut-il que je te parle ouvertement? Je désire la mort de ces bâtards, et je voudrais voir la chose exécutée sur-le-champ. Que dis-tu, maintenant? Parle vite et en peu de mots.

BUCKINGHAM.—Votre Grâce peut tout ce qui lui plaît.

LE ROI RICHARD.—Allons, allons. Te voilà tout de glace : ton amitié se refroidit. Parle, ai-je ton consentement à leur mort?

BUCKINGHAM.—Donnez-moi le temps de respirer : un moment de réflexion, cher lord, avant que je vous donne là-dessus une réponse positive. Je vais dans un instant satisfaire à la question de Votre Grâce.

(Buckinkham sort.)

CATESBY, *à part*.—Le roi est offensé; voyez : il mord ses lèvres.

LE ROI RICHARD.—Je veux m'adresser à des têtes de fer,

à quelqu'un de ces gens qui vont sans y regarder. Quiconque examine les choses d'un œil si prudent n'est point mon homme.—L'ambitieux Buckingham devient circonspect. —Page?

LE PAGE.—Seigneur?

LE ROI RICHARD.—Ne connais-tu point quelque homme que l'or corrupteur puisse induire à se charger d'un secret exploit de mort?

LE PAGE. —Je connais un gentilhomme mécontent, dont l'humble fortune est peu d'accord avec la hauteur de ses pensées. L'or vaut autant près de lui que vingt orateurs; il le déterminera, je n'en doute point, à tout faire.

LE ROI RICHARD.—Quel est son nom?

LE PAGE.—Son nom, seigneur, est Tyrrel.

LE ROI RICHARD.—Je connais un peu cet homme. Va, page, fais-le-moi venir ici. (*Le page sort.*) Cet habile et profond penseur de Buckingham ne sera plus le confident de mes secrets. Quoi! il aura si longtemps suivi mes pas sans se lasser, et il s'arrête à présent pour respirer? — Eh bien, soit. (*Entre Stanley.*) Eh bien, lord Stanley, quelles nouvelles?

STANLEY.—Vous saurez, mon cher seigneur, que le marquis de Dorset, à ce que j'apprends, s'est sauvé pour aller joindre Richmond dans le pays où il s'est fixé.

LE ROI RICHARD.—Écoute, Catesby; répands dans le public que Anne, ma femme, est dangereusement malade. Je pourvoirai à ce qu'elle se tienne renfermée : cherche-moi quelque mince gentilhomme à qui je puisse marier promptement la fille de Clarence. Pour le fils, il est imbécile [1], je n'en ai pas peur.—Eh bien, à quoi rêves-tu? Je te le répète, fais courir le bruit que Anne, ma femme, est malade, et qu'elle a bien l'air d'en mourir. Occupe-toi

---

[1] Il ne devint imbécile qu'à la suite de la longue réclusion qu'il subit d'abord sous Richard, puis sous Henri VII, et durant laquelle son éducation fut entièrement négligée: Henri VII le fit assassiner. La fille fut mariée à sir Richard Pole, et décapitée à la Tour, à l'âge de soixante-dix ans, par l'ordre de Henri VIII sans forme de procès, et sans autre crime que ses droits à la couronne.

de cela sur-le-champ : car il m'importe beaucoup d'arrêter toutes les espérances qui pourraient se fortifier à mon désavantage.—(*Catesby sort.*) Il faut que j'épouse la fille de mon frère, ou mon trône ne posera que sur un verre fragile. — Égorger ses frères, et puis l'épouser! ce n'est pas là une route bien sûre pour y parvenir. Mais me voilà entré si avant dans le sang, qu'il faut qu'un crime chasse l'autre. La pitié larmoyante n'habita jamais dans ces yeux. (*Entre le page avec Tyrrel.*) T'appelles-tu Tyrrel?

TYRREL.—James Tyrrel, votre dévoué sujet.

LE ROI RICHARD.—L'es-tu en effet?

TYRREL.—Mettez-moi à l'épreuve, mon gracieux seigneur.

LE ROI RICHARD.—Oseras-tu te charger de tuer un de mes amis?

TYRREL.—Comme il vous plaira : mais j'aimerais mieux tuer deux de vos ennemis.

LE ROI RICHARD.—Eh bien, c'est cela même. Deux mortels ennemis contraires à mon repos, et qui me privent des douceurs du sommeil : voilà ceux sur qui je voudrais te faire opérer. Tyrrel, c'est des bâtards qui sont dans la Tour que je te parle.

TYRREL.—Donnez-moi les moyens d'arriver jusqu'à eux, et je vous aurai bientôt délivré de la crainte qu'ils vous inspirent.

LE ROI RICHARD.—Tu chantes sur un ton qui me plaît. —Écoute, approche-toi, Tyrrel. Va, muni de ce gage; lève-toi, et approche ton oreille : (*il lui parle bas*) voilà tout.—Viens me dire : C'est fait; et je t'aimerai, je t'avancerai.

TYRREL.—Je vais dépêcher l'affaire sur-le-champ.

(Il sort.)

(Rentre Buckingham.)

BUCKINGHAM.—Mon prince, j'ai examiné en moi la proposition sur laquelle vous m'avez sondé dernièrement.

LE ROI RICHARD.—Fort bien, n'en parlons plus.—Dorset est en fuite ; il est allé joindre Richmond.

BUCKINGHAM.—C'est ce que je viens d'apprendre, seigneur.

LE ROI RICHARD.—Stanley, Richmond est le fils de votre femme. — Vous m'entendez ; ayez l'œil à cela.

BUCKINGHAM.—Mon prince, je réclame le don auquel j'ai droit en vertu de la promesse que vous m'en avez faite sur votre honneur et votre foi... Le comté de Hereford avec toutes ses mouvances, dont vous m'avez promis la possession.

LE ROI RICHARD.—Stanley, veillez sur votre femme : si elle entretient quelque correspondance de lettres avec Richmond, vous m'en répondrez.

BUCKINGHAM.—Que dit Votre Majesté de ma juste requête?

LE ROI RICHARD.—Je me le rappelle : Henri VI a prédit que Richmond serait roi ; et cela, lorsque Richmond n'était encore qu'un polisson.—Roi!—Peut-être...

BUCKINGHAM.—Seigneur...

LE ROI RICHARD.—Et comment arrive-t-il que ce prophète ne m'ait pas dit en même temps, à moi qui étais là, que je le tuerais ?

BUCKINGHAM.—Seigneur, votre promesse de ce comté...

LE ROI RICHARD.—Richmond!... La dernière fois que j'ai passé par Exeter, le maire eut la complaisance de me faire voir le château, qu'il appela Rougemont! A ce nom, je frémis, en me rappelant qu'un barde irlandais m'avait dit un jour que je ne vivrais pas longtemps après avoir vu Richmond.

BUCKINGHAM.—Seigneur...

LE ROI RICHARD.—Ah ! quelle heure est-il?

BUCKINGHAM.—J'ose prendre la liberté de rappeler à Votre Grâce la promesse qu'elle m'a faite.

LE ROI RICHARD.—Bien ; mais, quelle heure est-il?

BUCKINGHAM.—Le coup de dix heures est prêt à frapper.

LE ROI RICHARD.—Eh bien ! laisse-le frapper.

BUCKINGHAM. — Pourquoi me dites-vous : Laisse-le frapper?

LE ROI RICHARD.—Parce que, comme une figure d'horloge, tu as tenu le coup en suspens entre ta demande et mes réflexions. Je ne suis pas aujourd'hui dans mon humeur donnante.

BUCKINGHAM.—Dites-moi donc, décidément, si je dois compter ou non sur votre promesse.

LE ROI RICHARD.—Tu m'importunes : je ne suis pas en train de donner [1].

(Sort Richard avec sa suite.)

BUCKINGHAM.—Oui? En est-il ainsi? Est-ce d'un tel mépris qu'il veut payer mes importants services? Est-ce pour cela que je l'ai fait roi? Oh! souvenons-nous de Hastings, et fuyons vers Brecknock, tandis que cette tête tremblante est encore sur mes épaules.

(Il sort.)

SCÈNE III

Entre TYRREL.

TYRREL.—L'acte sanglant et tyrannique est consommé; l'action la plus perfide, le massacre le plus horrible dont cette terre se soit jamais rendue coupable! Dighton et Forrest, que j'ai gagnés pour exécuter cette impitoyable scène de boucherie, des scélérats endurcis, des chiens sanguinaires, tout pénétrés d'attendrissement et d'une douce pitié, ont pleuré comme deux enfants en me faisant le triste récit de leur mort. « C'est ainsi, me disait
« Dighton, qu'étaient couchés ces aimables enfants. » —
« Ils se tenaient ainsi, disait Forrest, se tenant mutuelle-
« ment dans leurs bras innocents et blancs comme l'al-
« bâtre ; leurs lèvres semblaient quatre roses rouges sur
« une seule tige, qui, dans leur beauté d'été, se baisaient
« l'une l'autre. Un livre de prières était posé sur leur
« oreiller : cette vue, dit Forrest, a, pendant un mo-
« ment, presque changé mon âme. Mais, oh! le démon...»
Le scélérat s'est arrêté à ce mot, et Dighton a continué :
« Nous avons étouffé le plus parfait, le plus charmant

---

[1] Il paraîtrait que le comté d'Hereford fut donné à Buckingham, et que ce furent d'autres causes qui le brouillèrent avec Richard.

« ouvrage que la nature ait jamais formé depuis la créa-
« tion ! » Ils m'ont quitté tous deux si pénétrés de douleur
et de remords qu'ils ne pouvaient parler ; et je les ai laissés
aller pour venir apporter cette nouvelle à notre roi sanguinaire.—Ah ! le voilà. (*Entre le roi Richard.*) Salut à
mon souverain seigneur.

LE ROI RICHARD. — Eh bien, cher Tyrrel, vais-je être
heureux par ta nouvelle ?

TYRREL.—Si l'exécution de l'acte dont vous m'avez
chargé doit enfanter votre bonheur, soyez donc heureux,
car il est consommé.

LE ROI RICHARD.—Mais les as-tu vus morts ?

TYRREL.—Oui, seigneur.

LE ROI RICHARD.—Et enterrés, cher Tyrrel ?

TYRREL.—Le chapelain de la Tour les a enterrés ; mais
pour vous dire où, j'avoue que je ne le sais pas.

LE ROI RICHARD. — Reviens me trouver, cher Tyrrel,
immédiatement après mon souper, et tu me conteras
alors toutes les circonstances de leur mort... En attendant, ne t'occupe qu'à chercher dans ta pensée comment
je pourrais te faire du bien, et sois sûr de l'accomplissement de tes désirs.—Adieu jusqu'à tantôt.

TYRKEL.—Je prends humblement congé de vous.

(Il sort.)

LE ROI RICHARD.—Je vous ai bien enfermé le fils de Clarence ; j'ai marié sa fille en bas lieu. Les fils d'Édouard
dorment dans le sein d'Abraham, et ma femme Anne a
souhaité le bonsoir à ce bas monde. A présent, comme
je sais que Richmond de Bretagne a des vues sur la
jeune Élisabeth, la fille de mon frère, et qu'à la faveur
de ce nœud il forme des projets ambitieux sur la couronne, je vais la trouver, et lui faire ma cour en amant
heureux et galant.

(Entre Catesby.)

CATESBY.—Mon prince....

LE ROI RICHARD.—Sont-ce de bonnes ou de mauvaises
nouvelles que tu m'apportes si brusquement ?

CATESBY.—Mauvaises, mon prince. Morton[1] s'est enfui

---

[1] L'évêque d'Ély.

vers Richmond ; et Buckingham, soutenu par les intrépides Gallois, est en campagne ; ses forces s'accroissent à chaque instant.

LE ROI RICHARD.—Ély, joint à Richmond, m'inquiète bien plus que Buckingham et sa troupe ramassée à la hâte.—Allons, on m'a appris que les réflexions que l'on fait sur le danger sont les pesants auxiliaires du paresseux délai, et que le délai conduit après lui l'impotente indigence au pas de tortue. Volons donc sur les ailes de la rapidité, prompte comme la flamme, messagère de Jupiter, et faite pour être le héraut d'un roi ! Partons, assemblons une armée.—Mon bouclier est mon conseil : il faut abréger, quand les traîtres osent se mettre en campagne.

(Ils sortent.)

SCÈNE IV

Toujours à Londres.—Devant le palais.

MARGUERITE.

MARGUERITE.—Ainsi leur prospérité touche à sa maturité ; elle va tomber bientôt dans la bouche pourrie de la mort. J'ai erré secrètement à l'entour de ces lieux pour observer la ruine de mes ennemis. Je suis témoin d'un sinistre début, et je repasserai en France avec l'espoir que les scènes qui vont suivre seront aussi funestes, aussi cruelles, aussi tragiques. —Éloigne-toi, malheureuse Marguerite, quelqu'un approche.
(Entrent la reine Élisabeth et la duchesse d'York.)

ÉLISABETH. —Ah ! mes pauvres princes ! mes tendres enfants, fleurs non encore épanouies, douces plantes qui ne veniez que d'apparaître ; si vos âmes chéries volent encore dans les airs, si un éternel arrêt n'a pas fixé votre séjour, planez autour de moi sur vos ailes invisibles, et écoutez les gémissements de votre mère.

MARGUERITE.—Oui, planez autour d'elle ; dites-lui que c'est la justice vengeresse du droit qui a couvert votre matin naissant des ombres de la vieille nuit.

LA DUCHESSE.—Tant de douleurs ont usé ma voix ; que ma langue, fatiguée de se plaindre, reste immobile et muette.—Édouard Plantagenet, hélas ! pourquoi as-tu cessé de vivre ?

MARGUERITE. — Plantagenet a vengé Plantagenet ; Édouard a payé à Édouard sa dette de mort.

ÉLISABETH.—As-tu pu, ô Dieu ! abandonner ces tendres agneaux, et les jeter dans les entrailles du loup dévorant ? Où dormais-tu lorsqu'on a commis cet attentat ?

MARGUERITE.—Lorsque moururent le pieux Henri et mon cher fils.

LA DUCHESSE.—Vie morte, vue aveugle, pauvre spectre vivant et mortel, spectacle de misères, opprobre du monde, propriété du tombeau, qu'usurpe la vie, abrégé et monument de jours lamentables, repose ton corps sans repos sur cette terre des lois, enivrée, contre toutes les lois, du sang de l'innocence.
(Elle s'assied à terre.)

ÉLISABETH.—O terre ! que ne peux-tu m'offrir un tombeau, comme tu peux m'offrir un triste siége ? Je voudrais, non reposer mes os sur ta surface, mais les cacher dans ton sein. Ah ! qui a sujet de pleurer que nous seules ?
(Elle s'assied à terre à côté de la duchesse.)

MARGUERITE.—Si la plus ancienne douleur est la plus respectable, cédez donc à la mienne l'avantage de la prééminence ; et laissez mes douleurs étaler les premières leur sombre visage. Si la douleur peut admettre quelque société (*elle s'assied à terre à côté des autres*), que la vue de mes maux vous répète les vôtres. J'avais un Édouard avant que Richard le tuât ! J'avais un époux avant que Richard le tuât ! Tu avais un Édouard avant que Richard le tuât ! Tu avais un Richard avant que Richard le tuât !

LA DUCHESSE.—J'avais aussi un Richard et tu l'as tué ! J'avais aussi un Rutland et tu as aidé à le tuer !

MARGUERITE.—Tu avais aussi un Clarence, et Richard l'a tué ! De ton ventre est sorti rampant, comme de son repaire, ce chien d'enfer qui nous poursuit tous à mort.

Ce dogue qui eut des dents avant d'ouvrir les yeux, pour déchirer les faibles agneaux, et lécher leur sang innocent ; cet odieux destructeur de l'œuvre de Dieu, ce tyran par excellence, le premier entre ceux de la terre, dont la puissance s'emploie à régner sur des yeux fatigués de larmes, c'est ton sein qui l'a déchaîné, pour nous donner la chasse jusqu'à notre tombeau. O Dieu juste, équitable et fidèle dispensateur ! combien je te remercie de ce que ce chien acharné dévore le fruit des entrailles de sa mère, et l'associe aux gémissements des autres !

LA DUCHESSE.—O femme de Henri, ne triomphe point de mes maux ; Dieu m'est témoin que j'ai pleuré sur les tiens !

MARGUERITE.—Pardonne-moi. Je suis affamée de ma vengeance, et je me repais à la contempler. Ton Édouard est mort, qui avait tué le mien ; ton autre Édouard est mort aussi pour payer mon Édouard. Le jeune York ne sert que d'appoint à la vengeance, car les deux autres ne pouvaient ensemble égaler en perfection l'excès de ma perte. Il est mort, ton Clarence qui avait poignardé mon Édouard, et avec lui les spectateurs de cette scène tragique, l'adultère Hastings, Rivers, Vaughan et Grey sont tous prématurément engloutis dans leurs ténébreux tombeaux. Richard seul est vivant, noir affidé de l'enfer, réservé comme son agent pour acheter des âmes, et les lui envoyer. Mais bientôt, bientôt approche sa fin pitoyable et qui sera vue sans pitié. La terre s'ouvre béante, l'enfer flambe, les démons rugissent, les saints prient, tous demandent qu'il disparaisse précipitamment de ce monde.—Cher Dieu, déchire, je t'en conjure, le bail de sa vie, afin que je puisse vivre assez, pour dire : Le chien est mort !

ÉLISABETH.—Ah ! tu m'avais prédit qu'un temps viendrait, où j'implorerais ton secours pour m'aider à maudire cette araignée au large ventre, cet odieux crapaud bossu.

MARGUERITE.—Je t'appelais alors une vaine image de ma grandeur, un pauvre fantôme, une reine en peinture, pure représentation de ce que j'avais été, l'annonce flatteuse d'un horrible spectacle, une femme élevée sur le faîte pour en être précipitée, mère seulement par dérision de deux beaux enfants, le songe de ce que tu semblais être, une brillante enseigne destinée à servir de but aux coups les plus dangereux, une reine de théâtre faite uniquement pour remplir la scène. Où est ton mari, maintenant? où sont tes frères? où sont tes deux fils? De quoi te réjouis-tu? qui vient te prier à genoux, et te dire : Dieu conserve la reine? Où sont ces pairs qui venaient te flatter, courbés devant toi? où est ce peuple qui suivait en foule tes pas? Renonce à tout cela et vois ce que tu es aujourd'hui; non plus une épouse heureuse, mais une veuve dans la détresse; non plus une mère joyeuse, mais une mère qui en déplore le nom; non plus celle qu'on supplie, mais une humble suppliante; non plus une reine, mais une misérable, couronnée de maux; non plus celle qui me méprisait, mais celle qui endure mes mépris; non plus celle que tous redoutaient, mais celle qui en redoute un autre; non plus celle qui commandait à tous, mais celle à qui personne n'obéit. C'est ainsi que la roue de la justice a fait sa révolution, et t'a laissée la proie du temps, sans autre bien que le souvenir de ce que tu fus, pour te faire un plus grand tourment de ce que tu es. Tu usurpas ma place, et tu ne prendrais pas la part qui te revient de mes maux! Maintenant ton cou superbe porte la moitié du joug appesanti sur moi, et, le laissant glisser de dessus ma tête fatiguée, j'en rejette sur toi le fardeau tout entier. Adieu, femme d'York, reine des tristes infortunes! Ces maux de l'Angleterre me feront sourire en France.

ÉLISABETH.—O toi, si habile à maudire, arrête encore un moment, et enseigne-moi à maudire mes ennemis.

MARGUERITE.—Laisse passer tes nuits sans sommeil et tes jours sans nourriture, compare ton bonheur éteint avec tes vivantes douleurs, représente-toi tes enfants plus charmants qu'ils ne l'étaient, et celui qui les a tués plus affreux qu'il ne l'est, embellis ce que tu as perdu, pour te rendre plus *odieux* celui qui a causé tes pertes, sois sans cesse à retourner toutes ces pensées, et tu apprendras à maudire.

ÉLISABETH.—Mes paroles sont sans force : anime-les de l'énergie des tiennes.

MARGUERITE.—Tes douleurs les aiguiseront et les rendront pénétrantes comme les miennes.

(La reine Marguerite sort.)

LA DUCHESSE.—Le malheur est-il donc si plein de discours?

ÉLISABETH.—Bruyants avocats de la douleur qui les charge de sa plainte, vains héritiers d'un bonheur qui n'a rien laissé après lui, tristes orateurs exhalant nos misères, que la liberté leur soit laissée, bien qu'ils ne puissent nous donner aucune autre assistance que de soulager le cœur.

LA DUCHESSE.—S'il en est ainsi, n'enchaîne point ta langue : suis-moi ; et de l'amertume qu'exhaleront nos paroles, suffoquons mon détestable fils qui a étouffé tes deux aimables enfants. (*Tambours derrière le théâtre.*) J'entends les tambours. N'épargne pas les imprécations.

(Entrent le roi Richard et sa suite au pas de marche.)

LE ROI RICHARD.—Qui ose m'arrêter dans ma marche guerrière?

LA DUCHESSE.—Celle qui aurait pu, en t'étouffant dans son sein maudit de Dieu, t'épargner tous les meurtres que tu as commis, misérable que tu es.

ÉLISABETH.—Oses-tu bien couvrir de cette couronne d'or ce front où devraient être gravés avec un fer chaud, si l'on te faisait justice, le meurtre d'un prince qui possédait cette couronne, et le massacre de mes pauvres enfants et de mes frères? Dis-moi, lâche scélérat, où sont mes enfants?

LA DUCHESSE.—Crapaud, crapaud que tu es, où est ton frère Clarence, et le petit Ned Plantagenet son fils?

LA REINE.—Que sont devenus les nobles Rivers, Vaughan et Grey?

LA DUCHESSE.—Qu'as-tu fait du généreux Hastings?

LE ROI RICHARD.—Sonnez une fanfare, trompettes :

tambours, battez l'alarme ! Que le ciel n'entende pas les rapports de ces femmes qui accusent l'oint du Seigneur. Sonnez, vous dis-je. (*Fanfare, alarme.*) Modérez-vous, et parlez-moi sans invective, ou je vais continuer d'étouffer le bruit de vos cris sous la voix bruyante de la guerre.

LA DUCHESSE.—Es-tu mon fils?

LE ROI RICHARD. — Oui, grâce à Dieu, à mon père à vous.

LA DUCHESSE.—Écoute donc patiemment les explosions de ma colère.

LE ROI RICHARD.—Madame, je tiens de vous un caractère qui ne peut supporter l'accent du reproche.

LA DUCHESSE.—Oh ! laisse-moi parler.

LE ROI RICHARD.—Parlez, mais je ne vous entendrai pas.

LA DUCHESSE.—Je serai douce et modérée dans mes paroles.

LE ROI RICHARD.—Et brève, ma bonne mère, je suis pressé.

LA DUCHESSE.—Qui te presse si fort?.... Combien de temps t'ai-je attendu, moi, Dieu le sait, dans les tourments et l'agonie?

LE ROI RICHARD.—Et ne suis-je pas enfin venu au monde vous consoler de vos douleurs?

LA DUCHESSE.—Non ; par la sainte croix, tu le sais bien : tu es venu sur la terre pour me faire de la terre un enfer. Ta naissance fut un fardeau douloureux pour ta mère; ton enfance fut chagrine et colère; les jours de ton éducation effrayants, sauvages et furieux. Ta première jeunesse fut téméraire, audacieuse, cherchant les dangers ; et dans l'âge qui la suivit, tu fus orgueilleux, subtil, faux et sanguinaire, tu devins plus calme, mais plus dangereux, et caressant dans ta haine. Quelle heure de consolation, dis-moi, ai-je jamais goûtée dans ta société ?

LE ROI RICHARD.—Par ma foi aucune, si ce n'est l'heure d'Humphroy[1], qui vous appela une fois à déjeuner pen-

---

[1] Il paraîtrait que l'heure d'Humphroy, c'était l'heure où l'on avait faim. *Dîner avec le duc Humphroy* était en Angleterre une

dant que vous étiez avec moi.—Si ma vue vous est si désagréable, laissez-moi continuer ma marche, madame, et cesser de vous déplaire.—Battez, tambours.

LA DUCHESSE.—Je t'en prie, écoute-moi.

LE ROI RICHARD.—Vous me parlez avec trop d'aigreur.

LA DUCHESSE.—Un mot encore, c'est la dernière fois que tu m'entendras.

LE ROI RICHARD.—Eh bien?

LA DUCHESSE.—Ou par le juste jugement de Dieu tu périras dans cette guerre avant de la pouvoir terminer en vainqueur, ou je mourrai de douleur et de vieillesse, et jamais je ne reverrai ton visage. Emporte donc avec toi mes plus pesantes malédictions, et puissent-elles, au jour du combat, t'accabler d'un plus lourd fardeau que l'armure complète dont tu es revêtu! Mes prières combattent pour tes adversaires : les jeunes âmes des enfants d'Édouard animeront le courage de tes ennemis, et leur murmureront à l'oreille des promesses de succès et de victoire. Tu es sanguinaire, ta fin sera sanglante; et l'infamie accompagne ta vie et suivra ta mort..

(Elle sort.)

ÉLISABETH.—Avec bien plus de sujets de te maudire je n'ai pas, autant qu'elle, la force nécessaire; mais je réponds : *Amen.* (Elle va pour s'éloigner.)

LE ROI RICHARD.—Arrêtez, madame : j'ai un mot à vous dire.

ÉLISABETH.—Je n'ai plus de fils du sang royal que tu puisses assassiner. Pour mes filles, Richard, j'en ferai des religieuses consacrées à la prière, et non des reines dans les pleurs. Ne cherche donc pas à les frapper.

LE ROI RICHARD.—Vous avez une fille appelée Élisabeth, belle et vertueuse, une princesse charmante.

---

expression proverbiale qui signifiait se passer de dîner. Une des ailes de l'ancienne église de Saint-Paul s'appelait la promenade du duc Humphroy, et c'était là, à ce qu'il paraît, que se promenaient, à l'heure du dîner, ceux qui, n'ayant pas trop de quoi dîner chez eux, espéraient peut-être y rencontrer quelqu'un qui les invitât : le proverbe est-il venu de là, ou bien le nom de la promenade est-il venu du proverbe, c'est ce qu'on ne saurait éclaicir.

ÉLISABETH.—Et faut-il qu'elle meure pour cela? Oh! laisse-la vivre ! Je corromprai ses mœurs, je flétrirai sa beauté ; je me déshonorerai moi-même, en m'accusant d'infidélité à la couche d'Édouard, et je jetterai sur elle un voile d'infamie. Qu'à ce prix elle vive à l'abri du poignard sanglant : je déclarerai qu'elle n'est pas fille d'Édouard.

LE ROI RICHARD.—Ne faites point affront à sa naissance, elle est du sang royal.

ÉLISABETH.—Pour sauver ses jours, je consens à dire qu'elle n'en est pas.

LE ROI RICHARD.—Sa naissance seule suffit pour les garantir.

ÉLISABETH.—Eh ! c'est seulement à cause de cette garantie que sont morts ses frères.

LE ROI RICHARD.—Tenez, les étoiles protectrices s'étaient montrées contraires à leur naissance.

ÉLISABETH.—Non, mais de perfides protecteurs[1] ont été contraires à leur existence.

LE ROI RICHARD.—Tout ce qui n'a pu être évité était l'arrêt de la destinée.

ÉLISABETH.—Oui, quand celui qui évite les chemins de la grâce fait la destinée. Mes enfants étaient destinés à une mort plus heureuse, si la grâce du ciel t'avait accordé une vie plus vertueuse.

LE ROI RICHARD.—On dirait que c'est moi qui ai tué mes neveux.

ÉLISABETH.—Tes neveux ! et c'est bien en effet [2] par

---

[1] Shakspeare met en opposition dans les deux répliques *good stars* (bonnes étoiles) et *bad friends* (mauvais amis), ce qu'il a fallu tâcher de rendre par l'opposition des étoiles protectrices et des perfides protecteurs.

[2]   *You speak as if I had slain my cousins;*
    —*Cousins indeed, and by their uncle cozen'd,*
    Of kingdom, comfort, etc., etc.

Vous parlez comme si j'avais tué mes cousins. *Cousins en effet, et filoutés (cozen'd) par leur oncle, de leur royaume, de leur bonheur,* etc., etc. Ce jeu de mots était impossible à rendre en français.

leur oncle qu'ils ont perdu le bonheur, la couronne, leurs parents, la liberté, la vie. Quelles que soient les mains qui percèrent leurs tendres cœurs, c'est ta tête qui indirectement a dirigé le coup. Il n'est pas douteux que le poignard meurtrier ne soit demeuré impuissant et émoussé jusqu'au moment où il a été aiguisé sur ton cœur de pierre, pour s'enfoncer à plaisir dans les entrailles de mes agneaux. Ah! si l'habitude de la douleur n'en calmait pas les emportements, ma langue ne nommerait point mes enfants à ton oreille, que mes ongles ne fussent plantés dans tes yeux, et que moi, lancée dans ce golfe désespéré de la mort, pauvre barque à qui l'on a enlevé ses voiles et ses cordages, je ne me fusse brisée en morceaux sur ton sein de roche.

LE ROI RICHARD.—Madame, puissé-je réussir dans mon entreprise, et dans les généreux hasards d'une guerre sanglante, comme il est vrai que je vous veux plus de bien, et à vous et aux vôtres, que je ne vous ai jamais fait de mal, ni à vous, ni à vos enfants!

ÉLISABETH. — Eh! quel bien peut-on encore apercevoir sous la face du ciel qui puisse être un bien pour moi?

LE ROI RICHARD.—L'élévation de vos enfants, noble dame.

ÉLISABETH.—Sur quelque échafaud pour y perdre leurs têtes.

LE ROI RICHARD.—Non, mais aux dignités et au faîte de la fortune, pour y être le type souverain des gloires de la terre.

ÉLISABETH. — Flatte ma douleur d'un pareil tableau. Dis-moi, quels honneurs, quelles dignités, quelle fortune tu peux abandonner à aucun de mes enfants?

LE ROI RICHARD.—Tout ce que j'en possède, et moi avec, je veux le donner à un de tes enfants. Noie donc dans l'oubli de ton âme irritée le triste souvenir des maux que tu supposes que je t'ai faits.

ÉLISABETH. — Explique-toi donc en peu de mots, de crainte que le récit de tes projets bienveillants ne dure plus longtemps que ta bonne volonté.

ACTE IV, SCÈNE IV.

LE ROI RICHARD. — Sache donc que j'aime ta fille de toute la tendresse de mon âme.

ÉLISABETH. — La mère de ma fille le pense ainsi du fond de son âme.

LE ROI RICHARD. — Eh bien, que pensez-vous?

ÉLISABETH. — Que tu aimes ma fille de toute la tendresse de ton âme, comme tu aimas ses frères avec tout ce que tu as de tendresse dans l'âme, et comme je t'en remercie avec toute la tendresse que j'ai pour toi[1].

LE ROI RICHARD. — Ne soyez pas si prompte à mal interpréter mes paroles. Oui, je veux dire que j'aime votre fille de toute mon âme, et je me propose de la faire reine d'Angleterre.

ÉLISABETH. — Et dis-moi, quel est celui que tu te proposes de lui donner pour roi?

LE ROI RICHARD. — Celui qui la fera reine : quel autre pourrait-ce être?

ÉLISABETH. — Qui, toi?

LE ROI RICHARD. — Moi, oui, moi-même; qu'en pensez-vous, madame?

ÉLISABETH. — Eh! comment pourras-tu lui faire ta cour?

LE ROI RICHARD. — C'est ce que je désirerais apprendre de vous, comme de la personne la mieux instruite de ses penchants.

ÉLISABETH. — Veux-tu l'apprendre de moi?

LE ROI RICHARD. — Oui, madame; c'est le désir de mon cœur.

[1] Richard a dit à Élisabeth :
Then know that from my soul I love thy daughter.
Élisabeth lui répond :
My daughter's mother thinks it with her soul.
From, en anglais, se met après les verbes de mouvement, et peut signifier *loin de*, comme *go thou from my sight*, éloigne-toi de ma vue. Ainsi, dans le langage d'équivoque que Shakspeare durant toute cette scène a donné à Élisabeth, *from my soul I love thy daughter*, peut également signifier *j'aime ta fille de toute mon âme*, ou bien *j'aime ta fille loin de mon âme*. C'est dans ce dernier sens que le prend Élisabeth, et c'est sur cette équivoque que roule le dialogue, jusqu'à ces mots de Richard : *Ne soyez pas si prompte*. Il était impossible de le rendre en français sans s'écarter un peu du sens littéral.

ÉLISABETH.—Envoie-lui, par celui qui a tué ses frères, deux cœurs sanglants, où tu auras fait graver les noms d'*Édouard* et d'*York*, peut-être, en les voyant, elle pleurera : alors présente-lui, un mouchoir, comme autrefois Marguerite présenta à ton père un linge trempé dans le sang de Rutland. Dis-lui qu'il a essuyé le sang vermeil qui coulait du corps de ses frères chéris, et invite-la à s'en servir pour sécher les larmes de ses yeux. Si cela ne suffit pas pour l'engager à t'aimer, envoie-lui dans une lettre le détail de tes nobles exploits : dis-lui que c'est toi qui as fait périr son oncle Clarence, son oncle Rivers; et que de plus, à sa considération, tu as promptement dépêché sa bonne tante Anne.

LE ROI RICHARD.—Vous vous moquez de moi, madame : ce n'est pas là le moyen de gagner le cœur de votre fille.

ÉLISABETH.—Je n'en connais point d'autre, à moins que tu ne puisses emprunter quelque autre figure, et n'être plus le Richard qui a fait tout cela.

LE ROI RICHARD.—Dites-lui que j'ai fait tout cela par amour pour elle.

ÉLISABETH.—Vraiment, alors, elle ne peut manquer de t'aimer, après que tu as acheté son amour au prix d'un si sanglant butin.

LE ROI RICHARD.—Écoutez : ce qui est fait ne peut se réparer. L'homme commet quelquefois sans réflexion des actions dont ensuite il a le temps de se repentir. Si j'ai ravi le royaume à vos fils, je veux, en réparation, le donner à votre fille; si j'ai fait périr les fruits de votre sein, je veux, pour ressusciter votre postérité, me donner avec votre fille une postérité formée de votre sang. Le nom d'aïeule n'est guère moins doux que le tendre nom de mère : ce seront également vos enfants; plus éloignés seulement d'un degré, ils tiendront de même de vous : ce sera votre sang; une même douleur les aura mis au monde, en y ajoutant seulement une nuit de souffrances qu'endurera celle pour qui vous avez subi la même peine. Vos enfants ont fait le malheur de votre jeunesse; les miens feront la consolation de votre vieillesse. La perte que vous regrettez n'est autre que celle d'un fils roi, et par cette perte, votre fille va devenir reine. Je ne puis vous donner tous les dédommagements que je voudrais, acceptez donc les offres qui sont en ma puissance. Dorset, votre fils, qui, l'âme remplie de crainte, a porté ses pas mécontents dans une terre étrangère, aussitôt rappelé, va se voir porter par cette heureuse alliance aux plus hautes dignités et à la plus brillante fortune. Le roi, qui nommera votre charmante fille son épouse, donnera familièrement à votre Dorset le titre de frère : vous serez encore la mère d'un roi, et tous les ravages d'un temps de malheur seront bientôt réparés par un double trésor de jouissances. Quoi! nous pouvons voir couler encore une foule de jours heureux. Chaque goutte des pleurs que vous avez versés peut vous revenir changée en perle d'Orient, et payée avec usure par les avantages d'un bonheur dix fois redoublé. Va donc, ma mère, va trouver ta fille; enhardis, par ton expérience, sa timide jeunesse; dispose son oreille à entendre les vœux d'un amant; enflamme son tendre cœur du désir ambitieux de la brillante souveraineté; révèle à la princesse la douceur de ces heures silencieuses des joies du mariage; et, sitôt que mon bras aura châtié ce petit rebelle, cet écervelé de Buckingham, je reviendrai couvert de lauriers triomphants, et conduirai ta fille à la couche d'un vainqueur : c'est à elle que je ferai hommage de mes succès et de mes conquêtes; à elle seule appartiendra la victoire; elle sera le César du César.

ÉLISABETH.—Que pourrais-je lui dire?... Que le frère de son père voudrait être son époux? ou lui dirai-je son oncle? ou bien celui qui a tué ses frères et ses oncles? Sous quel titre lui annoncer tes désirs, que Dieu, que les lois, mon honneur et son amour puissent rendre agréable à sa tendre jeunesse?

LE ROI RICHARD.—Montrez-lui cette alliance donnant la paix à la belle Angleterre.

ÉLISABETH.—Mais elle l'achèterait aux dépens de ses troubles éternels.

LE ROI RICHARD.—Dites-lui que le roi, qui pourrait commander, la supplie.

ÉLISABETH.—De consentir à ce que défend le Roi des rois.

LE ROI RICHARD.—Dites-lui qu'elle sera une grande et puissante reine.

ÉLISABETH.—Pour en déplorer le titre comme fait sa mère.

LE ROI RICHARD.—Dites-lui que je l'aimerai toujours.

ÉLISABETH.—Mais combien de temps ce mot toujours conservera-t-il quelque valeur?

LE ROI RICHARD.—Autant que durera sa belle vie, et toujours aussi tendre.

ÉLISABETH.—Mais sincèrement, combien durera sa douce vie [1]?

LE ROI RICHARD.—Aussi longtemps que le ciel et la nature la prolongeront.

ÉLISABETH.—Aussi longtemps que l'enfer et Richard le trouveront bon.

LE ROI RICHARD.—Dites-lui que moi, son souverain, je suis son humble sujet.

ÉLISABETH.—Mais elle, votre sujette, abhorre une pareille souveraineté.

LE ROI RICHARD.—Employez votre éloquence en ma faveur.

ÉLISABETH.—Une proposition honnête réussit mieux exposée simplement.

LE ROI RICHARD.—Eh bien, annoncez-lui simplement l'offre de mon amour.

ÉLISABETH.—Dire simplement ce qui n'est pas honnête, cela est par trop grossier.

LE ROI RICHARD.—Vos raisonnements sont superficiels et par trop recherchés.

ÉLISABETH.—Oh! non, mes raisons sont trop profondes et trop naturelles [2]. Mes pauvres enfants sont trop pro-

---

[1] *Sweetly in force unto her fair life end;*
—But how long fairly shall her sweet life last?

Ce sont des oppositions qu'il faut renoncer à rendre en français.

[2] *Your reasons are too shallow and too quick.*
—Oh no! my reasons are too deep and dead;

fondément et trop réellement ensevelis dans leurs tombeaux.

LE ROI RICHARD.—Ne touchez point cette corde, madame; cela est passé.

ÉLISABETH.—Je la toucherai tant qu'il restera dans mon cœur une corde sensible.

LE ROI RICHARD.—Oui, par mon saint George, par ma jarretière, par ma couronne....

ÉLISABETH.—Tu as profané l'un, déshonoré l'autre, usurpé la troisième.

LE ROI RICHARD.—Je jure....

ÉLISABETH.—Sur rien, ce n'est point là un serment : ton saint George profané a perdu sa sainte dignité; ta jarretière ternie est dépouillée de sa vertu chevaleresque; ta couronne usurpée est déshonorée dans sa gloire : si tu veux faire un serment qui te lie et que je croie, jure donc par quelque chose que tu n'aies pas outragé.

LE ROI RICHARD.—Eh bien, par l'univers....

ÉLISABETH.—Il est plein de tes odieux forfaits.

LE ROI RICHARD.—Par la mort de mon père.

ÉLISABETH.—Ta vie l'a déshonorée.

LE ROI RICHARD.—Par moi-même.

ÉLISABETH.—Tu t'es avili toi-même.

LE ROI RICHARD.—Enfin, par le nom de Dieu.

ÉLISABETH.—Dieu a été le plus offensé de tous. Si tu avais craint de violer un serment fait au nom de Dieu, l'union que le roi ton frère avait formée n'aurait pas été rompue ni mon frère égorgé. Si tu avais craint de violer un serment fait au nom de Dieu, cet or, signe du pouvoir, qui entoure maintenant ta tête, aurait décoré le jeune front de mon enfant; et je verrais ici vivants les deux princes qui, maintenant, tendres camarades couchés ensemble dans la poussière du tombeau, sont par la violation de ta foi devenus la proie des vers. Par quoi peux-tu jurer aujourd'hui?

LE ROI RICHARD.—Par l'avenir.

Too deep and dead poor infants in their graves.
Encore des oppositions impossibles à rendre tout à fait, même en s'écartant un peu du sens littéral.

ÉLISABETH.—Tu l'as outragé dans le passé, et moi-même j'ai encore bien des larmes à verser dans l'avenir pour le passé rempli de tes crimes. Les enfants dont tu as massacré les parents passent une jeunesse sans conseils et sans guides qu'ils déploreront dans la suite de l'âge; les parents dont tu as égorgé les enfants vivent aujourd'hui, plantes stériles et desséchées, pour passer leur vieillesse dans les pleurs. Ne jure point par l'avenir; tu en as abusé avant de pouvoir en user, par le mauvais usage que tu as fait du passé.

LE ROI RICHARD.—Comme il est vrai que je désire prospérer, je veux tout réparer, et puissé-je à ce seul prix réussir dans l'entreprise dangereuse que je vais tenter contre mes ennemis en armes! Que je sois moi-même l'artisan de ma ruine! Que le ciel et la fortune ne m'accordent plus un instant de bonheur! Jour, refuse-moi ta lumière; nuit, refuse-moi ton doux repos : que tous les astres propices deviennent contraires à mes desseins si ce n'est pas avec l'amour le plus pur, le dévouement le plus vertueux et les pensées les plus saintes, que j'adresse mes vœux à ta belle et noble fille : c'est en elle qu'est placé mon bonheur et le tien. Sans elle, je vois tomber sur moi, sur vous, sur elle-même, sur l'Angleterre et sur une foule d'âmes chrétiennes, la mort, la désolation, la ruine et la destruction. Tous ces désastres ne peuvent être prévenus que par cet hymen : ainsi donc, chère mère (car c'est le nom qu'il faut que je vous donne), plaidez auprès d'elle la cause de mon amour; parlez-lui de ce que je serai, et non pas de ce que j'ai été; ne lui parlez pas de mon mérite présent, mais de celui que je veux acquérir. Insistez sur les nécessités de l'État et des temps, et ne mettez pas de maussades obstacles à de grands projets.

ÉLISABETH.—Me laisserai-je donc tenter ainsi par ce démon?

LE ROI RICHARD.—Oui, si ce démon vous tente pour le bien.

ÉLISABETH.—Faudra-t-il m'oublier moi-même, pour me revoir ce que j'étais?

LE ROI RICHARD.—Oui, si le souvenir de ce que vous êtes vous nuit à vous-même.

ÉLISABETH.—Mais tu as assassiné mes fils.

LE ROI RICHARD.—Mais je les ensevelis dans le sein de votre fille, et dans ce nid brûlant ils renaîtront de leurs cendres, pour votre consolation et votre félicité.

ÉLISABETH.—Irai-je presser ma fille de céder à tes désirs?

LE ROI RICHARD.—Oui, et par là devenez une heureuse mère.

ÉLISABETH.—Eh bien, j'y vais.—Écris-moi une lettre très-courte, et tu connaîtras par moi ses sentiments.

LE ROI RICHARD.—Portez-lui le baiser de mon tendre amour; adieu. (*Il l'embrasse; Élisabeth sort.*) O femme imbécile, légère, changeante et prompte à pardonner! (*Entrent Ratcliff et ensuite Catesby.*) Eh bien, quelles nouvelles?

RATCLIFF.—Très-puissant souverain, une flotte redoutable paraît sur la côte occidentale. Sur le rivage accourent une foule d'amis douteux, au cœur dissimulé, sans armes, et ne paraissant pas disposés à s'opposer à la descente des ennemis. On croit que Richmond est l'amiral de la flotte, et qu'ils longent la côte, en attendant que Buckingham vienne leur prêter son appui, et les recevoir sur le rivage.

LE ROI RICHARD. — Que quelque ami rapide dans sa course se rende promptement auprès du duc de Norfolk. Ratcliff, que ce soit toi,.... ou Catesby : où est-il?

CATESBY.—Ici, mon bon seigneur.

LE ROI RICHARD.—Catesby, vole vers le duc.

CATESBY.—Je pars, seigneur, avec toute la célérité possible.

LE ROI RICHARD.—Ratcliff, approche : cours à Salisbury, et quand tu reviendras.... (*A Catesby.*) Traître d'imbécile, pourquoi restes-tu là au lieu d'aller trouver le duc?

CATESBY.—Dites-moi d'abord, mon souverain, les ordres de Votre Majesté; que veut-elle que je dise au duc?

LE ROI RICHARD.—Oh! tu as raison, bon Catesby.—Dis-lui de lever sur-le-champ la plus forte armée qu'il pourra rassembler, et de venir me joindre au plus tôt à Salisbury.

CATESBY.—Je pars. (Catesby sort.)

RATCLIFF.—Que désirez-vous que je fasse à Salisbury?

LE ROI RICHARD.—Eh! qu'y veux-tu faire, avant que j'y sois arrivé?

RATCLIFF.—Votre Majesté m'avait dit de prendre les devants.

LE ROI RICHARD.—J'ai changé d'avis. (*Entre Stanley.*) Stanley, quelles nouvelles?

STANLEY.—Seigneur, pas d'assez bonnes pour être entendues de vous avec plaisir, ni d'assez mauvaises pour qu'on n'ose vous les annoncer.

LE ROI RICHARD.—Bon, des énigmes? Ni bonnes, ni mauvaises! Qu'as-tu besoin de venir ainsi d'une lieue, quand tu peux arriver à dire ton affaire par le plus court chemin? Encore une fois, quelle nouvelles?

STANLEY.—Richmond est en mer.

LE ROI RICHARD.—Eh bien, qu'il s'y abîme, et que la mer l'engloutisse. Que fait là ce vagabond sans courage?

STANLEY.—Mon souverain, je ne le sais que par conjecture.

LE ROI RICHARD.—Eh bien, voyons votre conjecture.

STANLEY.—C'est qu'excité par Buckingham, Dorset et Morton, il fait voile vers l'Angleterre pour revendiquer la couronne.

LE ROI RICHARD.—Le trône est-il vacant? l'épée sans maître? le roi est-il mort? l'empire sans possesseur? Quel autre héritier d'York est en vie que nous? et qui est roi d'Angleterre, que l'héritier du grand York? D'après cela dites-moi donc ce qu'il fait sur la mer.

STANLEY.—Si ce n'est pas là son projet, seigneur, j'ignore ses desseins.

LE ROI RICHARD.—A moins qu'il ne vienne pour être votre souverain, vous ne pouvez deviner ce qui attire ce Gallois sur nos bords?.... Tu te révolteras, et tu iras te joindre à lui, j'en ai peur.

STANLEY.—Non, mon puissant souverain : n'ayez donc de moi aucune défiance.

LE ROI RICHARD.—En ce cas, où sont tes troupes pour le repousser? où sont tes vassaux, tes soldats? Ne sont-ils pas plutôt actuellement sur la côte occidentale, à seconder la descente des rebelles sur le rivage?

STANLEY.—Non, mon bon seigneur : tous mes amis sont dans le nord.

LE ROI RICHARD.—De froids amis pour moi! Que font-ils dans le nord, lorsqu'ils devraient servir leur souverain dans l'occident?

STANLEY.—Ils n'en ont pas reçu l'ordre, puissant roi. Si Votre Majesté veut bien m'y autoriser, je vais rassembler mes amis, et je rejoindrai Votre Grâce au temps et dans le lieu qu'il lui plaira de me prescrire.

LE ROI RICHARD.—Oui, oui, tu voudrais déjà être parti pour joindre Richmond. Je ne me fierai point à vous, Mortimer.

STANLEY.—Très-puissant souverain, vous n'avez aucun sujet de douter de mon attachement : jamais je ne fus et jamais je ne serai un traître.

LE ROI RICHARD.—Allez donc, et rassemblez vos forces. —Mais écoutez ; laissez avec moi votre fils George Stanley. Songez à être ferme dans votre fidélité ; autrement la tête de votre fils est mal assurée.

STANLEY.—Agissez avec lui, seigneur, selon que vous me trouverez fidèle envers vous.

(Stanley sort.)
(Entre un messager.)

LE MESSAGER.—Mon gracieux souverain, j'ai reçu par des amis l'avis certain que sir Édouard Courtney, et ce hautain prélat, l'évêque d'Exeter, son frère aîné, sont actuellement en armes dans le Devonshire, à la tête d'un parti nombreux.

(Entre un autre messager.)

SECOND MESSAGER.— Dans la province de Kent, mon souverain, les Guilford sont en armes : et à chaque instant une foule de partisans vient se joindre aux rebelles; leur armée grossit de plus en plus.

(Entre un autre messager.)

TROISIÈME MESSAGER. — Seigneur, l'armée du puissant Buckingham...

LE ROI RICHARD.—Soyez maudits, oiseaux de malheur! Quoi, rien que des chants de mort! (*Il le frappe.*) Tiens, reçois cela jusqu'à ce que tu m'apportes de meilleures nouvelles.

TROISIÈME MESSAGER. — La nouvelle que j'apporte à Votre Majesté, c'est qu'un violent orage et des débordements soudains ont mis en désordre et dispersé l'armée de Buckingham, et qu'il erre abandonné, sans qu'on puisse savoir où.

LE ROI RICHARD.—Oh! je te demande pardon. Tiens, voilà ma bourse, pour te guérir du coup que je t'ai donné.—Quelque ami bien conseillé a-t-il proclamé une récompense pour celui qui m'amènera le traître?

TROISIÈME MESSAGER. — Cette proclamation a été faite, seigneur.

(Entre un autre messager.)

QUATRIÈME MESSAGER.—On dit, mon souverain, que sir Thomas Lovel et le lord marquis de Dorset sont soulevés dans la province d'York. Mais j'ai une nouvelle consolante à apprendre à Votre Majesté : c'est que la tempête a dispersé la flotte de Bretagne. Richmond, sur la côte du comté de Dorset, a détaché une chaloupe au rivage pour savoir si ceux qu'il voyait sur la côte étaient de son parti. Ils lui ont répondu qu'ils venaient de la part de Buckingham pour le seconder. Lui, se méfiant d'eux, a remis à la voile, et a repris sa course vers la Bretagne.

LE ROI RICHARD.—Marchons, marchons, puisque nous sommes sur pied, si ce n'est pour combattre des ennemis étrangers, du moins pour réprimer les rebelles de l'intérieur.

(Entre Catesby.)

CATESBY.—Seigneur, le duc de Buckingham est pris ; voilà la meilleure nouvelle que j'aie à vous donner, car il y en a une plus fâcheuse, mais qu'il faut pourtant vous dire : c'est que le comte de Richmond est débarqué à Milford avec une nombreuse armée.

LE ROI RICHARD.—Marchons vers Salisbury : tandis que nous demeurons ici à raisonner, une bataille gagnée ou perdue aurait déjà pu affermir une couronne. — Que

quelqu'un de vous se charge de faire amener Buckingham à Salisbury, et que le reste me suive.
(Ils sortent.)

SCÈNE V

Une pièce dans la maison de lord Stanley.

Entrent STANLEY ET SIR CHRISTOPHE URSWICK.

STANLEY.—Sir Christophe, dites à Richmond, de ma part, que mon fils George Stanley est retenu en otage dans le repaire de ce féroce sanglier. Si je me révolte, la tête de mon jeune George va tomber ; c'est cette crainte qui m'empêche de lui prêter mon appui : mais apprenez-moi où est actuellement le noble Richmond.

CHRISTOPHE.—A Pembroke, ou à Harford-West, dans la province de Galles.

STANLEY.—Quels hommes de nom se sont joints à lui?

CHRISTOPHE.—Sir Walter Herbert, guerrier renommé; sir Gilbert Talbot et sir William Stanley ; Oxford, le terrible Pembroke, sir James Blunt, et Ricep Thomas, avec une vaillante troupe, et plusieurs autres guerriers de distinction et de mérite. Ils dirigent leur marche vers Londres, si on ne leur livre pas bataille en chemin.

STANLEY.—Va, hâte-toi de rejoindre ton seigneur ; porte-lui mon hommage, et annonce-lui que la reine a consenti avec joie à lui donner pour épouse sa fille Élisabeth. Ces lettres l'instruiront de mes dispositions. Adieu.

(Il donne des papiers à sir Christóphe. Ils sortent.)

FIN DU QUATRIEME ACTE.

ACTE CINQUIÈME

SCÈNE I

A Salisbury.

Entrent LE SHÉRIF *et ses gardes, conduisant* BUCKINGHAM
au supplice.

BUCKINGHAM.—Le roi Richard ne veut donc pas m'accorder un moment d'entretien ?
LE SHÉRIF.—Non, mon bon lord : ainsi résignez-vous.
BUCKINGHAM.—Hastings, et vous, enfants d'Édouard, Rivers, Grey ! saint roi Henri ! Édouard, son aimable fils ! Vaughan ! et vous tous qui êtes tombés en trahison sous la main corrompue de l'odieuse injustice, si vos âmes offensées et irritées contemplent, au travers des nuages, le spectacle de cette heure fatale, pour votre vengeance, insultez à ma destruction ! — Amis, n'est-ce pas aujourd'hui le jour des Morts ?
LE SHÉRIF.—Oui, milord.
BUCKINGHAM.—Eh bien, ce jour des Morts est le jour de ma mort. C'est aussi le jour que, sous le règne d'Édouard, j'ai prié le Ciel de me rendre fatal, si je devenais perfide à ses enfants, ou aux parents de son épouse. C'est le jour où je formai le souhait de périr victime de la perfidie de l'homme en qui j'aurais le plus de confiance. Ce jour où tant d'âmes de morts assiégent mon âme tremblante est le terme marqué à mes forfaits. Ce Dieu tout puissant, qui voit tout, et dont je me jouais, a fait tomber sur ma tête l'effet de ma feinte prière; et il me donne en réalité tout ce que je lui demandais en riant. C'est ainsi qu'il force l'épée du méchant de tourner sa pointe

contre le sein de son maître. Ainsi tombe de tout son poids sur ma tête la malédiction de Marguerite. *Lorsqu'il brisera ton cœur de douleur, me disait-elle, souviens-toi que Marguerite te l'a prédit.*—Allons, conduisez-moi à ce honteux échafaud. L'injustice recueille l'injustice, et l'infamie est payée par l'infamie.

(Buckingham sort avec le shérif et les gardes.)

SCÈNE II

Une plaine près de Tamworth.

Entrent avec des tambours et des drapeaux RICHMOND, FORD, SIR JAMES BLUNT, SIR WALTER HERBERT, *et autres avec des troupes en marche.*

RICHMOND.—Mes compagnons d'armes et mes bien chers amis, froissés sous le joug de la tyrannie, nous voici parvenus sans obstacle jusque dans le sein de l'Angleterre; et nous recevons ici de notre père Stanley une lettre bien propre à nous soutenir et à nous encourager. Le sanguinaire usurpateur, l'infâme sanglier qui a ravagé vos récoltes de l'été et vos vignes fertiles, et va jusque dans vos entrailles, dont il a fait son auge, engloutir, comme l'eau immonde dont il se nourrit, votre sang encore fumant, cet odieux pourceau est, à ce que nous apprenons, gîté au centre de cette île, près de la ville de Leicester; de Tamworth jusque-là nous n'avons qu'un jour de marche. Au nom de Dieu, courageux amis, allons d'un cœur allègre, dans les sanglants hasards d'un combat dangereux, mais unique, recueillir la moisson d'une paix éternelle.

OXFORD.—La conscience de notre droit vaut en chacun de nous mille épées, pour combattre ce sanguinaire homicide.

HERBERT.—Je ne doute pas que ses amis ne l'abandonnent pour se joindre à nous.

BLUNT.—Il n'a d'amis que ceux que retient la crainte, et qui l'abandonneront au moment où il aura le plus besoin de leur secours.

RICHMOND.—Tout est pour nous. Ainsi, marchons au nom de Dieu. L'espérance légitime avance rapidement et vole sur les ailes de l'hirondelle : des rois elle fait des dieux, et des créatures moins nobles elle fait des rois.

(Ils sortent.)

SCÈNE III

La plaine de Bosworth.

Entrent LE ROI RICHARD *et des troupes;* LE DUC DE NORFOLK, LE COMTE DE SURREY, *et autres lords.*

LE ROI RICHARD.—Plantons ici nos tentes dans la plaine de Bosworth. Milord Surrey, pourquoi avez-vous l'air si triste ?

SURREY.—Mon cœur est dix fois plus gai que mes yeux.

LE ROI RICHARD.—Milord de Norfolk ?

NORFOLK.—Mon souverain ?....

LE ROI RICHARD.—Norfolk, nous aurons des coups; ah ! n'est-ce pas que nous en aurons ?

NORFOLK.—Nous en donnerons et nous en recevrons, mon cher seigneur.

LE ROI RICHARD.—Qu'on dresse ma tente. Je passerai la nuit ici. (*Des soldats viennent dresser la tente du roi.*) Mais où la passerai-je demain ?—Allons, n'importe.— Qui de vous a reconnu le nombre des rebelles ?

NORFOLK.—Ils sont tout au plus six à sept mille hommes.

LE ROI RICHARD.—Eh quoi ? notre armée est trois fois plus nombreuse. D'ailleurs, le nom du roi est une puissante citadelle qui manque au parti de nos ennemis. Dressez cette tente.—Venez, nobles lords, allons reconnaître le terrain.—Qu'on fasse appeler quelques hommes de bon jugement : observons avec soin la discipline, et ne perdons pas une minute; car demain, mes lords, sera une laborieuse journée.

(Ils sortent.)
(Entrent de l'autre côté du champ de bataille Richmond, sir William Brandon, Oxford et d'autres lords. Quelques soldats sont occupés à dresser la tente de Richmond.)

RICHMOND.—Le soleil fatigué s'est couché dans des

nuages d'or, et la trace brillante qu'a laissée son char enflammé nous promet pour demain un beau jour. Sir William Brandon, vous porterez mon étendard.—Qu'on m'apporte de l'encre et du papier dans ma tente.—Je veux tracer le plan figuré de notre ordre de bataille, distribuer à chaque chef son poste et ses fonctions, et régler sur de justes proportions le partage de notre petite armée.—Milord d'Oxford, et vous, sir William Brandon, et vous, sir Walter Herbert, restez avec moi. Le comte de Pembroke commandera son régiment.—Bon capitaine Blunt, saluez-le de ma part, et priez-le de me venir trouver dans ma tente vers deux heures du matin. Faites-moi encore un plaisir, mon bon capitaine : où est le quartier de milord Stanley ? le savez-vous ?

BLUNT.—Ou je me suis bien trompé sur ses couleurs, et je suis sûr du contraire, ou son régiment est à un demi-mille au moins au midi de la puissante armée du roi.

RICHMOND.—S'il était possible, sans danger, cher Blunt, de trouver quelque moyen de vous aboucher avec lui, et de lui remettre de ma part cette note extrêmement importante....

BLUNT.—Fût-ce au péril de ma vie, milord, je le tenterai ; et, sur ce, Dieu vous envoie un sommeil tranquille cette nuit !

RICHMOND.—Bonne nuit, mon bon capitaine Blunt !—Venez, messieurs ; allons nous consulter sur les opérations de demain. Entrons dans ma tente ; l'air devient âpre et froid.

(Ils se retirent sous la tente du comte.)
(Entre dans sa tente le roi Richard avec Norfolk, Ratcliff et Catesby.)

LE ROI RICHARD.—Quelle heure est-il ?

CATESBY.—Il est temps de souper, seigneur ; il est neuf heures.

LE ROI RICHARD.—Je ne soupe point ce soir.—Donne-moi de l'encre et du papier.—A-t-on arrangé la visière de mon casque de manière qu'elle ne me gêne plus ? —Toute mon armure est-elle dans ma tente ?

CATESBY.—Oui, mon souverain ; et tout est prêt.

LE ROI RICHARD.—Mon bon Norfolk, rends-toi sur-le-champ à ton poste. Fais la garde avec soin, choisis des sentinelles sûres.

NORFOLK.—J'y vais, seigneur.

LE ROI RICHARD.—Levez-vous demain avec l'alouette cher Norfolk.

NORFOLK.—Vous pouvez y compter, mon prince.

(Il sort.)

LE ROI RICHARD.—Ratcliff?

RATCLIFF.—Seigneur?

LE ROI RICHARD.—Envoie un sergent d'armes au quartier de Stanley. Qu'il lui porte l'ordre d'amener sa troupe avant le lever du soleil, s'il ne veut pas que son fils George tombe dans la sombre caverne de la nuit éternelle.—Remplis-moi un verre de vin. Qu'on me donne une garde[1]. (*A Catesby.*) Tu selleras mon cheval blanc, Surrey, pour la bataille de demain. Aie soin que le bois de mes lances soit solide et point trop lourd.—Ratcliff?

RATCLIFF.—Seigneur?

LE ROI RICHARD.—As-tu vu le mélancolique lord Northumberland ?

RATCLIFF.—Je les ai vus, le comte de Surrey et lui, à l'heure du crépuscule, aller de quartier en quartier, parcourant l'armée, et animant les soldats.

LE ROI RICHARD.—J'en suis bien aise. Donne-moi un

---

[1] *Give me a watch.*
On est incertain sur le sens de ces paroles. *A watch* veut dire *une montre*, veut dire *une sentinelle*, peut vouloir dire une lumière pour passer la nuit, une de ces sortes de bougies sur lesquelles était indiqué, par des marques placées de distance en distance, le nombre d'heures qu'elles devaient durer. On ne connaissait pas les montres en Angleterre du temps de Richard ; mais ce ne serait pas une raison pour Shakspeare ; et d'ailleurs, selon toute apparence, le nom de *watch* (veille) avait été donné d'abord aux instruments tels que sabliers, clepsydres, destinés à mesurer le temps dans l'absence du soleil. On pourrait donc alors assez arbitrairement choisir entre cette interprétation du mot *watch*, et celle par laquelle il signifierait *flambeau de veille*. C'est à ce dernier sens que se sont arrêtés les commentateurs, observant, sans doute avec beaucoup de raison, qu'il va sans dire qu'on

ACTE V, SCÈNE III.   121

verre de vin.—Je ne me sens point cette allégresse de cœur, cette gaieté d'esprit à laquelle j'étais accoutumé. Bon, mets-le là.—M'as-tu préparé de l'encre et du papier?

RATCLIFF.—Oui, seigneur.

LE ROI RICHARD.—Va recommander à ma garde de veiller avec soin, et laisse-moi. Vers le milieu de la nuit, tu reviendras dans ma tente, et tu m'aideras à m'armer.—Va-t'en, te dis-je.

(Ratcliff sort.)
(La tente de Richmond s'ouvre, on voit le comte avec ses officiers.)
(Entre Stanley.)

STANLEY.—Que la fortune et la victoire reposent sur ton casque!

RICHMOND.—Que tout le bonheur que peut donner la sombre nuit t'accompagne, mon noble beau-père!—Dis-moi comment se porte notre tendre mère?

STANLEY.—Je suis chargé par procuration de te bénir au nom de ta mère, qui ne cesse de prier pour le bonheur de Richmond. C'en est assez là-dessus.—Les heures silencieuses de la nuit s'écoulent, et l'ombre éclaircie commence à s'entr'ouvrir dans l'Orient. Pour abréger, car le temps nous l'ordonne, ce que tu as à faire, c'est de ranger ton armée en bataille dès le point du jour, et de confier ta fortune à la sanglante décision des coups

---

mettra une garde à la tente du roi, et qu'il n'a pas besoin de la demander. Cependant une autre observation qui leur a échappé, c'est le soin qu'a apporté le poëte à mettre en opposition les inquiétudes de Richard avec la tranquille confiance de Richmond. La peur d'être trahi le poursuit; il va épier ce qui se passe dans le camp, avertit le duc de Norfolk de choisir des sentinelles sûres, recommande, au moment où l'on se retire, que la garde veille avec soin, tandis que Richmond s'endort remettant à Dieu le soin de le garder. Cette opposition est trop marquée pour que Shakspeare n'ait pas eu intention de la faire ressortir, et rien n'est plus propre à indiquer l'agitation de l'esprit de Richard que ce soin inutile de demander une garde. Il n'est pas d'ailleurs bien rare de voir Shakspeare sacrifier la vraisemblance à l'effet : c'est donc ce sens du mot *watch* qu'on a cru devoir choisir.

et de la guerre aux regards meurtriers. Moi, autant que je le pourrai (car je ne puis faire tout ce que je désirerais), je chercherai les moyens d'éluder et de te secourir dans la confusion du combat; mais je ne peux me déclarer trop ouvertement pour toi, de crainte que, si mes mouvements étaient aperçus, ton jeune frère George ne fût exécuté à la vue de son père. Adieu. Le temps et le danger coupent court aux témoignages usités d'attachement; et à cet abondant échange de discours affectueux dont auraient besoin des amis séparés depuis si longtemps. Dieu veuille nous donner le loisir de vaquer à ce culte de l'amitié! Encore une fois, adieu. Vaillance et succès!

RICHMOND. — Chers lords, conduisez-le jusqu'à son quartier. Je vais tâcher, au milieu du trouble de mes pensées, de prendre quelque repos, de crainte qu'un sommeil de plomb ne m'accable demain, lorsqu'il me faudra monter sur les ailes de la Victoire. Encore une fois, bonne nuit, chers lords, et messieurs. (*Sortent les lords avec Stanley.*) O toi dont je me regarde ici comme le capitaine, jette sur mes soldats un regard favorable! Mets dans leurs mains les massues meurtrières de ta vengeance, et que de leur chute pesante elles écrasent les casques usurpateurs de nos ennemis! Fais de nous les ministres de ta justice, afin que nous puissions te glorifier dans la victoire! C'est sur toi que je me repose des soins qui occupent mon âme, tandis que je vais laisser tomber le rideau de mes paupières. Soit que je dorme ou que je veille, oh! ne cesse pas de me défendre!

(Il s'endort.)
(L'ombre du prince Édouard, fils de Henri VI, sort de terre entre les deux tentes.)

L'OMBRE, *à Richard.*—Que demain je pèse sur ton âme! Souviens-toi comme tu m'as assassiné dans la fleur de ma jeunesse à Tewksbury. Désespère donc, et meurs. (*A Richmond.*) Aie bon courage, Richmond : les âmes irritées des princes égorgés combattent pour toi : c'est le fils du roi Henri, Richmond, qui vient t'encourager.
(L'ombre du roi Henri VI sort de terre.)

ACTE V, SCÈNE III.

L'OMBRE, *à Richard*.—Lorsque j'étais mortel, mon corps oint du Seigneur, a été par toi percé de mille coups meurtriers. Songe à la Tour et à moi. Désespère et meurs. C'est Henri VI qui vient te le souhaiter ; désespère et meurs. (*A Richmond.*) Vertueux et pieux, tu seras vainqueur. Henri, qui t'a prédit que tu serais roi, vient t'encourager dans ton sommeil. Vis et prospère.

(L'ombre de Clarence sort de terre.)

L'OMBRE, *à Richard*.—Que demain je pèse sur ton âme ! Moi qui péris noyé dans un vin doucereux, moi pauvre Clarence, que ta perfidie fit tomber dans les piéges de la mort ; pense à moi demain dans la bataille, et que ton épée tombe émoussée ! Désespère et meurs. (*A Richmond.*) Rejeton de la maison de Lancastre, les héritiers d'York, victimes de l'injustice, prient pour toi. Que les anges te protégent dans le combat ! Vis et prospère.

(Les ombres de Rivers, Grey et Vaughan, sortent de terre.)

L'OMBRE DE RIVERS, *à Richard*.—Que demain je pèse sur ton âme ! C'est Rivers, mort à Pomfret. Désespère et meurs !

L'OMBRE DE GREY.—Souviens-toi de Grey ; et que ton âme désespère !

L'OMBRE DE VAUGHAN.—Souviens-toi de Vaughan ; et plein de la terreur du crime, laisse tomber ta lance ! Désespère et meurs !

TOUTES TROIS, *à Richmond*.—Éveille-toi avec la pensée que nos injures attachées au cœur de Richard vont le faire succomber : éveille-toi et remporte la victoire.

(L'ombre de lord Hastings sort de terre.)

L'OMBRE, *à Richard*.—Couvert de sang et de crimes, réveille-toi du réveil du crime, et finis tes jours dans une bataille sanglante. Pense à lord Hastings. Désespère et meurs ! (*A Richmond.*) Ame calme et tranquille, éveille-toi, éveille-toi. Prends tes armes, combats, et triomphe pour le bonheur de l'Angleterre !

(Les ombres des deux jeunes princes sortent de terre.)

LES OMBRES, *à Richard*.—Rêve de tes neveux étouffés dans la Tour. Que nous soyons dans ton sein, Richard, un plomb qui t'entraîne à ta ruine, à l'infamie et à la mort! Les âmes de tes neveux viennent te le souhaiter. Désespère et meurs! (*A Richmond.*) Dors, Richmond, dors en paix, et réveille-toi dans la joie. Que les bons anges te gardent du sanglier! Vis et sois le père d'une race heureuse de rois! Les malheureux enfants d'Édouard font des vœux pour ta prospérité!

(L'ombre de la reine Anne sort de terre.)

L'OMBRE, *à Richard*.—C'est ta femme, Richard, la malheureuse Anne, ta femme, qui ne goûta jamais près de toi une heure d'un tranquille sommeil; c'est elle qui remplit ton sommeil de trouble. Pense à moi demain dans la bataille, et que ton épée tombe émoussée. Désespère et meurs! (*A Richmond.*) Et toi, âme paisible, dors d'un paisible sommeil; rêve de succès et d'une heureuse victoire. La femme de ton adversaire prie pour toi!

(L'ombre de Buckingham sort de terre.)

L'OMBRE, *à Richard*.—C'est moi qui le premier t'aidai à monter sur le trône; c'est moi qui le dernier éprouvai ta tyrannie. Oh! pense à Buckingham dans la bataille, et meurs dans les terreurs de tes forfaits. Rêve, rêve de faits sanglants et de mort, de défaite, de désespoir, et dans le désespoir rends ton dernier soupir! (*A Richmond.*) J'ai péri pour t'avoir voulu seconder, avant que je pusse te prêter mon appui. Mais que ton cœur s'affermisse et ne sois point effrayé : Dieu et les bons anges combattent pour Richmond, et Richard va tomber de toute la hauteur de son orgueil.

(Les ombres disparaissent.)
(Le roi Richard sort en sursaut de son rêve.)

LE ROI RICHARD.—Donnez-moi un autre cheval.—Bandez mes plaies.—Jésus, aie pitié de moi!—Mais doucement, ce n'est qu'un rêve. O lâche conscience, comme tu me tourmentes! Ce flambeau jette une flamme bleuâtre. Nous sommes au plus profond de la nuit. La sueur froide de la crainte couvre mon corps tremblant.—De quoi ai-je donc peur? De moi? Il n'y a ici que moi. Richard aime Richard.—Y a-t-il ici quelque meurtrier? Non.—Oui, moi. Fuyons donc. Quoi, me fuir moi-même? Beau projet! et pourquoi? De peur que je ne me venge... Quoi!

que je me venge sur moi-même? Je m'aime... Et pourquoi? Pour quelque bien que je me sois fait à moi-même? Oh! non, hélas! Je me hais plutôt moi-même, pour les actions haïssables commises par moi. Je suis un misérable... Mais non, je mens, cela n'est pas vrai. Imbécile, parle donc bien de toi... Imbécile, pas de flatterie. Ma conscience a mille langues et chacune répète son histoire, et chaque histoire me déclare un misérable. Le parjure, le parjure au plus haut degré! Le meurtre, le meurtre féroce, au degré le plus abominable! Tous les crimes divers, tous commis sous toutes les formes, se pressent en foule au tribunal et crient tous: Coupable! coupable! Je tomberai dans le désespoir.—Il n'y a pas une créature qui m'aime; et si je meurs, pas une âme n'aura pitié de moi... Et pourquoi auraient-ils pitié de moi? Moi-même je n'en trouve aucune pour moi dans mon cœur. Il m'a semblé que toutes les âmes de ceux que j'ai fait périr étaient venues dans ma tente, et chacune d'elles avait pour demain crié vengeance sur la tête de Richard.

(Entre Ratcliff.)

RATCLIFF.—Seigneur?...

LE ROI RICHARD.—Qui est là?

RATCLIFF.—Ratcliff, seigneur, c'est moi. Le coq matineux du village a déjà salué deux fois l'aurore. Vos amis sont debout et se couvrent de leur armure.

LE ROI RICHARD.—O Ratcliff, j'ai eu un songe effrayant. — Qu'en penses-tu? Nos amis seront-ils tous fidèles?

RATCLIFF.—N'en doutez pas, seigneur.

LE ROI RICHARD.—Ratcliff, je crains, je crains...

RATCLIFF.—Allons, mon bon seigneur, ne vous laissez pas effrayer par des visions.

LE ROI RICHARD.—Par l'apôtre saint Paul! Les ombres que j'ai vues cette nuit ont jeté plus de terreur dans l'âme de Richard que ne pourraient faire dix mille soldats, en chair et en os, armés à toute épreuve, et conduits par l'écervelé Richmond.—Le jour n'est pas encore prêt à paraître. Viens avec moi, je vais faire dans le camp le métier d'écouteur aux portes, pour savoir s'il y

en a qui méditent de m'abandonner dans le combat.
(Le roi Richard sort avec Ratcliff.)
(Richmond s'éveille.—Entrent Oxford et autres.)

LES LORDS.—Bonjour, Richmond!

RICHMOND.—Je vous demande pardon, milords, et à vous, officiers diligents, de ce que vous surprenez un paresseux dans sa tente.

LES LORDS.—Comment avez-vous dormi, milord?

RICHMOND.—Du plus doux sommeil, depuis l'instant de votre départ, milords, et avec les songes les plus favorables qui soient jamais entrés dans la tête d'un homme endormi. J'ai cru voir les âmes de tous ceux que Richard a assassinés, venir à ma tente, et me crier : Victoire! Je vous proteste que mon cœur est tout réjoui du souvenir d'un si beau songe. A quelle heure du matin sommes-nous, milords?

LES LORDS.—Quatre heures vont sonner.

RICHMOND.—Allons, il est temps de s'armer, et de donner les ordres pour le combat. — (*Il s'avance vers les troupes.*) Le temps et la nécessité qui nous pressent ne me permettent pas, mes chers compatriotes, de rien ajouter à ce que je vous ai dit.—Souvenez-vous seulement de ceci.—Dieu et la justice de notre cause combattent pour nous; les prières des saints et celles des âmes irritées contre Richard se placent devant nous comme un rempart fort élevé. A l'exception du seul Richard, ceux que nous allons combattre nous souhaitent la victoire, plutôt qu'à celui qui les conduit; car, qui les conduit? vous le savez, messieurs; un tyran sanguinaire, un homicide, élevé par le sang, et qui par le sang seulement a pu se maintenir; qui, pour parvenir, s'est servi de tous les moyens, et a mis à mort ceux qui lui avaient servi de moyen pour parvenir; une pierre impure et vile, qui n'est devenue précieuse que par l'éclat du trône d'Angleterre dans lequel il s'est illégitimement enchâssé; un homme qui a toujours été l'ennemi de Dieu : ainsi, puisque vous combattez un ennemi de Dieu, Dieu, dans sa justice, ne manquera pas de protéger en vous ses soldats. S'il en coûte des efforts pour renverser le tyran, le tyran mort, vous dormez en paix. Si vous combattez les ennemis de votre patrie, la prospérité de votre patrie vous payera de vos travaux ; si vous combattez pour défendre vos femmes, vos femmes vous recevront avec joie en vainqueurs ; si vous délivrez vos enfants du glaive de la tyrannie, les enfants de vos enfants vous en récompenseront dans votre vieillesse. Ainsi, au nom de Dieu et de tous ces droits, déployez vos étendards, et tirez vos épées de bon cœur. Pour moi, si mon entreprise est téméraire, je la payerai de ce corps qui demeurera froid sur la froide surface de la terre ; mais, si je réussis, le dernier de vous tous recueillera sa part des fruits de ma victoire. Trompettes et tambours, sonnez hardiment et gaiement, Dieu et *saint George!* Richmond et victoire !

(Ils sortent.)
(Rentrent le roi Richard, Ratcliff, suite, troupes.)

LE ROI RICHARD.—Que disait Northumberland, au sujet de Richmond[1] ?

RATCLIFF.—Qu'il n'a jamais été formé au métier de la guerre.

LE ROI RICHARD.—Il disait la vérité.—Et Surrey, que disait-il ?

RATCLIFF. — Il disait, en souriant : Tant mieux pour nous.

LE ROI RICHARD. — Il avait raison, et cela est vrai en effet.—(*L'horloge sonne.*) Quelle heure est-il ? Donnez-moi un calendrier.—Qui a vu le soleil aujourd'hui ?

RATCLIFF.—Je ne l'ai pas aperçu, seigneur.

LE ROI RICHARD.—Il dédaigne apparemment de se montrer ; car, d'après le calendrier, il devrait embellir l'orient depuis une heure. Ce jour sera lugubre pour quelqu'un.—Ratcliff ?

RATCLIFF.—Seigneur ?

LE ROI RICHARD.—Le soleil ne veut point se laisser voir aujourd'hui. Le ciel se noircit et les nuages s'abaissent sur notre camp. Je voudrais que ces gouttes de rosée

---

[1] Il ne croyait pas que lord Northumberland combattît pour lui de bon cœur. En effet, Northumberland ne donna point dans le combat.

vinssent de la terre. Point de soleil aujourd'hui! Eh bien, que m'importe, à moi, plus qu'à Richmond? Le ciel sinistre pour moi est également sinistre pour lui.

NORFOLK.—Aux armes! aux armes, seigneur! l'ennemi nous brave dans la plaine.
(Entre Norfolk.)

LE ROI RICHARD.—Allons. En mouvement, en mouvement.—Qu'on caparaçonne mon cheval. Allez chercher lord Stanley : dites-lui d'amener ses troupes.—Je veux conduire mon armée dans la plaine, et voici mon ordre de bataille.— Mon avant-garde se déploiera sur une ligne, composée d'un nombre égal de cavalerie et d'infanterie. Nos archers seront placés dans le centre. John, duc de Norfolk, et Thomas, comte de Surrey, auront le commandement de cette infanterie et de cette cavalerie. Eux ainsi placés, nous les suivrons avec le corps de bataille, dont les ailes seront fortifiées par nos meilleurs cavaliers. Après cela, que saint George nous seconde!— Qu'en penses-tu, Norfolk?

NORFOLK.—C'est un très-bon plan, mon guerrier souverain. J'ai trouvé cela ce matin sur ma tente.
(Il lui donne un papier.)

LE ROI RICHARD, *lisant.* — « Jockey de Norfolk, point trop d'audace; ton maître Dickon est vendu et acheté. » Invention de l'ennemi.—Allons, messieurs, que chacun se place à son poste, ne laissons pas effrayer nos âmes par de vains songes. La conscience est un mot à l'usage des lâches, et inventé pour tenir le fort en respect; que la vigueur de nos bras soit notre conscience, nos épées notre loi. En avant, joignons courageusement l'ennemi, jetons-nous dans la mêlée, et si ce n'est au ciel, allons ensemble en enfer.—Que vous dirai-je de plus que ce que je vous ai dit? Rappelez-vous à qui vous avez affaire. A un ramas de vagabonds, de misérables, de proscrits, l'écume de la Bretagne; de vils et ignobles paysans, vomis du sein de leur terre surchargée, pour se lancer dans les aventures désespérées, où ils vont trouver une perte certaine. Vous qui dormiez en paix, ils viennent vous arracher au repos; vous qui avez des terres et le bonheur de posséder de belles femmes, ils veulent taxer les unes, déshonorer les autres. Et qu'est le chef qui les conduit, qu'un pauvre misérable nourri longtemps en Bretagne, aux dépens de notre patrie? Une vraie soupe au lait, qui n'a jamais de sa vie senti seulement ce qu'on a de froid en enfonçant le pied dans la neige jusque par-dessus la chaussure! Repoussons à coups de fouet ces bandits sur les mers; chassons à coups de lanières cette canaille téméraire échappée de la France; ces mendiants affamés, lassés de vivre, qui, sans le rêve insensé qu'ils ont fait sur cette folle entreprise, gueux comme des rats, se seraient pendus eux-mêmes. Si nous avons à être vaincus, que ce soit du moins par des hommes, et non par ces bâtards de Bretons que nos pères ont battus, insultés, assommés, et dont ils ont perpétué la honte par des ignominies authentiques. Quoi! ces gens-là prendraient nos terres, coucheraient avec nos femmes, raviraient nos filles? — Écoutez, j'entends leurs tambours. (*On entend les tambours de l'ennemi.*) Au combat, gentilshommes anglais! au combat, brave milice; tirez, archers, vos flèches à la tête. Enfoncez l'éperon dans les flancs de vos fiers chevaux et galopez dans le sang. Effrayez le firmament des éclats de vos lances. (*Entre un messager.*) Que dit lord Stanley? il amènera ses troupes.

LE MESSAGER.—Seigneur, il refuse de marcher.

LE ROI RICHARD.—Qu'on tranche sur-le-champ la tête à son fils George!

NORFOLK.—Mon prince, l'ennemi a passé le marais. Remettez après la bataille à faire mourir George Stanley.

LE ROI RICHARD. — Un millier de cœurs grandissent dans mon sein. En avant nos étendards! Fondons sur l'ennemi; que notre ancien cri de guerre, *beau saint George!* nous inspire la rage de dragons enflammés! A l'ennemi! La victoire est sur nos panaches.

(*Ils sortent.*)

SCÈNE IV

Une autre partie du champ de bataille.

Entrent NORFOLK *avec des troupes;* CATESBY *vient à lui.*

CATESBY.—Du secours, milord de Norfolk! Du secours! du secours! Le roi a fait des prodiges au-dessus des forces d'un homme. Il brave audacieusement tous les dangers. Son cheval est tué, et il combat à pied, cherchant Richmond jusque dans le sein de la mort. Du secours, cher lord, ou la bataille est perdue!
(Une alarme. Entrent le roi Richard, Catesby.)

LE ROI RICHARD.—Un cheval! un cheval! Mon royaume pour un cheval!

CATESBY. — Retirez-vous, seigneur, et je vous ferai trouver un cheval!

LE ROI RICHARD.—Lâche, j'ai joué ma vie sur un coup de dés, j'en veux courir les risques.—Je crois en vérité qu'il y a six Richmond sur le champ de bataille; j'en ai déjà tué cinq pour celui que je cherche! Un cheval! un cheval! mon royaume pour mon cheval!
(Ils sortent.)
(Alarmes. Entrent le roi Richard et Richmond; ils sortent en combattant. Retraite et fanfares. Entrent ensuite Richmond, Stanley apportant la couronne; plusieurs autres lords et des troupes.)

RICHMOND.—Louange à Dieu, et à vos armes, victorieux amis! La journée est à nous; ce chien sanguinaire est mort.

STANLEY.—Vaillant Richmond, tu as bien rempli ton rôle. Tiens, j'ai arraché, pour en orner ta tête, du front inanimé de ce misérable couvert de sang, la couronne qu'il a si longtemps usurpée. Porte-la, possède-la et connais-en tout le prix.

RICHMOND.—Grand Dieu du ciel, je dis *amen* à tout cela.—Mais, avant tout dites-moi, le jeune George Stanley est-il vivant?

STANLEY.—Oui, milord; il est sain et sauf à Leicester,

où nous pouvons, si vous voulez, nous retirer à présent.

RICHMOND.—Quels hommes de marque ont péri dans l'autre armée?

STANLEY.—John, duc de Norfolk, Walter, lord Ferrers, sir Robert Brakenbury et sir William Brandon.

RICHMOND.—Qu'on les enterre avec les honneurs dus à leur naissance.—Qu'on proclame le pardon pour les soldats fugitifs qui reviendront se soumettre à nous, et ensuite, comme nous en avons pris l'engagement sacré, nous réunirons enfin la rose blanche et la rose rouge. —Puisse le ciel si longtemps irrité de leurs haines, sourire à la beauté de leur union! Quel est le traître qui pourrait m'entendre, et ne pas dire *amen*? Longtemps l'Angleterre en délire s'est déchirée elle-même; le frère a versé aveuglément le sang de son frère; le père dans son emportement massacrait son fils, et le fils était forcé de devenir l'assassin de son père, tous divisés par les détestables divisions d'York et de Lancastre. O qu'aujourd'hui enfin, Richmond et Élisabeth, légitimes héritiers des deux maisons royales, s'unissent ensemble de l'aveu de l'Éternel! Et que leurs successeurs (grand Dieu! si c'est ta volonté) donnent aux générations à venir le riche présent de la paix au doux visage, de la riante abondance, et des beaux jours de la prospérité! fais tomber, ô Dieu bienfaisant, l'épée des traîtres qui voudraient ramener ces jours meurtriers, et faire verser à la pauvre Angleterre des ruisseaux de larmes sanglantes. Qu'ils ne vivent pas pour jouir de la prospérité de leur patrie, ceux qui voudraient par la trahison déchirer ce beau pays; enfin les plaies de la guerre civile sont fermées, et la paix revit. Puisse-t-elle vivre longtemps! ô Dieu, dis-nous *amen*.

(Tous sortent.)

FIN DU CINQUIÈME ET DERNIER ACTE.

LE ROI HENRI VIII

TRAGÉDIE

NOTICE

SUR LE ROI HENRI VIII

Quoique Johnson mette *Henri VIII* au second rang des pièces historiques, avec *Richard III, Richard II* et le *Roi Jean*, cet ouvrage est fort loin d'approcher même du moindre de ceux auxquels l'assimile le critique. Le désir de plaire à Élisabeth, ou peut-être même l'ordre donné par cette princesse de composer une pièce dont sa naissance fût en quelque sorte le sujet, ne pouvait suppléer à cette liberté qui est l'âme du génie. L'entreprise de mettre Henri VIII sur la scène en présence de sa fille, et de sa fille dont il avait fait périr la mère, offrait une complication de difficultés que le poëte n'a pas cherché à surmonter. Le caractère de Henri est complétement insignifiant; ce qu'il y a d'extraordinaire, c'est l'intérêt que le poëte d'Élisabeth a répandu sur Catherine d'Aragon; dans le rôle de Wolsey, surtout au moment de sa chute, se retrouve la touche du grand maître : mais il paraît que, pour les Anglais, le mérite de l'ouvrage est dans la pompe du spectacle qui l'a déjà fait reparaître plusieurs fois sur le théâtre dans quelques occasions solennelles. *Henri VIII* peut avoir pour nous un intérêt littéraire, celui du style que le poëte a certainement eu soin de rendre conforme a langage de la cour, tel qu'il était de son temps ou un petit nombre d'années auparavant. Dans aucun autre de ses ouvrages le style n'est aussi elliptique; les habitudes de la conversation semblent y porter, dans la construction de la phrase, cette habitude d'économie, ce besoin d'abréviation qui, dans la prononciation anglaise, retranchent des mots près de la moitié des syllabes. On n'y trouve d'ailleurs presque point de jeux de mots, et, sauf dans un petit nombre de passages, assez peu de poésie.

Henri VIII fut représenté, à ce qu'on croit, en 1601, à la fin du règne d'Élisabeth, et repris, à ce qu'il paraît, après sa mort, en 1613. Il y a lieu de croire que l'éloge de Jacques Ier, encadré à la fin dans la prédiction qui concerne Élisabeth, fut ajouté à cette époque, soit par Shakspeare lui-même, soit par Ben Johnson à qui l'on attribue assez généralement le prologue et l'épilogue; ce fut, dit-on, à cette reprise, en 1613, que les canons que l'on tirait à l'arrivée du roi chez Wolsey, mirent le feu au théâtre du *Globe* qui fut consumé en entier.

La pièce comprend un espace de douze ans, depuis 1521 jusqu'en 1533. On n'en connaît, avant celle de Shakspeare, aucune autre sur le même sujet.

F. G.

LE ROI HENRI VIII

TRAGÉDIE

PERSONNAGES

LE ROI HENRI VIII.
LE CARDINAL WOLSEY.
LE CARDINAL CAMPEGGIO.
CAPUCIUS, ambassadeur de l'empereur Charles V.
GRANMER, archevêque de Cantorbéry.
LE DUC DE NORFOLK.
LE DUC DE BUCKINGHAM.
LE DUC DE SUFFOLK.
LE LORD DE SURREY.
LE LORD CHAMBELLAN.
LE LORD CHANCELIER.
GARDINER, évêque de Winchester.
L'ÉVÊQUE DE LINCOLN.
LORD ABERGAVENNY.
LORD SANDS.
SIR HENRI GUILFORD.
SIR THOMAS LOVEL.
SIR ANTOINE DENNY.
SIR NICOLAS DE VAUX.
CROMWELL, au service de Wolsey.
GRIFFITH, gentilhomme, écuyer de la reine Catherine.
TROIS AUTRES GENTILSHOMMES
LE DOCTEUR BUTTS, médecin du roi.
L'INTENDANT DU DUC DE BUCKINGHAM.
LE GARTER ou roi d'armes.
BRANDON ET UN SERGENT D'ARMES.
UN HUISSIER de la chambre du conseil.
UN PORTIER ET SON VALET.
UN PAGE DE GARDINER.
UN CRIEUR.
LA REINE CATHERINE, d'abord femme de Henri, ensuite répudiée.
ANNE BOULEN, sa fille d'honneur, et ensuite reine.
UNE VIEILLE DAME, amie d'Anne Boulen.
PATIENCE, une des femmes de la reine Catherine.
PLUSIEURS LORDS ET DAMES, PERSONNAGES MUETS; DES FEMMES DE LA REINE, UN ESPRIT QUI APPARAIT A LA REINE, OFFICIERS, GARDES ET AUTRES PERSONNAGES DE SUITE.

La scène est tantôt à Londres, tantôt à Westminster, et une seule fois à Kimbolton.

PROLOGUE

Je ne viens plus pour vous faire rire. Nous vous présentons aujourd'hui des choses importantes, d'un aspect sérieux, élevé, imposant, pathétique, rempli de pompe et de tristesse, des scènes nobles et touchantes, bien propres à faire couler vos pleurs. Ceux qui sont capables de pitié peuvent ici, s'ils le veulent, laisser tomber une larme ; le sujet en est digne. Ceux qui donnent leur argent dans l'espérance de voir des choses qu'ils puissent croire trouveront ici la vérité. Quant à ceux qui viennent seulement pour voir une scène de spectacle ou deux, et convenir ensuite que la pièce peut passer, s'ils veulent être tranquilles et bien intentionnés, je ferai en sorte que, dans l'espace de deux courtes heures, ils en aient abondamment pour leur schelling. Ceux-là seulement qui viennent pour entendre une pièce gaie et licencieuse, et un bruit de boucliers, ou pour voir un bouffon en robe bigarrée, bordée de jaune, seront trompés dans leur attente; car sachez, indulgents auditeurs, qu'associer ainsi, aux vérités choisies que nous allons vous offrir, le spectacle d'un fou, ou d'un combat, outre que ce serait sacrifier notre propre jugement, et l'intention où nous sommes de ne rien représenter ici que ce que nous jugeons véritable, nous risquerions de ne pas avoir pour nous un seul homme de sens : ainsi, au nom de la bonté de votre âme, et puisque vous êtes connus pour former le premier auditoire de la ville, et le plus heureusement composé, soyez aussi sérieux que nous le désirons; imaginez que vous avez sous vos yeux les personnages mêmes de notre noble histoire, comme s'ils étaient en vie; imaginez que vous les voyez grands et suivis de la foule des peuples et des empressements de mille courtisans; et voyez ensuite comme en un instant cette puissance se trouve atteinte par le malheur : et si alors vous avez le courage de rire encore, je dirai qu'un homme peut pleurer le jour de ses noces.

ACTE PREMIER

SCÈNE I

A Londres.—Une antichambre du palais.

LE DUC DE NORFOLK *entre par une porte,* LE DUC DE BUCKINGHAM ET LE LORD ABERGAVENNY *entren par une autre porte.*

BUCKINGHAM.—Bonjour; je suis enchanté de vous rencontrer. Comment vous êtes-vous porté depuis que nous nous sommes vus en France?

NORFOLK.—Je remercie Votre Grâce; à merveille, et toujours dans une admiration toute nouvelle de ce que j'y ai vu.

BUCKINGHAM.—Une fièvre survenue bien à contre-temps m'a retenu prisonnier dans ma chambre le jour que ces deux soleils de gloire, ces deux lumières se sont rencontrés dans la vallée d'Ardres.

NORFOLK.—Entre Guines et Ardres; j'étais présent. Je les vis se saluer à cheval. Je les vis lorsqu'ils mirent ensuite pied à terre, se tenir si étroitement embrassés qu'ils semblaient ne plus faire qu'un. S'il en eût été ainsi, quelles seraient les quatre têtes couronnées capables entre elles de contre-balancer un roi ainsi composé?

BUCKINGHAM.—Tout ce temps-là je restai emprisonné dans ma chambre.

NORFOLK.—Eh bien, vous avez donc perdu le spectacle des gloires de ce monde. On peut dire que jusqu'alors les pompes avaient vécu dans le célibat, mais qu'alors chacune d'elles s'unit à une autre qui la surpassait. Chaque jour enchérissait sur le jour précédent, jusqu'au dernier, qui rassembla seul les merveilles de tous les autres ensemble. Aujourd'hui les Français tout brillants, tout or comme les dieux païens, éclipsaient les Anglais ; le lendemain ceux-ci donnaient à l'Angleterre l'aspect de l'Inde. Chaque homme debout semblait une mine ; leurs petits pages étaient comme des chérubins tout dorés ; et les dames aussi, peu faites à la fatigue, suaient presque sous le poids des richesses qu'elles portaient, et l'effort qu'elles avaient à faire leur servait de fard. La mascarade d'aujourd'hui était proclamée incomparable, la nuit suivante vous la faisait regarder comme une pauvreté et une niaiserie. Les deux rois égaux en splendeur paraissaient chacun à son tour, ou le premier ou le second, selon qu'ils se faisaient remarquer par leur présence. Celui qu'on voyait était toujours le plus loué, et lorsqu'ils étaient tous deux présents, on croyait n'en voir qu'un ; et nul connaisseur n'eût hasardé sa langue à prononcer un jugement entre eux. Dès que ces deux soleils (car c'est ainsi qu'on les nomme) eurent par leurs hérauts invité les nobles courages à venir éprouver leurs armes, il se fit des choses tellement au delà de l'effort de la pensée, que les histoires fabuleuses furent reconnues possibles, et que l'on en vint à croire aux prouesses de Bevis [1].

BUCKINGHAM.—Oh ! c'est aller bien loin.

NORFOLK.—Non, comme je suis soumis à l'honnêteté et tiens à la pureté de mon honneur, la représentation de tout ce qui s'est passé perdrait, dans le récit du meilleur narrateur, quelque chose de cette vie qui ne peut être exprimée que par l'action elle-même. Tout y était royal : nulle confusion, nulle disparate ne troublait l'harmonie de l'ensemble ; l'ordre faisait voir chaque objet dans son vrai jour ; chacun dans son emploi remplissait distinctement toute l'étendue de ses fonctions.

BUCKINGHAM.—Savez-vous qui a dirigé cette belle fête, je veux dire qui en a ajusté le corps et les membres ?

---

[1] Les anciennes ballades anglaises ont célébré la gloire et les exploits de Bevis, guerrier saxon, que son extraordinaire valeur fit créer duc de Southampton, par Guillaume le Conquérant.

NORFOLK.—Un homme, certes, qui n'en est pas à son apprentissage de telles affaires.

BUCKINGHAM.—Qui, je vous prie, milord?

NORFOLK.—Tout a été réglé par les bons soins du très-vénérable cardinal d'York.

BUCKINGHAM.—Que le diable l'emporte! Personne ne saurait avoir son écuelle à l'abri de ses doigts ambitieux. Qu'avait-il affaire dans toutes ces vanités guerrières? Je ne conçois pas que ce pâté de graisse soit parvenu à intercepter de sa masse les rayons du soleil bienfaisant, et à en priver la terre.

NORFOLK.—Certainement il faut qu'il ait eu dans son propre fonds de quoi parvenir à ce point; car n'étant pas soutenu par ces aïeux dont la gloire aplanit le chemin à leurs descendants, n'étant pas distingué par de grands services rendus, ni aidé par des alliés puissants, mais comme l'araignée tirant de lui-même les fils de sa toile, il nous fait voir qu'il n'avance que par la force de son propre mérite; présent dont le ciel a fait les frais, et qui lui a valu la première place auprès du roi.

ABERGAVENNY.—Je ne saurais dire quels présents il a reçus du ciel; des yeux plus savants que les miens pourraient le découvrir : mais ce que je suis en état de voir, c'est l'orgueil qui lui sort de partout; et d'où l'a-t-il eu, si ce n'est de l'enfer? Il faut que le diable soit un avare, ou bien qu'il ait déjà tout donné, et que celui-ci refasse en lui-même un nouvel enfer.

BUCKINGHAM. — Eh! pourquoi diable dans ce voyage de France a-t-il pris sur lui de désigner, sans en parler au roi, ceux qui devaient accompagner Sa Majesté? Il y a fait passer toute la noblesse, et cela fort peu dans l'intention de les honorer, du moins pour la plupart, mais pour leur imposer une charge ruineuse; et sur sa simple lettre, sans qu'il vous eût fait l'honneur de prendre l'avis du conseil, ceux à qui il avait écrit étaient obligés d'arriver.

ABERGAVENNY.—J'ai trois de mes parents, pour le moins, dont ceci a tellement dérangé les affaires que jamais ils ne se reverront dans leur première aisance.

BUCKINGHAM.—Oh! il y en a beaucoup dans ce grand voyage qui se sont cassé les reins à porter sur eux leurs domaines. Et que nous a servi toute cette parade? à nous ménager des négociations dont le résultat est bien pitoyable.

NORFOLK.—Malheureusement, la paix conclue entre la France et nous ne vaut pas ce qu'il nous en a coûté pour la conclure.

BUCKINGHAM.—Aussi, après l'effroyable orage qui suivit la conclusion, chacun se trouva prophète; et tous, sans s'être consultés, prédirent à la fois que cette tempête, en déchirant la parure de la paix, donnait lieu de présager qu'elle serait bientôt rompue.

NORFOLK.—L'événement vient d'éclore; car la France a rompu le traité : elle a saisi nos marchandises à Bordeaux.

ABERGAVENNY.—Est-ce donc pour cela qu'on a refusé de recevoir l'ambassadeur?

NORFOLK.—Oui, sans doute.

ABERGAVENNY.—Vraiment une belle paix de nom! Et à quel prix ruineux l'avons-nous achetée!

BUCKINGHAM.—Voilà pourtant l'ouvrage de notre vénérable cardinal!

NORFOLK.—N'en déplaise à Votre Grâce, on remarque à la cour le différend particulier qui s'est élevé entre vous et le cardinal. Je vous donne un conseil, et prenez-le comme venant d'un cœur à qui votre honneur et votre sûreté sont infiniment chers; c'est de considérer tout ensemble la méchanceté et le pouvoir du cardinal, et de bien songer ensuite que lorsque sa profonde haine voudra venir à bout de quelque chose, son pouvoir ne lui fera pas défaut. Vous connaissez son caractère, combien il est vindicatif; et je sais, moi, que son épée est tranchante : elle est longue, et on peut dire qu'elle atteint de loin; et où elle ne peut atteindre, il la lance. Enfermez mon conseil dans votre cœur; vous le trouverez salutaire.—Tenez, vous voyez approcher l'écueil que je vous avertis d'éviter.

(Entrent le cardinal Wolsey, la bourse portée devant lui,

quelques gardes et deux secrétaires tenant des papiers. Le cardinal et Buckingham fixent en passant leurs regards l'un sur l'autre d'un air plein de mépris.)

WOLSEY. — L'intendant du duc de Buckingham? Ah! où est sa déposition?

LE SECRÉTAIRE. — La voici, avec votre permission.

WOLSEY. — Est-il prêt à la soutenir en personne?

LE SECRÉTAIRE. — Oui, dès qu'il plaira à Votre Grâce.

WOLSEY. — Eh bien! nous en saurons donc davantage, et Buckingham abaissera ce regard altier.

(Wolsey sort avec sa suite.)

BUCKINGHAM. — Ce chien de boucher [1] a la dent venimeuse, et je ne suis pas en état de le museler : il vaut donc mieux ne point l'éveiller de son sommeil. Le livre d'un gueux vaut mieux aujourd'hui que le sang d'un noble.

NORFOLK. — Quoi! vous vous emportez? Priez le ciel qu'il vous donne la modération ; elle est le seul remède à votre mal.

BUCKINGHAM. — J'ai lu dans ses yeux quelque projet contre moi ; son regard est tombé sur moi comme sur l'objet de ses mépris : en ce moment même, il me joue quelque tour perfide. Il est allé chez le roi ; je veux le suivre et l'effrayer par ma présence.

NORFOLK. — Demeurez, milord; attendez que votre raison ait interrogé votre colère sur ce que vous allez faire. Pour gravir une pente escarpée, il faut monter doucement d'abord. La colère ressemble à un cheval fougueux qui, abandonné à lui-même, est bientôt fatigué par sa propre ardeur. Personne, en Angleterre, ne pourrait me conseiller aussi bien que vous : soyez pour vous-même ce que vous seriez pour votre ami.

BUCKINGHAM. — Je vais aller trouver le roi ; et je veux faire taire, en parlant comme il sied à un homme de mon rang, ce roturier d'Ipswich, ou bien je publierai qu'il n'y a plus aucune distinction entre les hommes.

---

[1] Wolsey était fils d'un boucher.

norfolk.—De la prudence. N'allez point attiser pour votre ennemi une fournaise si ardente que vous vous y brûliez vous-même. Un excès de vitesse peut nous emporter au delà du but, et nous faire manquer le prix de la course. Ne savez-vous pas que le feu qui élève la liqueur d'un vase jusque par-dessus les bords la perd en paraissant l'augmenter? De la prudence, je vous le répète; il n'y a point d'homme en Angleterre plus capable de vous guider que vous-même, si vous vouliez vous servir des sucs de la raison pour éteindre ou seulement calmer le feu de la passion.

buckingham.—Je vous rends grâces et je suivrai votre conseil; mais je sais par des informations, et des preuves aussi claires que les fontaines en juillet, quand nous y apercevons chaque grain de sable, que cet archi-insolent (et ce n'est point l'impétuosité de la bile qui me le fait nommer ainsi, mais une honnête indignation) est un traître corrompu.

norfolk.—Ne l'appelez point traître.

buckingham.—Je l'appellerai ainsi en présence du roi même, et je soutiendrai mon allégation ferme comme un banc de roche. Écoutez-moi bien : ce saint renard, ou si vous voulez, ce loup, ou tous les deux ensemble (car il est aussi féroce qu'il est subtil, aussi enclin au mal qu'habile à le faire, son cœur et son pouvoir se corrompant l'un par l'autre), n'a voulu qu'étaler son faste aux yeux de la France, comme il l'étale ici dans ce royaume, en suggérant au roi notre maître l'idée d'une entrevue qui a englouti tant de trésors, pour parvenir à un traité coûteux, et qui, comme un verre, se casse dès qu'on le rince!

norfolk.—J'en conviens, c'est ce qui est arrivé.

buckingham.—Je vous prie, veuillez bien m'écouter. Cet artificieux cardinal a dressé les articles du traité comme il lui a plu, et ils ont été ratifiés dès qu'il a dit : Que cela soit; et cela pour servir tout autant que des béquilles à un mort. Mais c'est notre comte cardinal qui l'a fait, et tout est au mieux; c'est l'ouvrage du digne Wolsey, qui ne peut jamais se tromper!—Et voici maintenant les conséquences, que je regarde en quelque sorte comme les enfants de la vieille mère : c'est que l'empereur Charles, sous couleur de rendre visite à la reine sa tante (car voilà son prétexte, mais il est venu en effet pour marmotter avec Wolsey), nous arrive ici dans la crainte où il était que cette entrevue de la France et de l'Angleterre ne vînt à établir entre ces deux puissances une amitié contraire à ses intérêts ; car il a pu entrevoir dans ce traité des dangers qui le menaçaient. Il négocie secrètement avec notre cardinal, pour l'engager à changer les projets du roi, et lui faire rompre la paix ; et c'est, je n'en doute pas, après avoir fait et pavé un pont d'or que l'empereur a exprimé son désir, et j'ai d'autant plus de raisons de le croire que je sais certainement qu'il a payé avant de promettre, en sorte que sa demande a été accordée avant qu'il la formât. Il faut que le roi sache, comme il le saura bientôt par moi, que c'est ainsi que le cardinal achète et vend comme il lui plaît, et à son profit, l'honneur de Sa Majesté.

NORFOLK.—Je suis fâché d'entendre ce que vous dites du cardinal, et je désirerais qu'il y eût là quelque erreur sur son compte.

BUCKINGHAM.—Il n'y a pas l'erreur d'une syllabe ; je le déclare tel que je vous le peins ; la preuve vous le montrera tel.

(Entre Brandon avec un sergent d'armes, et devant lui deux ou trois gardes.)

BRANDON.—Sergent, faites votre devoir.

LE SERGENT.—Au nom du roi, notre souverain, je vous arrête, milord duc de Buckingham, comte d'Hereford, de Strafford et de Northampton, pour crime de haute trahison.

BUCKINGHAM.—Tenez, milord, me voilà pris dans ses filets ; je périrai victime de ses intrigues et de ses menées.

BRANDON.—Je suis fâché de vous voir ôter la liberté d'agir dans cette affaire ; mais la volonté de Sa Majesté est que vous vous rendiez à la Tour.

BUCKINGHAM.—Il ne me servira de rien de vouloir dé-

fendre mon innocence ; on a jeté sur moi une couleur qui me noircira dans ce que j'ai de plus pur. Que la volonté du ciel soit faite en cela et en toutes choses! J'obéis:
— O mon cher lord Abergavenny.... Adieu.

BRANDON.— Eh mais, il faut qu'il vous tienne compagnie. (*Au lord Abergavenny.*) C'est la volonté du roi que vous soyez mis à la Tour, jusqu'à ce qu'il ait pris une détermination ultérieure.

ABERGAVENNY.— Comme a dit le duc, que la volonté du Ciel soit faite, et les ordres du roi accomplis.

BRANDON.— Voici un ordre du roi pour s'assurer de lord Montaigu, et de la personne du confesseur du duc, Jean de la Cour ; d'un Gilbert Peck, son chancelier....

BUCKINGHAM.— Allons, allons, ce seront les membres du complot! Il n'y en a point d'autres, j'espère?

BRANDON.— Il y a un chartreux!

BUCKINGHAM.— Ah! Nicolas Hopkins?

BRANDON.— Lui-même.

BUCKINGHAM.— Mon intendant est un traître! Le souverain cardinal lui aura fait voir de l'or. Mes jours sont déjà comptés ; je ne suis que l'ombre du pauvre Buckingham effacé dès cet instant par le nuage qui vient d'obscurcir l'éclat de mon soleil. Adieu, milord.

(Ils sortent.)

SCÈNE II

La chambre du conseil.— Fanfares de cors.

Entrent LE ROI HENRI, LE CARDINAL WOLSEY, LES LORDS DU CONSEIL et SIR THOMAS LOVEL, *officiers, suite. Le roi entre appuyé sur l'épaule du cardinal.*

LE ROI HENRI.— Oui, ma vie et tout ce qu'elle a de plus précieux vous sont redevables de ce grand service ; j'étais déjà sous le coup d'une conspiration prête à éclater, et je vous remercie de l'avoir étouffée. Qu'on fasse venir devant nous ce gentilhomme du duc de Buckingham ; je veux l'entendre lui-même soutenir ses aveux, et me répéter de point en point la trahison de son maître.

> (Le roi monte sur son trône; les lords du conseil prennent leurs places. Le cardinal s'assied aux pieds du roi et à sa droite.)
>
> (On entend du bruit derrière le théâtre, et l'on crie *Place à la reine!* La reine entre précédée des ducs de Norfolk et Suffolk, et se jette aux pieds du roi, qui se lève de son trône, la relève, l'embrasse et la place auprès de lui.)

CATHERINE.—Non, il faut que je reste à vos pieds; je suis une suppliante.

LE ROI HENRI.—Levez-vous, et prenez place auprès de nous. Il y a toujours une moitié de vos demandes que vous n'avez pas besoin d'exprimer; vous avez la moitié de notre pouvoir, et l'autre vous est accordée avant que vous la demandiez. Déclarez votre volonté, et elle sera exécutée.

CATHERINE.—Je rends grâces à Votre Majesté. L'objet de ma pétition est que vous daigniez vous aimer vous-même, et que, d'après ce sentiment, vous ne perdiez pas de vue votre honneur et la dignité de votre rang.

LE ROI HENRI.—Continuez, madame.

CATHERINE.—Un grand nombre de personnes, et toutes d'une condition relevée, m'ont conjurée de vous dire, de vous apprendre que vos sujets souffrent cruellement; qu'on a fait circuler dans le royaume des ordres qu ont porté un coup fatal à leurs sentiments de fidélité; e quoique dans leurs ressentiments, mon bon lord cardinal, ce soit contre vous qu'ils s'élèvent avec le plus d'amertume, comme le promoteur de ces exactions, cependant le roi notre auguste maître (dont le Ciel veuille préserver le nom de toute tache!), le roi lui-même n'échappe pas à des propos tellement irrévérents, que, brisant toutes les retenues qu'impose la loyauté, ils se tournent presque en révolte déclarée.

NORFOLK.—Non pas presque, mais tout à fait, car, opprimés par ces taxes, tous les fabricants se trouvant hors d'état d'entretenir les ouvriers de leurs ateliers, ont renvoyé les fileurs, cardeurs, fouleurs et tisserands qui, incapables de tout autre travail, poussés par faim et par le défaut de ressources, se sont soulevés, affrontant l'événement en désespérés; et le danger s'est enrôlé parmi eux.

LE ROI HENRI.—Des taxes! où donc? et quelle taxe enfin? — Milord cardinal, vous qui êtes avec nous l'objet de leurs reproches, avez-vous connaissance de cette taxe?

WOLSEY.—Je répondrai à Votre Majesté que je ne les connais que pour ma part personnelle dans ce qui concerne les affaires de l'État : je ne suis que le premier dans la ligne où mes collègues marchent avec moi.

CATHERINE.—Non, milord, vous n'en savez pas plus que les autres; mais c'est vous qui dressez les plans dont ils ont comme vous connaissance, et qui ne sont pas salutaires à ceux qui voudraient bien ne les connaître jamais, et qui cependant sont forcément obligés de faire connaissance avec eux. Ces exactions, dont mon souverain désire être instruit, sont odieuses à entendre raconter, et on ne les saurait porter sans que les reins succombent sous un tel fardeau. On dit qu'elles sont imaginées par vous; si cela n'est pas, vous êtes malheureux d'exciter de telles clameurs.

LE ROI HENRI.—Et toujours des exactions? De quel genre? De quelle nature est enfin cette taxe? Expliquez-le-nous.

CATHERINE.—Je m'expose peut-être trop à irriter votre patience; mais enfin je m'enhardis sur la promesse de votre pardon. Le mécontentement du peuple vient des ordres qui ont été expédiés pour lever sur chacun la sixième partie du revenu, exigible sans délai; on donne pour prétexte une guerre contre la France. Par là les bouches s'enhardissent, les langues rejettent tout respect, et la fidélité se glace dans des cœurs refroidis. Là où l'on entendait des prières, on entend aujourd'hui des malédictions; et il est vrai que la docile obéissance ne se soumet plus qu'aux volontés irritées de chacun. Je voudrais que Votre Majesté prît ceci promptement en considération; il n'y a point d'affaire plus urgente.

LE ROI HENRI.—Sur ma vie, cela est contre notre volonté.

WOLSEY.—Quant à moi, je n'y ai d'autre part que d'avoir donné ma voix comme les autres, et cela n'a passé qu'avec l'approbation éclairée des membres du conseil. Si je suis maltraité par des voix qui, sans connaître ni l'étendue de mes pouvoirs ni ma personne, se font les historiens de mes actions, permettez-moi de vous dire que c'est le sort des gens en place, et que ce sont là les ronces à travers lesquelles est obligée de marcher la vertu. Nous ne devons pas rester en arrière de notre devoir, par la crainte d'avoir à lutter contre des censeurs malveillants, qui toujours, comme les poissons dévorants, s'attachent à la trace du vaisseau récemment équipé, et n'en remportent d'autre avantage qu'une inutile attente. Souvent ce que nous faisons de mieux sera interprété par des esprits malades, quelquefois de la plus pauvre espèce, qui nous en refuseront la louange ou la possession, et souvent aussi ce que nous avons fait de moins bien étant de nature à frapper des intelligences plus grossières, sera proclamé comme notre chef-d'œuvre. Si nous restions tranquilles à la même place, dans la crainte que nos démarches ne fussent ou tournées en ridicule ou blâmées, nous pourrions prendre racine dans nos places, ou demeurer de vraies statues d'État.

LE ROI HENRI.—Tout ce qui est bien et fait avec prudence est à l'abri de la crainte; mais il y a toujours quelque chose à craindre du résultat des choses jusque-là sans exemple. Avez-vous quelque précédent pour une pareille ordonnance? Je crois que vous n'en avez aucun. Nous ne devons pas arracher violemment nos peuples à nos lois, pour les assujettir à notre volonté. La sixième partie de leur revenu! c'est une taxe qui fait trembler! Quoi! nous prenons de chaque arbre les branches, l'écorce et une partie du tronc! Nous avons beau lui laisser sa racine; lorsqu'elle est si horriblement mutilée, l'air en boira la sève. Envoyez dans tous les comtés où l'on s'est élevé contre cette taxe des lettres de pardon pour tous ceux qui auront refusé de s'y soumettre. Je vous prie, ayez soin que cela soit fait; je vous en charge.

WOLSEY, *à son secrétaire.*—Approchez, j'ai à vous parler.—Ecrivez au nom du roi, dans tous les comtés, des lettres de grâce et de pardon. Les communes grevées ont mauvaise idée de moi ; faites courir le bruit que c'est à notre intercession qu'elles doivent la révocation de l'impôt et leur pardon. Je vous donnerai, dans un moment, des instructions ultérieures sur toute cette affaire.

(Le secrétaire sort.)
(Entre l'intendant du duc de Buckingham.)

CATHERINE.—Je suis affligée que le duc de Buckingham ait encouru votre disgrâce.

LE ROI HENRI.—Cela afflige beaucoup de gens. Ce gentilhomme est instruit, doué d'un rare talent pour la parole ; personne ne doit plus que lui à la nature ; ses connaissances sont si grandes qu'il peut éclairer et instruire les plus savants, sans avoir jamais besoin pour lui-même du secours des autres. Et voyez, cependant, quand ces nobles avantages sont mal employés, comment l'âme venant à se corrompre, ils ne se montrent plus que sous une forme vicieuse, plus hideux dix fois qu'ils ne furent jamais beaux. Cet homme si accompli, qu'on avait compté au rang des prodiges, qui, lorsque nous l'écoutions avec une sorte de ravissement, nous faisait passer les heures comme les minutes ; cet homme, madame, a changé en de monstrueuses habitudes les mérites qu'il possédait jadis, et il est devenu aussi noir que s'il avait été trempé dans l'enfer. — Prenez place à côté de nous (cet homme avait sa confiance), et l'on vous apprendra, sur son compte, des choses à frapper de tristesse tout homme d'honneur. — Ordonnez-lui de redire les pratiques dont il a déjà fait le récit, et que nous ne saurions vouloir repousser trop loin et éclairer de trop près.

WOLSEY.—Avancez, et racontez hardiment tout ce qu'en sujet vigilant, vous avez recueilli sur le duc de Buckingham.

LE ROI HENRI.—Parle librement.

L'INTENDANT.—D'abord, il lui était ordinaire de ne pas passer un jour sans mêler à ses discours ce propos criminel, que, si le roi venait à mourir sans postérité, il ferait si bien qu'il s'approprierait le sceptre : je lui ai entendu dire ces propres paroles à son gendre, le lord Abergavenny, à qui il jurait avec menaces qu'il se vengerait du cardinal.

WOLSEY. — Votre Majesté voudra bien remarquer en ceci ses dangereux sentiments : parce qu'il n'est pas en faveur autant qu'il le désire, c'est à votre personne que sa haine en veut le plus, et elle s'étend même jusque sur vos amis.

CATHERINE.—Docte lord cardinal, apportez de la charité dans toutes les affaires.

LE ROI HENRI. — Poursuis ; et sur quoi fondait-il son titre à la couronne, à notre défaut ? Lui as-tu jamais ouï dire quelque chose sur ce point ?

L'INTENDANT. — Il a été amené à cette idée par une vaine prophétie de Nicolas Hopkins.

LE ROI HENRI.—Quel est cet Hopkins ?

L'INTENDANT.—Sire, c'est un moine chartreux, son confesseur, qui l'entretenait sans cesse d'idées de souveraineté.

LE ROI HENRI.—Comment le sais-tu ?

L'INTENDANT.—Quelque temps avant que Votre Majesté partît pour la France, le duc étant à la Rose [1], dans la paroisse de Saint-Laurent-Poultney, me demanda ce que disaient les habitants de Londres sur ce voyage de France. Je lui répondis qu'on craignait que les Français n'usassent de quelque perfidie sur la personne du roi. Aussitôt le duc répliqua que c'était en effet ce qu'on craignait, et qu'il appréhendait que l'événement ne justifiât certain discours prononcé par un saint religieux, « qui
« souvent, me dit-il, a envoyé chez moi me prier de
« permettre à Jean de la Cour, mon chapelain, de pren-
« dre une heure pour aller apprendre de lui des choses
« assez importantes ; et lorsque celui-ci eut solennelle-
« ment juré, sous le sceau de la confession, de ne révé-
« ler ce qu'il venait de lui dire à personne au monde

---

[1] Une maison de plaisance du duc de Buckingham.

« qu'à moi seul, il prononça ces paroles d'un ton grave
« et mystérieux : *Dites au duc que ni le roi ni ses héritiers*
« *ne prospéreront: exhortez-le à s'efforcer de gagner l'amour*
« *du peuple : le duc gouvernera l'Angleterre.* »

CATHERINE.—Si je vous connais bien, vous étiez l'intendant du duc; et vous avez perdu votre emploi sur les plaintes de ses vassaux. Prenez bien garde de ne pas accuser, dans un mouvement de haine, un noble personnage, et de ne pas perdre votre âme, plus noble encore : je vous le répète, prenez-y bien garde ; oui, je vous en conjure avec instance.

LE ROI HENRI.—Laissez-le parler.—Allons, continue.

L'INTENDANT.—Sur mon âme, je ne dirai que la vérité. Je fis observer alors à milord duc que le moine pouvait être déçu par les illusions du diable, et qu'il était dangereux pour lui de s'arrêter à ruminer sur ces idées avec assez d'application pour qu'il en sortît quelque projet qu'il finirait par croire possible, et qu'alors vraisemblablement il voudrait exécuter. « Bah! me répondit-il, il
« n'en peut résulter aucun mal pour moi; » ajoutant encore que, si le roi eût succombé dans sa dernière maladie, les têtes du cardinal et de sir Thomas Lovel auraient sauté.

LE ROI HENRI. — Eh quoi! si haineux? Oh, oh! cet homme est dangereux.—Sais-tu quelque chose de plus?

L'INTENDANT.—Oui, mon souverain.

LE ROI HENRI.—Poursuis.

L'INTENDANT.—Étant à Greenwich, lorsque Votre Majesté eut réprimandé le duc à l'occasion de sir William Bloomer...

LE ROI HENRI. — Je me souviens de cela. — C'était un homme qui s'était engagé à mon service, et le duc le retint pour lui.—Mais voyons : eh bien! après?

L'INTENDANT.—« Si, dit-il, on m'avait arrêté pour cela,
« et qu'on m'eût envoyé, par exemple, à la Tour, je
« crois que j'aurais exécuté le rôle que mon père médi-
« tait de jouer sur l'usurpateur Richard. Mon père, étant
« à Salisbury, tâcha d'obtenir qu'il lui fût permis de pa-
« raître en sa présence : si Richard y eût consenti, mon

« père, au moment où il aurait feint de lui rendre hom-
« mage, lui aurait enfoncé son poignard dans le cœur.»

LE ROI HENRI.—Traître démesuré!

WOLSEY.—Eh bien, madame, Sa Majesté peut-elle vivre tranquille tant que cet homme sera libre?

CATHERINE.—Que Dieu porte remède à tout ceci!

LE ROI HENRI.—Ce n'est pas tout. Qu'as-tu à dire de plus?

L'INTENDANT.—Après avoir parlé « du duc son père et du poignard, » il s'est mis en posture; et, une main sur son poignard et l'autre à plat sur son sein, élevant les yeux, il a vomi un horrible serment, dont la teneur était que, si on le maltraitait, il surpasserait son père, autant que l'exécution surpasse un projet indécis.

LE ROI HENRI.—Il a vu mettre un terme à son projet d'enfoncer son poignard dans notre sein.—Il est arrêté; qu'on lui fasse son procès sans délai. S'il peut trouver grâce devant la loi, elle est à lui; sinon, qu'il n'en attende aucune de nous. C'est, de la tête aux pieds [1], un traître dans toute la force du terme.

(Ils sortent.)

SCÈNE III

Un appartement du palais.

Entrent LE LORD CHAMBELLAN ET LE LORD SANDS.

LE CHAMBELLAN.—Est-il possible que la France ait une magie capable de faire tomber les hommes dans de si étranges mystifications?

SANDS.—Les modes nouvelles, fussent-elles le comble du ridicule et même indignes de l'homme, sont toujours suivies.

LE CHAMBELLAN.—Autant que je puis voir, tout le pro-

---

[1] *By day and night*, paraît être une ancienne expression signi-
fiant *de tout point*, et répondant à peu près à celle-ci: *de la tête aux pieds*.

fit que nos Anglais ont retiré de leur dernier voyage se réduit à une ou deux grimaces, mais aussi des plus ridicules. Quand ils les étalent, vous jureriez sans hésiter que leur nez a été du conseil de Pépin ou de Clotaire, tant ils le portent haut.

sands.—Ils se sont tous fait de nouvelles jambes, et tout estropiées; quelqu'un qui ne les aurait jamais vus marcher auparavant leur croirait les éparvins ou des convulsions dans les jarrets.

le chambellan.—Par la mort! milord, leurs habits aussi sont taillés sur un patron tellement païen qu'il faut qu'ils aient mis leur chrétienté au rebut. (*Entre sir Thomas Lovel.*) Eh bien, quelles nouvelles, sir Thomas Lovel?

lovel.—En vérité, milord, je n'en sais aucune que le nouvel édit qui vient d'être affiché aux portes du palais.

le chambellan.—Quel en est l'objet?

lovel.—La réforme de nos voyageurs du bel air, qui remplissaient la cour de querelles, de jargon, et de tailleurs.

le chambellan.—J'en suis bien aise; et je voudrais prier aussi nos messieurs de croire qu'un courtisan anglais peut avoir du sens, sans avoir jamais vu le Louvre.

lovel.—Il faut qu'ils se décident (car telles sont les dispositions de l'ordonnance) ou à abandonner ces restes d'accoutrement de fou, ces plumes qu'ils ont rapportées de France, et toutes ces brillantes billevesées qu'ils y ajoutent, comme leurs combats et leurs feux d'artifices, et toute cette science étrangère dont ils viennent insulter des gens qui valent mieux qu'eux; qu'ils abjurent net leur culte religieux pour la paume, les bas qui montent au-dessus du genou, leurs courts hauts-de-chausses bouffis, et toute cette enseigne de voyageurs, et qu'ils en reviennent à se comporter en honnêtes gens; ou bien qu'ils plient bagage pour aller rejoindre leurs anciens compagnons de mascarade; là, je crois, ils pourront *cum privilegio* achever d'user jusqu'au bout leur sottise et se faire moquer d'eux.

sands.—Il est grand temps de leur administrer le remède, tant leur maladie est devenue contagieuse!

LE CHAMBELLAN.—Quelle perte vont faire nos dames en fait de frivolités !

LOVEL.—Oui, vraiment ; ce seront de grandes douleurs, milords ; ces rusés drôles ont imaginé un moyen tout à fait prompt pour venir à bout de nos dames ; une chanson française, et un violon ; il n'est rien d'égal à cela.

SANDS.—Le diable leur donne du violon ! je suis bien aise qu'ils délogent ; car, certes, il n'y a plus aucun espoir de les convertir. Enfin un honnête lord de campagne, tel que moi, chassé longtemps de la scène, pourra hasarder tout bonnement son air de chanson, se faire écouter une heure, et par Notre-Dame, soutenir le ton à l'unisson.

LE CHAMBELLAN.—Bien dit, lord Sands, vous n'avez pas encore mis à bas votre dent de poulain.

SANDS.—Non, milord, et je n'en ferai rien, tant qu'il en restera un chicot.

LE CHAMBELLAN.—Sir Thomas, où allez-vous de ce pas ?

LOVEL.—Chez le cardinal : Votre Seigneurie est aussi invitée.

LE CHAMBELLAN.—Et vraiment oui ! il donne ce soir à souper ; un grand souper à quantité de lords et de dames : vous y verrez les beautés de l'Angleterre, je puis vous en répondre.

LOVEL.—C'est, il faut l'avouer, un homme d'église qui a de la grandeur dans l'âme ; sa main est aussi libérale que la terre qui nous nourrit : la rosée de ses grâces se répand partout.

LE CHAMBELLAN.—Cela est certain, il est très-noble ; ceux qui ont dit le contraire ont proféré une noire calomnie.

SANDS.—Il le peut, milord ; il a tout ce qu'il lui faut pour cela : l'avarice serait en lui un pire péché que la mauvaise doctrine : les hommes de sa sorte doivent être des plus généreux : ils sont faits pour donner l'exemple.

LE CHAMBELLAN.—Sans doute, ils sont faits pour cela ; mais peu en donnent aujourd'hui de si grands.—Ma barge m'attend : vous allez nous accompagner, milord. —Venez, mon bon sir Thomas : autrement nous arriverions trop tard; ce que je ne veux pas, car c'est sir Henri Guilford et moi qu'on a chargés d'être les ordonnateurs de la fête.

SANDS.—Je suis aux ordres de Votre Seigneurie.

(Ils sortent.)

SCÈNE IV

La salle d'assemblée du palais d'York.

Hautbois. On voit une petite table à part, sous un dais pour le cardinal : une autre plus longue, dressée pour les convives. Entrent par une porte ANNE BOULEN, *et plusieurs autres dames invitées à la fête. Entre par l'autre porte* SIR HENRI GUILFORD.

GUILFORD.—Mesdames, je vous donne à toutes la bienvenue, au nom de Sa Grandeur : il consacre cette soirée aux doux plaisirs et à vous ; il se flatte qu'il n'en est aucune dans cette noble assemblée, qui ait apporté avec elle le moindre souci, et désire voir, à tout le moins, la gaieté que doivent inspirer à des gens de bonne volonté, une très-bonne compagnie, de bon vin et un bon accueil. (*Entrent le lord chambellan, lord Sands, et sir Thomas Lovel.*) Ah! milord, vous vous faites attendre : l'idée seule d'une si belle assemblée m'a donné des ailes.

LE CHAMBELLAN.—Vous êtes jeune, sir Henri Guilford.

SANDS.—Sir Thomas Lovel, si le cardinal avait seulement la moitié de mon humeur laïque, quelques-unes de ces dames pourraient recevoir, avant de s'aller reposer, un petit impromptu, qui, je crois, serait plus à leur gré que tout le reste. Sur ma vie, c'est une charmante réunion de belles personnes.

LOVEL.—Que n'êtes-vous seulement pour cet instant le confesseur d'une ou deux !

SANDS.—Je le voudrais de tout mon cœur : elles auraient de moi une pénitence commode.

LOVEL.—Comment ! Eh ! vraiment donc, comment?

SANDS.—Aussi commode que pourrait la leur procurer un lit de plumes.

LE CHAMBELLAN. — Aimables dames, vous plaît-il de vous asseoir? Sir Henri, placez-vous de ce côté. — Moi, j'aurai soin de celui-ci. — Sa Grâce va entrer. — Allons donc, il ne faut pas vous geler; deux femmes l'une près de l'autre, il n'en peut sortir que du froid. — Milord Sands, vous êtes bon pour les tenir éveillées. Je vous prie, asseyez-vous entre ces deux dames.

SANDS. — Oui, par ma foi, et j'en rends grâces à Votre Seigneurie. — Permettez, belles dames (*il s'assied*) : s'il m'arrive de battre un peu la campagne, pardonnez-le-moi; je tiens cela de mon père.

ANNE. — Est-ce qu'il était fou, milord?

SANDS. — Oh! très-fou, excessivement fou, et surtout en amour; mais il ne mordait personne : tenez, précisément comme je fais à présent, il vous aurait embrassée vingt fois en un clin d'œil.

(Il embrasse Anne Boulen.)

LE CHAMBELLAN. — A merveille, milord. — Allons, vous voilà tous bien placés. — Cavaliers, ce sera votre faute si ces belles dames s'en vont de mauvaise humeur.

SANDS. — Quant à ma petite affaire, soyez en repos.

(Hautbois. Le cardinal Wolsey entre avec une suite et prend sa place.)

WOLSEY. — Vous êtes les bienvenus, mes aimables convives. Toute noble dame ou tout cavalier qui ne se réjouira pas de tout son cœur n'est pas de mes amis. Et pour gage de mon accueil, à votre santé à tous.

(Il boit.)

SANDS. — Votre Grâce en use noblement. — Si l'on veut me donner un gobelet de taille à contenir tous mes remercîments, ce sera toujours autant de paroles épargnées.

WOLSEY. — Milord Sands, je vous suis redevable. Allons, égayez vos voisines. — Eh bien, mesdames, vous n'êtes pas gaies? — Cavaliers, à qui donc la faute?

SANDS. — Il faut auparavant, milord, que le vin rouge soit monté dans leurs jolies joues; et alors vous les entendrez parler jusqu'à nous faire taire.

ANNE. — Vous êtes un joyeux voisin, milord Sands.

SANDS.—Oui, quand je trouve à faire ma partie.—A votre santé, madame, et faites-moi raison, s'il vous plaît : car je bois à une chose....

ANNE.—Dont vous ne pouvez me montrer la pareille [1].

SANDS.—J'ai dit à Votre Grâce qu'elles parleraient bientôt.

(On entend derrière le théâtre les tambours et les trompettes, et une décharge de canons.)

WOLSEY.—Qu'est-ce que c'est que cela?

LE CHAMBELLAN.—Allez voir ce que c'est.

(Un serviteur sort.)

WOLSEY.—Quels accents guerriers! que peuvent-ils signifier? Mais n'ayez pas peur, mesdames : par toutes les lois de la guerre vous êtes privilégiées.

(Rentre le serviteur.)

LE CHAMBELLAN.—Eh bien? qu'est-ce que c'est?

LE SERVITEUR.—Une compagnie de nobles étrangers, car ils en ont l'air. Ils ont quitté leur barge et sont descendus à terre; et ils s'avancent avec l'appareil de magnifiques ambassadeurs envoyés par des princes étrangers.

WOLSEY.—Cher lord chambellan, allez les recevoir : vous savez parler français; je vous prie, traitez-les avec honneur, et introduisez-les dans cette salle, où ce ciel de beautés brillera sur eux de tout son éclat.... Que plusieurs d'entre vous l'accompagnent. (*Le chambellan sort accompagné, tous se lèvent et l'on ôte les tables.*) Voilà le banquet interrompu; mais nous vous en dédommagerons. Je vous souhaite à tous une bonne digestion; et encore une fois, je répands sur vous une pluie de saluts. Soyez tous les bienvenus! (*Hautbois. Entrent le roi et douze autres masques sous l'habit de bergers, accompagnés de seize porteurs de flambeaux. Ils sont introduits par le lord chambellan, et défilent tous devant le cardinal qu'ils saluent.*

---

[1] *Here's to your ladyship, and pledge it. madam,*
For 'tis to such a thing....
You cannot show me.

Ladyship est pris dans son double sens de votre *seigneurie*, et votre *qualité de femme.*

gracieusement.) Une noble compagnie!.... Que désirent-ils?

LE CHAMBELLAN.—Comme ils ne parlent pas anglais, ils m'ont prié de dire à Votre Grâce qu'instruits par la renommée que cette assemblée si noble et si belle devait se réunir ici ce soir, ils n'ont pu moins faire, vu la grande admiration qu'ils portent à la beauté, que de quitter leurs troupeaux, et de demander, sous vos favorables auspices, la permission de voir ces dames, et de passer une heure de divertissement avec elles.

WOLSEY.—Dites-leur, lord chambellan, qu'ils ont fait beaucoup d'honneur à mon humble logis; que je leur en rends mille actions de grâces, et les prie d'en user à leur plaisir.

(On choisit les dames pour danser; le roi choisit Anne Boulen.)

LE ROI HENRI.—C'est la plus belle main que j'aie touchée de ma vie! O beauté, je ne t'avais pas connue jusqu'à ce jour.

(La musique joue: la danse commence.)

WOLSEY, *au chambellan.*—Milord?

LE CHAMBELLAN.—Votre Grâce?

WOLSEY.—Je vous prie, dites-leur de ma part qu'il pourrait y avoir quelqu'un dans leur compagnie, dont la personne serait plus digne que moi de la place que j'occupe, et à qui, si je le connaissais, je la remettrais, et lui offrirais en même temps l'hommage de mon attachement et de mon respect.

LE CHAMBELLAN.—J'y vais, milord.

(Le chambellan aborde les masques, et revient un moment après.)

WOLSEY.—Que vous ont-ils dit?

LE CHAMBELLAN.—Ils conviennent tous qu'il y a en effet parmi eux une telle personne; mais ils voudraient que Votre Grâce la devinât; elle le permet.

WOLSEY.—Voyons donc. (*Il quitte son siége d'honneur.*) Avec votre permission à tous, cavaliers.—C'est ici que je fixe mon choix, et je le crois royal.

LE ROI HENRI.—Vous avez deviné, cardinal.—Vous

avez là vraiment un cercle brillant! c'est à merveille, cardinal. Vous êtes homme d'église ; sans cela, je vous le dirai, cardinal, j'aurais eu sur vous de mauvaises pensées.

WOLSEY.—Je suis bien ravi que Votre Grâce soit de si bonne humeur.

LE ROI HENRI.—Milord chambellan, écoute, je te prie, approche ; quelle est cette belle dame?

LE CHAMBELLAN.—Sous le bon plaisir de Votre Grâce, c'est la fille de sir Thomas Boulen, vicomte de Rocheford, une des femmes de Sa Majesté.

LE ROI HENRI.—Par le ciel, elle est ravissante. (*A Anne de Boulen.*) Mon cher cœur, je serais bien peu galant de vous prendre pour danser, sans vous donner un baiser. —Allons, cavaliers, une santé à la ronde.

WOLSEY.—Sir Thomas Lovel, le banquet est-il prêt dans ma chambre?

LOVEL.—Oui, milord.

WOLSEY.—Je crains que la danse n'ait un peu échauffé Votre Grâce.

LE ROI HENRI.—Beaucoup trop, j'en ai peur.

WOLSEY.—Vous trouverez un air plus frais, sire, dans la chambre voisine.

LE ROI HENRI.—Allons, conduisez chacun vos dames. (*A Anne Boulen.*) Ma belle compagne, je ne dois pas vous quitter encore.—Allons, égayons-nous.—Mon cher lord cardinal, j'ai une demi-douzaine de santés à boire à ces belles dames, et une danse encore à danser avec elles ; après quoi nous irons rêver à qui de nous est le plus favorisé. Allons, que la musique donne le signal.

(Ils sortent au son des fanfares.)

FIN DU PREMIER ACTE.

ACTE DEUXIÈME

SCÈNE

Une rue de Londres.

Entrent DEUX GROS BOURGEOIS, *venant de deux côtés différents.*

PREMIER BOURGEOIS.—Où courez-vous si vite?

SECOND BOURGEOIS.—Ah!—Dieu vous garde!—J'allais jusqu'à la salle du parlement, pour apprendre quel sera le sort de l'illustre duc de Buckingham.

PREMIER BOURGEOIS.—Je puis vous épargner cette peine: tout est fini; il ne reste plus que la cérémonie de reconduire le prisonnier.

SECOND BOURGEOIS.—Y étiez-vous?

PREMIER BOURGEOIS.—Oui, j'y étais.

SECOND BOURGEOIS.—Je vous prie, dites-moi ce qui s'est passé?

PREMIER BOURGEOIS.—Vous pouvez aisément le deviner.

SECOND BOURGEOIS.—A-t-il été déclaré coupable?

PREMIER BOURGEOIS.—Oui, vraiment, il l'a été; et condamné.

SECOND BOURGEOIS.—J'en suis affligé.

PREMIER BOURGEOIS.—Il y en a bien d'autres que vous.

SECOND BOURGEOIS.—Mais, de grâce, comment cela s'est-il passé?

PREMIER BOURGEOIS.—Je vais vous le dire en peu de mots. Le noble duc est venu à la barre; là, contre toutes les accusations, il a constamment plaidé, non coupable [1], et il a allégué plusieurs raisons, des plus fortes, pour

---

[1] C'est le terme de la loi: l'accusé plaide *guilty*, ou *not guilty*.

échapper à la loi. L'avocat du roi a mis en avant les interrogatoires, les preuves et les dépositions de plusieurs témoins; le duc a demandé d'être confronté à ces témoins, *vivá voce*, sur quoi on a produit contre lui son intendant, sir Gilbert Peck, son chancelier, John de la Cour, son confesseur, avec cet infernal moine Hopkins, qui a fait tout le mal.

SECOND CITOYEN.—Était-ce le moine qui nourrissait son imagination de ses prophéties?

PREMIER BOURGEOIS.—Lui-même. Tous ces témoins l'ont fortement chargé; il a fait ses efforts pour récuser leur témoignage; mais cela ne lui a pas été possible; en sorte que les pairs, sur ces preuves, l'ont déclaré convaincu de haute trahison; il a parlé longtemps et savamment pour défendre sa vie; mais tout cela n'a produit que de la pitié pour lui, ou n'a pas été écouté.

SECOND BOURGEOIS.—Et ensuite, comment s'est-il comporté?

PREMIER BOURGEOIS.—Lorsqu'on l'a reconduit une seconde fois à la barre pour entendre le son de la cloche de mort, son jugement, il a été saisi d'une telle angoisse qu'on l'a vu couvert de sueur, et il a prononcé, d'un ton de colère et avec précipitation, quelques paroles assez peu intelligibles.—Mais bientôt il s'est remis et a montré, le reste du temps, de la douceur et la plus noble patience.

SECOND BOURGEOIS.—Je ne crois pas qu'il ait peur de la mort.

SECOND BOURGEOIS.—Certainement le cardinal est au fond de tout ceci.

PREMIER BOURGEOIS. — Cela est vraisemblable d'après toutes les conjectures. D'abord on a disgracié Kilbare, vice-roi d'Irlande, et quand il a été destitué, le comte de Surrey a été envoyé à sa place, et en grande hâte, de peur qu'il ne fût à portée de secourir son père.

SECOND BOURGEOIS.—C'est un tour de politique odieusement habile.

PREMIER BOURGEOIS.—A son retour, n'en doutez pas, le comte de Surrey l'en fera repentir. On remarque, et cela généralement, que quiconque gagne la faveur du roi, le cardinal lui trouve aussitôt de l'emploi, et toujours fort loin de la cour.

SECOND BOURGEOIS.—Tout le peuple le hait à mort, et, sur ma conscience, tous voudraient le voir à dix brasses sous terre, et ils aiment et idolâtrent le duc en proportion ; ils l'appellent le généreux Buckingham, le miroir de toute courtoisie.

PREMIER BOURGEOIS.—Restez à cette place et vous allez voir le noble infortuné dont vous parlez.

> (Entre Buckingham, revenant de son jugement : des huissiers à baguette argentée le précèdent ; la hache est portée le tranchant tourné vers lui ; il est entre deux rangs de hallebardes et accompagné de sir Thomas Lovel, sir Nicolas Vaux, sir William Sands et du peuple.)

SECOND BOURGEOIS.—Demeurons pour le voir.

BUCKINGHAM.—Bon peuple, vous tous, qui êtes venus jusqu'ici pour me témoigner votre compassion, écoutez ce que je vais vous dire, et ensuite retournez chez vous et laissez-moi aller. J'ai subi dans ce jour la condamnation des traîtres, et je vais mourir sous ce nom. Cependant, le ciel en soit témoin, et s'il est en moi une conscience, qu'elle m'entraîne dans l'abîme, au moment où la hache tombera sur ma tête, je suis innocent et fidèle. Je n'en veux point à la loi de ma mort ; d'après l'état du procès, on m'a fait justice ; mais je pourrais désirer que ceux qui ont cherché à me faire périr fussent plus chrétiens.—Qu'ils soient ce qu'ils voudront, je leur pardonne de tout mon cœur. Cependant qu'ils prennent garde à ne pas se glorifier dans le mal et à ne pas élever leur coupable grandeur sur la ruine des hommes considérables ; car alors mon sang innocent pourrait crier contre eux. Je n'espère plus de vie dans ce monde, et je ne solliciterai pas de grâce, quoique le roi ait plus de clémence que je n'oserais commettre de fautes. Je le demande au petit nombre d'entre vous qui m'aiment et qui osent avoir le courage de pleurer sur Buckingham ; vous, mes nobles amis, mes compagnons, vous à qui je peux dire que vous quitter est pour moi la seule amertume, que cela seul est mourir ; accompagnez-moi, comme de bons anges, jusqu'à la mort, et lorsque le coup de la hache me séparera de vous pour si longtemps, faites de vos prières unies un sacrifice agréable qui aide mon âme à s'élever vers le ciel.—(*A ses gardes.*) Conduisez-moi, au nom de Dieu.

LOVEL.—Au nom de la charité, je conjure Votre Grâce, si jamais vous avez caché dans votre cœur quelque animosité contre moi, de me pardonner aujourd'hui avec sincérité.

BUCKINGHAM. — Sir Thomas Lovel, je vous pardonne aussi sincèrement que je veux être pardonné moi-même; je pardonne à tous. Il ne peut y avoir contre moi d'offenses assez innombrables pour que je ne puisse les oublier en paix; aucun noir sentiment de haine ne fermera mon tombeau.— Recommandez-moi à Sa Majesté, et si elle parle de Buckingham, je vous prie, dites-lui que vous l'avez rencontré à moitié dans le ciel; mes vœux et mes prières sont encore pour le roi, et, jusqu'à ce que mon âme m'abandonne, ils ne cesseront d'implorer sur lui les bénédictions du Ciel! Puisse-t-il vivre plus d'années que je n'en saurais compter pendant le temps qui me reste à vivre! Puisse sa domination être à jamais chérie et bienveillante; et lorsque le grand âge le conduira à sa fin, que la bonté et lui n'occupent qu'un seul et même tombeau!

LOVEL.—C'est moi qui dois conduire Votre Grâce jusqu'au bord de la rivière : là, je vous remettrai à sir Nicolas de Vaux, qui est chargé de vous accompagner jusqu'à la mort.

DE VAUX.—Préparez tout : le duc s'avance; ayez soin que la barge soit prête, et décorée de tout l'appareil qui convient à la grandeur de sa personne.

BUCKINGHAM.—Non, sir Nicolas; laissez cela. La pompe de mon rang n'est plus pour moi qu'une dérision. Lorsque je suis venu ici, j'étais lord grand connétable et duc de Buckingham : maintenant, je ne suis que le pauvre Édouard Bohun; et, cependant, je suis plus riche que mes vils accusateurs, qui n'ont jamais su ce que c'était que la vérité. Moi, maintenant je la scelle de mon sang, et je les ferai gémir un jour sur ce sang. Mon noble père,

Henri de Buckingham, qui le premier leva la tête contre l'usurpateur Richard, ayant dans sa détresse cherché un asile chez son serviteur Banister, fut trahi par ce misérable, et périt sans jugement. Que la paix de Dieu soit avec lui! — Henri VII, succédant au trône, et touché de pitié de la mort de mon père, en prince digne du trône, me rétablit dans mes honneurs, et fit de nouveau sortir mon nom de ses ruines avec tout l'éclat de la noblesse. Aujourd'hui, son fils Henri VIII a d'un seul coup enlevé de ce monde ma vie, mon honneur, mon nom, et tout ce qui me rendait heureux. On m'a fait mon procès, et, je dois l'avouer, dans les formes les plus convenables, en quoi je suis un peu plus heureux que ne l'a été mon infortuné père; et cependant, à cela près, nous subissons tous deux la même destinée : tous deux nous périssons par la main de nos domestiques, par les hommes que nous avons le plus aimés; service bien peu naturel et peu fidèle! Le Ciel a toujours un but; cependant, vous qui m'écoutez, recevez pour certaine cette maxime de la bouche d'un mourant : — Prenez garde à ne pas vous trop livrer à ceux à qui vous prodiguez votre amour et vos secrets; car ceux dont vous faites vos amis, et auxquels vous donnez votre cœur, dès qu'ils aperçoivent le moindre obstacle dans le cours de votre fortune, s'écartent de vous comme l'eau, et vous ne les retrouverez plus que là où ils se disposent à vous engloutir. Vous tous, bon peuple, priez pour moi. Il faut que je vous quitte : la dernière heure de ma vie, depuis longtemps fatiguée, vient maintenant de m'atteindre; adieu. — Et lorsque vous voudrez parler de quelque chose de triste, dites comment je suis tombé. — J'ai fini; et que Dieu veuille me pardonner!

(Buckingham sort avec sa suite, et continue sa marche.)

PREMIER BOURGEOIS.—Oh! cela vous navre le cœur. — Ami, cette mort, je le crains, appelle bien des malédictions sur la tête de ceux qui en sont les auteurs.

SECOND BOURGEOIS.—Si le duc est innocent, il en sortira de grands malheurs; et cependant je puis vous donner avis d'un mal a venir, qui, s'il arrive, sera plus grand encore que celui-ci.

PREMIER BOURGEOIS.—Que les bons anges nous en préservent! Que voulez-vous dire? Vous ne doutez pas de ma fidélité?

SECOND BOURGEOIS. — Ce secret est si important qu'il exige la plus inviolable promesse de secret.

PREMIER BOURGEOIS.—Faites-m'en part : je ne suis pas bavard.

SECOND BOURGEOIS.—J'en suis sûr. Vous allez le savoir. N'avez-vous pas entendu tout récemment murmurer quelque chose d'un divorce entre le roi et Catherine?

PREMIER BOURGEOIS.—Oui ; mais cela n'a pas duré ; car lorsque ce bruit est revenu au roi, dans son courroux il a envoyé ordre au lord maire de l'arrêter sur-le-champ, et de réprimer les langues qui avaient osé le répandre.

SECOND BOURGEOIS.—Mais ce mauvais bruit, mon cher, est devenu depuis une vérité, et il se ranime plus vigoureusement que jamais : il paraît certain que le roi tentera ce divorce. C'est le cardinal, ou quelque autre de ceux qui l'approchent, qui, par haine contre notre bonne reine, ont jeté dans l'âme du roi un scrupule qui finira par la perdre ; et ce qui paraît confirmer ceci, c'est que le cardinal Campeggio est arrivé tout nouvellement, et, à ce que je présume, pour cette affaire.

PREMIER BOURGEOIS.—C'est le cardinal ; et s'il machine tout cela, c'est uniquement pour se venger de l'empereur, qui ne lui a pas accordé l'archevêché de Tolède, dont il avait fait la demande.

SECOND BOURGEOIS.—Je crois que vous avez touché le but. Mais n'est-il pas cruel que cela retombe sur elle?— Le cardinal viendra à ses fins ; il faut qu'elle soit sacrifiée.

PREMIER BOURGEOIS.—Cela est déplorable!—Nous sommes dans un lieu trop public pour raisonner sur cette affaire ; allons y réfléchir en particulier.

(Ils sortent.)

SCÈNE II

Une chambre du palais.

Entre LE LORD CHAMBELLAN *lisant une lettre.*

« Milord, j'avais mis tout le soin dont je suis capable à
« m'assurer que les chevaux que demandait Votre Sei-
« gneurie fussent bien choisis, bien dressés, et bien
« équipés. Ils étaient jeunes et beaux, et de la meilleure
« race du nord. Mais au moment où ils étaient prêts à
« partir pour Londres, un homme au service de milord
« cardinal, muni d'une commission et d'un plein pou-
« voir me les a enlevés, en me donnant pour raison que
« son maître devait être servi avant un sujet, si même
« il ne devait pas l'être avant le roi; et cela nous a fermé
« la bouche, milord. » Je crains en effet que cela n'arrive
bientôt.—A la bonne heure, qu'il les prenne; il prendra
tout, je crois.
(Entrent les ducs de Norfolk et de Suffolk.)

NORFOLK.—Charmé de vous rencontrer, mon bon lord chambellan.

LE CHAMBELLAN.—Je souhaite le bonjour à Vos Grâces.

SUFFOLK.—Que fait le roi?

LE CHAMBELLAN.—Je l'ai laissé seul, plein de troubles et de tristes pensées.

NORFOLK.—Quelle en est la cause?

LE CHAMBELLAN. — Il paraît que son mariage avec la femme de son frère serre sa conscience de près.

SUFFOLK.—Non, c'est sa conscience qui serre de trop près une autre femme.

NORFOLK.—Précisément. C'est une œuvre du cardinal, du cardinal-roi. Ce prêtre, aveugle comme le fils aîné de la fortune, change les choses à son gré. Le roi apprendra un jour à le connaître.

SUFFOLK.—Priez Dieu que cela arrive: autrement il ne cessera jamais de se méconnaître.

NORFOLK.—Qu'il agit saintement dans tout ce qu'il entreprend! et avec quel zèle! Maintenant qu'il a rompu l'alliance formée entre nous et l'empereur, le puissant neveu de la reine, il s'insinue dans l'âme du roi; y répand les doutes, les alarmes, les remords de conscience, les craintes, les désespoirs, et tout cela à propos de son mariage; et ensuite pour l'en délivrer, il lui conseille le divorce, il lui conseille la perte de cette femme, qui, comme un joyau précieux, a été vingt années suspendue à son cou, sans rien perdre de son lustre; de celle qui l'aime de cet amour parfait dont les anges aiment les hommes de bien; de celle qui, même lorsque le plus grand revers de fortune l'accablera, bénira encore le roi : n'est-ce pas là une œuvre pieuse?

LE CHAMBELLAN.—Le Ciel me préserve de prendre part à tout cela! Il est vrai que cette nouvelle est répandue partout. Toutes les bouches la répètent, et tous les cœurs honnêtes en gémissent. Tous ceux qui osent pénétrer dans ces mystères en voient le grand but, la sœur du roi de France. Le Ciel ouvrira un jour les yeux du roi, qui se laisse depuis si longtemps endormir sur cet homme audacieux et pervers.

SUFFOLK.—Et nous délivrera de son esclavage.

NORFOLK. — Nous aurions grand besoin de prier, et avec ferveur, pour notre prompte délivrance, ou de princes que nous sommes, cet homme impérieux viendra à bout de faire de nous ses pages : toutes nos dignités sont là devant lui comme une masse indistincte, qu'il façonne à sa guise.

SUFFOLK.—Quant à moi, milords, je ne l'aime, ni ne le crains; voilà ma profession de foi : comme j'ai été fait ce que je suis sans lui, sans lui je me maintiendrai si le roi le trouve bon. Ses malédictions me touchent autant que ses bénédictions : ce sont des paroles auxquelles je ne crois point. Je l'ai connu, et je le connais, et je l'abandonne à celui qui l'a élevé de cette sorte, au pape.

NORFOLK.—Entrons, et cherchons, par quelque autre préoccupation, à distraire le roi de ces tristes réflexions qui prennent trop d'empire sur lui.—Milord, voulez-vous nous accompagner?

LE CHAMBELLAN. — Excusez-moi. Le roi m'envoie ailleurs : et de plus vous allez voir que vous prenez mal votre moment pour l'interrompre. — Je salue Vos Seigneuries.

NORFOLK. — Mille grâces, mon bon lord chambellan.

(Le lord chambellan sort.)
(Norfolk ouvre une portière qui laisse voir le roi assis et lisant d'un air mélancolique.)

SUFFOLK. — Qu'il a l'air sombre! Sûrement, il est cruellement affecté.

LE ROI HENRI. — Qui est là? Ah!

NORFOLK. — Prions Dieu qu'il ne soit pas fâché.

LE ROI HENRI. — Qui donc est là, dis-je? — Comment osez-vous vous immiscer dans mes secrètes méditations? Qui suis-je donc? Eh! vraiment...

NORFOLK. — Un bon roi, qui pardonne toutes les offenses où la volonté n'a point de part. Ce qui nous fait manquer au respect qui vous est dû, c'est une affaire d'État : nous venons prendre les ordres de Votre Majesté.

LE ROI HENRI. — Vous êtes trop hardis. — Retirez-vous : je vous ferai savoir vos heures de travail. Est-ce là le moment de s'occuper des affaires temporelles? Quoi donc?... (*Entrent Wolsey et Campeggio.*) Qui est là? Ah! mon bon lord cardinal? — O mon cher Wolsey, toi qui remets le calme dans ma conscience malade, tu es fait pour guérir un roi. (*A Campeggio.*) Vous êtes le bienvenu dans notre royaume, savant et vénérable prélat; disposez-en ainsi que de nous. — (*A Wolsey.*) Cher lord, ayez soin qu'on ne me prenne pas pour un donneur de paroles.

WOLSEY. — Sire, cela ne peut être. — Je désirerais que Votre Majesté voulût nous accorder seulement une heure d'entretien en particulier.

LE ROI HENRI, *à Norfolk et à Suffolk.* — Nous sommes en affaires : retirez-vous.

NORFOLK, *à part.* — Ce prêtre n'a pas d'orgueil!

SUFFOLK. — Non, cela ne vaut pas la peine d'en parler. — Je ne voudrais pas pour sa place en être aussi malade que lui : mais cela ne peut pas durer.

NORFOLK.—Si cela dure, je me hasarderai à lui porter quelque coup.

SUFFOLK.—Et moi un autre.

(Sortent Suffolk et Norfolk.)

WOLSEY.—Votre Grâce a donné un exemple de sagesse au-dessus de tous les princes de l'Europe, en vous rapportant librement de votre scrupule au jugement de la chrétienté. Qui pourrait maintenant s'offenser? Quel reproche pourrait vous atteindre? L'Espagnol, qui tient à la reine par les liens du sang et de l'affection, doit avouer aujourd'hui, s'il est de bonne foi, la justice et la noblesse de cette discussion solennelle. Tous les clercs, c'est-à-dire tous les clercs instruits et savants des royaumes chrétiens ont la liberté du suffrage : Rome, la gardienne de toute sagesse, sur l'invitation qu'elle en a reçue de votre auguste personne, nous a envoyé un interprète universel, cet excellent homme, cet ecclésiastique intègre et savant, le cardinal Campeggio, que je présente de nouveau à Votre Majesté.

LE ROI HENRI.—Et de nouveau je lui exprime, en le serrant dans mes bras, ma joie de le voir, et je remercie le saint conclave de l'amitié qu'il me témoigne en m'envoyant un homme tel que je pouvais le désirer.

CAMPEGGIO.—Votre Grâce ne peut manquer, par la noblesse de sa conduite, de mériter l'amour de tous les étrangers. Je présente à Votre Majesté le brevet de ma commission, en vertu duquel (de l'autorité de la cour de Rome), vous, milord cardinal d'York, vous êtes associé à moi, son serviteur, pour le jugement impartial de cette affaire.

LE ROI HENRI.—Deux hommes d'égale force.—La reine va être informée tout à l'heure du sujet de votre mission. —Où est Gardiner?

WOLSEY.—Je sais que Votre Majesté l'a toujours trop tendrement aimée pour lui refuser ce que la loi accorderait à une femme d'un rang inférieur au sien, des jurisconsultes qui puissent librement défendre sa cause.

LE ROI HENRI.—Oui, elle en aura, et les plus habiles; et ma faveur est pour celui qui la défendra le mieux : Dieu

me préserve qu'il en soit autrement. — Cardinal, je te prie, fais-moi venir mon nouveau secrétaire, Gardiner; il est propre à cette commission.
(Wolsey sort.)
(Rentre Wolsey avec Gardiner.)

WOLSEY.—Donnez-moi la main; je vous souhaite beaucoup de bonheur et de faveur : vous êtes maintenant au roi.

GARDINER, *à part*. — Pour rester aux ordres de Votre Grâce, dont la main m'a élevé.

LE ROI HENRI.—Approchez, Gardiner.
(Il lui parle bas.)

CAMPEGGIO.—Milord d'York, n'était-ce pas un docteur Pace, qui avait auparavant cette place?

WOLSEY.—Oui, c'était lui.

CAMPEGGIO.—Ne passait-il pas pour un savant homme?

WOLSEY.—Oui, certainement.

CAMPEGGIO.—Croyez-moi, il s'est élevé sur votre compte une opinion qui ne vous est pas favorable, lord cardinal.

WOLSEY.—Comment! sur moi?

CAMPEGGIO.—On ne manque pas de dire que vous avez été jaloux de lui; et que, craignant qu'il ne s'élevât par son rare mérite, vous l'avez toujours tenu étranger aux affaires, ce qui l'a tant affecté, qu'il en a perdu la raison, et qu'il en est mort.

WOLSEY.—Que la paix du ciel soit avec lui! C'est tout ce qu'un chrétien peut faire pour son service. Quant aux vivants qui tiennent des propos, il y a pour eux des lieux de correction.—C'était un imbécile qui voulait à toute force être vertueux.—Pour cet honnête garçon qui le remplace, dès que je le commande il suit mes ordres à la lettre. Je ne veux pas avoir si près du roi des gens d'une autre espèce. Retenez bien ceci, frère, il ne faut pas nous laisser contrarier par des subalternes.

LE ROI HENRI, *à Gardiner*.—Exposez cela à la reine avec douceur. (*Gardiner sort.*) Le lieu le plus convenable que je puisse imaginer, pour la réunion de tant de science, c'est Black-Friars. C'est là que vous vous assemblerez pour examiner cette importante affaire. — Mon cher Wolsey, ayez soin que tout ce qui est nécessaire s'y trouve disposé.—O milord! quel homme capable de sentiment ne serait pas affligé de quitter une si douce compagne? mais la conscience, la conscience! Oh! c'est une partie bien délicate!—Et il faut que je la quitte!

(Ils sortent.)

SCÈNE III

Une antichambre des appartements de la reine.

Entrent ANNE BOULEN et UNE VIEILLE DAME.

ANNE.—Ni à ce prix non plus.—Voilà ce qui blesse le cœur : Sa Majesté a vécu si longtemps avec elle et elle est si vertueuse, que jamais une seule voix n'a pu l'accuser.—Sur ma vie, elle n'a jamais su ce que c'est que de faire le mal.—O Dieu! après avoir vu sur le trône tant de soleils achever leur cours, toujours croissant en grandeur et en majesté! il est dix mille fois plus douloureux de quitter cette gloire, qu'il n'y a de douceur à l'acquérir!.... Après une telle suite d'années la rejeter, c'est une pitié à émouvoir un monstre.

LA VIEILLE DAME.—Aussi les cœurs les plus durs s'attendrissent et déplorent son sort.

ANNE.—O volonté de Dieu! il vaudrait mieux qu'elle n'eût jamais connu la grandeur. Quoique la grandeur soit temporelle, cependant si dans cette bagarre, la fortune vient à la séparer de celui qui en était revêtu, c'est une angoisse aussi cruelle que la séparation de l'âme et du corps.

LA VIEILLE DAME.—Hélas! pauvre dame! la voilà redevenue étrangère.

ANNE.—On doit la plaindre d'autant plus. Je le jure avec vérité, il vaut mieux être né en bas lieu et se trouver au nombre de ceux qui vivent contents dans l'obscurité, que de se voir élevé dans d'éclatantes afflictions, et revêtu d'une tristesse dorée.

LA VIEILLE DAME.— Le contentement est notre plus grand bien.

ANNE.—Sur ma foi et mon honneur[1], je ne voudrais pas être reine.

LA VIEILLE DAME.—Foin de moi, je voudrais bien l'être, moi, et j'aventurerais bien mon honneur pour cela, et vous en feriez tout autant, malgré ces airs sucrés d'hypocrisie. Vous qui possédez à un très-haut degré les attraits d'une femme, vous avez aussi un cœur de femme; et le cœur d'une femme a toujours été charmé par l'élévation, l'opulence et la souveraineté; et pour dire la vérité, ce sont des choses très-désirables, et quoique vous fassiez la petite bouche, la complaisante capacité de votre conscience, pour peu qu'il vous plaise de l'élargir, se prêterait fort bien à recevoir ce présent.

ANNE.—Non, en vérité.

LA VIEILLE DAME.—Je vous dis que si en vérité, et en vérité.—Vous ne voudriez pas être reine?

ANNE.—Non, non, pour tous les trésors qui sont sous le ciel.

LA VIEILLE DAME.—Cela est étrange : pour moi, toute vieille que je suis, une pièce de trois sous qui viendrait me faire la révérence suffirait pour me gagner à partager la royauté. Mais dites-moi, je vous prie, et celui de duchesse, qu'en pensez-vous? Êtes-vous de force à porter le poids d'un pareil titre?

ANNE.—Non, en vérité.

LA VIEILLE DAME.—En ce cas, vous êtes d'une constitution bien faible. Retranchons encore quelque chose : pour plus que je n'oserais dire, je ne voudrais pas, si j'étais un jeune comte, me trouver dans votre chemin. —Pour ce fardeau, si vous n'avez pas les reins assez forts pour le porter, vous serez trop faible aussi pour faire jamais un garçon.

ANNE.—Que venez-vous donc me conter là! Je jure une seconde fois que je ne voudrais pas être reine pour le monde entier.

---

[1] *Maiden head.*

LA VIEILLE DAME.—En vérité, seulement pour la petite île d'Angleterre, vous devriez risquer le paquet ; moi je le ferais pour le comté de Carnarvon ; oui, quand ce serait la seule dépendance de la couronne. Tenez ! qui vient à nous ?

(Entre le lord chambellan.)

LE CHAMBELLAN.—Bonjour, mesdames : qu'est-ce qu'il en coûterait pour savoir le secret de votre entretien ?

ANNE.—Pas même la peine de le demander, mon bon lord ; cela ne vaut pas la question. Nous nous affligions des chagrins de notre maîtresse.

LE CHAMBELLAN.—C'était une généreuse occupation, et bien digne de femmes qui ont un bon cœur. Il faut espérer que tout ira bien.

ANNE.—*Amen*, s'il plaît à Dieu.

LE CHAMBELLAN.—Vous avez une belle âme, et les bénédictions du Ciel suivent les personnes comme vous ; et pour vous faire connaître, belle dame, que je dis la vérité, et qu'on fait un grand cas de vos nombreuses vertus, Sa Majesté vous témoigne par moi toute son estime, et ne se propose pas moins que de vous décorer du titre de marquise de Pembroke, et à ce titre il ajoute de sa grâce mille livres de revenu annuel.

ANNE.—Je ne sais pas quel genre de dévouement je pourrais offrir. Tout ce que je suis, et beaucoup plus encore, n'est rien. Mes prières ne sont pas d'une vertu assez sainte, et mes vœux ne sont guère que de vaines paroles, et cependant mes prières et mes vœux sont tout ce que je peux offrir en retour. Je supplie Votre Seigneurie de vouloir bien être l'interprète de ma reconnaissance et de mes soumissions, et de tous les sentiments que peut exprimer à Sa Majesté une fille timide qui prie le Ciel pour ses jours et sa couronne.

LE CHAMBELLAN.—Madame, je ne manquerai pas de confirmer l'opinion avantageuse que le roi a conçue de vous. (*A part.*)—Je l'ai bien considérée : l'honneur et la beauté sont si heureusement assorties en elle qu'elles ont pris le cœur du roi. Et qui sait encore s'il ne pourra pas sortir de cette lady un brillant qui éclaire toute cette île de sa splendeur? (*Haut.*)—Je vais aller trouver le roi, et lui dire que je vous ai parlé.

ANNE.—Mon très-honorable lord....

(Sort le chambellan.,

LA VIEILLE DAME.—Oui, voilà le monde : voyez, voyez! J'ai mendié seize ans les faveurs de la cour, et je suis encore une mendiante de cour, et quelque argent que j'aie sollicité, je n'ai jamais pu trouver le joint entre trop tôt et trop tard; et vous, ce que c'est que la destinée! vous qui êtes tout fraîchement débarquée ici (maudit soit ce bonheur qui vous arrive malgré vous!), on vous remplit la bouche avant que vous l'ayez seulement ouverte.

ANNE.—Cela me paraît bien étrange.

LA VIEILLE DAME.—Quel goût cela a-t-il? Est-ce bien amer? Un demi-noble que non.—Il y eut jadis une dame (c'est une vieille histoire) qui ne voulait pas être reine; non, qui ne le voulait pas pour tout le limon d'Egypte.—Avez-vous entendu parler de cela?

ANNE.—Allons, vous êtes une railleuse.

LA VIEILLE DAME.—Je pourrais, sur votre sujet, m'élever plus haut que l'alouette. Marquise de Pembroke! mille livres sterling par an! et cela par pure estime, sans avoir d'ailleurs rien fait pour le mériter! Oh! sur ma vie, ce début promet bien d'autres mille livres : la robe de la Fortune a la queue plus longue que le devant. —A présent, je commence à voir que vous aurez assez de reins pour porter une duchesse.—Dites-moi, ne vous sentez-vous pas un peu plus forte que vous n'étiez?

ANNE.—Ma bonne dame, cherchez dans votre imagination quelque autre sujet qui vous égaye, et laissez-moi de côté : je veux n'avoir jamais existé si cette faveur m'a le moins du monde ému le cœur : je le sens manquer quand je songe aux suites. La reine est sans consolation, et nous nous oublions trop longtemps loin d'elle. —Je vous prie, ne lui parlez pas de ce que vous avez entendu ici.

LA VIEILLE DAME.—Quelle idée avez-vous de moi?

SCÈNE IV

Une vaste salle dans Black-Friars.

Trompettes, symphonies, cors. Entrent d'abord deux huissiers, portant de courtes baguettes d'argent; suivent DEUX SE-CRÉTAIRES, *en robe de docteurs; après vient l'archevêque de Cantorbéry seul; il est suivi des évêques de Lincoln, d'Ely, de Rochester, et de Saint-Asaph. A quelque distance marche un gentilhomme portant la bourse, le grand sceau et un chapeau de cardinal; ensuite deux prêtres portant chacun une croix d'argent; suit le gentilhomme introducteur, tête nue, accompagné d'un sergent d'armes, portant une masse d'argent, ensuite deux gentilshommes portant deux grandes colonnes d'argent; marchent ensuite, l'un à côté de l'autre, les cardinaux* WOLSEY *et* CAMPEGGIO ; *deux nobles, portant l'épée et la masse. Entrent ensuite* LE ROI *et* LA REINE, *et leur suite. Le roi prend place sous le dais, les deux cardinaux s'asseyent au-dessous de lui, comme juges. La reine se place à quelque distance du roi, les évêques se rangent sur chacun des côtés, en forme de consistoire; au-dessous d'eux sont les secrétaires. Les lords se placent à la suite des évêques.* LE CRIEUR *et le reste des personnages présents se tiennent debout, selon leur rang, autour de la salle.*

WOLSEY.—Qu'on ordonne le silence, tandis qu'on fera lecture de la commission de la cour de Rome.

LE ROI HENRI.—Qu'avons-nous besoin de cette lecture ? Elle a déjà été faite publiquement; et les deux parties ont également reconnu son autorité; c'est une perte de temps que vous pouvez nous épargner.

WOLSEY.—A la bonne heure. (*Au secrétaire.*) Faites votre office.

LE SECRÉTAIRE, *au crieur.*—Dites à Henri, roi d'Angleterre, de venir à cette cour, etc.

LE CRIEUR.—Henri, roi d'Angleterre, etc.

LE ROI HENRI.—Je suis présent.

LE SECRÉTAIRE.—Dites à Catherine, reine d'Angleterre, de venir à cette cour.

LE CRIEUR.—Catherine, reine d'Angleterre, etc.

ACTE II, SCÈNE IV.

(La reine ne fait point de réponse; mais elle se lève de son siége, traverse la cour, va au roi, et, se jetant à ses pieds, elle lui adresse ce discours.)

CATHERINE.—Sire, je vous en conjure, rendez-moi justice, et accordez-moi votre pitié; car je suis une femme bien malheureuse, et une faible étrangère, née hors de votre empire, n'ayant ici aucun juge désintéressé, ni aucune assurance d'une amitié impartiale et d'un jugement équitable. Hélas! sire, en quoi vous ai-je offensé? Quel motif de mécontentement a pu vous donner ma conduite, pour que vous procédiez ainsi à me renvoyer, et que vous me retiriez vos bonnes grâces? Le Ciel m'est témoin que j'ai été pour vous une épouse fidèle et soumise, toujours prête à me conformer à votre volonté, toujours en crainte d'exciter en vous le moindre déplaisir, docile à votre physionomie, triste ou gaie, selon que je vous y voyais enclin. Quand est-il jamais arrivé que j'aie contredit vos désirs, ou que je n'en aie pas fait les miens? Quel est celui de vos amis que je ne me sois pas efforcée d'aimer, même lorsque je savais qu'il était mon ennemi? et qui de mes amis a conservé mon affection lorsqu'il s'était attiré votre colère, ou même n'a pas reçu de moi des marques de mon éloignement? Sire, rappelez à votre souvenir que j'ai été votre femme avec soumission, pendant plus de vingt années, et que le Ciel m'a accordé la joie de vous donner plusieurs enfants. Si, dans tout le cours de cette longue durée d'années, vous pouvez citer et prouver quelque chose qui soit contraire à mon honneur, au lien du mariage, à l'amour et au respect que je dois à votre personne sacrée, au nom de Dieu, renvoyez-moi, et que le mépris le plus ignominieux ferme la porte sur moi, et m'abandonne à la justice la plus sévère. Souffrez que je vous le dise, sire : le roi votre père était renommé pour un des princes les plus prudents, d'un esprit et d'un jugement incomparables ; Ferdinand, mon père, roi d'Espagne, passait aussi pour le prince le plus sage qui eût rempli ce trône depuis bien des années : on ne peut révoquer en doute qu'ils aient assemblé autour d'eux, dans chaque royaume, un conseil éclairé, choisi dans chaque royaume, qui a discuté cette affaire, et qui a jugé notre mariage légitime : ainsi je vous conjure humblement, sire, de m'épargner, jusqu'à ce que je puisse envoyer en Espagne consulter mes amis dont je vais implorer les conseils. Si vous le refusez, au nom de Dieu, que votre volonté s'accomplisse!

WOLSEY.—Vous avez devant vous, madame, et de votre choix, ces respectables prélats, des hommes d'un savoir et d'une intégrité rares, l'élite du pays, qui sont assemblés ici pour défendre votre cause. Il est donc sans avantage pour vous de demander la prolongation de ce procès, et je le dis autant pour votre repos que pour rectifier ce qui trouble la conscience du roi.

CAMPEGGIO.—Ce que Sa Grâce vient de vous dire est sage et raisonnable ; ainsi, madame, il convient que cette session royale procède de suite, et que, sans aucun délai, les moyens soient produits et entendus.

CATHERINE, *à Wolsey*.—Lord cardinal, c'est à vous que je parle.

WOLSEY.—A vos ordres, madame.

CATHERINE.—Cardinal, je suis prête à pleurer ; mais dans l'idée que je suis une reine (ou du moins j'ai rêvé longtemps que je l'étais) et dans la certitude que je suis fille d'un roi, je veux changer mes larmes en traits de flamme.

WOLSEY.—Veuillez être patiente.

CATHERINE.—Je le serai quand vous serez humble ; mais non auparavant, ou Dieu me punirait. Je crois, et j'ai de fortes raisons de le croire, que vous êtes mon ennemi, et je réclame ici la loi pour vous récuser ; vous ne serez point mon juge ; car c'est vous qui avez allumé ces charbons entre mon seigneur et moi. Que la rosée de Dieu puisse les éteindre! Je le répète de toute la force de mon âme, je vous déteste et récuse [1] pour mon juge, vous qu'encore une fois je regarde comme mon plus cruel ennemi, et que je ne crois nullement ami de la vérité.

WOLSEY.—Je déclare ici que ce discours est indigne de

---

[1] C'est la formule de récusation : *Detestor et recuso*.

vous, madame, de vous qui jusqu'ici ne vous êtes jamais écartée de la charité, et qui avez toujours montré un caractère plein de douceur et une sagesse supérieure aux facultés d'une femme. Madame, vous me faites injure; je n'ai aucune haine contre vous, aucun sentiment injuste contre vous ni contre personne; tout, ce que j'ai fait jusqu'ici, et tout ce que je ferai dans la suite, a pour garantie une commission émanée du consistoire, de tout le consistoire de Rome. Vous m'accusez d'avoir soufflé les charbons : je le nie. Le roi est présent; s'il sait que mes paroles contredisent ici mes actions, combien il lui est aisé de confondre, et avec bien de la justice, ma fausseté! Oui, il le peut, aussi bien que vous avez pu accuser ma véracité. S'il est convaincu que je suis innocent de ce que vous m'imputez, il voit également que je ne suis pas à l'abri de votre injustice. Ainsi il dépend de lui d'y apporter remède, et le remède c'est d'éloigner ces pensées de votre esprit; et avant que Sa Majesté se soit expliquée sur ce point, je vous conjure, gracieuse dame, d'abjurer dans votre âme vos paroles et de n'y rien ajouter de pareil.

CATHERINE.—Milord, milord, je suis une simple femme, beaucoup trop faible pour lutter contre tous vos artifices; votre bouche est pleine de douceur et d'humilité; vous étalez l'extérieur humble et doux qui convient à vos fonctions et à votre ministère; mais votre cœur est gonflé d'arrogance, de haine et d'orgueil; votre fortune et les bontés de Sa Majesté vous ont fait agilement franchir les premiers degrés, et aujourd'hui vous voilà monté à une hauteur où le pouvoir est à vos ordres; vos paroles sont à votre service et secondent vos desseins, selon l'emploi qu'il vous plaît de leur imposer. Je dois vous dire que vous êtes beaucoup plus occupé de l'élévation de votre personne, que de la grandeur de vos fonctions spirituelles; je persiste à vous refuser pour mon juge, et ici en présence de vous tous, je fais mon appel au pape; je veux porter ma cause entière devant Sa Sainteté et être jugée par lui.

(Elle fait un salut au roi, et va pour sortir.)

CAMPEGGIO.—La reine est obstinée, rebelle à la justice;

prompte à l'accuser, elle dédaigne de se soumettre à sa décision; cette conduite n'est pas louable : elle s'en va.

LE ROI HENRI.—Qu'on la rappelle.

LE CRIEUR.—Catherine, reine d'Angleterre, paraissez devant la cour.

GRIFFITH.—Madame, on vous somme de revenir.

CATHERINE.—Qu'avez-vous besoin d'y faire attention? Je vous prie, songez à vos affaires, et quand on vous appellera, retournez. Que Dieu veuille me secourir! Ils me vexent au point de me faire perdre patience. — Je vous prie, avancez; je ne veux point rester. Non, et jamais on ne me reverra une autre fois comparaître dans aucune de leurs cours pour cette affaire.

(Sortent la reine, Griffith et le reste de sa suite.)

LE ROI HENRI. — Fais ce que tu voudras, Catherine. — S'il se trouve un homme dans le monde entier qui ose avancer qu'il possède une meilleure épouse, qu'il ne soit jamais cru en rien pour avoir avancé un mensonge en ce point. Si tes rares qualités, ton aimable douceur, ton angélique et céleste résignation, cet art d'une épouse d'obéir avec dignité, et tes vertus souveraines et religieuses pouvaient parler et te peindre, tu serais toi seule la reine de toutes les reines de la terre. Sa naissance est illustre, et elle s'est toujours conduite à mon égard d'une manière digne de sa haute noblesse.

WOLSEY.—Gracieux souverain, je requiers très-humblement Votre Majesté de vouloir bien déclarer en présence de toute cette assemblée (car il est juste que je sois dégagé au lieu même où j'ai été lié et dépouillé, quoique je n'y reçoive pas une entière satisfaction), si jamais j'ai entamé la proposition de cette affaire à Votre Majesté, ou jeté dans votre chemin quelque scrupule qui pût vous amener à la mettre en question, ou si jamais, autrement qu'avec des actions de grâces à Dieu pour nous avoir donné une telle reine, je vous ai parlé d'elle et dit le moindre mot qui pût porter préjudice à sa grandeur actuelle, ou faire tort à sa vertueuse personne.

LE ROI HENRI.—Milord cardinal, je vous décharge du reproche; oui, sur mon honneur, je vous en absous

pleinement. Vous n'avez pas besoin d'être averti que
vous avez beaucoup d'ennemis qui ne savent pas pourquoi
ils le sont, mais qui, comme les roquets d'un village,
aboient lorsqu'ils entendent leurs camarades en
faire autant; quelques-uns d'eux auront irrité la reine
contre vous. Vous voilà excusé; mais voulez-vous être
encore plus amplement justifié? J'ajouterai que vous avez
toujours souhaité qu'on assoupît cette affaire; jamais
vous n'avez désiré qu'on l'entreprît; et même souvent,
et très-souvent, vous avez opposé des obstacles à ses
progrès.—C'est sur mon honneur que je dis ce qui en
est de milord cardinal sur cet article, et qu'ainsi je le
lave de toute imputation. —A présent, pour ce qui m'a
porté à cette démarche, j'oserai vous demander de me
donner quelques moments et votre attention. Suivez
l'enchaînement des choses : voici comme cela est venu.
— Faites bien attention. — D'abord ma conscience a été
atteinte d'une alarme, d'un scrupule, d'une syndérèse,
sur certains mots prononcés par l'évêque de Bayonne,
alors ambassadeur de France, qui avait été envoyé ici
pour traiter d'un mariage entre le duc d'Orléans et notre
fille Marie. Pendant la négociation de cette affaire, avant
que rien fût résolu, il demanda (je parle de l'évêque) un
délai pendant lequel il pût avertir le roi son maître de
consulter si notre fille était légitime, étant sortie de notre
mariage actuel avec une douairière qui avait été l'épouse
de notre frère. Ce délai demandé ébranla l'intérieur
de ma conscience avec une force capable de la déchirer,
et fit trembler toute la région de mon cœur. Cette idée
s'ouvrit ainsi une si large route, que, sous ses auspices,
une foule de considérations accumulées vint se presser
dans mon âme. D'abord je m'imaginai que le Ciel avait
cessé de me sourire : il avait ordonné à la nature que le
sein de mon épouse, s'il venait à concevoir de moi un
enfant mâle, ne lui prêtât pas plus de vie que le tombeau
n'en donne aux morts. Ses enfants mâles étaient tous
morts là où ils avaient été conçus, ou peu de temps après
avoir respiré l'air de ce monde. Il me vint donc en
pensée que c'était un jugement de Dieu sur moi, et que

mon royaume, qui mérite bien le plus digne héritier de l'univers entier, ne devait pas obtenir de moi une pareille joie. Par une suite toute naturelle, je considérai le danger où j'exposais mes royaumes par ce défaut de lignée, et cette pensée me fit souffrir des transes cruelles. Ainsi ballotté sur la mer orageuse de ma conscience, je dirigeai ma marche vers ce remède dont l'objet nous rassemble ici en ce jour : c'est-à-dire que je voulus éclairer ma conscience que je sentais cruellement malade, et qui n'est pas bien guérie encore, en demandant l'avis de tous les vénérables pères et des savants docteurs de ce pays.—Et d'abord, j'eus une première conférence privée avec vous, milord de Lincoln : vous vous souvenez de quel poids accablant j'étais oppressé lorsque je commençai à vous en faire la première ouverture.

LINCOLN.—Je m'en souviens très-bien, mon souverain.

LE ROI HENRI. — J'ai parlé longtemps. — Veuillez dire vous-même jusqu'à quel point vous avez éclairé mes doutes.

LINCOLN. — Avec le bon plaisir de Votre Majesté, la question me frappa tellement au premier abord, à cause de son extrême importance, et de ses dangereuses conséquences, que je confiai au doute mes plus hardis conseils, et que je pressai Votre Majesté de prendre la marche que vous suivez dans cette cour.

LE ROI HENRI.—Je m'adressai ensuite à vous, milord de Cantorbéry, et j'obtins de vous la permission de faire cette convocation. — Je n'ai laissé aucun des membres respectables de cette cour sans lui demander son avis; et je procédai d'après votre consentement particulier à tous, signé de votre main et scellé de votre sceau. Ainsi, allez en avant; car je n'ai point été poussé à ceci par aucun dégoût contre la personne de la bonne reine, mais par la force poignante des motifs que je viens d'exposer. Prouvez que notre mariage est légitime, et sur notre vie, sur notre dignité royale, nous sommes satisfaits d'achever le reste du cours de notre vie mortelle avec elle, avec Catherine, notre reine, et nous la préférons à la plus parfaite créature choisie entre toutes celles de la terre.

CAMPEGGIO.—Avec la permission de Votre Majesté, la reine étant absente, il est d'une indispensable convenance que nous ajournions cette cour à un autre jour : et dans cet intervalle il faut faire à la reine une sommation pressante de se désister de l'appel qu'elle se propose de faire à Sa Sainteté.
(Les prélats se lèvent pour s'en aller.)

LE ROI HENRI, *à part*. — Il m'est aisé d'apercevoir que ces cardinaux me jouent ; j'abhorre ces lenteurs dilatoires et les détours de la politique de Rome. O Cranmer, mon serviteur chéri et plein de lumières, reviens, je t'en conjure. A mesure que tu te rapproches de moi, je le sens, la consolation rentre dans mon âme. (*Haut*.) Rompez l'assemblée : je vous l'ai dit, retirez-vous.
(Ils sortent tous dans l'ordre dans lequel ils sont entrés.)

FIN DU DEUXIÈME ACTE.

ACTE TROISIÈME

SCÈNE I

Le palais de Bridewell.—Une pièce des appartements de la reine.

LA REINE *et quelques-unes des femmes occupées à des ouvrages de leur sexe.*

CATHERINE, *à une de ses femmes.*—Jeune fille, prends ton luth. Mon âme se sent toujours plus accablée de ses ennuis : chante et dissipe-les, si tu peux ; quitte ton ouvrage.

CHANT.

Orphée avec son luth obligea les arbres
Et les cimes des montagnes glacées
A s'incliner lorsqu'il chantait.
A ses accens, plantes et fleurs
Ne cessaient d'éclore. Comme le soleil et les pluies,
Il donnait aux lieux qu'il habitait un éternel printemps.
Toutes choses, en écoutant ses accords,
Les vagues de la mer elles-mêmes,
Penchaient leur tête, et s'arrêtaient autour de lui,
Tant est grand le pouvoir de la douce musique
Elle tue les soucis ; et les chagrins du cœur
Expirent, ou s'assoupissent à sa voix.
(Entre un gentilhomme.)

CATHERINE.—Qu'y a-t-il ?

LE GENTILHOMME.—Sous le bon plaisir de Votre Majesté, les deux vénérables cardinaux attendent dans la salle d'audience.

CATHERINE.—Veulent-ils me parler ?

ACTE III, SCÈNE I.

LE GENTILHOMME.—Ils m'ont chargé de vous l'annoncer, madame.

CATHERINE. — Priez Leurs Grâces d'entrer. (*L'officier sort.*) Quelle affaire peuvent-ils avoir avec moi, pauvre et faible femme, tombée dans la disgrâce? Maintenant que j'y pense, je n'aime point ces visites de leur part. Ce devraient être des hommes honnêtes : leurs fonctions sont respectables, mais le capuchon ne fait pas le moine.
(Entrent Wolsey et Campeggio.)

WOLSEY.—Que la paix soit avec Votre Majesté !

CATHERINE.—Vos Grâces me trouvent ici faisant la ménagère : je voudrais en être une au risque de tout ce qui peut m'arriver de pis. — Que désirez-vous de moi, mes vénérables seigneurs ?

WOLSEY.—Veuillez, ma noble dame, passer dans votre cabinet particulier, nous vous y exposerons le sujet de notre visite.

CATHERINE.—Dites-le-moi ici. Je n'ai rien fait encore, sur ma conscience, qui m'oblige à rechercher les coins : et je voudrais que toutes les autres femmes pussent en dire autant, d'une âme aussi libre que je le fais! Milords, je ne crains point (et en cela je suis plus heureuse que bien d'autres) que mes actions soient mises à l'épreuve de toutes les langues, exposées à tous les yeux, que l'envie et la mauvaise opinion des hommes exercent leur force contre elles, tant je suis certaine que ma vie est pure! Si votre objet est de m'examiner dans ma conduite d'épouse, déclarez-le hardiment. La vérité aime qu'on agisse ouvertement.

WOLSEY.—*Tanta est erga te mentis integritas, regina serenissima....*

CATHERINE.—O mon bon seigneur, pas de latin : je n'ai pas été assez paresseuse, depuis que je suis venue en Angleterre, pour n'avoir pas appris la langue dans laquelle j'ai vécu. Une langue étrangère me rend la manière dont on traite ma cause plus étrange, plus suspecte. De grâce, expliquez-vous en anglais; il y a ici quelques personnes, qui, pour l'amour de leur pauvre maîtresse, vous remercieront si vous dites la vérité :

croyez-moi, elle a été bien cruellement traitée! Lord cardinal, le péché le plus volontaire que j'aie jamais commis peut s'absoudre en anglais.

wolsey.—Noble dame, je suis fâché que mon intégrité et mon zèle pour servir Sa Majesté et vous fassent naître en vous de si graves soupçons, quand ils devraient produire la confiance. Nous ne venons point en accusateurs entacher cet honneur que bénit la bouche de tous les gens de bien, ni vous attirer traîtreusement aucun chagrin; vous n'en avez que trop, vertueuse dame! Mais nous venons savoir à quelles dispositions votre âme s'est arrêtée dans l'importante question qui s'est élevée entre vous et le roi, vous donner, en hommes honnêtes et libres de tout intérêt, notre opinion sincère, et les moyens consolants qui peuvent appuyer votre cause.

campeggio.—Ma très-honorée dame, milord d'York, suivant son noble caractère, et guidé par le zèle et le respect qu'il a toujours portés à Votre Grâce, oubliant, en homme de bien, la censure qui vous est dernièrement échappée contre sa personne et sa véracité, et que vraiment vous avez poussée trop loin, vous offre ainsi que moi, en signe de paix, ses services et ses conseils.

catherine, *à part.*—Pour me trahir!—(*Haut.*) Milords, je vous rends grâces à tous deux de votre bonne volonté. Vous parlez comme des hommes de bien; je prie Dieu que vous le soyez en effet. Mais en vérité je ne sais comment, avec le peu d'esprit que je possède, donner sur-le-champ, à des hommes de votre savoir et de votre gravité, une réponse sur un point de cette importance, et qui intéresse de si près mon honneur (et peut-être, je le crains, encore plus ma vie). J'étais à travailler avec mes filles, et je ne songeais guère, Dieu le sait, ni à une pareille visite ni à une pareille affaire. Au nom de ce que j'ai été (car je sens déjà la dernière crise de ma grandeur), mes bons seigneurs, laissez-moi du temps et le loisir de me procurer des avis, pour défendre ma cause : hélas! je suis une femme, sans amis, sans espoir.

wolsey.—Madame, vous outragez par ces frayeurs la tendresse du roi : vous avez beaucoup d'espérances et beaucoup d'amis.

catherine.—Ce que j'en ai en Angleterre m'est de bien peu d'avantage. Pouvez-vous penser, milords, qu'aucun Anglais ose me donner conseil? ou s'il s'en trouvait quelqu'un qui fût assez insensé pour me servir loyalement, pensez-vous, lorsqu'on saurait qu'il me soutient contre la volonté de Sa Majesté, qu'il vécût longtemps sous sa domination? Non, non, mes amis, ceux qui doivent par leurs conseils écarter mes afflictions, ceux à qui doit s'attacher ma confiance, ne vivent point ici; ils sont, ainsi que toutes mes autres consolations, loin d'ici, dans mon pays, milords.

campeggio.—Je voudrais que Votre Majesté voulût faire trêve à ses chagrins et accepter mon conseil.

catherine.—Quel conseil, milord?

campeggio.—Remettez votre cause à la protection et à la bonté du roi. Il vous aime, il est généreux : votre honneur et votre cause y gagneraient beaucoup; car si vous la perdez devant la loi, vous vous séparez de lui disgraciée.

wolsey.—Le cardinal vous parle avec sagesse.

catherine.—Vous m'apprenez ce que vous souhaitez tous deux, ma ruine. Est-ce là votre conseil chrétien?— Loin de moi, tous deux! Le ciel est encore au-dessus de tout. Là siége un juge qu'aucun roi ne peut corrompre.

campeggio.—Votre colère vous trompe sur nos intentions.

catherine.—La honte en est à vous. Je vous ai pris pour deux saints personnages; oui, sur mon âme, deux vertus cardinales : mais vous êtes, je le crains bien, des péchés cardinaux, et des cœurs faux. Par l'honneur! amendez-vous, milords.—Sont-ce là vos consolations, le cordial que vous apportez à une malheureuse femme, à une femme sans secours au milieu de vous, raillée, outragée? Je ne vous souhaiterai pas la moitié de mes misères : j'ai plus de charité; mais souvenez-vous que je vous ai avertis : prenez garde, au nom du ciel, prenez garde qu'enfin le poids de mes chagrins ne retombe tout à la fois sur vous.

WOLSEY.—Madame, c'est un vrai délire. Vous tournez à mal le bien que nous vous offrons.

CATHERINE.—Et vous, vous me réduisez à rien. Malheur sur vous, et sur tous les hypocrites tels que vous! Voudriez-vous (si vous aviez quelque sentiment de justice, quelque pitié, si vous étiez autre chose que des habits d'hommes d'église), voudriez-vous que je remisse ma faible cause entre les mains de celui qui me hait? Hélas! il m'a déjà bannie de son lit, et il y avait longtemps qu'il m'avait bannie de son cœur. Je suis vieille, milords, et ne suis plus sa compagne que pour l'obéissance? Que puis-je craindre de pis qu'un état si misérable? Étudiez-vous donc à me faire un malheur qui l'égale.

CAMPEGGIO.—Vos craintes vont plus loin.

CATHERINE.—Ai-je donc (laissez-moi parler pour moi, puisque la vertu ne trouve point d'ami), ai-je vécu si longtemps son épouse, son épouse fidèle, et j'ose le dire sans vaine gloire, exempte du plus léger soupçon! ai-je toujours accueilli le roi d'un cœur plein de tendresse! l'ai-je, après le ciel, aimé plus que tout au monde! lui ai-je obéi sans réserve! ai-je porté pour lui la tendresse jusqu'à la superstition, oubliant presque mes prières pour le soin de lui complaire! et cela pour m'en voir ainsi récompensée? Cela n'est pas bien, milords. Trouvez-moi une femme toujours constante dans l'affection de son époux, une femme qui n'ait jamais eu, même en songe, un plaisir qui ne fût pas le sien, et au mérite de cette femme, lorsqu'elle aura fait tout ce qui est possible, j'ajouterai encore une vertu.... une extrême patience.

WOLSEY.—Madame, vous vous écartez du but avantageux que nous vous proposons.

CATHERINE.—Milord, je n'ose me rendre coupable du crime d'abandonner volontairement le noble titre auquel m'a unie votre maître ; la mort seule pourra me séparer de ma dignité.

WOLSEY.—Je vous prie, écoutez-moi.

CATHERINE.—Plût au ciel que mes pas n'eussent jamais foulé cette terre anglaise, que je n'eusse jamais éprouvé les flatteries qui y voient le jour! Vous avez des visages d'anges; mais le ciel connaît vos cœurs. Que vais-je maintenant devenir, infortunée que je suis? Je suis la femme la plus malheureuse qu'il y ait au monde. (*A ses femmes.*) Hélas! mes pauvres amies, quel est votre sort maintenant, naufragées sur un royaume où je ne trouve ni pitié, ni ami, ni espoir, aucun parent qui pleure sur moi, où l'on m'accorde à peine un tombeau, où, comme la tige du lis, qui fleurissait jadis reine de la prairie, je vais pencher la tête et mourir?

WOLSEY.—Si Votre Grâce voulait seulement se laisser persuader que nos vues sont honnêtes, vous trouveriez plus de consolation. Pourquoi voudrions-nous, vertueuse dame, vous faire tort dans cette affaire? à quelle fin? Hélas! nos places et le caractère de notre état, tout repousse cette idée. Nous sommes destinés à guérir de tels chagrins et non à les faire naître. Au nom de la vertu, considérez ce que vous faites; combien vous vous nuisez à vous-même et vous exposez à vous voir séparée tout à fait du roi par cette conduite. Le cœur des rois caresse l'obéissance tant ils en sont amoureux! mais ils se soulèvent contre les esprits opiniâtres et se montrent terribles comme la tempête. Je sais que vous avez un doux et noble caractère, une âme égale comme le calme; je vous en conjure, daignez nous croire ce que nous faisons profession d'être, des médiateurs de paix, vos amis et vos serviteurs.

CAMPEGGIO.—Madame, vous l'éprouverez. Vous faites tort à vos vertus par ces craintes d'une faible femme. Une âme noble, telle que vous a été donnée la vôtre, rejette toujours loin d'elle de pareilles défiances, comme une monnaie trompeuse. Le roi vous aime; prenez bien garde de perdre cet avantage. Quant à nous, s'il vous plaît de vous confier à nos soins dans cette affaire, nous sommes prêts à déployer tous nos efforts pour votre service.

CATHERINE.—Faites ce que vous jugerez à propos, milords, et je vous en supplie, pardonnez-moi si je ne me suis pas conduite comme je l'aurais dû. Vous le savez, je suis une femme dépourvue de l'esprit nécessaire pour faire une réponse convenable à des hommes tels que vous. Je vous prie, portez mes hommages à Sa Majesté, il a encore mon cœur, et il aura mes prières, tant que ma vie m'appartiendra. Venez, vénérables prélats, gratifiez-moi de vos avis, elle vous les demande aujourd'hui celle qui ne songeait guère, lorsqu'elle mit les pieds dans cette cour, qu'elle dût un jour payer si cher ses grandeurs!

(Ils sortent.)

SCÈNE II

Une antichambre de l'appartement du roi.

Entrent LE DUC DE NORFOLK, LE DUC DE SUFFOLK, LE COMTE DE SURREY ET LE LORD CHAMBELLAN,

NORFOLK.—Si vous voulez maintenant unir vos plaintes, et les presser avec constance, il est impossible que le cardinal y résiste; mais si vous négligez l'occasion que vous offrent les circonstances, je ne réponds pas que vous ne subissiez de nouvelles disgrâces, ajoutées à celles qui vous oppriment déjà.

SURREY.—J'accueille avec joie la plus légère occasion que je puisse rencontrer de me venger de lui, en mémoire du duc, mon beau-père [1].

SUFFOLK.—Quel est celui des pairs qui ait échappé à ses affronts, ou du moins à la plus étrange négligence? Quand a-t-il respecté en personne, si ce n'est en lui-même, le caractère de la dignité?

LE CHAMBELLAN.—Milords, vous parlez à votre gré; ce qu'il mérite de vous et de moi, je le sais; mais que nous

---

[1] Shakspeare a fait dans cette scène un double emploi du même personnage. Le duc de Surrey, gendre du duc de Buckingham, était à cette époque duc de Norfolk. Son père, le duc de Norfolk, que l'on voit paraître au commencement de la pièce, était mort en 1525, quatre ans avant la chute du cardinal.

puissions faire quelque chose contre lui, quoique ce moment-ci nous en offre l'occasion, j'en doute beaucoup. Si vous ne pouvez pas lui fermer l'accès auprès du roi, ne tentez jamais de l'attaquer; car il y a, dans sa langue, un charme infernal qui maîtrise le roi.

NORFOLK.—Oh! cessez de le craindre, son charme est détruit. Le roi a trouvé contre lui des faits qui ont gâté pour jamais le miel de son langage. Non, il est enfoncé dans la disgrâce de manière à ne s'en relever jamais.

SURREY.—Duc, ce serait une joie pour moi d'entendre le récit de ces nouvelles une fois par heure!

NORFOLK.—Croyez-moi, elles sont certaines. Ses doubles intrigues, dans l'affaire du divorce, sont découvertes; et il s'y montre sous l'aspect que je pourrais souhaiter à mon ennemi.

SURREY.—Et comment ses pratiques sont-elles parvenues à la lumière?

SUFFOLK.—De la manière la plus étrange.

SURREY.—Oh! comment, comment?

SUFFOLK.—La lettre que le cardinal écrivait au pape s'est égarée; elle est venue sous les yeux du roi, qui y a lu comment le cardinal persuadait à Sa Sainteté de suspendre le jugement du divorce. « S'il avait lieu, disait-il, « je m'aperçois que mon roi a le cœur pris d'amour « pour une créature de la reine, lady Anne Boulen. »

SURREY.—Le roi a lu cela?

SUFFOLK.—Vous pouvez en être sûr.

SURREY.—Cela fera-t-il son effet?

LE CHAMBELLAN.—Le roi voit par quelle marche couverte et ondoyante il se dirige vers son but particulier; mais, dans ce point, toutes ses mesures ont échoué, et il apporte le remède après la mort du malade. Le roi a déjà épousé cette belle.

SURREY.—Je voudrais bien que cela fût vrai.

SUFFOLK.—Puisse, milord, l'accomplissement de ce souhait faire votre bonheur; car je puis vous assurer que la chose est ainsi.

SURREY.—Oh! que toute ma joie accompagne cette union!

SUFFOLK.—Je lui dis *amen*.

NORFOLK.—Tout le monde en fait autant.

SUFFOLK.—Les ordres sont donnés pour son couronnement; mais cette nouvelle est bien jeune encore, et il n'est pas besoin de la raconter à toutes les oreilles.— Mais en vérité, milords, c'est une charmante créature, et parfaite d'âme et de figure. Je me persuade que le Ciel, par son moyen, fera tomber sur ce pays quelque bienfait dont il célébrera la mémoire.

SURREY.—Mais le roi digérera-t-il la lettre du cardinal? Le Ciel nous en préserve!

SUFFOLK.—Je dis encore *amen*. Non, non, d'autres guêpes qui bourdonnent encore devant son visage ne lui feront que mieux sentir la piqûre de celle-ci. Le cardinal Campeggio est reparti furtivement pour Rome : il n'a pris congé de personne; il a laissé l'affaire du roi toute démanchée, et il s'est mis en route comme agent de notre cardinal pour appuyer toute son intrigue. Je sais certainement qu'à cette nouvelle le roi a crié, ah!

LE CHAMBELLAN.—Dieu veuille l'irriter de plus en plus, et lui faire crier, ah! encore plus fort.

NORFOLK.—Mais, milord, quand revient Cranmer?

SUFFOLK.—Il est de retour, dans les mêmes opinions qui, ainsi que celles de presque tous les collèges célèbres de la chrétienté, ont tranquillisé le roi sur son divorce. Je crois que ce second mariage ne tardera pas à être déclaré, et que le couronnement suivra de près. Catherine n'aura plus le titre de reine, mais celui de princesse douairière, veuve du prince Arthur

NORFOLK.—Ce Cranmer est un digne homme, et il s'est donné beaucoup de peine dans l'affaire du roi.

SUFFOLK. — Beaucoup : aussi, pour sa récompense, nous le verrons archevêque.

NORFOLK.—C'est ce que j'ai ouï dire.

SUFFOLK.—Oui, n'en doutez pas. Le cardinal....

(Entre Wolsey et Cromwell.)

NORFOLK, *aux autres lords*.—Observez-le, observez-le : il a de l'humeur.

WOLSEY. Le paquet, Cromwell, l'avez-vous donné au roi?

CROMWELL.—Remis entre ses mains, dans sa chambre à coucher.

WOLSEY.—A-t-il jeté les yeux sur ce qu'il contenait?

CROMWELL.—Il l'a ouvert sur-le-champ; et le premier papier qui s'est trouvé sous sa main, il l'a lu de l'air le plus sérieux : l'attention était peinte dans toute sa contenance, et il m'a chargé de vous dire de l'attendre ici ce matin.

WOLSEY.—Est-il prêt à sortir

CROMWELL.—Je crois qu'il va sortir dans l'instant.

WOLSEY.—Laisse-moi un moment. (*Cromwell sort.*) Ce sera la duchesse d'Alençon, la sœur du roi de France : il faut qu'il l'épouse.—Anne Boulen? non, je ne veux point d'Anne Boulen pour lui. Il y a ici quelque chose de plus qu'un beau visage. Boulen! non, point de Boulen.—Je voudrais bien recevoir promptement des nouvelles de Rome.—La marquise de Pembroke!

NORFOLK.—Il est mécontent.

SUFFOLK.—Peut-être sait-il que le roi aiguise sa vengeance contre lui.

SURREY.—Qu'elle s'aiguise assez, mon Dieu, pour faire justice!

WOLSEY.—Une fille d'honneur de la dernière reine, la fille d'un chevalier, être la maîtresse de sa maîtresse, la reine de la reine!—Cette chandelle n'éclaire pas bien; il faut la moucher, et en même temps nous l'éteindrons. — Que m'importe qu'elle soit vertueuse et pleine de mérite? Je la connais aussi pour une luthérienne acharnée, et il ne serait pas salutaire pour nos intérêts qu'elle reposât sur le sein de notre roi, déjà difficile à gouverner. Et voilà encore un hérétique, un archihérétique qui s'élève, Cranmer, un homme qui s'est insinué dans la faveur du roi, et qui est aujourd'hui son oracle.

NORFOLK.—Quelque idée le tourmente.

SURREY.—Je voudrais que ce fût une idée qui fût capable d'user la fibre, la maîtresse corde de son cœur.

(Entrent le roi, lisant un papier, et Lovel.)

SUFFOLK.—Le roi, le roi.

LE ROI HENRI.—Quel amas de richesses il a accumulées

pour son lot! Et quels flots de dépense semblent s'écouler continuellement à chaque heure de ses mains! Par la fortune! comment a-t-il pu amasser tout cela? Ah! c'est vous, milords. Avez-vous vu le cardinal?

NORFOLK.—Seigneur, nous étions là à l'observer : il y a quelque étrange commotion dans son cerveau; il mord ses lèvres, tressaille; puis il s'arrête tout à coup, regarde la terre, et ensuite porte son doigt à son front. Un moment après il se met à marcher précipitamment, puis s'arrête encore, se frappe violemment le sein, et aussitôt adresse ses regards à la lune : nous l'avons vu prendre les postures les plus étranges.

LE ROI HENRI.—Cela pourrait être : il y a du trouble dans son âme. — Ce matin il m'a envoyé des papiers d'État que je lui avais demandés à lire. Et savez-vous ce que j'y ai trouvé? Sur ma conscience, c'est bien par inadvertance qu'il l'y avait mis. J'y ai trouvé un état qui contenait le détail de son argenterie, de son trésor, des riches étoffes et ameublements de sa maison; et je trouve que cela monte à un excès de faste qui passe de beaucoup les bornes de la fortune d'un sujet [1].

NORFOLK.—C'est un coup du ciel : quelque esprit aura mis ce papier dans le paquet pour vous faire la grâce de le placer sous vos yeux.

---

[1] Cette aventure des papiers livrés au roi par mégarde est une pure invention du poëte qui a transporté au cardinal Wolsey ce qui arriva à l'évêque de Durham, à l'égard de ce même cardinal Wolsey. Thomas Ruthall, évêque de Durham, membre du conseil privé de Henri VIII, fut chargé par ce prince de lui établir un compte rendu de l'état du royaume. L'évêque ayant fait ce travail, fit relier le volume qui le contenait de la même manière qu'un autre volume où il avait exposé très en détail le compte de sa propre fortune. Le roi lui ayant fait demander le compte dont il l'avait chargé, le cardinal l'envoya chercher dans sa bibliothèque par son secrétaire qui se trompa, et donna l'un pour l'autre : le cardinal, aussitôt qu'il se fut aperçu de la méprise, porta le livre au roi, lui insinuant que, lorsqu'il aurait besoin d'argent, il avait un trésor tout trouvé dans les coffres de l'évêque. Celui-ci, apprenant ce qui lui était arrivé, en conçut un tel chagrin qu'il mourut peu de temps après.

Le poëte a encore enchéri sur ce fait, et ajouté dans le paquet remis au roi par inadvertance, une lettre de Wolsey au pape,

LE ROI HENRI.—Si nous pouvions croire que ses méditations s'élèvent au-dessus de la terre et sont fixées sur quelque objet spirituel, je le laisserais plongé dans ses rêveries ; mais j'ai bien peur que ses pensées ne rampent bien au-dessous du firmament, et qu'elles ne méritent pas une contemplation aussi sérieuse.

(Il s'assied, et parle bas à Lovel, qui va ensuite aborder Wolsey.)

WOLSEY.—Que le Ciel me pardonne. — (*Il s'avance vers le roi.*) Que Dieu favorise Votre Majesté!

LE ROI HENRI.—Mon bon lord, vous êtes plein des choses du ciel, et c'est dans votre âme que réside l'inventaire de vos plus grands trésors. C'étaient eux sans doute que vous étiez là occupé à passer en revue : à peine pouvez-vous prendre sur vos soins spirituels un moment de loisir pour tenir vos comptes temporels. Sûrement dans ceux ci, je vous crois un assez mauvais économe, et je suis bien aise que vous me ressembliez sur ce point.

WOLSEY.—Sire, j'ai distribué mon temps de la sorte ; une partie pour les saints offices de mon ministère, une autre pour vaquer à la part que j'ai dans les affaires de l'État : la nature réclame aussi ses heures pour sa conservation ; et moi, son faible enfant, comme les mortels mes frères, je suis forcé de me prêter à ses besoins.

LE ROI HENRI.—Vous avez parlé à merveille.

WOLSEY. — Et je souhaite que Votre Majesté, comme j'espère lui en donner occasion, fasse toujours marcher pour moi le bien faire avec le bien dire.

LE ROI HENRI.—C'est encore bien dit ; et c'est en effet une sorte de bonne action que de bien dire. Cependant les paroles ne sont pas les actions. Mon père vous aimait, il me disait qu'il vous aimait, et il confirmait sa parole par ses actions en votre faveur. Depuis que je possède ma dignité, je vous ai tenu tout près de mon cœur : je ne me suis pas contenté de vous placer dans les emplois dont vous pouviez retirer de grands profits, mais j'ai même pris sur mes revenus actuels pour verser sur vous mes bienfaits.

WOLSEY, *à part*.—Où peut tendre ce discours?

surrey, *à part*.—Dieu fasse prospérer ce début.

le roi henri. — N'ai-je pas fait de vous le premier homme de l'Etat? Je vous prie, dites-moi, si ce que j'avance ici vous paraît vrai, et, si vous en convenez, dites-moi alors si vous devez m'être attaché ou non. Que répondez-vous?

wolsey.—Mon souverain, je confesse que vos grâces royales, répandues sur moi chaque jour, ont été au delà de ce que j'en pouvais payer par mes efforts les plus assidus; cela aurait surpassé les forces de l'homme. Mes efforts, quoique toujours restés bien au-dessous de mes désirs, ont égalé toute l'étendue de mes facultés. Je n'ai de vues personnelles que celles qui peuvent tendre au bien de votre auguste personne, et à l'avantage de l'État. Quant aux grandes faveurs que vous avez accumulées sur moi, pauvre indigne que je suis, je ne puis vous rendre en retour que d'humbles actions de grâces, et mes prières au ciel pour vous, et ma loyale fidélité, qui a toujours augmenté et qui ne fera que croître de jour en jour, jusqu'à ce que l'hiver de la mort vienne la glacer.

le roi henri.—Très-bien répondu. C'est par là que s'illustre un sujet loyal et soumis; l'honneur de son attachement en est la récompense, comme l'infamie, s'il le trahit, en est la punition. Je présume que comme ma main s'est libéralement ouverte pour vous, que mon cœur vous a prodigué son affection, que ma puissance a fait pleuvoir les honneurs sur votre tête, plus que sur aucun autre de mes sujets, en retour vos mains, votre cœur, votre intelligence, et toutes les facultés de votre âme, devraient, indépendamment du devoir d'un sujet, m'appartenir à moi, votre ami, par un sentiment particulier, plus qu'à un autre.

wolsey. — Je proteste ici que j'ai toujours travaillé pour les intérêts de Votre Majesté, beaucoup plus que pour les miens; voilà ce que je suis, ce que j'ai été et ce que je serai, quand tous les autres briseraient les liens du devoir qui les attachent à vous, et qu'ils le rejetteraient de leur cœur; quand les dangers m'environneraient, aussi nombreux que la pensée peut les imaginer, et m'apparaîtraient sous les formes les plus effrayantes ; alors, de même qu'un rocher affronte la fureur des flots, mon devoir briserait les vagues de ce courant furieux, et conserverait inébranlable mon attachement pour vous.

LE ROI HENRI. — C'est parler avec noblesse. — Retenez bien, milords, qu'il a un cœur loyal : vous venez de le voir s'ouvrir devant vous. — (*Remettant à Wolsey les papiers qu'il tenait dans sa main.*) Lisez ceci, et ensuite ceci : puis vous irez déjeuner avec tout ce qu'il vous restera d'appétit.

(Le roi sort, en lançant un regard de courroux sur le cardinal.—Les lords se pressent sur ses pas et le suivent, en se parlant tout bas et en souriant.)

WOLSEY.—Que signifie ceci ? d'où vient ce courroux inattendu ? Comment me le suis-je attiré ? Il m'a quitté avec un regard menaçant, comme si ma ruine s'élançait de ses yeux. Tel est le regard que lance le lion furieux sur le chasseur téméraire qui l'a irrité, puis il l'anéantit.—Il faut que je lise ce papier qui m'apprendra, je le crains bien, le sujet de sa colère. — Oh ! c'est cela, ce papier m'a perdu !—Voilà l'état de tout cet amas de richesses que j'ai amoncelées pour mes vues, pour gagner la papauté, et pour soudoyer mes amis dans Rome. O négligence qui n'était permise qu'à un imbécile ! Quel démon ennemi m'a fait mêler cet important secret au paquet que j'envoyais au roi ? — N'y a-t-il donc point de remède à cette imprudence ? Nul expédient nouveau pour lui retirer cette pensée de la tête ? Je vois bien qu'elle l'émeut violemment.—Cependant je sais un moyen qui, bien employé, peut, en dépit de la fortune, me tirer encore d'affaire. — Quel est cet autre papier ? — (*Il lit l'adresse.*) *Au pape.* Quoi ! sur ma vie, la lettre que j'adressais à Sa Sainteté, et où je lui faisais part de toute l'affaire ! Puisqu'il en est ainsi, adieu. J'ai atteint le faîte de mes grandeurs, et, de ce plein midi de ma gloire, je me précipite maintenant vers mon déclin : je tomberai, comme une brillante exhalaison du soir, et personne ne me reverra plus.

(Rentrent les ducs de Norfolk et de Suffolk, le comte de Surrey et le lord chambellan.)

NORFOLK.—Cardinal, écoutez les ordres du roi : il vous commande de remettre sur-le-champ dans nos mains le grand sceau, et de vous retirer dans le château d'Esher, appartenant à l'évêché de Winchester, jusqu'à ce que Sa Majesté vous fasse savoir ses intentions.

WOLSEY. — Un instant : où est votre commission, milords? Des paroles ne peuvent avoir une si grande autorité.

SUFFOLK.—Qui osera les contredire, lorsqu'elles portent la volonté expresse du roi émanée de sa propre bouche.

WOLSEY.—Jusqu'à ce qu'on me montre quelque chose de plus que vos paroles, et la volonté que vous avez de satisfaire votre haine, sachez, lords officieux, que j'ose et dois m'y refuser. Je vois maintenant de quel ignoble élément vous êtes pétris, c'est l'envie. Avec quelle ardeur vous poursuivez ma disgrâce, comme pour vous en repaître! Comme on vous trouve coulants et faciles sur tout ce qui peut amener ma ruine! Suivez le cours de vos envieux projets, hommes de malice; le christianisme vous y autorise, et nul doute que vous ne receviez en son temps une juste récompense. Ce sceau que vous me redemandez avec tant de violence, le roi, mon maître et le vôtre, me l'a donné de sa propre main; il m'a ordonné d'en jouir, ainsi que de la place et des honneurs qui y sont attachés, pendant la durée de ma vie, et pour m'assurer la possession de ses bontés, il les a confirmées par des lettres patentes. Maintenant qui me les ôtera?

SURREY.—Le roi qui vous les a données.

WOLSEY.—Il faut donc que ce soit lui-même.

SURREY.—Prêtre, tu es un traître bien orgueilleux.

WOLSEY.—Orgueilleux lord, tu mens. Il n'y a pas quarante heures encore, que Surrey aurait moins tremblé de brûler sa langue, que de me parler ainsi.

SURREY.—Vice écarlate, c'est ton ambition qui a enlevé de cette terre gémissante le noble Buckingham, mon beau-père; les têtes de tous tes confrères cardinaux avec la tienne, attachées ensemble, et tout ce que tu as de meilleur, ne valaient pas un cheveu de la sienne. Malédiction sur votre politique ! Vous m'avez envoyé vivre en Irlande, loin des lieux où j'aurais pu venir à son secours, loin du roi, loin de tous ceux qui pouvaient obtenir sa grâce du crime que tu lui as imputé ; tandis que votre grande bonté par une pieuse compassion se hâtait de l'absoudre avec la hache.

wolsey.—Ma réponse à ce reproche et à tout ce que ce lord babillard peut inventer contre ma réputation, c'est que rien n'est plus faux. La loi a rendu au duc la justice qu'il méritait. Son noble jury, et la noirceur de son crime témoignent assez combien, dans l'affaire qui lui a coûté la vie, j'étais innocent de toute haine particulière contre lui. Si j'aimais les longs discours, lord, je vous dirais que vous avez aussi peu d'honnêteté que d'honneur, et qu'en fait de loyauté et de fidélité envers le roi, toujours mon royal maître, j'oserais défier un homme plus solide que ne peuvent l'être et Surrey et tous ceux qui partagent ses folies.

surrey.—Par mon âme ! prêtre, votre longue robe vous protége : sans quoi vous sentiriez le fer de mon épée dans la source de votre vie.—Milords, pouvez-vous endurer tant d'arrogance ? et de la part d'un tel homme ? Si nous nous conduisons avec cette molle faiblesse, et que nous nous laissions surmener par un manteau d'écarlate, adieu la noblesse ; en ce cas, que Sa Grâce poursuive, et nous fasse de son chapeau rouge un épouvantail comme pour les alouettes.

wolsey.—Toute bonté devient poison pour toi.

surrey.—Oui, la bonté qui glane et amasse dans vos mains toutes les richesses du royaume en un seul monceau, par d'odieuses extorsions, la bonté qui vous fait écrire au pape contre le roi cette lettre interceptée dans votre paquet, votre bonté, puisque vous me provoquez, sera mise dans tout son jour.—Milord de Norfolk, si vous êtes vraiment noble, si vous aimez le bien public, les prérogatives de notre noblesse méprisée, et de nos enfants, qui, s'ils vivent, se verront à peine de simples gentilshommes, produisez à la lumière la somme énorme de ses péchés, le recueil des articles de sa vie.—Je veux vous faire trembler plus que la cloche du saint sacrement lorsqu'elle vient à passer tandis que votre brune maîtresse est dans vos bras à vous caresser, lord cardinal.

wolsey.—Combien, à ce qu'il me semble, je pourrais mépriser cet homme, si je n'étais retenu par le devoir de la charité !

norfolk.—Ce recueil, milord, est dans les mains du roi : ce que nous en savons, c'est qu'il est bien odieux.

wolsey.—Mon innocence n'en sortira que plus pure et plus éclatante lorsque le roi connaîtra ma fidélité.

surrey.—Cela ne vous sauvera pas.... Ah ! grâce à ma mémoire, je me rappelle encore quelques-uns des articles et ils seront produits. Maintenant si vous êtes capable de rougir et de vous dire coupable, cardinal, vous nous montrerez du moins quelque reste d'honnêteté.

wolsey.—Dites, monsieur : j'ose braver toutes vos imputations. Si je rougis, c'est de voir un noble choquer toutes les bienséances.

surrey.—Il vaut mieux manquer de politesse et conserver sa tête.—Répondez à cette attaque. D'abord sans le consentement et à l'insu du roi, vous êtes parvenu à vous faire nommer légat, et vous avez abusé de ce pouvoir, pour mutiler la juridiction de tous les évêques.

norfolk.—Ensuite, dans toutes les lettres que vous avez écrites à Rome et aux princes étrangers, vous employez toujours cette formule : *ego et rex meus*, en sorte que vous représentiez le roi comme votre serviteur.

suffolk.—Ensuite, à l'insu du roi et du conseil, lorsque vous êtes allé en qualité d'ambassadeur vers l'empereur, vous avez eu l'audace de porter en Flandre le grand sceau.

surrey.—*Item.* Vous avez envoyé d'amples pouvoirs à Grégoire de Cassalis pour conclure, sans l'aveu du roi, ou l'autorisation de l'État, une ligue entre Sa Majesté et Ferrare.

suffolk.—Par pure ambition, vous avez fait frapper l'empreinte de votre chapeau de cardinal sur la monnaie du roi.

SURREY. — Vous avez fait passer à Rome des sommes innombrables (quant à savoir comment vous les avez acquises, c'est un soin que je laisse à votre conscience), pour soudoyer Rome, et vous aplanir les chemins aux dignités, à la ruine entière du royaume. Il y a bien d'autres faits encore dont je ne souillerai pas ma bouche, parce qu'ils sont relatifs à vous et odieux.

LE CHAMBELLAN. — Ah! milord, ne poussez pas trop durement un homme qui tombe; c'est vertu de l'épargner. Ses fautes sont soumises aux lois, que ce soit elles et non pas vous qui le punissent. Mon cœur gémit de le voir réduit à si peu de chose, de si grand qu'il était.

SURREY. — Je lui pardonne.

SUFFOLK. — Lord cardinal, comme tous les actes que vous avez faits dernièrement dans ce royaume, en vertu des pouvoirs de légat, se trouvent dans le cas d'un *præmunire*, l'intention du roi est encore qu'on sollicite contre vous un acte qui confisque tous vos biens, vos terres, vos domaines, vos châteaux, tout ce qui vous appartient, et vous mette hors de la protection du roi. Telle est ma charge.

NORFOLK. — Et, sur ce, nous vous laissons à vos méditations sur les moyens de vivre mieux à l'avenir. Quant à votre refus obstiné de nous remettre le grand sceau, le roi en sera instruit, et sans doute il vous en remerciera; et ainsi, adieu, mon bon petit lord cardinal.

(Ils sortent tous, excepté Wolsey.)

WOLSEY, *seul*. — Et ainsi, adieu à la petite bonne volonté que vous me portez : adieu, long adieu à toutes mes grandeurs! Voilà la destinée de l'homme : aujourd'hui pointent en lui les tendres feuilles de l'espérance; demain les fleurs, dont les touffes épaisses le couvrent de leur parure rougissante : le troisième matin survient une gelée, une gelée meurtrière, qui, au moment où dans sa simple bonhomie il croit ses grandeurs en pleine marche vers la maturité, le dessèche jusqu'à la racine; alors il tombe comme je le fais. — Comme ces enfants étourdis qui nagent soutenus sur des vessies enflées, je me suis aventuré, pendant une longue suite d'étés, sur un océan de gloire, j'ai été trop loin. A la fin, mon orgueil, gonflé outre mesure, s'est dérobé sous moi, et il me laisse maintenant, fatigué et vieilli dans les travaux, à la merci d'un courant impétueux qui va m'engloutir pour jamais. vaine pompe et gloire de ce monde, je vous hais! Je sens mon cœur nouvellement ouvert. Oh! qu'il est misérable le pauvre malheureux qui dépend de la faveur des rois! Entre ce sourire auquel nous aspirons, ce doux regard d'un monarque et le coup dont ils nous précipitent, il y a plus de transes et d'angoisses que n'en cause la guerre et que n'en éprouvent les femmes; et lorsqu'il tombe, il tombe comme Lucifer pour ne plus espérer jamais. (*Cromwell entre d'un air consterné.*) Eh bien, Cromwell, qu'y a-t-il?

CROMWELL. — Je n'ai pas la force de parler, milord.

WOLSEY. — Quoi! confondu à la vue de mes infortunes? Ton courage doit-il donc s'étonner de la chute d'un homme puissant? Ah! si vous pleurez, je suis déchu en effet.

CROMWELL. — Comment se trouve Votre Grâce?

WOLSEY. — Moi? bien. Jamais je n'ai été si véritablement heureux, mon bon Cromwell. Je me connais à présent moi-même, et je sens au dedans de moi une paix au-dessus de toutes les dignités terrestres, une conscience calme et tranquille. Le roi m'a guéri : j'en remercie humblement Sa Majesté; il a, par pitié, ôté de dessus ces épaules, colonnes ruinées, un poids capable de faire submerger une flotte, ma trop grande élévation. Oh! c'est un fardeau, Cromwell, un fardeau trop pesant pour un homme qui espère le ciel!

CROMWELL. — Je suis bien aise de voir que Votre Grâce ait fait un si bon usage de tout ceci.

WOLSEY. — J'espère que j'en ai fait bon usage. Je pourrais maintenant, ce me semble, au courage que je sens dans mon âme, supporter plus de misères encore, et de beaucoup plus grandes misères que le lâche cœur de mes ennemis ne peut oser m'en faire subir. — Quelles nouvelles dans le monde?

CROMWELL. — La plus importante et la plus fâcheuse, c'est votre disgrâce auprès du roi.

WOLSEY.—Dieu le conserve!

CROMWELL.—La seconde, c'est que sir Thomas More est choisi lord chancelier à votre place.

WOLSEY.—Cela est un peu précipité.—Mais c'est un homme instruit. Puisse-t-il jouir longtemps de la faveur de Sa Majesté, et rendre la justice pour l'honneur de la vérité et le repos de sa conscience, afin que, lorsqu'il aura terminé sa course et qu'il s'endormira dans le sein des félicités, ses cendres soient honorées d'un monument des larmes des orphelins! Que dit-on encore?

CROMWELL.—Que Cranmer est de retour; il a été très-bien reçu, et il est installé lord archevêque de Cantorbéry.

WOLSEY.—Voilà des nouvelles en effet!

CROMWELL.—La dernière, c'est que lady Anne, que le roi a depuis longtemps épousée en secret, a été vue aujourd'hui publiquement avec tous les honneurs de reine, et l'on ne parle à présent que de son couronnement prochain.

WOLSEY.—C'est là le poids qui a précipité ma chute. Oh! Cromwell! le roi m'a entièrement abandonné : en cette femme seule est allée se perdre toute ma gloire : le soleil n'annoncera plus ma puissance, et ne dorera plus de sa lumière la noble foule qui s'empressait pour attendre mes sourires.—Va, quitte-moi, Cromwell; je ne suis plus qu'un pauvre disgracié, et indigne à présent d'être ton protecteur et ton maître. Va trouver le roi (je prie le ciel que cet astre ne s'éclipse jamais!), je lui ai dit qui tu es, et combien tu es fidèle; il t'avancera. Un reste de souvenir de moi l'engagera (je connais son généreux naturel) à ne pas laisser périr aussi tes services si pleins d'espérances. Bon Cromwell, ne le néglige point : tires-en parti et pourvois à ta sûreté à venir.

CROMWELL.—Ah! milord, faut-il donc que je vous quitte? Faut-il que j'abandonne un si bon, si généreux et si noble maître? Soyez témoins, vous tous qui n'avez pas un cœur de fer, avec quelle douleur Cromwell se sépare de son maître. Le roi aura mes services; mais mes prières seront à jamais, oui, à jamais pour vous.

wolsey.—Cromwell, je ne croyais pas que tous mes malheurs pussent m'arracher une larme; mais tu m'as forcé, par ton honnête fidélité, à sentir la faiblesse d'une femme. Essuyons nos yeux; et écoute encore ceci, Cromwell : lorsque je serai oublié, comme je vais l'être, et qu'endormi sous un marbre froid et insensible, il ne sera plus mention de moi dans ce monde, dis que je t'ai donné une utile leçon ; dis que Wolsey, qui marcha jadis dans les sentiers brillants de la gloire, qui sonda toutes les profondeurs, tous les écueils des dignités, t'a découvert, dans son naufrage, un chemin pour t'élever, une route sûre et infaillible, quoiqu'il l'ait manquée pour lui-même. Remarque seulement ma chute, et ce qui a causé ma ruine. Cromwell, je te le recommande, repousse loin de toi l'ambition. C'est par ce péché que tombèrent les anges; comment donc l'homme, image de son Créateur, peut-il espérer de prospérer par elle? Sois le dernier dans ta propre affection : chéris les cœurs qui te haïssent. La corruption ne profite pas plus que l'honnêteté. Porte toujours la paix dans ta main droite pour faire taire les langues envieuses : sois juste, et ne crains rien. N'aie pour but dans toutes tes actions, que ton pays, ton Dieu et la vérité. Et alors si tu tombes, ô Cromwell, tu tomberas en bienheureux martyr. Sers le roi ; et je t'en prie, rentre avec moi : viens faire un inventaire de tout ce que je possède jusqu'à la dernière obole ; tout cela est au roi : ma robe et la pureté de ma foi sont maintenant tout ce que j'ose dire à moi. O Cromwell, Cromwell, si j'avais servi mon Dieu seulement avec la moitié autant de zèle que j'ai servi mon roi, il ne m'aurait pas, dans ma vieillesse, exposé nu à la fureur de mes ennemis !

cromwell.—Mon bon seigneur, ayez patience.

wolsey.—J'en ai aussi. Adieu, espérances de cour : mes espérances habitent dans le ciel.

(Ils sortent.)

FIN DU TROISIÈME ACTE.

ACTE QUATRIÈME

SCÈNE I

Une rue du quartier de Westminster.

DEUX BOURGEOIS *entrent chacun de leur côté.*

PREMIER BOURGEOIS.—Je suis bien aise de vous rencontrer encore ici.

SECOND BOURGEOIS.—Et je m'en félicite aussi.

PREMIER BOURGEOIS.—Vous venez pour prendre votre place et voir passer lady Anne au retour de son couronnement?

SECOND BOURGEOIS.—C'est là tout mon objet. A notre dernière entrevue, c'était le duc de Buckingham qui revenait de son jugement.

PREMIER BOURGEOIS.—Cela est vrai; mais alors c'était un jour de deuil : aujourd'hui c'est un jour d'allégresse publique.

SECOND BOURGEOIS.—Oui, les citoyens de Londres, je n'en doute pas, auront déployé toute l'étendue de leur attachement pour leurs rois. Pourvu que leurs droits soient respectés, ils s'empressent toujours de célébrer un pareil jour par des spectacles, de pompeuses décorations, et autres démonstrations de respect.

PREMIER BOURGEOIS.—Jamais on n'en vit de si brillantes, et jamais, je peux vous assurer, de mieux placées.

SECOND BOURGEOIS.—Oserai-je vous demander ce que contient ce papier que vous tenez là?

PREMIER BOURGEOIS.—Oui; c'est la liste de ceux qui font valoir les priviléges de leurs charges en ce jour, d'après le cérémonial du couronnement. Le duc de Suffolk est à la tête, et réclame les fonctions de grand maître de la maison du roi; ensuite le duc de Norfolk, qui prétend à celles de grand maréchal : vous pouvez lire les autres.

(Il lui offre la liste.)

SECOND BOURGEOIS, *le remerciant.* —Je vous rends grâces; si je n'étais pas au fait de ces cérémonies, votre liste m'aurait été fort utile. Mais dites-moi, de grâce, que devient Catherine, la princesse douairière ? Comment vont ses affaires ?

PREMIER BOURGEOIS.—Je peux vous l'apprendre. L'archevêque de Cantorbéry, accompagné de plusieurs savants et vénérables prélats de son rang, a tenu dernièrement une cour à Dunstable, à six milles d'Ampthill, où était la princesse ; elle fut citée plusieurs fois à cette cour, mais elle n'y comparut point : bref, pour défaut de comparution et par suite des scrupules qu'avait dernièrement conçus le roi, le divorce entre elle et lui a été prononcé sur l'avis de la plus grande partie de ces savants personnages, et ce premier mariage déclaré nul. Depuis le jugement, elle a été transférée à Kimbolton où elle est actuellement, et malade.

SECOND BOURGEOIS.—Hélas ! vertueuse dame ! (*Fanfares.*)—Mais j'entends les trompettes. Serrons-nous : la reine va passer.

ORDRE DU CORTÉGE.

1° Deux juges.

2° Le lord chancelier, devant lequel on porte la bourse et la masse.

3° Un chœur de chanteurs.

4° Le maire de Londres, portant la masse. Ensuite le héraut Garter, vêtu de sa cotte d'armes, et portant sur sa tête une couronne de cuivre doré.

5° Le marquis de Dorset, portant un sceptre d'or, et sur sa tête une demi-couronne d'or. Avec lui marche le comte de Surrey, portant la baguette d'argent avec la colombe, et couronné d'une couronne de comte, avec les colliers de l'ordre des chevaliers.

6° Le duc de Suffolk, dans sa robe de cérémonie, sa couronne ducale sur la tête, et une longue baguette blanche à la main, en qualité de grand maître. Avec lui marche de front le duc de Norfolk, avec la baguette de grand maréchal, et la couronne ducale sur la tête, et les colliers de l'ordre des chevaliers.

7° Ensuite paraît un dais porté par quatre des barons des cinq ports. Sous ce dais marche la reine, parée des ornements de la royauté, la couronne sur la tête, et les cheveux ornés de perles précieuses. A ses côtés, sont les évêques de Londres et de Winchester.

8° La vieille duchesse de Norfolk, avec une petite couronne d'or, travaillée en fleurs, conduisant le cortége de la reine.

9° Différentes dames et comtesses, avec de simples petits cercles d'or sans fleurs.

SECOND BOURGEOIS.—Un cortége vraiment royal, sur ma parole!—Je connais ceux-ci.—Mais quel est celui qui porte le sceptre?

PREMIER BOURGEOIS.—Le marquis de Dorset; et l'autre, le comte de Surrey avec la baguette d'argent.

SECOND BOURGEOIS.—Un brave et hardi gentilhomme. —Celui-là doit être le duc de Suffolk?

PREMIER BOURGEOIS.—C'est lui-même : le grand maître.

SECOND BOURGEOIS.—Et celui-ci milord de Norfolk?

PREMIER BOURGEOIS.—Oui.

SECOND BOURGEOIS.—Que Dieu te comble de ses bénédictions! Tu as la plus aimable figure que j'aie jamais vue.—Sur mon âme, c'est un ange. Notre roi peut se vanter de posséder tous les trésors de l'Inde, et bien plus encore quand il embrasse cette dame : je ne puis blâmer sa conscience.

PREMIER BOURGEOIS.—Ceux qui portent le dais d'honneur au-dessus d'elle sont quatre barons des cinq ports.

SECOND BOURGEOIS.—Ils sont bien heureux, ainsi que tous ceux qui sont près d'elle.—J'imagine que celle qui conduit le cortége est cette noble dame, la vieille duchesse de Norfolk?

PREMIER BOURGEOIS.—C'est elle : et toutes les autres sont des comtesses.

SECOND BOURGEOIS.—Leurs petites couronnes l'annoncent.—Ce sont des étoiles et quelquefois des étoiles tombantes.

PREMIER BOURGEOIS.—Laissons cela. (*La procession disparaît au son d'une bruyante fanfare.—Entre un troisième bourgeois.*) Dieu vous garde, monsieur; où vous êtes-vous fourré?

TROISIÈME BOURGEOIS.—Parmi la foule, dans l'abbaye;

on n'y aurait pas glissé un doigt de plus : **je suis suffoqué des épaisses exhalaisons de leur joie.**

second bourgeois.—Vous avez donc **vu la cérémonie?**

troisième bourgeois.—Oui, je l'ai vue.

premier bourgeois.—Comment était-elle?

troisième bourgeois.—Très-digne d'être vue.

second bourgeois.—Racontez-la nous, mon cher monsieur.

troisième bourgeois.—Je le ferai de mon mieux. Ces flots brillants de seigneurs et de dames ayant conduit la reine au siége qui lui était préparé se sont ensuite écartés à quelque distance d'elle; la reine est demeurée assise pour se reposer une demi-heure environ, sur un riche et magnifique trône, offrant toutes les grâces de sa personne aux libres regards du peuple. Oh! croyez-moi, c'est la plus belle femme qui soit jamais entrée dans le lit d'un homme! Lorsqu'elle a paru ainsi en plein aux regards du public, il s'est élevé un bruit tel que celui des cordages à la mer par une violente tempête, tout aussi fort, et composé d'autant de tons divers : les chapeaux, les manteaux, et, je crois, les habits aussi ont volé en l'air; et si leurs visages n'avaient pas tenu, ils les auraient aussi perdus aujourd'hui. Jamais je n'ai vu tant d'allégresse. Des femmes grosses, et qui n'en ont pas pour la moitié d'une semaine, comme les béliers dont les anciens se servaient à la guerre, frappaient la foule de leur ventre et faisaient tout chanceler devant elles; pas un homme n'eût pu dire : celle-ci est ma femme; tant on était étrangement agencé les uns avec les autres comme un seul morceau.

second bourgeois.—Mais, je vous prie, que s'est-il passé ensuite?

troisième bourgeois.—A la fin, Sa Grâce s'est levée, et d'un pas modeste elle s'est avancée vers l'autel; là elle s'est mise à genoux, et, comme une sainte, elle a levé ses beaux yeux vers le ciel, et a prié dévotement. Ensuite elle s'est relevée et a fait une inclination au peuple. C'est alors qu'elle a reçu de l'archevêque de Cantorbéry tous les signes qui consacrent une reine, comme l'huile sainte, la couronne d'Édouard le Confesseur, la baguette et l'oiseau de paix, et tous les autres attributs noblement déposés sur elle : les cérémonies achevées, le chœur, composé des plus célèbres musiciens du royaume, a chanté le *Te Deum*. Alors elle est sortie de l'église, et elle est revenue dans la même pompe à York-place, où se donne la fête.

PREMIER BOURGEOIS.—Vous ne devez plus nommer ce palais York-place, depuis la chute du cardinal il a perdu ce nom ; il appartient au roi, et s'appelle désormais White-Hall.

TROISIÈME BOURGEOIS.—Je le sais : mais le changement est si nouveau que l'ancien nom est encore tout frais dans ma mémoire.

SECOND BOURGEOIS.—Quels étaient les deux vénérables évêques qui marchaient à côté de la reine?

TROISIÈME BOURGEOIS. — Stokesly et Gardiner : celui-ci évêque de Winchester (siége où il a été tout récemment élevé, de secrétaire du roi qu'il était) : l'autre évêque de Londres.

SECOND BOURGEOIS.—Celui de Winchester ne passe pas pour être trop ami de l'archevêque, du vertueux Cranmer.

TROISIÈME BOURGEOIS.— Tout le monde sait cela : cependant la brouillerie n'est pas considérable : et si elle s'envenimait, Cranmer trouverait un ami qui ne l'abandonnerait pas au besoin.

SECOND BOURGEOIS.—Qui, s'il vous plaît?

TROISIÈME BOURGEOIS.—Thomas Cromwell. Un homme singulièrement estimé du roi, et vraiment un digne et fidèle ami. Le roi l'a fait grand maître des joyaux de la couronne, et il est déjà membre du conseil privé.

SECOND BOURGEOIS.—Son mérite le mènera plus loin encore.

TROISIÈME BOURGEOIS.—Oh! sûrement; cela n'est pas douteux.—Allons, messieurs, venez avec moi ; je vais au palais, et vous y serez mes hôtes. J'y ai quelque crédit ; et, chemin faisant, je vous raconterai d'autres détails.

PREMIER ET SECOND BOURGEOIS *ensemble*.—Nous sommes à vos ordres, monsieur.

(Ils sortent.)

SCÈNE II

A Kimbolton.

Entre CATHERINE *reine douairière, malade et soutenue par* GRIFFITH ET PATIENCE.

GRIFFITH.—Comment se trouve Sa Grâce?

CATHERINE.—O Griffith, malade à mort! Mes jambes, comme des branches surchargées, ploient vers la terre, pressées de déposer leur fardeau. Avancez un siége. — Comme cela. A présent, il me semble que je me sens un peu plus à mon aise.—Ne m'as-tu pas dit, Griffith, en me conduisant, que ce puissant fils de la fortune, le cardinal Wolsey, était mort?

GRIFFITH.—Oui, madame. Mais je crois que Votre Grâce souffre trop en ce moment pour m'écouter.

CATHERINE.—Je t'en prie, bon Griffith, raconte-moi comment il est mort. S'il a fait une bonne fin, il m'a heureusement précédée pour me servir d'exemple.

GRIFFITH.— Le bruit public est qu'il a fait une bonne fin, madame.—Car lorsque le grand comte de Northumberland l'eut arrêté à York, et voulut l'amener pour être interrogé comme un homme violemment prévenu, il tomba malade subitement, et son mal devint si violent qu'il ne pouvait rester assis sur sa mule.

CATHERINE.—Hélas, le pauvre homme!

GRIFFITH.—Enfin, à petites journées il arriva à Leicester, et logea dans l'abbaye, où le révérend père abbé avec tous ses religieux le reçut honorablement. Le cardinal lui adressa ces paroles : *O père abbé, un vieillard brisé par les orages de la cour vient déposer parmi vous ses membres fatigués : accordez-lui par charité un peu de terre.* Il se mit au lit, où sa maladie fit des progrès si violents que, la troisième nuit après son arrivée, vers huit heures, qu'il avait prédit lui-même devoir être sa dernière heure, plein de repentir, plongé dans de continuelles méditations, au milieu des larmes et des soupirs, il rendit au monde ses dignités, au ciel son âme bienheureuse, et s'endormit dans la paix.

CATHERINE. — Qu'il y repose doucement, et que ses fautes lui soient légères! — Cependant permets-moi, Griffith, de dire ce que j'en pense, et pourtant sans blesser la charité. — C'était un homme d'un orgueil sans bornes, toujours voulant marcher l'égal des princes; un homme qui, par son despotisme, a enchaîné tout le royaume. La simonie lui paraissait légitime, sa propre opinion était sa loi, il vous niait en face la vérité, et fut toujours double dans ses paroles comme dans ses desseins. Jamais il ne montrait de pitié que lorsqu'il méditait votre ruine; ses promesses étaient ce qu'il était alors, riches et puissantes; mais l'exécution était ce qu'il est aujourd'hui, néant. Il usait mal de son corps et donnait au clergé un mauvais exemple

GRIFFITH. — Ma noble dame, le mal que font les hommes vit sur l'airain; nous traçons leurs vertus sur l'onde. Votre Altesse me permettrait-elle de dire à mon tour le bien qu'il y avait en lui?

CATHERINE. — Oui, cher Griffith. Autrement je serais méchante.

GRIFFITH. — Ce cardinal, quoique issu d'une humble tige, fut cependant incontestablement formé pour parvenir aux grandes dignités. A peine sorti du berceau, c'était déjà un savant mûr et judicieux. Il était singulièrement éclairé, d'une éloquence persuasive. Hautain et dur pour ceux qui ne l'aimaient pas, mais doux comme l'été à ceux qui le recherchaient. Et s'il ne pouvait se rassasier d'acquérir des richesses (ce qui fut un péché), en revanche, madame, il était, à les répandre, d'une générosité de prince. Portez éternellement témoignage pour lui, vous deux, fils jumeaux de la science, qu'il a élevée en vous, Ipswich et Oxford, dont l'un est tombé avec lui ne voulant pas survivre au bienfaiteur à qui il devait sa naissance, et l'autre, quoique imparfait encore, est cependant déjà si célèbre, si excellent dans la science, et si rapide dans ses progrès continuels, que la chrétienté ne cessera d'en proclamer le mérite. — Sa ruine lui a amassé des trésors de bonheur, car ce n'est qu'alors qu'il s'est senti et connu lui-même, et qu'il a compris combien étaient heureux les petits ; et pour couronner sa vieillesse d'une gloire plus grande que celle que les hommes peuvent donner, il est mort dans la crainte de Dieu.

CATHERINE.—Après ma mort, je ne veux pas d'autre héraut, d'autre narrateur des actions de ma vie, pour garantir mon honneur de la calomnie, qu'un historien aussi honnête que Griffith. Celui que j'avais le plus haï vivant, tu as su, par ta religieuse candeur et par ta modération, me le faire honorer dans sa cendre. Que la paix soit avec lui!—Patience, tiens-toi près de moi.—Place-moi plus bas : je n'ai pas encore longtemps à te fatiguer.—Bon Griffith, dis aux musiciens de me jouer cet air mélancolique que j'ai nommé ma cloche funèbre, tandis qu'assise ici, je méditerai sur l'harmonie des célestes concerts, où je vais bientôt me rendre.

(On joue une musique lente et mélancolique.)

GRIFFITH.—Elle s'est endormie. Bonne fille, asseyons-nous et restons tranquilles, de crainte de la réveiller.—Doucement, chère Patience.

UNE VISION.

On voit entrer en procession l'un après l'autre, et d'un pas léger, six personnages vêtus de robes blanches, portant sur leur tête des guirlandes de lauriers, des masques d'or sur leurs visages, avec des branches de laurier ou de palmier dans les mains. D'abord ils s'approchent de la reine et la saluent, ensuite ils dansent. Et, dans certaines figures, les deux premiers tiennent une guirlande suspendue sur sa tête, pendant que les quatre autres lui font de respectueux saluts. Ensuite les deux premiers, qui tenaient la guirlande, la passent aux deux qui les suivent, et qui commencent la même cérémonie : enfin la guirlande passe aux deux derniers, qui répètent la chose. Et alors on voit la reine, comme dans une inspiration, donner dans son sommeil plusieurs signes de joie, et lever ses mains vers le ciel. Ensuite les esprits disparaissent en dansant et emportant la guirlande avec eux. La musique continue.

LA REINE, *en s'éveillant.*— Esprits de paix, où êtes-vous? Êtes-vous tous évanouis, et me délaissez-vous ici dans cette vie de misères?

GRIFFITH.—Madame, nous sommes ici.

CATHERINE.—Ce n'est pas vous que j'appelle. N'avez-vous vu entrer personne depuis que je me suis assoupie?

GRIFFITH.—Personne, madame.

CATHERINE.—Non? Quoi! vous n'avez pas vu, dans l'instant même, une troupe d'esprits célestes m'inviter à un banquet? Leurs faces, brillantes comme le soleil, jetaient sur moi mille rayons. Ils m'ont promis le bonheur éternel, et m'ont présenté des couronnes, que je ne me sens pas digne encore de porter, Griffith, mais je le deviendrai; oui, assurément.

GRIFFITH.—Je me réjouis beaucoup, madame, de voir votre imagination remplie de songes si agréables.

CATHERINE.—Dis à la musique de cesser : ses sons me deviennent fatigants et pénibles.

(La musique cesse.)

PATIENCE, *à Griffith*.—Remarquez-vous comme Sa Grâce a changé tout à coup; comme sa figure s'est allongée; comme elle est devenue pâle et froide comme la terre? Regardez ses yeux.

GRIFFITH.—Elle s'en va, ma fille : prions, prions.

PATIENCE.—Que le ciel l'assiste!

(Entre un messager.)

LE MESSAGER.—Sous le bon plaisir de Votre Grâce....

CATHERINE.—Vous êtes bien insolent. Ne méritons-nous pas plus de respect[1]?

GRIFFITH.—Vous êtes blâmable, sachant qu'elle ne veut rien perdre de son ancienne grandeur, de lui manquer d'égards à ce point. Allez vous mettre à genoux.

LE MESSAGER.—J'implore humblement le pardon de Votre Altesse; c'est l'empressement qui m'a fait manquer au respect.—Un gentilhomme, venant de la part du roi pour vous voir, est là qui attend.

CATHERINE.—Faites-le entrer, Griffith : mais, pour cet homme, que je ne le revoie jamais. *(Griffith sort avec le messager, et rentre avec Capucius.)* Si la faiblesse de ma vue ne me trompe pas, vous devez être l'ambassadeur

---

[1] Il avait négligé de mettre le genou en terre, selon l'usage, en abordant les rois et reines d'Angleterre.

de l'empereur, mon royal neveu, et votre nom est Capucius ?

CAPUCIUS.—Lui-même, madame, et votre serviteur.

CATHERINE.— Ah! seigneur, les temps et les titres sont étrangement changés pour moi, depuis que vous m'avez connue pour la première fois! Mais, je vous prie, que désirez-vous de moi?

CAPUCIUS.—Noble dame, d'abord de rendre mes devoirs à Votre Grâce; ensuite, le roi a désiré que je vinsse vous voir : il est sensiblement affligé de l'affaiblissement de votre santé; il me charge de vous porter ses royales assurances d'attachement, et vous prie instamment de ne pas vous laisser abattre.

CATHERINE.—O mon bon seigneur! ces consolations viennent trop tard; c'est comme la grâce après l'exécution. Ce doux remède, s'il m'eût été donné à temps, m'eût guérie; mais à présent je suis hors de la puissanc de toute consolation, si ce n'est celle des prières.—Comment se porte Sa Majesté?

CAPUCIUS.—Bien, madame.

CATHERINE.—Puisse-t-il continuer de même... et régner florissant, lorsque j'habiterai avec les vers, et que mon pauvre nom sera banni du royaume!—Patience, cette lettre que je vous avais chargée d'écrire est-elle envoyée?

PATIENCE.—Non, madame.

(Patience remet la lettre à Catherine.)

CATHERINE.—Monsieur, je vous prie humblement de remettre cette lettre au roi, mon seigneur.

CAPUCIUS.—Très-volontiers, madame.

CATHERINE.—J'y recommande à sa bonté l'image de nos chastes amours, sa jeune fille. Que la rosée du ciel tombe sur elle, abondante en bénédiction! Je le prie de lui donner une vertueuse éducation. Elle est jeune, et d'un caractère noble et modeste : j'espère qu'elle saura bien mériter; je lui demande de l'aimer un peu en considération de sa mère, qui l'a aimé, lui, le ciel sait avec quelle tendresse! Ensuite ma seconde et humble prière est que Sa Majesté prenne quelque pitié de mes femmes désolées, qui ont si longtemps et si fidèlement suivi mes fortunes diverses : il n'y en a pas une seule parmi elles, je puis le déclarer (et je ne voudrais pas mentir à cet instant), qui par sa vertu et par la beauté de son âme, par l'honneur et la décence de sa conduite, ne puisse prétendre à un bon et honnête mari, fût-ce un noble ; et sûrement ceux qui les auront pour épouses seront des maris heureux.—Ma dernière prière est pour mes domestiques.—Ils sont bien pauvres ; mais la pauvreté n'a pu les détacher de moi.—Qu'ils aient leurs gages exactement payés, et quelque chose de plus pour se souvenir de moi. S'il avait plu au ciel de m'accorder une plus longue vie et quelques moyens de les récompenser, nous ne nous serions pas séparés ainsi.—Mon bon seigneur, au nom de ce que vous aimez le mieux dans ce monde, et si vous désirez chrétiennement le repos des âmes trépassées, soyez l'ami de ces pauvres gens, et pressez le roi de me rendre cette dernière justice.

CAPUCIUS.—Par le ciel, je le ferai, ou puissé-je n'être plus considéré comme un homme !

CATHERINE.—Je vous remercie, honnête seigneur. Rappelez-moi en toute humilité à Sa Majesté ; dites-lui que ses longs déplaisirs vont s'éloigner de ce monde. Dites-lui que je l'ai béni à l'instant de ma mort, car je le ferai. —Mes yeux s'obscurcissent... Adieu, seigneur.— Griffith, adieu.—Non, pas à vous, Patience, vous ne devez pas me quitter encore.—Conduisez-moi à mon lit.— Appelez d'autres femmes.—Quand je serai morte, chère fille, ayez soin que je sois traitée avec honneur ; couvrez-moi de fleurs virginales, afin que l'univers sache que je fus une chaste épouse jusqu'à mon tombeau : qu'on m'y dépose après m'avoir embaumée. Quoique dépouillée du titre de reine, cependant qu'on m'enterre comme une reine et la fille d'un roi. Je n'en peux plus...

(Ils sortent tous conduisant Catherine.)

FIN DU QUATRIÈME ACTE.

ACTE CINQUIÈME

—

SCÈNE I

Une galerie du palais.

GARDINER, *évêque de Winchester, paraît précédé d'un* PAGE *qui porte un flambeau. Il est rencontré par* SIR THOMAS LOVEL.

GARDINER.—Il est une heure, page ; n'est-ce pas ?
LE PAGE.—Elle vient de sonner.
GARDINER.—Ces heures appartiennent à nos besoins et non à nos plaisirs. C'est le temps de réparer la nature par un repos rafraîchissant, et il n'est pas fait pour qu'on le perde à des inutilités.—Ah ! bonne nuit, sir Thomas. Où allez-vous si tard ?
LOVEL.—Venez-vous de chez le roi, milord ?
GARDINER.—Oui, sir Thomas, et je l'ai laissé jouant à la prime avec le duc de Suffolk.
LOVEL.—Il faut que je me rende aussi auprès de lui, avant son coucher. Je prends congé de vous.
GARDINER.—Pas encore, sir Thomas Lovel. De quoi s'agit-il ? Vous paraissez bien pressé ? S'il n'y a rien là qui vous déplaise trop fort, dites à votre ami un mot de l'affaire qui vous tient éveillé si tard. Les affaires qui se promènent la nuit (comme on dit que font les esprits) ont quelque chose de plus inquiétant que celles qui se dépêchent à la clarté du jour.
LOVEL.—Milord, je vous aime et j'ose confier à votre oreille un secret beaucoup plus important que l'affaire qui m'occupe en ce moment. La reine est en travail, et,

à ce que l'on dit, dans un extrême danger : on craint qu'elle ne meure en accouchant.

GARDINER.—Je fais des vœux sincères pour le fruit qu'elle va mettre au monde : puisse-t-il vivre et avoir d'heureux jours ! mais pour l'arbre, sir Thomas, je voudrais qu'il fût déjà mangé des vers.

LOVEL.—Je crois que je pourrais bien vous répondre *amen*. Et cependant ma conscience me dit que c'est une bonne créature, et qu'une jolie femme mérite de nous des vœux plus favorables.

GARDINER.—Ah ! monsieur, monsieur !..—Écoutez-moi, sir Thomas. Vous êtes dans nos principes ; je vous connais pour un homme sage et religieux : permettez-moi de vous dire que jamais cela n'ira bien.... Cela n'ira jamais bien, sir Thomas Lovel, retenez cela de moi, que Cranmer, Cromwell, les deux bras de cette femme, et elle, ne soient endormis dans leurs tombeaux.

LOVEL.—Savez-vous que vous parlez là des deux plus éminents personnages du royaume ? Car Cromwell, outre la charge de grand maître des joyaux de la couronne, vient d'être fait garde des rôles de la chancellerie et secrétaire du roi, il est sur le chemin, et dans l'attente encore de plus grandes dignités que le temps accumulera sur sa tête. L'archevêque est la main et l'organe du roi. Qui osera proférer une syllabe contre lui ?

GARDINER.—Oui, oui, sir Thomas, il s'en trouvera qui l'oseront ; et moi-même, je me suis hasardé à déclarer ce que je pense de lui ; aujourd'hui même, je puis vous le dire, je crois être parvenu à échauffer les lords du conseil. Je sais, et ils le savent aussi, que c'est un archi-hérétique, une peste qui infecte le pays, et ils se sont déterminés à en parler au roi, qui a si bien prêté l'oreille à notre plainte que, daignant prendre en considération dans sa royale prévoyance, les affreux périls que nous avons mis devant ses yeux, il a donné ordre qu'il fût cité demain matin devant le conseil assemblé. C'est une plante venimeuse, sir Thomas, et il faut que nous la déracinions. Mais je vous retiens trop longtemps loin de vos affaires. Bonne nuit, sir Thomas.

LOVEL.—Mille bonnes nuits, milord! Je reste votre serviteur.

(Sortent Gardiner et son page.)
(Lovel va pour sortir, le roi entre avec le duc de Suffolk.)

LE ROI HENRI.—Charles, je ne joue plus cette nuit : mon esprit n'est point au jeu, vous êtes trop fort pour moi.

SUFFOLK.—Sire, jamais je ne vous ai gagné avant ce soir.

LE ROI HENRI.—Ou fort peu, Charles, et vous ne me gagnerez pas quand mon attention sera à mon jeu.—Eh bien, Lovel, quelles nouvelles de la reine?

LOVEL.—Je n'ai pu lui remettre moi-même le message dont vous m'avez chargé : mais je me suis acquitté de votre message par une de ses femmes, qui m'a rapporté les remercîments de la reine, dans les termes les plus humbles ; elle demande ardemment à Votre Majesté de prier pour elle.

LE ROI HENRI.—Que dis-tu ? Ah! de prier pour elle? Quoi, est-elle dans les douleurs?

LOVEL.—Sa dame d'honneur me l'a dit, et m'a ajouté qu'elle souffrait tellement, que chaque douleur était presque une mort.

LE ROI HENRI.—Hélas, chère femme!

SUFFOLK.—Que Dieu la délivre heureusement de son fardeau et par un travail facile, pour gratifier Votre Majesté du présent d'un héritier !

LE ROI HENRI.—Il est minuit : Charles, va chercher ton lit, je te prie ; et dans tes prières souviens-toi de l'état de la pauvre reine. Laisse-moi seul, car cette pensée qui va m'occuper n'aimerait pas la compagnie.

SUFFOLK.—Je souhaite à Votre Majesté une bonne nuit, et je n'oublierai pas ma bonne maîtresse dans mes prières.

LE ROI HENRI.—Bonne nuit, Charles. (*Suffolk sort. Entre sir Antoine Denny.*) Eh bien, que voulez-vous?

DENNY.—Sire, j'ai amené milord archevêque, comme vous me l'avez commandé.

ACTE V, SCÈNE I.

LE ROI HENRI.—Ah! de Cantorbéry?

DENNY.—Oui, mon bon seigneur.

LE ROI HENRI.—Cela est vrai.—Où est-il, Denny?

DENNY.—Il attend les ordres de Votre Majesté.

LE ROI HENRI.—Va : qu'il vienne.

(Denny sort.)

LOVEL, *à part*.—Il s'agit sûrement de l'affaire dont l'évêque m'a parlé : je suis venu ici fort à propos.

(Rentre Denny avec Cranmer.)

LE ROI HENRI.—Videz la galerie. (*A Lovel qui a l'air de vouloir rester.*) Eh bien, ne vous l'ai-je pas dit? Allons, sortez : qu'est-ce donc?

(Lovel et Denny sortent.)

CRANMER.—Je suis dans la crainte.—Pourquoi ces regards sombres? Il a son air terrible.—Tout ne va pas bien.

LE ROI HENRI.—Eh bien, milord, vous êtes curieux de savoir pourquoi je vous ai envoyé chercher?

CRANMER.—C'est mon devoir d'être aux ordres de Votre Majesté.

LE ROI HENRI.—Je vous prie, levez-vous, mon cher et honnête lord de Cantorbéry. Venez, il faut que nous fassions un tour ensemble : j'ai des nouvelles à vous apprendre. Allons, venez : donnez-moi votre main.—Ah! mon cher lord, j'ai de la douleur de ce que j'ai à vous dire, et je suis sincèrement affecté d'avoir à vous faire connaître ce qui va s'ensuivre. J'ai dernièrement, et bien malgré moi, entendu beaucoup de plaintes graves; oui, milord, des plaintes très graves contre vous : après examen, elles nous ont déterminé, nous et notre conseil, à vous faire comparaître ce matin devant nous. Et je sais que vous ne pouvez vous disculper assez complétement, pour que, durant la procédure à laquelle donneront lieu ces charges sur lesquelles vous serez interrogé, vous ne soyez pas obligé, appelant la patience à votre aide, de faire votre demeure à la Tour. Vous ayant pour confrère dans notre conseil, il convient que nous procédions ainsi, autrement nul témoin n'oserait se produire contre vous.

CRANMER.—Je remercie humblement Votre Majesté, et

je saisirai, avec une véritable joie, cette occasion favorable d'être vanné à fond, en telle sorte que le son et le grain se séparent entièrement; car je sais que personne autant que moi, pauvre homme, n'est en butte aux discours de la calomnie.

LE ROI HENRI.—Lève-toi, bon Cantorbéry. Ta fidélité, ton intégrité, ont jeté des racines en nous, en ton ami.—Donne-moi ta main : lève-toi.—Je te prie, continuons de marcher.—Mais, par Notre-Dame, quelle espèce d'homme êtes-vous donc? Je m'attendais, milord, que vous me demanderiez de prendre la peine de confronter moi-même vos accusateurs et vous, et de vous laisser vous défendre sans aller en prison.

CRANMER.—Redouté seigneur, l'appui sur lequel je me fonde, c'est ma loyauté et ma probité. Si elles viennent à me manquer avec mes ennemis, je me réjouirai de ma chute, ne m'estimant plus moi-même dès que je ne posséderais plus ces vertus.—Je ne redoute rien de ce qu'on peut avancer contre moi.

LE ROI HENRI. —Ne savez-vous donc pas quelle est votre position dans le monde et avec tout le monde? Vos ennemis sont nombreux, et ce ne sont pas de petits personnages; leurs trames secrètes doivent être en proportion de leur force et de leur pouvoir; et la justice, la bonté d'une cause, n'emportent pas toujours un arrêt tel qu'on le leur doit. Ne savez-vous pas avec quelle facilité des âmes corrompues peuvent se procurer des misérables corrompus comme elles pour prêter serment contre vous? Ces exemples se sont vus. Vous avez à lutter contre des adversaires puissants et contre des haines aussi puissantes. Vous imaginez-vous avoir meilleure fortune contre des témoins parjures, que ne l'eut votre Maître, dont vous êtes le ministre, lorsqu'il vivait ici-bas sur cette terre criminelle? Allez, allez; vous prenez un précipice affreux pour un fossé qu'on peut franchir sans danger, et vous courez au-devant de votre ruine.

CRANMER.—Que Dieu et Votre Majesté protégent donc mon innocence, ou je tomberai dans le piége dressé sous mes pas!

LE ROI HENRI.—Soyez tranquille : ils ne peuvent l'emporter sur vous qu'autant que je le leur permettrai. Prenez donc courage et songez à comparaître ce matin devant eux. S'il arrive que leurs accusations soient de nature à vous faire conduire en prison, ne manquez pas de vous en défendre par les meilleures raisons possibles, et avec toute la chaleur que pourra vous inspirer la circonstance. Si vos représentations sont inutiles, donnez-leur cet anneau, et alors, formez devant eux appel à nous. Voyez, il pleure cet excellent homme! il est honnête, sur mon honneur. Sainte mère de Dieu! je jure qu'il a un cœur fidèle, et qu'il n'y a pas une plus belle âme dans tout mon royaume.—Allez, et faites ce que je vous ai recommandé. (*Sort Cranmer.*) Ses larmes ont étouffé sa voix.

(Entre une vieille dame.)

UN DES GENTILSHOMMES, *derrière le théâtre*.—Revenez sur vos pas. Que voulez-vous!

LA VIEILLE DAME.—Je ne retourne point sur mes pas. La nouvelle que j'apporte rend ma hardiesse convenable. Que les bons anges volent sur la tête royale, et ombragent ta personne de leurs saintes ailes!

LE ROI HENRI.—Je lis déjà dans tes yeux le message que tu viens m'apporter. La reine est-elle délivrée? Dis oui; et d'un garçon.

LA VIEILLE DAME.—Oui, oui, mon souverain, et d'un charmant garçon. Que le Dieu du ciel la bénisse à présent et toujours! c'est une fille qui promet des garçons pour la suite. Sire, la reine désire votre visite, et que vous veniez faire connaissance avec cette étrangère : elle vous ressemble, comme une cerise à une cerise.

LE ROI HENRI.—Lovel!

(Entre Lovel.)

LOVEL.—Sire?

LE ROI HENRI.—Donnez-lui cent marcs. Je vais aller voir la reine.

(Sort le roi.)

LA VIEILLE DAME.—Cent marcs! Par cette lumière, j'en veux davantage! Ce cadeau est bon pour un valet; j'en aurai davantage, ou je lui en ferai la honte. Est-ce là payer le compliment que je lui ai fait, que sa fille lui ressemblait? J'en aurai davantage, ou je dirai le contraire : et tout à l'heure, tandis que le fer est chaud, je veux en avoir raison.

(Ils sortent.)

SCÈNE II

Un vestibule précédant la salle du conseil.

UN HUISSIER DE SERVICE, DES VALETS;
entre CRANMER.

CRANMER.—J'espère que je ne suis pas en retard, et cependant le gentilhomme qui m'a été envoyé de la part du conseil m'a prié de faire la plus grande diligence.—Tout fermé! Que veut dire ceci?—Holà! qui est ici de garde? Sûrement, je suis connu de vous?

L'HUISSIER.—Oui, milord; et cependant je ne peux vous laisser entrer.

CRANMER.—Pourquoi?

L'HUISSIER.—Il faut que Votre Grâce attende qu'on l'appelle.

(Entre le docteur Butts, médecin du roi.)

CRANMER, *à l'huissier.*—Soit.

BUTTS.—C'est un méchant tour qu'on veut lui faire! Je suis bien aise d'avoir passé si à propos : le roi en sera instruit à l'heure même.

(Sort Butts.)

CRANMER, *à part.*—C'est Butts, le médecin du roi! avec quel sérieux il attachait ses regards sur moi en passant! Dieu veuille que ce ne fût pas pour sonder toute la profondeur de ma disgrâce!—Ceci a été arrangé à dessein, par quelques-uns de mes ennemis, pour me faire outrage. Dieu veuille changer leurs cœurs! je n'ai jamais en rien mérité leur haine. S'il en était autrement, ils devraient rougir de me faire ainsi attendre à la porte; un de leurs collègues au conseil, parmi les pages, les valets et la livrée! Mais il faut se soumettre à leur volonté, et j'attendrai avec patience.

(Le roi et Butts paraissent à une fenêtre.)

BUTTS. — Je vais montrer à Votre Majesté une des plus étranges choses...

LE ROI HENRI. — Qu'est-ce que c'est, Butts?

BUTTS. — J'imagine que Votre Majesté a vu cela fort souvent?

LE ROI HENRI. — Par ma tête, dites-moi donc de quel côté?

BUTTS. — Là-bas, mon prince : voyez le haut rang où l'on vient de faire monter Sa Grâce de Cantorbéry, qui tient sa cour à la porte, parmi les suivants, les pages et les valets de pied.

LE ROI HENRI. — Ah! c'est lui, en vérité. Quoi? est-ce là l'honneur qu'ils se rendent les uns aux autres? Fort bien. Il y a heureusement quelqu'un au-dessus d'eux tous. — Je croyais qu'il y aurait eu entre eux assez d'honnêteté réciproque, de politesse au moins, pour ne pas souffrir qu'un homme de son rang, et si avant dans nos bonnes grâces, demeurât à faire le pied de grue en attendant le bon plaisir de leurs seigneuries, et à la porte encore comme un messager chargé de paquets. Par sainte Marie! Butts, il y a ici de la méchanceté. — Laissons-les et fermons le rideau ; nous en entendrons davantage dans un moment.

(Entrent le lord chancelier, le duc de Suffolk, le comte de Surrey, le lord chambellan, Gardiner et Cromwell. Le chancelier se place au haut bout de la table du conseil, à la gauche : reste un siége vide au-dessus de lui, comme pour être occupé par l'archevêque de Cantorbéry. Les autres se placent en ordre de chaque côté. Cromwell se met au bas bout de la table, en qualité de secrétaire.)

LE CHANCELIER. — Maître greffier, appelez l'affaire qui tient le conseil assemblé.

CROMWELL. — Sous le bon plaisir de vos seigneuries, la principale cause est celle qui concerne Sa Grâce l'archevêque de Cantorbéry.

GARDINER. — En a-t-il été informé?

CROMWELL. — Oui.

NORFOLK.—Qui est présent?

L'HUISSIER.—Là dehors, mes nobles lords?

GARDINER.—Oui.

L'HUISSIER.—Milord archevêque; il y a une demi-heure qu'il attend vos ordres.

LE CHANCELIER.—Faites-le entrer.

L'HUISSIER, *à l'archevêque.*—Votre Grâce peut entrer à présent.

(Cranmer entre et s'approche de la table du conseil.)

LE CHANCELIER.—Mon bon lord archevêque, je suis sincèrement affligé de siéger ici dans ce conseil, et de voir ce siége vacant. Mais nous sommes tous des hommes, fragiles de notre nature ; et par le seul fait de la chair, il y en a bien peu qui soient des anges. C'est par une suite de cette fragilité et d'un défaut de sagesse que vous, qui étiez l'homme fait pour nous donner des leçons, vous vous êtes égaré vous-même dans votre conduite, et assez grièvement, d'abord contre le roi, ensuite contre ses lois, en remplissant tout le royaume, et par vos enseignements et par ceux de vos chapelains (car nous en sommes informés), d'opinions nouvelles, hétérodoxes et dangereuses qui sont des hérésies, et qui, si elles ne sont pas réformées, pourraient devenir pernicieuses.

GARDINER.—Et cette réforme doit être prompte, mes nobles lords ; car ceux qui façonnent un cheval fougueux ne prétendent pas l'adoucir et le dresser en le menant à la main ; mais ils entravent sa bouche d'un mors inflexible, et le châtient de l'éperon jusqu'à ce qu'il obéisse au manége. Si nous souffrons par notre mollesse et par une puérile pitié, pour l'honneur d'un seul homme, que ce mal contagieux s'établisse, adieu tous les remèdes ; et quelles en seront les conséquences? des secousses, des bouleversements, et l'infection générale du royaume, comme dernièrement nos voisins de la haute Allemagne nous en ont donné à leurs dépens un exemple dont le déplorable souvenir est encore tout frais dans notre mémoire.

CRANMER.—Mes bons lords, jusqu'ici pendant tout le

cours de ma vie et de mes fonctions, j'ai travaillé, et non sans une grande application, à diriger mes enseignements et la marche ferme de mon autorité, dans une route sûre et uniforme dont le but a toujours été d'aller au bien ; et il n'y a pas un homme au monde (je le dis avec un cœur sincère, milords) qui abhorre plus que moi et qui, soit dans l'intérieur de sa conscience, soit dans l'administration de sa place, repousse plus que je ne le fais, les perturbateurs de la paix publique. Je prie le Ciel que le roi ne rencontre jamais un cœur moins rempli de fidélité. Les hommes qui se nourrissent d'envie et d'une perfide malice, osent mordre les meilleurs. Je demande instamment à Vos Seigneuries que, dans cette cause, mes accusateurs, quels qu'ils soient, me soient opposés face à face, et qu'ils articulent librement leurs accusations contre moi.

SUFFOLK.—Eh ! milord, cela ne se peut pas. Vous êtes membre du conseil ; repoussé par cette dignité, nul homme n'oserait se porter votre accusateur.

GARDINER.—Milord, comme nous avons des affaires plus importantes, nous abrégerons avec vous. L'intention de Sa Majesté et notre avis unanime est que, pour mieux approfondir votre procès, on vous fasse conduire de ce pas à la Tour. Là, redevenant homme privé, vous verrez plusieurs personnes vous accuser sans crainte, de plus de choses, j'en ai peur, que vous n'êtes en état d'en repousser.

CRANMER.—Ah ! mon bon lord de Winchester, je vous rends grâces ; vous fûtes toujours un excellent ami. Si votre avis passe, je trouverai en vous un juge et un témoin, tant vous êtes miséricordieux. Je vois votre but ; c'est ma perte. La charité, la douceur, milord, sied mieux à un homme d'église que l'ambition. Cherchez à ramener par la modération les âmes égarées, n'en rebutez aucune.— Faites peser sur ma patience tout ce que vous pourrez ; je me justifierai, j'en fais aussi peu de doute que vous vous faites peu de conscience de commettre chaque jour l'injustice. Je pourrais en dire davantage, mais le respect que je porte à votre état m'oblige à me modérer.

GARDINER.—Milord, milord, vous êtes un sectaire : voilà la pure vérité. Le fard brillant dont vous vous colorez ne laisse apercevoir à ceux qui savent vous démêler que des mots et de la faiblesse.

CROMWELL.—Milord de Winchester, permettez-moi de vous le dire, vous êtes un peu trop dur : des hommes d'un si noble caractère, fussent-ils tombés en faute, devraient trouver du respect pour ce qu'ils ont été. C'est une cruauté que de surcharger un homme qui tombe.

GARDINER.—Cher maître greffier, j'en demande pardon à votre honneur; vous êtes, de tous ceux qui s'asseyent à cette table, celui à qui il est le moins permis de parler ainsi.

CROMWELL.—Pourquoi, milord?

GARDINER.—Ne vous connais-je pas pour un fauteur de cette nouvelle secte? Vous n'êtes pas pur.

CROMWELL.—Pas pur?

GARDINER.—Non, vous n'êtes pas pur, vous dis-je.

CROMWELL.—Plût à Dieu que vous fussiez la moitié aussi honnête! vous verriez s'élever autour de vous les prières des hommes et non leurs craintes.

GARDINER.—Je me souviendrai de l'audace de ce propos.

CROMWELL.—Comme il vous plaira. Souvenez-vous aussi de l'audace de votre conduite.

LE CHANCELIER.—C'en est trop. Contenez-vous, milords : n'avez-vous pas de honte?

GARDINER.—J'ai fini.

CROMWELL.—Et moi aussi.

LE CHANCELIER.—Quant à vous, milord, il est arrêté, à ce qu'il me paraît, par toutes les voix, que vous serez sur-le-champ conduit prisonnier à la Tour, pour y rester jusqu'à ce qu'on vous fasse connaître le bon plaisir du roi.—N'êtes-vous pas tous de cet avis, milords?

TOUS.—C'est notre avis.

CRANMER.—N'y a-t-il donc point d'autre moyen d'obtenir miséricorde que d'être conduit à la Tour, milords?

GARDINER.—Quelle autre voudriez-vous attendre? Vous

êtes étrangement fatigant. Qu'on fasse venir ici un homme de la garde.

(Entre un garde.)

CRANMER.—Pour moi! Faut-il donc que j'y sois conduit comme un traître?

GARDINER, *au garde*.—On vous le consigne pour le conduire sûrement à la Tour.

CRANMER.—Arrêtez, mes bons lords : j'ai encore un mot à vous dire. Jetez les yeux ici, milords. Par la vertu de cet anneau, j'arrache ma cause des serres d'hommes cruels, et je la remets dans les mains d'un beaucoup plus noble juge, dans celles du roi mon maître.

LE CHANCELIER.—C'est l'anneau du roi!

SURREY.—Ce n'est pas un anneau contrefait?

SUFFOLK.—C'est vraiment l'anneau royal, par le ciel! Je vous l'ai dit à tous, lorsque nous avons mis en mouvement cette dangereuse pierre, qu'elle retomberait sur nos têtes.

NORFOLK.—Croyez-vous, milords, que le roi souffre qu'on blesse seulement le petit doigt de cet homme?

LE CHANCELIER.—C'est maintenant trop certain; et combien sa vie ne lui est-elle pas précieuse! Je voudrais bien être tiré de ce pas.

CROMWELL.—En cherchant à recueillir les propos et les informations contre cet homme dont la probité ne peut avoir d'ennemis que le diable et ses disciples, le cœur me disait que vous allumiez le feu qui brûle ; maintenant songez à vous.

(Entre le roi qui lance sur eux un regard irrité; il prend sa place.)

GARDINER.—Redouté souverain, combien nous devons tous les jours rendre de grâces au Ciel qui nous a donné un prince non-seulement si bon et si sage, mais encore si religieux; un roi qui, en toute obéissance, fait de l'Église le soin principal de sa gloire, et qui, pour fortifier ce pieux devoir, vient, par un tendre respect, assister de sa personne royale au jugement de la cause qui s'agite entre elle et ce grand coupable!

LE ROI HENRI.—Évêque de Winchester, vous fûtes toujours excellent pour les compliments improvisés; mais sachez que je ne viens point ici aujourd'hui pour m'entendre adresser ces flatteries en face : elles sont trop basses et trop transparentes pour cacher les actions qui m'offensent. Ne pouvant atteindre jusqu'à moi, vous faites le chien couchant, et vous espérez me gagner par des mouvements de langue; mais de quelque façon que vous vous y preniez avec moi, je suis certain d'une chose, c'est que vous êtes d'un naturel cruel et sanguinaire.—(*A Cranmer.*) Homme de bien, asseyez-vous à votre place. A présent, voyons si le plus fier d'entre eux, le plus hardi, remuera seulement contre vous le bout du doigt: Par tout ce qu'il y a de plus sacré, il vaudrait mieux pour lui mourir de misère, que d'avoir seulement un instant la pensée que cette place ne soit pas faite pour vous.

SURREY.—S'il plaisait à Votre Majesté...

LE ROI HENRI.—Non, monsieur, il ne me plaît pas.... J'avais cru que je possédais dans mon conseil des hommes de quelque sagesse et de quelque jugement; mais je n'en trouve pas un. Était-il sage et décent, lords, de laisser cet homme, cet homme de bien (il en est peu parmi vous qui méritent ce titre), cet homme d'honneur, attendre comme un gredin de valet à la porte de la chambre, lui votre égal? Eh quoi! quelle honte est-ce là? Ma commission vous ordonnait-elle de vous oublier jusqu'à cet excès? Je vous ai donné pouvoir de procéder envers lui comme envers un membre du conseil, et non pas comme envers un valet de pied. Il est quelques hommes parmi vous, je le vois, qui, bien plus animés par la haine que par un sentiment d'intégrité, ne demanderaient pas mieux que de le juger à la dernière rigueur s'ils en avaient la faculté, que vous n'aurez jamais tant que je respirerai.

LE CHANCELIER.—Votre Grâce veut-elle bien permettre, mon très-redouté souverain, que ma voix vous présente notre excuse à tous. Si l'on avait proposé son emprisonnement, c'était (s'il est quelque bonne foi dans le cœur des hommes), c'était beaucoup plutôt pour sa justification et pour faire éclater publiquement son innocence, que par aucun dessein de lui nuire : j'en réponds du moins pour moi.

LE ROI HENRI. — Bien, bien. — Allons, milords, respectez-le. Recevez-le parmi vous, pensez bien de lui, soyez bien pour lui, il en est digne. J'irai même jusqu'à dire sur son compte que si un roi peut être redevable à son sujet, je le suis, moi, envers lui pour son attachement et ses services. Ne venez plus me tourmenter, mais embrassez-le tous : soyez amis; ou ce serait une honte, milords. — Milord de Cantorbéry, j'ai à vous présenter une requête que vous ne devez pas rejeter : il y a ici une belle jeune fille qui n'a pas encore reçu le baptême ; il faut que vous soyez son père spirituel, et que vous répondiez pour elle.

CRANMER. — Le plus grand monarque aujourd'hui existant se glorifierait de cet honneur : comment puis-je le mériter, moi, qui ne suis qu'un de vos obscurs et humbles sujets ?

LE ROI HENRI. — Allons, allons, milord, je vois que vous voudriez bien vous épargner les cuillers [1]. Vous aurez avec vous deux nobles compagnes, la vieille duchesse de Norfolk et la marquise de Dorset : vous plaisent-elles pour commères ? — Encore une fois, milord de Winchester, je vous enjoins d'embrasser et d'aimer cet homme.

GARDINER. — Du cœur le plus sincère, et avec l'amour d'un frère.

CRANMER. — Que le Ciel me soit témoin combien cette assurance de votre part m'est chère !

LE ROI HENRI. — Homme vertueux, ces larmes de joie montrent l'honnêteté de ton cœur. Je vois la confirmation de ce que dit de toi la commune voix : « *Faites un mauvais tour à milord de Cantorbéry et il sera votre ami pour toujours.* » Allons, milords, nous gaspillons ici le

---

[1] L'usage était de faire présent à l'enfant qu'on tenait sur les fonts de baptême de cuillers dorées, qu'on appelait *les cuillers des apôtres*. Les gens magnifiques en donnaient douze sur chacune desquelles était la figure d'un apôtre. De moins généreux se réduisaient aux quatre évangélistes. Quand on n'en donnait qu'une, elle était consacrée au patron de l'enfant.

temps : il me tarde de voir cette petite faite chrétienne. Restez unis, lords, comme je viens de vous unir : ma puissance en sera plus forte, et vous en serez plus honorés.

(Tous sortent.)

SCÈNE III

La cour du palais.

Bruit et tumulte derrière le théâtre.

Entre LE PORTIER *avec son* VALET.

LE PORTIER.—Je vais bien vous faire cesser ce vacarme tout à l'heure, canaille. Prenez-vous la cour du palais pour Paris-Garden[1] ? Allez, malotrus, allez brailler ailleurs.

UNE VOIX, *derrière le théâtre.*—Mon bon monsieur le portier, j'appartiens à la charcuterie.

LE PORTIER.—Appartiens à la potence, et va te faire pendre, coquin. Est-ce ici une place pour beugler ainsi? Apportez-moi une douzaine de bâtons de pommier sauvage, et des plus forts : ceux-ci ne sont pour eux que des badines.—Je vous étrillerai la tête. Ah ! vous voulez voir des baptêmes? croyez-vous trouver ici de la bière et des gâteaux, brutaux que vous êtes?

LE VALET.—Je vous prie, monsieur, prenez patience. Il est aussi impossible, à moins de balayer la porte avec du canon, de les renvoyer, que de les faire dormir le matin du premier jour de mai, ce qu'on ne verra jamais. Autant vaudrait entreprendre de reculer Saint-Paul que de les faire bouger.

LE PORTIER.—Puisses-tu être pendu! Comment sont-ils entrés?

LE VALET.—Hélas ! je n'en sais rien. Comment le flot de la marée entre-t-il? Autant qu'un robuste gourdin de quatre pieds (vous voyez ce qui m'en reste) a pu distri-

---

[1] *Paris-Garden* était le nom de l'arène aux ours.

buer de coups, je n'ai pas été à l'épargne, je vous jure.

LE PORTIER.—Vous n'avez rien fait.

LE VALET.—Je ne suis pas Samson, ni sir Guy [1], ni Colbrand, pour les faucher devant moi. Mais si j'en ai ménagé aucun qui eût une tête à frapper, jeune ou vieux, mâle ou femelle, cocu ou faiseur de cocus, que je ne goûte jamais de bœuf! Et je ne voudrais pas manger de la vache, Dieu l'ait en sa garde!

UNE VOIX *derrière le théâtre.*—Entendez-vous, monsieur le portier?

LE PORTIER.—Je vais être à toi tout à l'heure, monsieur le sot.—(*Au valet.*) Tiens la porte fermée, coquin.

LE VALET.—Comment voulez-vous que je fasse?

LE PORTIER.—Ce que je veux que vous fassiez? Que vous les renversiez par douzaine à grands coups de bâton. Est-ce ici la plaine de Morefields, pour y venir passer en revue? ou avons-nous quelque sauvage indien, fait d'une singulière façon [2], et récemment arrivé à la cour, pour que les femmes nous assiègent ainsi? Bon Dieu! que de germes de fornication à cette porte! Sur ma conscience chrétienne, ce seul baptême en engendrera mille; et l'on trouvera ici le père et le parrain, et le tout ensemble.

LE VALET.—Il y en aura que plus de cuillers, mon maître.—Il y a là, assez près de la porte, un quidam qui, à sa face, doit être un brûlot [3]; car, sur ma conscience, vingt des jours de la canicule brûlent sur son nez : tous ceux qui sont autour de lui sont placés sous la ligne; ils n'ont pas besoin d'autre punition. Je vous ai attrapé trois fois ce dragon flamboyant sur la tête, et trois fois son nez a fait une décharge contre moi : il se tient là comme un mortier, pour nous bombarder. Il avait près de lui la femme d'un revendeur de menues friperies,

---

[1] *Sir Guy de Warwick,* chevalier célèbre dans les anciennes romances, par qu.. fut tué, à Winchester, le géant danois Colbrand.

[2] *With the great tool.*

[3] *A brazier. Brazier* veut dire un brasier, et un homme qui travaille. Il a fallu, pour donner quelque sens à la plaisanterie, s'écarter un peu du sens littéral du mot.

qui criait contre moi jusqu'à ce qu'enfin son écuelle piquée ¹ a sauté de sa tête, en punition de ce qu'elle allumait une telle combustion dans l'état. J'avais manqué une fois le météore, et attrapé cette femme, qui s'est mise à crier : *A moi, gourdins!* Tout aussitôt j'ai vu de loin venir à son secours, le bâton au poing, quarante drôles, l'espérance du Strand, où elle loge : ils sont venus pour fondre sur moi ; j'ai tenu bon et défendu mon terrain : ensuite ils en sont venus, avec moi, aux coups de manche à balai ; je les ai encore défiés : lorsque tout à coup une file de jeunes garçons retranchés derrière eux, déterminés garnements, m'ont administré une telle grêle de cailloux, que j'ai été fort content de retirer mon honneur en dedans, et de leur laisser emporter l'ouvrage. Je crois, ma foi, que le diable était de leur bande.

LE PORTIER.—Ce sont tous ces jeunes vauriens qui tonnent au spectacle, où ils se battent à coups de pommes mordues, et que nul autre auditoire ne peut endurer que la tribulation de *Tower-hill,* ou les habitants de *Lime-House* ², leurs chers confrères. J'en ai envoyé quelques-uns *in limbo patrum;* c'est là qu'ils pourront bien chômer ces trois jours de fête, outre le petit régal du fouet qui viendra après.

(Entre le lord chambellan.)

LE CHAMBELLAN.—Merci de moi, quelle multitude ici ! Elle grossit à chaque instant ; ils accourent de tous côtés, comme si nous tenions une foire. Où sont donc ces portiers ? ces fainéants coquins !—(*Aux portiers.*) Vous avez fait là un beau tour ! Voilà une brillante assemblée !— Sont-ce là tous vos fidèles amis des faubourgs ? Il nous restera beaucoup de place, vraiment, pour les da-

---

¹ Bonnet piqué, ayant apparemment la forme d'une écuelle.

² On croit que la *tribulation* de *Tower-Hill* était le nom d'une assemblée de puritains. Quant à *Lime-House,* c'est le quartier qu'habitaient les fournisseurs des différents objets nécessaires pour l'équipement des vaisseaux ; comme ils employaient des ouvriers de différents pays, et de religions diverses, dans les temps de querelles religieuses, ce quartier était renommé pour la turbulence de ses habitants.

mes, lorsqu'elles vont passer en revenant du baptême !

LE PORTIER.—Avec la permission de Votre Honneur, nous ne sommes que des hommes ; et tout ce que peuvent faire, sans être mis en pièces, des hommes en si petit nombre que nous le sommes, nous l'avons fait. Une armée entière ne les contiendrait pas.

LE CHAMBELLAN.—Sur ma vie, si le roi m'en fait reproche, je vous chasse tous sur l'heure, et je vous impose de plus une bonne amende pour votre négligence. Vous êtes des coquins de paresseux qui demeurez occupés aux bouteilles, tandis que vous devriez être à votre service. —Écoutez ; les trompettes sonnent. Les voilà déjà de retour de la cérémonie.—Allons, fendez-moi la presse, et forcez un passage pour laisser défiler librement le cortége ; ou je vous trouverai une prison pour vous y divertir une couple de mois.

LE PORTIER.—Faites place pour la princesse.

LE VALET.—Vous, grand vaurien, serrez-vous, ou je vous caresserai la tête.

LE PORTIER.—Vous, l'habit de camelot, à bas des barrières, ou je vous empalerai sur les pieux.

(Ils sortent.)

SCÈNE IV

Le palais.

Entrent des trompettes, sonnant de leurs instruments ; suivent deux aldermen, le LORD MAIRE, GARTER, CRANMER, LE DUC DE NORFOLK, *avec son bâton de maréchal, deux nobles qui portent deux grandes coupes à pied, pour les présents du baptême. Ensuite quatre nobles soutenant un dais sous lequel est la* DUCHESSE DE NORFOLK, *marraine, tenant l'enfant richement enveloppé d'une mante ; une dame lui porte la robe. Suivent la* MARQUISE DE DORSET, *l'autre marraine, et des dames. Tout le cortége passe en cérémonie autour du théâtre, et* GARTER *élève la voix.*

GARTER. — Ciel, dans ta bonté infinie, accorde une vie prospère, longue et toujours heureuse, à la haute et puissante princesse d'Angleterre, Élisabeth !

(Fanfares. Le roi Henri avec sa suite.)

CRANMER, *s'agenouillant.*—Voici la prière que nous adressons à Dieu, mes deux nobles compagnes et moi, pour votre royale Majesté, et pour notre bonne reine. Que toutes les consolations, toutes les joies que le Ciel ait jamais placées dans les enfants pour le bonheur de leurs parents, se répandent à chaque instant sur vous dans la personne de cette gracieuse princesse!

LE ROI HENRI.—Je vous remercie, mon bon lord archevêque.—Quel est le nom de l'enfant?

CRANMER.—Élisabeth.

LE ROI HENRI, *à Cranmer.*—Levez-vous, lord.—(*Il baise l'enfant.*) Dans ce baiser reçois ma bénédiction. Que Dieu te protége! Je remets ta vie en ses mains.

CRANMER.—*Amen!*

LE ROI HENRI.—Mes nobles commères, vous avez été trop prodigues. Je vous en remercie de tout mon cœur; et cette jeune lady vous en remerciera aussi, dès qu'elle saura assez d'anglais pour cela.

CRANMER.—Écoutez-moi, Sire, car c'est le Ciel qui m'ordonne de parler; et que personne ne prenne pour flatterie les paroles que je vais prononcer; l'événement en justifiera la vérité.—Cette royale enfant (que le Ciel veille toujours autour d'elle!), quoique encore au berceau, promet déjà à ce pays mille et mille bénédictions que le temps fera éclore. Elle sera (mais peu d'hommes vivants aujourd'hui pourront contempler ses grandes qualités) un modèle pour tous les princes ses contemporains, et pour ceux qui leur succéderont. Jamais Shéba ne rechercha avec tant d'ardeur la sagesse, et l'aimable vertu, que le fera cette âme pure. Toutes les grâces souveraines qui concourent à former un être aussi auguste, avec toutes les vertus qui suivent les bons princes, seront doublées dans sa personne. Elle sera nourrie dans la vérité; les saintes et célestes pensées seront ses guides; elle sera chérie et redoutée; son peuple la bénira; ses ennemis trembleront devant elle comme un champ d'épis battus, et inclineront leur front dans la tristesse. Le bien va croître et prospérer avec elle; sous son règne tout homme mangera en sûreté, sous l'ombrage de sa vigne, les fruits qu'il aura plantés, et chantera à tous ses voisins les joyeux chants de la paix; Dieu sera vraiment connu ; et ceux qui l'entoureront seront instruits par elle dans les voies droites de l'honneur ; et c'est de là qu'ils tireront leur grandeur, et non de la noblesse du sang et des aïeux.—Et cette paix fortunée ne s'éteindra pas avec elle. Mais, ainsi qu'après la mort de l'oiseau merveilleux, le phénix toujours vierge, ses cendres lui créent un héritier, aussi beau, aussi admirable que lui ; de même, lorsqu'il plaira au Ciel de l'appeler à lui dans cette vallée de ténèbres, elle transmettra ses dons et son bonheur à un successeur, qui, renaissant des cendres sacrées de sa gloire, égal à elle en renommée, s'élèvera comme un astre, et se fixera dans la même sphère. La paix, l'abondance, l'amour, la vérité et le respect qui auront été le cortége de cette enfant choisie se placeront auprès de son successeur et s'attacheront à lui comme la vigne. La gloire et la renommée de son nom se répandront et fonderont de nouvelles nations partout où le brillant soleil des cieux porte sa lumière.—Il fleurira, et, comme un cèdre des montagnes, il étendra ses rameaux sur toutes les plaines d'alentour.—Les enfants de nos enfants verront ces choses et béniront le Ciel.

LE ROI HENRI.—Tu nous annonces des prodiges.

CRANMER.—Elle arrivera pour le bonheur de l'Angleterre à un âge avancé ; une multitude de jours la verront régner ; et il ne s'en écoulera pas un seul qui ne soit couronné par quelque action mémorable. Hélas ! plût à Dieu que je ne visse pas plus loin, mais elle doit mourir, il le faut: il faut que les anges la possèdent à leur tour. Toujours vierge elle rentrera dans la terre comme un lis sans tache, et l'univers sera dans le deuil.

LE ROI HENRI.—O lord archevêque ! c'est par toi que je viens de commencer d'exister ; jamais avant la naissance de cette heureuse enfant, je n'avais encore possédé aucun bien. Ces oracles consolants m'ont tellement charmé, que, lorsque je serai dans les cieux, je serai encore jaloux de contempler ce que fait cette enfant sur la terre, et que je bénirai l'auteur de mon être.—Je vous remercie tous.—Je vous ai de grandes obligations, à vous, lord maire, et à vos dignes adjoints. J'ai reçu beaucoup d'honneur de votre présence, et vous me trouverez reconnaissant.—Lords, remettez-vous en marche.— Vous devez tous votre visite à la reine qui vous doit des remercîments ; si elle ne vous voyait, elle en serait malade. Que dans ce jour nul ne pense qu'il ait aucune affaire à son logis ; tous resteront avec moi. Ce petit enfant fait de ce jour un jour de fête.

(Tous sortent.)

ÉPILOGUE

« Il y a dix à parier contre un que cette pièce ne
« plaira pas à tous ceux qui sont ici. Quelques-uns
« viennent pour prendre leurs aises, et dormir pendant
« un acte ou deux ; mais ceux-là nous les aurons, j'en
« ai peur, réveillés en sursaut par le bruit de nos trom-
« pettes ; il est donc clair qu'ils diront, *cela ne vaut rien :*
« d'autres viennent pour entendre des railleries amères
« sur tout le monde, et crier, *cela est ingénieux* ; ce que
« nous n'avons pas fait non plus. En sorte que,
« je le crains fort, tout le bien que nous devons
« espérer d'entendre dire de cette pièce aujourd'hui
« dépend uniquement de la disposition compatissante
« des femmes vertueuses ; car nous leur en avons
« montré une de ce caractère. Si elles sourient, et disent
« *la pièce ira bien,* je sais qu'avant peu nous aurons
« pour nous ce qu'il y a de mieux en hommes ; car
« il faut bien du malheur pour qu'ils s'obstinent à
« blâmer, lorsque leurs belles leur commandent d'ap-
« plaudir. »

FIN DU CINQUIÈME ET DERNIER ACTE.

TITUS ANDRONICUS

TRAGÉDIE

NOTICE

SUR TITUS ANDRONICUS

On dit qu'à la première représentation des *Euménides*, tragédie d'Eschyle, la terreur qu'inspira le spectacle causa des fausses couches à plusieurs femmes ; je ne sais quel effet eût produit sur un auditoire grec la tragédie de *Titus Andronicus;* mais, à la seule lecture, on serait tenté de la croire composée pour un peuple de cannibales, ou pour être représentée au milieu des saturnales d'une révolution. Cependant la tradition nous apprend que cette pièce, aujourd'hui repoussée de la scène, a excité à plusieurs reprises les applaudissements du parterre anglais. On ajoute même qu'en 1686, Ravenscroft la remit au théâtre avec des changements ; mais qu'au lieu d'en diminuer l'horreur, il saisit toutes les occasions de l'augmenter : quand, par exemple, Tamora massacre son enfant, le More dit : « Elle m'a surpassé dans l'art d'assassiner ; elle a tué son propre enfant, donnez-le-moi... que je le dévore. »

Titus Andronicus, tel que nous l'imprimons aujourd'hui, n'a déjà que trop de traits de cette force, et plusieurs fois, nous l'avouerons, un frémissement involontaire nous en a fait interrompre la révision.

Hâtons-nous de dire que presque tous les commentateurs ont mis en doute que cette pièce fût de Shakspeare, et quelques-uns en ont donné des raisons assez concluantes. Le style a une tout autre couleur que celle de ses autres tragédies ; il y a dans les vers une prétention à l'élégance, des abréviations vulgaires, et un vice de construction grammaticale, qui ne ressemblent en rien à la manière de Shakspeare. Qu'on lise, dit Malone, quelques lignes d'*Appius et Virginia*, de *Tancrède et Sigismonde*, de *la bataille d'Alcazar*, de *Jéronimo*, de *Sélim*, de *Locrine*, etc., et en général de toutes les pièces mises sur la scène avant Shakspeare, on reconnaîtra que *Titus Andronicus* porte le même cachet.

Ceux qui admettent *Titus Andronicus* au nombre des véritables ouvrages de Shakspeare sont obligés de considérer celui-ci comme la première production de sa jeunesse ; mais *Titus Andronicus* n'est point un coup d'essai ; on y reconnaît une habitude, un système calculé de composition. Cependant le troisième acte entièrement tragique, le caractère original, quoique toujours horrible, d'Aaron le More, quelques pensées, quelques descriptions, semblent appartenir à l'auteur du *Roi Lear*.

La fable qui fait le fond de *Titus Andronicus* est tout entière de l'invention du poëte ou de quelqu'un de ces compilateurs du treizième siècle, qui confondaient les lieux, les noms et les époques dans leurs prétendues nouvelles historiques.

On trouve aussi dans le recueil de Percy[1], une ballade que quelques-uns ont cru plus ancienne que la pièce, ce qui n'est pas facile à décider : nous la plaçons en note.

[1] *Relics of anc. poet.*, v. I, p. 222.

TITUS ANDRONICUS

TRAGÉDIE

PERSONNAGES

SATURNINUS, fils du dernier empereur de Rome, et ensuite proclamé lui-même empereur.
BASSIANUS, frère de Saturninus, amoureux de Lavinia.
TITUS ANDRONICUS, noble romain, général dans la guerre contre les Goths.
MARCUS ANDRONICUS, tribun du peuple, et frère de Titus.
MARTIUS,
QUINTUS,
LUCIUS,
MUTIUS, fils de Titus Andronicus.
LE JEUNE LUCIUS, enfant de Lucius.
PUBLIUS, fils de Marcus le tribun.
ÉMILIUS, noble romain.
ALARBUS,
CHIRON, fils de Tamora.
DEMETRIUS,
AARON, More, amant de Tamora.
UN CAPITAINE du camp de Titus.
TROUPE DE GOTHS et DE ROMAINS.
UN PAYSAN.
TAMORA, reine des Goths.
LAVINIA, fille de Titus Andronicus.
UNE NOURRICE, avec un enfant more.
Parents de Titus, sénateurs, juges, officiers, soldats, etc.

La scène est à Rome, et dans la campagne environnante.

ACTE PREMIER

SCÈNE I

Rome.—Devant le Capitole. On aperçoit le monument des Andronicus.

Les SÉNATEURS *et les* TRIBUNS *assis dans la partie supérieure du temple; ensuite* SATURNINUS *avec ses partisans se présente à une des portes;* BASSIANUS *et les siens à l'autre porte: les tambours battent, et les enseignes sont déployées.*

SATURNINUS.—Nobles patriciens, protecteurs de mes droits, défendez par les armes la justice de ma cause; et vous, mes concitoyens, mes fidèles partisans, soutenez par l'épée mes droits héréditaires. Je suis le fils aîné du dernier empereur qui ait porté le diadème impérial de Rome : faites donc revivre en moi la dignité de mon père, et ne souffrez pas l'injure qu'on veut faire à mon âge.

BASSIANUS.—Romains, mes amis, qui suivez mes pas et favorisez mes droits, si jamais Bassianus, le fils de César, fut agréable aux yeux de Rome impériale, gardez donc ce passage au Capitole, et ne souffrez pas que le déshonneur approche du trône impérial, consacré à la vertu, à la justice, à la continence et à la grandeur d'âme : mais que le mérite brille dans une élection libre ; et ensuite, Romains, combattez pour maintenir la liberté de votre choix.

(Marcus Andronicus entre par la partie supérieure, tenant une couronne.)

MARCUS.—Princes, dont l'ambition secondée par des factions et par vos amis lutte pour le commandement et l'empire, sachez que le peuple romain, que nous sommes chargés de représenter, a, d'une commune voix, dans l'élection à l'empire romain, choisi Andronicus, surnommé le Pieux, en considération des grands et nombreux services qu'il a rendus à Rome. La ville ne renferme point aujourd'hui dans son enceinte un homme d'un plus noble caractère, un plus brave guerrier. Le sénat l'a rappelé dans cette ville, à la fin des longues et sanglantes guerres qu'il a soutenues contre les barbares Goths. Ce général, la terreur de nos ennemis, secondé de ses fils, a enfin enchaîné cette nation robuste et nourrie dans les armes. Dix années se sont écoulées depuis le jour qu'il se chargea des intérêts de Rome, et qu'il châtie par ses armes l'orgueil de nos ennemis : cinq fois il est revenu sanglant dans Rome, rapportant du champ de bataille ses vaillants fils dans un cercueil.— Et aujourd'hui enfin, l'illustre Titus Andronicus rentre dans Rome chargé des dépouilles de la gloire, et ennobli par de nouveaux exploits. Pour l'honneur du nom de celui que vous désirez voir dignement remplacé, au nom des droits sacrés du Capitole que vous prétendez adorer, et de ceux du sénat que vous prétendez respecter, nous vous conjurons de vous retirer et de désarmer vos forces ; congédiez vos partisans, et faites valoir vos prétentions en paix et avec modestie, comme il convient à des candidats.

SATURNINUS.—Combien l'éloquence du tribun réussit à calmer mes pensées !

BASSIANUS.—Marcus Andronicus, je mets ma confiance dans ta droiture et ton intégrité ; et j'ai tant de respect et d'affection pour toi et les tiens, pour ton noble frère Titus, pour ses fils et pour celle devant qui toutes mes pensées se prosternent, l'aimable Lavinia, le riche ornement de Rome, que je veux à l'instant congédier mes amis, et remettre ma cause à ma destinée et à la faveur du peuple, afin qu'elle soit pesée dans la balance.
(Il congédie ses soldats.)

SATURNINUS, *aux siens*.—Amis, qui vous êtes montrés si zélés pour mes droits, je vous rends grâces, et vous licencie tous. J'abandonne à l'affection et à la faveur de ma patrie, moi-même, ma personne et ma cause. Rome, sois juste et favorable envers moi, comme je suis confiant et généreux envers toi.—Ouvrez les portes et laissez-moi entrer.

BASSIANUS.—Et moi aussi, tribuns, son pauvre compétiteur.
(Saturninus et Bassianus entrent dans le Capitole, accompagnés de Marcus, des sénateurs, etc., etc.)

SCÈNE II

UN CAPITAINE, ET *foule*.

LE CAPITAINE.—Romains, faites place : le digne Andronicus, le patron de la vertu, et le plus brave champion de Rome, toujours heureux dans les batailles qu'il livre, revient, couronné par la gloire et la fortune, des pays lointains où il a circonscrit avec son épée et mis sous le joug les ennemis de Rome.
(On entend les trompettes. Paraissent Mutius et Martius ; suivent deux soldats portant un cercueil drapé de noir, ensuite mar-

chent Quintus et Lucius. Après eux paraît Titus Andronicus, suivi de Tamora, reine des Goths, d'Alarbus, Chiron et Démétrius, avec le More Aaron, prisonniers. Les soldats et le peuple suivent : on dépose à terre le cercueil, et Titus parle.)

TITUS.—Salut, Rome, victorieuse dans tes robes de deuil ! tel que la nef, qui a déchargé sa cargaison, rentre chargée d'un fardeau précieux dans la baie où elle a d'abord levé l'ancre : tel Andronicus, ceint de branches de laurier, revient de nouveau saluer sa patrie de ses larmes ; larmes de joie sincère de se retrouver à Rome ! —O toi, puissant protecteur de ce Capitole, sois propice aux religieux devoirs que nous nous proposons de remplir.—Romains, de vingt-cinq fils vaillants, moitié du nombre que possédait Priam, voilà tous ceux qui me restent vivants ou morts ! Que Rome récompense de son amour ceux qui survivent, et que ceux que je conduis à leur dernière demeure reçoivent la sépulture avec leurs ancêtres : c'est ici que les Goths m'ont permis de remettre mon épée dans le fourreau.—Mais, Titus, père cruel et sans souci des tiens, pourquoi laisses-tu tes fils, encore sans sépulture, errer sur la redoutable rive du Styx ? Laissez-moi les déposer près de leurs frères. (*On ouvre la tombe de sa famille.*) Saluons-les dans le silence qui convient aux morts ! dormez en paix, vous qui êtes morts dans les guerres de votre patrie. O asile sacré, qui renfermes toutes mes joies, paisible retraite de la vertu et de l'honneur, combien de mes fils as-tu reçus dans ton sein, que tu ne me rendras jamais !

LUCIUS.—Cédez-nous le plus illustre des prisonniers goths, pour couper ses membres, les entasser sur un bûcher, et les brûler en sacrifice *ad manes fratrum*, devant cette prison terrestre de leurs ossements, afin que leurs ombres ne soient pas mécontentes, et que nous ne soyons pas obsédés sur la terre par des apparitions.

TITUS.—Je vous donne celui-ci, le plus noble de ceux qui survivent, le fils aîné de cette malheureuse reine.

TAMORA.—Arrêtez, Romains !—Généreux conquérant, victorieux Titus, prends pitié des larmes que je verse, larmes d'une mère qui supplie pour son fils. Et si jamais tes enfants te furent chers, ah! songe que mon fils m'est aussi cher. N'est-ce pas assez d'être tes captifs, soumis au joug romain et d'être amenés à Rome pour orner ton triomphe et ton retour? Faut-il encore que mes fils soient égorgés dans vos rues, pour avoir vaillamment défendu la cause de leur pays? Oh! si ce fut pour les tiens un pieux devoir de combattre pour leur souverain et leur patrie, il en est de même pour eux. Andronicus, ne souille point de sang ta tombe. Veux-tu te rapprocher de la nature des dieux? Rapproche-toi d'eux en étant miséricordieux : la douce pitié est le symbole de la vraie grandeur. Trois fois noble Titus, épargne mon fils premier-né.

TITUS.—Modérez-vous, madame, et pardonnez-moi. Ceux que vous voyez autour de moi sont les frères de ceux que les Goths ont vus vivre et mourir, et leur piété demande un sacrifice pour leurs frères immolés. Votre fils est marqué pour être la victime; il faut qu'il meure pour apaiser les ombres plaintives de ceux qui ne sont plus.

LUCIUS.—Qu'on l'emmène, et qu'on allume à l'instant le bûcher : coupons ses membres avec nos épées, jusqu'à ce qu'il soit entièrement consumé.

(Mutius, Marcus, Quintus, Lucius, sortent emmenant Alarbus.)

TAMORA.—O piété impie et barbare!

CHIRON.—Jamais la Scythie fut-elle à moitié aussi féroce?

DÉMÉTRIUS.—Ne compare point la Scythie à l'ambitieuse Rome. Alarbus marche au repos; et nous, nous survivons pour trembler sous le regard menaçant de Titus.—Allons, madame, prenez courage; mais espérez en même temps que les mêmes dieux qui fournirent à la reine de Troie [1] l'occasion d'exercer sa vengeance sur le tyran de Thrace surpris dans sa tente, pourront favoriser également Tamora, reine des Goths (lorsque les Goths étaient Goths et Tamora reine), et lui permettre de venger sur ses ennemis ses sanglants affronts.

(Lucius, Quintus, Martius et Mutius rentrent avec leurs épées sanglantes.)

[1] Hécube et Polymnestre.

LUCIUS.—Enfin, mon seigneur et père, nous avons accompli nos rites romains : les membres d'Alarbus sont coupés, et ses entrailles alimentent la flamme du sacrifice, dont la fumée, comme l'encens, parfume les cieux : il ne reste plus qu'à enterrer nos frères, et à leur souhaiter la bienvenue à Rome au bruit des trompettes.

TITUS.—Qu'il en soit ainsi, et qu'Andronicus adresse à leurs ombres le dernier adieu. (*Les trompettes sonnent, tandis qu'on dépose les cercueils dans la tombe.*) Reposez ici, mes fils, dans la paix et l'honneur; intrépides défenseurs de Rome, reposez ici, à l'abri des vicissitudes et des malheurs de ce monde. Ici ne se cache pas la trahison, ici ne respire pas l'envie : ici n'entre point l'infernale haine; ici nulle tempête, nul bruit ne troubleront votre repos; vous y goûterez un silence, un sommeil éternels. (*Entre Lavinia.*) Reposez ici, ô mes fils, en honneur et en paix!

LAVINIA.—Que Titus aussi vive longtemps en honneur et en paix! Mon noble seigneur et père, vivez aussi! Hélas! je viens aussi payer le tribut de ma douleur à cette tombe, à la mémoire de mes frères; et je me jette à vos pieds, en répandant sur la terre mes larmes de joie, pour votre retour à Rome. Ah! bénissez-moi ici de votre main victorieuse, dont les plus illustres citoyens de Rome célèbrent les succès.

TITUS. — Bienfaisante Rome, tu m'as conservé avec amour la consolation de ma vieillesse, pour réjouir mon cœur.—Vis, Lavinia : que tes jours surpassent les jours de ton père, et que l'éloge de tes vertus survive à l'éternité de la gloire.

(Entrent Marcus Andronicus, Saturninus, Bassianus et autres.)

MARCUS.—Vive à jamais le seigneur Titus, mon frère chéri, héros triomphant sous les yeux de Rome!

TITUS.—Je vous rends grâces, généreux tribun, mon noble frère Marcus.

MARCUS.—Et vous, soyez les bienvenus, mes neveux, qui revenez d'une guerre heureuse, vous qui survivez, et vous qui dormez dans la gloire. Jeunes héros, votre bonheur est égal, à vous tous qui avez tiré l'épée pour le service de votre patrie, et cependant cette pompe funèbre est un triomphe plus assuré, ils ont atteint au bonheur de Solon [1] et triomphé du hasard dans le lit de l'honneur.—Titus Andronicus, le peuple romain, dont vous avez été toujours le juste ami, vous envoie par moi, son tribun et son ministre, ce *pallium* d'une blancheur sans tache, et vous admet à l'élection pour l'empire, concurremment avec les enfants de notre dernier empereur. Placez-vous donc au nombre des candidats [2]; mettez cette robe et aidez à donner un chef à Rome, aujourd'hui sans maître [3].

TITUS.—Son corps glorieux demande une tête plus forte que la mienne, rendue tremblante par l'âge et la faiblesse. Quoi, irai-je revêtir cette robe et vous importuner? me laisser proclamer aujourd'hui empereur pour céder demain l'empire et ma vie, et vous laisser à tous les soins d'une nouvelle élection? Rome, j'ai été ton soldat quarante ans, j'ai commandé avec succès tes forces; j'ai enseveli vingt-un fils, tous vaillants, tous armés chevaliers sur le champ de bataille, et tués honorablement les armes à la main, pour la cause et le service de leur illustre patrie : donnez-moi un bâton d'honneur pour appuyer ma vieillesse, mais non pas un sceptre pour gouverner le monde; il le tenait d'une main ferme, seigneurs, celui qui l'a porté le dernier.

MARCUS.—Titus, tu demanderas l'empire, et tu l'obtiendras.

SATURNINUS.—Orgueilleux et ambitieux tribun, peux-tu oser...

MARCUS.—Modérez-vous, prince Saturninus.

SATURNINUS.—Romains, rendez-moi justice. Patriciens tirez vos épées et ne les remettez dans le fourreau que lorsque Saturninus sera empereur de Rome.—Androni-

---

[1] Allusion à la maxime de Solon : « Nul homme ne peut être estimé heureux qu'après sa mort. »

[2] *Candidatus*. Candidat, on sait que ce mot a pris son origine de la robe blanche que portaient les candidats.

[3] Mot à mot, mettre une tête à Rome sans tête.

cus, il vaudrait mieux que tu te fusses embarqué pour les enfers que de venir me voler les cœurs du peuple.

LUCIUS.—Présomptueux Saturninus, qui interromps le bien que te veut faire le généreux Titus.....

TITUS.—Calmez-vous, prince : je vous restituerai le cœur du peuple et je le sévrerai de sa propre volonté.

SATURNINUS.—Andronicus, je ne te flatte point ; mais je t'honore et je t'honorerai tant que je vivrai. Si tu veux fortifier mon parti de tes amis, j'en serai reconnaissant ; et la reconnaissance est une noble récompense pour les âmes généreuses.

TITUS.—Peuple romain, et vous tribuns du peuple, je demande vos voix et vos suffrages ; voulez-vous en accorder la faveur à Andronicus ?

LES TRIBUNS.—Pour satisfaire le brave Andronicus et le féliciter de son heureux retour à Rome, le peuple acceptera l'empereur qu'il aura nommé.

TITUS.—Tribuns, je vous rends grâces : je demande donc que vous élisiez empereur le fils aîné de votre dernier souverain, le prince Saturninus, dont j'espère que les vertus réfléchiront leur éclat sur Rome, comme Titan réfléchit ses rayons sur la terre, et mûriront la justice dans toute cette république : si vous voulez, sur mon conseil, couronnez-le et criez *vive notre Empereur !*

MARCUS.—Par le suffrage et avec les applaudissements unanimes de la nation, des patriciens et des plébéiens, nous créons Saturninus empereur, souverain de Rome, et nous crions *vive Saturninus, notre empereur !*

(Une longue fanfare, jusqu'à ce que les tribuns descendent.)

SATURNINUS.—Titus Andronicus, en reconnaissance de la faveur de ton suffrage dans notre élection, je t'adresse les remercîments que méritent tes services, et je veux payer par des actions ta générosité ; et pour commencer Titus, afin d'illustrer ton nom et ton honorable famille, je veux élever ta fille Lavinia au rang d'impératrice, de souveraine de Rome et de maîtresse de mon cœur, et la prendre pour épouse dans le Panthéon sacré : parle, Andronicus, cette proposition te plaît-elle ?

TITUS.—Oui, mon digne souverain ; je me tiens pour

hautement honoré de cette alliance ; et ici, à la vue de Rome, je consacre à Saturninus, le maître et le chef de notre république, l'empereur du vaste univers, mon épée, mon char de triomphe et mes captifs, présents dignes du souverain maître de Rome.—Recevez donc, comme un tribut que je vous dois, les marques de mon honneur abaissées à vos pieds.

SATURNINUS.—Je te rends grâces, noble Titus, père de mon existence. Rome se souviendra combien je suis fier de toi et de tes dons, et lorsqu'il m'arrivera d'oublier jamais le moindre de tes inappréciables services, Romains, oubliez aussi vos serments de fidélité envers moi.

TITUS, *à Tamora*.—Maintenant, madame, vous êtes la prisonnière de l'empereur ; de celui qui, en considération de votre rang et de votre mérite, vous traitera avec noblesse, ainsi que votre suite.

SATURNINUS.—Une belle princesse, assurément, et du teint dont je voudrais choisir mon épouse, si mon choix était encore à faire. Belle reine, chassez ces nuages de votre front ; quoique les hasards de la guerre vous aient fait subir ce changement de fortune, vous ne venez point pour être méprisée dans Rome ; partout vous serez traitée en reine. Reposez-vous sur ma parole ; et que l'abattement n'éteigne pas toutes vos espérances. Madame, celui qui vous console peut vous faire plus grande que n'est la reine des Goths.—Lavinia, ceci ne vous déplaît pas ?

LAVINIA.—Moi, seigneur ? Non. Vos nobles intentions me garantissent que ces paroles sont une courtoisie royale.

SATURNINUS.—Je vous rends grâces, aimable Lavinia.—Romains, sortons ; nous rendons ici la liberté à nos prisonniers sans aucune rançon ; vous, seigneur, faites proclamer notre élection au son des tambours et des trompettes.

BASSIANUS, *s'emparant de Lavinia*.—Seigneur Titus, avec votre permission, cette jeune fille est à moi.

TITUS.—Comment ? seigneur, agissez-vous sérieusement, seigneur ?

BASSIANUS.—Oui, noble Titus, et je suis résolu de me faire justice à moi-même, et de réclamer mes droits.

(L'empereur fait sa cour à Tamora par signes.)

MARCUS.—*Suum cuique*[1] est le droit de notre justice romaine; ce prince en use et ne reprend que son bien.

LUCIUS.—Et il en restera le possesseur, tant que Lucius vivra.

TITUS.—Traîtres, loin de moi. Où est la garde de l'empereur? Trahison, seigneur! Lavinia est ravie.

SATURNINUS.—Ravie? par qui?

BASSIANUS.—Par celui qui peut avec justice enlever au monde entier sa fiancée.

(Marcus et Bassianus sortent avec Lavinia.)

MUTIUS.—Mes frères, aidez à la conduire hors de cette enceinte; et moi, avec mon épée, je me charge de garder cette porte.

TITUS, *à Saturninus.*—Suivez-moi, seigneur, et bientôt je la ramènerai dans vos bras.

MUTIUS, *à Titus.*—Seigneur, vous ne passerez point cette porte.

TITUS.—Quoi, traître, tu me fermeras le chemin à Rome!

(Il le poignarde.)

MUTIUS, *tombant.*—Au secours, Lucius, au secours?

LUCIUS.—Seigneur, vous êtes injuste, et plus que cela; vous avez tué votre fils dans une querelle mal fondée.

TITUS.—Ni toi, ni lui, vous n'êtes plus mes fils : mes fils n'auraient jamais voulu me déshonorer. Traître, rends Lavinia à l'empereur.

LUCIUS.—Morte, si vous le voulez; mais non pas pour être son épouse, puisqu'elle est légitimement promise à la tendresse d'un autre.

(Il sort.)

SATURNINUS.—Non, Titus, non. L'empereur n'a pas besoin d'elle; ni d'elle, ni de toi, ni d'aucun de ta race; il me faut du temps pour me fier à celui qui m'a joué une fois; jamais tu n'auras ma confiance, ni toi, ni tes

---

[1] Chacun son droit.

fils perfides et insolents, tous ligués ensemble pour me déshonorer. N'y avait-il donc dans Rome que Saturninus, dont tu pusses faire l'objet de tes insultes? Cette conduite, Andronicus, cadre bien avec tes insolentes vanteries lorsque tu dis que j'ai mendié l'empire de tes mains.

TITUS. — O c'est monstrueux! quels sont ces reproches?

SATURNINUS. — Poursuis ; va, cède cette créature volage à celui qui brandit pour elle son épée, tu auras un vaillant gendre, un homme bien fait pour se quereller avec tes fils déréglés et pour exciter des tumultes dans la république de Rome.

TITUS. — Ces paroles sont autant de rasoirs pour mon cœur blessé.

SATURNINUS. — Et vous, aimable Tamora, reine des Goths, qui surpassez en beauté les plus belles dames romaines, comme Diane au milieu de ses nymphes, si vous agréez ce choix soudain que je fais, dans l'instant même, Tamora, je vous choisis pour épouse, et je veux vous créer impératrice de Rome.—Parlez, reine des Goths, applaudissez-vous à mon choix? Et je le jure ici par tous les dieux de Rome, puisque le pontife et l'eau sacrée sont si près de nous, que ces flambeaux sont allumés, et que tout est préparé pour l'hyménée, je ne reverrai point les rues de Rome, ni ne monterai à mon palais, que je n'emmène avec moi de ce lieu mon épouse.

TAMORA. — Et ici, à la vue du ciel, je jure à Rome, que si Saturninus élève à cet honneur la reine des Goths, elle sera l'humble servante, la tendre nourrice et la mère de sa jeunesse.

SATURNINUS. — Montez, belle reine, au Panthéon. Seigneurs, accompagnez votre illustre empereur, et sa charmante épouse, envoyée par le ciel au prince Saturninus, dont la sagesse répare l'injustice de sa fortune : là, nous accomplirons les cérémonies de notre hymen.

(Saturninus sort avec son cortége ; avec lui sortent aussi Tamora et ses fils, Aaron et les Goths.)

TITUS ANDRONICUS, *seul*. — Je ne suis pas invité à suivre cette mariée. — Titus, quand donc t'es-tu jamais vu ainsi seul, déshonoré, et provoqué par mille affronts?

MARCUS.—Ah! vois, Titus, vois, vois ce que tu as fait; tuer un fils vertueux dans une injuste querelle!

TITUS.—Non, tribun insensé, non; il n'est point mon fils,—ni toi, ni ces hommes complices de l'attentat qui a déshonoré toute notre famille. Indigne frère! indignes enfants!

LUCIUS.—Mais accordez-lui du moins la sépulture convenable, donnez à Mutius une place dans le tombeau de nos frères.

TITUS.—Traîtres, écartez-vous : il ne reposera point dans cette tombe. Ce monument subsiste depuis cinq siècles, je l'ai reconstruit avec magnificence : ici ne reposent avec gloire que les guerriers, et les serviteurs de Rome; il n'y a point de place pour celui qui a été tué dans une querelle honteuse! Allez l'ensevelir où vous pourrez, il n'entrera pas ici.

MARCUS.—Mon frère, c'est en vous une impiété; les exploits de mon neveu Mutius parlent en sa faveur; il doit être enseveli avec ses frères.

QUINTUS ET MARTIUS.—Il le sera, ou nous le suivrons.

TITUS.—*Il le sera*, dites-vous? Quel est l'insolent qui a proféré ce mot?

QUINTUS.—Celui qui le soutiendrait en tout autre lieu que celui-ci.

TITUS.—Quoi! voudriez-vous l'y ensevelir malgré moi?

MARCUS.—Non, noble Titus, mais nous te supplions de pardonner à Mutius, et de lui accorder la sépulture.

TITUS.—Marcus, c'est toi-même qui as abattu mon cimier, c'est toi qui, avec ces enfants, as blessé mon honneur : je vous tiens tous pour mes ennemis : ne m'importunez plus davantage, mais allez-vous-en.

LUCIUS.—Il est hors de lui.—Retirons-nous.

QUINTUS.—Moi, non, jusqu'à ce que les ossements de Mutius soient ensevelis.

(Le frère et les enfants se jettent aux genoux d'Andronicus.)

MARCUS.—Mon frère, la nature parle dans ce titre.

QUINTUS.—Mon père, la nature parle dans ce nom.

TITUS. — Ne me parlez plus, si vous tenez à votre bonheur.

MARCUS. — Illustre Titus, toi qui es plus que la moitié de mon âme.

LUCIUS. — Mon bon père, l'âme et la vie de nous tous...

MARCUS. — Permets que ton frère Marcus enterre ici dans l'asile de la vertu son noble neveu, qui est mort dans la cause de l'honneur et de Lavinia : tu es Romain, ne sois donc pas barbare. Les Grecs, mieux conseillés, consentirent à ensevelir Ajax [1], qui s'était tué lui-même, et le sage fils de Laërte plaida éloquemment pour ses funérailles : ne refuse donc pas l'entrée de ce tombeau au jeune Mutius qui faisait ta joie.

TITUS. — Lève-toi, Marcus, lève-toi. — Le plus triste jour que j'aie vu jamais, c'est celui-ci ; être déshonoré par mes enfants à Rome ! Allons, ensevelissez-le... et moi après.

(Ses frères déposent Mutius dans le tombeau.)

LUCIUS. — Cher Mutius, repose ici avec tes frères jusqu'à ce que nous venions orner ta tombe de trophées.

TOUS. — Que personne ne verse des larmes sur le noble Mutius : celui-là vit dans la renommée qui mourut pour la cause de la vertu.

MARCUS. — Mon frère, pour faire diversion à ce mortel chagrin, dis-moi comment il arrive que la rusée reine des Goths se trouve soudain la souveraine de Rome ?

TITUS. — Je l'ignore, Marcus ; mais je sais que cela est. Si c'était prémédité ou non, le ciel peut le dire ; mais n'a-t-elle donc pas des obligations à l'homme qui l'a amenée de si loin pour monter ici à cette fortune suprême ? Oui, et elle le récompensera généreusement.

(Une fanfare. — L'empereur, Tamora, Chiron et Démétrius, avec le More Aaron et la suite, entrent par une porte du Capitole : Bassianus et Lavinia, avec leurs amis paraissent à l'autre porte.)

SATURNINUS. — Ainsi, Bassianus, vous tenez votre conquête ; que le ciel vous rende heureux avec votre belle épouse !

---

[1] « Allusion évidente à l'*Ajax* de Sophocle, dont il n'existait aucune traduction du temps de Shakspeare » (STEEVENS.)

BASSIANUS.—Et vous, avec la vôtre, seigneur ; je n'en dis pas davantage, et ne vous en souhaite pas moins ; et je vous fais mes adieux.

SATURNINUS.—Traître, si Rome a des lois ou nous quelque pouvoir, toi et ta faction vous vous repentirez de ce rapt.

BASSIANUS.—Appelez-vous un *rapt*, seigneur, de prendre mon bien, celle qui fut ma fiancée fidèle et qui est à présent ma femme ? Mais que les lois de Rome en décident ; en attendant, je suis possesseur de ce qui est à moi.

SATURNINUS.—Fort bien, fort bien, vous êtes bref, seigneur, mais si nous vivons, je serai aussi tranchant avec vous.

BASSIANUS.—Seigneur, je dois répondre de ce que j'ai fait, du mieux que je pourrai, et j'en répondrai sur ma tête. Je n'ai plus qu'une chose à faire savoir à Votre Majesté ;—par tous les devoirs que j'ai envers Rome, ce noble seigneur, Titus que voilà ici, est outragé dans l'opinion d'autrui et dans son honneur ; lui qui, pour vous rendre Lavinia, a tué de sa propre main son plus jeune fils par zèle pour vous, et enflammé de colère de se voir traversé dans le don qu'il avait franchement fait. Rendez-lui donc vos bonnes grâces, Saturninus, à lui, qui s'est montré dans toutes ses actions le père et l'ami de Rome et de vous.

TITUS.—Prince Bassianus, laisse-moi le soin de rappeler mes actions. C'est toi, et mes fils qui m'avez déshonoré. Que Rome et le juste ciel soient mes juges, et disent combien j'ai chéri et honoré Saturninus.

TAMORA, *à l'empereur.*—Mon digne souverain, si jamais Tamora a pu plaire aux yeux de Votre Majesté, daignez m'entendre parler avec impartialité pour tous, et à ma prière, cher époux, pardonnez le passé.

SATURNINUS.—Quoi, madame, me voir déshonoré publiquement, et le souffrir lâchement sans en tirer vengeance !

TAMORA.—Non pas, seigneur ; que les dieux de Rome me préservent d'être jamais l'auteur de votre déshonneur. Mais, sur mon honneur, j'ose protester de l'innocence du brave Titus dans ce qui s'est passé; et sa fureur, qu'il n'a pas dissimulée, atteste son chagrin. Daignez donc, à ma prière, le regarder d'un œil favorable : ne perdez pas, sur un soupçon injuste, un si noble ami, et n'affligez pas de vos regards irrités son cœur généreux. (A part à l'empereur.) Seigneur, laissez-vous guider par moi, laissez-vous gagner : dissimulez tous vos chagrins et vos ressentiments; vous n'êtes que depuis un moment placé sur le trône; craignez que le peuple et les patriciens aussi, après un examen approfondi, ne prennent le parti de Titus, et ne nous renversent, en nous accusant d'ingratitude, ce que Rome tient pour un crime odieux. Cédez à leurs prières, et laissez-moi faire. Je trouverai un jour pour les massacrer tous, pour effacer de la terre leur faction et leur famille, ce père cruel et ses perfides enfants, à qui j'ai demandé en vain la vie de mon fils chéri; je leur ferai connaître ce qu'il en coûte pour laisser une reine s'agenouiller dans les rues, et demander grâce en vain. (Haut.) Allons, allons, mon cher empereur.—Approchez, Andronicus.— Saturninus, relevez ce bon vieillard, et consolez son cœur, accablé sous les menaces de votre front courroucé.

SATURNINUS.—Levez-vous, Titus, levez-vous, mon impératrice a triomphé.

TITUS.—Je rends grâces à Votre Majesté, et à elle, seigneur. Ces paroles et ces regards me redonnent la vie.

TAMORA.—Titus, je suis incorporée à Rome; je suis maintenant devenue Romaine par une heureuse adoption, et je dois conseiller l'empereur pour son bien. Toutes les querelles expirent en ce jour, Andronicus.— Et que j'aie l'honneur, mon cher empereur, de vous avoir réconcilié avec vos amis.—Quant à vous, prince Bassianus, j'ai donné ma parole à l'empereur que vous seriez plus doux et plus traitable.—Ne craignez rien, seigneur;—et vous aussi, Lavinia : guidés par mon conseil, vous allez tous, humblement à genoux, demander pardon à Sa Majesté.

LUCIUS.—Nous l'implorons, et nous prenons le ciel et Sa Majesté à témoin, que nous avons agi avec toute la modération qui nous a été possible, en défendant l'honneur de notre sœur et le nôtre.

MARCUS.—J'atteste la même chose sur mon honneur.

SATURNINUS.—Retirez-vous, et ne me parlez plus; ne m'importunez plus.

TAMORA.—Non, non, généreux empereur. Il faut que nous soyons tous amis. Le tribun et ses neveux vous demandent grâce à genoux; vous ne refuserez pas, cher époux, ramenez vos regards sur eux.

SATURNINUS.—Marcus, à ta considération, à celle de ton frère Titus, et cédant aux sollicitations de Tamora, je pardonne à ces jeunes gens leurs attentats odieux.—Levez-vous, Lavinia, quoique vous m'ayez abandonné comme un rustre. J'ai trouvé une amie; et j'ai juré par la mort, que je ne quitterais pas le prêtre sans être marié.—Venez: si la cour de l'empereur peut fêter deux mariées, vous serez ma convive, Lavinia, vous et vos amis.—Ce jour sera tout entier à l'amour, Tamora.

TITUS.—Demain, si c'est le bon plaisir de Votre Majesté, que nous chassions la panthère et le cerf ensemble, nous irons donner à Votre Majesté le *bonjour* avec les cors et les meutes.

SATURNINUS.—Volontiers, Titus; et je vous en remercie.

(Ils sortent.)

FIN DU PREMIER ACTE.

ACTE DEUXIÈME

SCÈNE I[1]

Rome.—La scène est devant le palais impérial.

AARON.

AARON.—Maintenant Tamora monte au sommet de l'Olympe, loin de la portée des traits de la fortune : elle est assise là-haut à l'abri des feux de l'éclair, ou des éclats de la foudre ; elle est au-dessus des atteintes menaçantes de la pâle Envie. Telle que le soleil, lorsqu'il salue l'aurore, et que dorant l'Océan de ses rayons il parcourt le zodiaque dans son char radieux, et voit au-dessous de lui la cime des monts les plus élevés, telle est aujourd'hui Tamora.—Les grandeurs de la terre rendent hommage à son génie, et la vertu s'humilie et tremble à l'aspect sévère de son front. Allons, Aaron, arme ton cœur, et dispose tes pensées à s'élever avec ta royale maîtresse, pour parvenir à la même hauteur qu'elle : longtemps tu l'as traînée en triomphe sur tes pas, chargée des chaînes de l'amour ; plus fortement attachée aux yeux séduisants d'Aaron, que ne l'était Prométhée aux rochers du Caucase. Loin de moi ces vêtements d'esclave, loin de moi les vaines pensées. Je veux briller et étinceler d'or et de perles, pour servir cette nouvelle impératrice ; qu'ai-je dit, *servir*? pour m'enivrer de plaisir avec cette reine, cette déesse, cette Sémiramis ; cette reine, cette sirène qui charmera le Saturninus de Rome, et verra son naufrage et celui de ses États.—Qu'entends-je ? quel est ce bruit ?

(Chiron et Démétrius en querelle.)

---

[1] Cette scène, selon Johnson, doit continuer le premier acte.

DÉMÉTRIUS.—Chiron, tu es trop jeune, ton esprit est trop novice et manque trop d'usage pour prétendre au cœur que je recherche, et qui peut, sans que tu le m'être dévoué.

CHIRON.—Démétrius, tu es trop présomptueux en tout, et surtout en prétendant m'accabler par tes forfanteries : ce n'est pas la différence d'une année ou deux qui peut me rendre moins agréable et toi plus fortuné : j'ai tout ce qu'il faut, aussi bien que toi, pour servir ma maîtresse et mériter ses faveurs : et mon épée te le prouvera, et défendra mes droits à l'amour de Lavinia.

AARON.—Des massues, des massues [1] !—Ces amoureux ne pourront pas se tenir en paix.

DÉMÉTRIUS.—Faible enfant, parce que notre mère a imprudemment attaché à ton côté une épée de danseur, as-tu la téméraire insolence de menacer tes amis? Va clouer ta lame dans ton fourreau, jusqu'à ce que tu aies mieux appris à la manier.

CHIRON.—En attendant, avec le peu d'adresse que je puis avoir, tu vas connaître jusqu'où va mon courage.

(Ils tirent l'épée.)

DÉMÉTRIUS.—Ah! mon garçon, es-tu devenu si brave?

AARON.—Eh bien! eh bien! seigneurs? Quoi! osez-vous tirer l'épée si près du palais de l'empereur, et soutenir ouvertement une pareille querelle? Je connais à merveille la source de cette animosité; je ne voudrais pas pour un million en or que la cause en fût connue de ceux qu'elle intéresse le plus ; et, pour infiniment plus, que votre illustre mère fût ainsi déshonorée dans la cour de Rome. Ayez honte de vous-mêmes et remettez vos épées dans le fourreau.

CHIRON.—Non pas, moi, que je n'aie enfoncé ma rapière dans son sein, et que je ne lui aie fait rentrer dans la gorge tous les insultants reproches qu'il a prononcés ici à mon déshonneur.

DÉMÉTRIUS.—Je suis tout prêt et déterminé... Lâche

---

[1] C'était par ces mots qu'on appelait au secours quand une querelle avait lieu dans la rue.

aux mauvais propos, qui tonnes avec la langue et n'oses rien accomplir avec ton arme!

AARON.—Séparez-vous, vous dis-je.—Par les dieux qu'adorent les Goths belliqueux, ce petit querelleur nous perdra tous.—Comment! prince, ne savez-vous pas combien il est dangereux d'empiéter sur les droits d'un prince? Quoi, Lavinia est-elle donc devenue si abandonnée, ou Bassianus si dégénéré, que vous puissiez élever de semblables querelles pour l'amour de cette dame, sans contradiction, sans justice et sans vengeance? Jeunes gens, prenez garde.—Si l'impératrice savait la cause de cette discorde, c'est une musique qui ne lui plairait pas.

CHIRON.—Je ne m'embarrasse guère qu'elle le sache, elle et le monde entier : j'aime Lavinia plus que le monde entier.

DÉMÉTRIUS.—Enfant, apprends à faire un choix plus humble : Lavinia est l'espérance de ton frère aîné.

AARON.—Quoi! êtes-vous fous?—Ne savez-vous pas combien ces Romains sont furieux et impatients, et qu'ils ne peuvent souffrir de rivaux dans leurs amours? Je vous le dis, princes, vous tramez vous-mêmes votre mort par ce dessein.

CHIRON.—Aaron, je donnerais mille morts pour jouir de celle que j'aime.

AARON.—Pour jouir d'elle! hé! comment?...

DÉMÉTRIUS.—Et qu'y a-t-il là de si étrange? C'est une femme, par conséquent elle peut être recherchée; c'est une femme, par conséquent elle peut être conquise; c'est Lavinia, par conséquent elle doit être aimée. Allez, allez; il passe plus d'eau par le moulin que n'en voit le meunier; et nous savons de reste qu'il est aisé d'enlever une tranche au pain entamé sans qu'il y paraisse. Quoique Bassianus soit le frère de l'empereur, des gens qui valaient mieux que lui ont porté les insignes de Vulcain.

AARON, *à part.*—Oui, des gens comme Saturninus pourraient bien les porter aussi.

DÉMÉTRIUS.—Pourquoi donc désespérerait-il du succès, celui qui sait faire sa cour par de douces paroles, de tendres regards, et de riches présents? Quoi, n'avez-vous pas souvent frappé une biche, et ne l'avez-vous pas enlevée proprement sous les yeux mêmes du garde?

AARON.—Allons, il paraît que quelque jouissance à la dérobée vous ferait grand plaisir.

CHIRON.—Oui, certes.

DÉMÉTRIUS.—Aaron, tu as touché le but.

AARON.—Je voudrais que vous l'eussiez touché aussi. Nous ne serions plus fatigués de ce bruit. Eh bien, écoutez, écoutez-moi.—Etes-vous donc assez fous pour vous quereller pour cela? Un moyen qui vous ferait réussir tous deux vous offenserait-il?

CHIRON.—Non pas moi, d'honneur.

DÉMÉTRIUS.—Ni moi, pourvu que j'aie ma part.

AARON.—Allons, rougissez de votre querelle, et soyez amis; unissez-vous pour l'objet même qui vous divise. C'est la dissimulation et la ruse qui doivent faire ce que vous désirez. Et il faut vous dire que ce qu'on ne peut faire comme on le voudrait, il faut le faire comme on peut. Apprenez ceci de moi; Lucrèce n'était pas plus chaste que cette Lavinia, l'amante de Bassianus. Il faut tracer une marche plus rapide que ces lentes langueurs et j'ai trouvé le chemin. Princes, on prépare une chasse solennelle, les beautés romaines vont y accourir en foule; les allées des forêts sont larges et spacieuses; et il y a des réduits solitaires, que la nature semble avoir ménagés pour la perfidie et le rapt : écartez dans ces retraites votre jolie biche; si les paroles sont inutiles, obtenez-la par violence. Espérez le succès par ce moyen, ou renoncez-y. Allons, allons, nous instruirons notre impératrice, et son génie consacré au crime et à la vengeance, de tous les projets que nous méditons.—Elle saura assouplir les ressorts de notre entreprise par ses conseils, elle ne souffrira pas que vous vous querelliez et elle vous conduira tous deux au comble de vos vœux. La cour de l'empereur ressemble au temple de la Renommée; son palais est rempli d'yeux, d'oreilles et de langues; les bois, au contraire, sont impitoyables, effrayants, sourds et insensibles. C'est là, braves jeunes gens, qu'il faut parler, qu'il faut frapper et saisir votre avantage ; assouvissez votre passion à l'abri des regards du ciel, et rassasiez-vous à loisir des trésors de Lavinia.

CHIRON.—Ton conseil, ami, ne sent pas la lâcheté.

DÉMÉTRIUS.— *Sit fas aut nefas* [1], peu importe; jusqu'à ce que je trouve le ruisseau qui peut apaiser mes ardeurs, et le charme qui peut calmer ces transports, *per Stygia et manes vehor* [2].

SCÈNE II

Forêt près de Rome.—Cabane de garde à quelque distance: on entend des cors et les cris d'une meute.

Entrent TITUS ANDRONICUS *avec des chasseurs;* MARCUS, LUCIUS, QUINTUS, MARTIUS.

TITUS.—La chasse est en train, la matinée est brillante et gaie, les champs sont parfumés, les bois sont verts; découplons ici la meute, et faisons aboyer les chiens pour réveiller l'empereur et sa belle épouse et faire lever le prince; sonnons si bien du cor que toute la cour retentisse du bruit. Mes enfants, chargez-vous, avec nous, du soin d'accompagner et de protéger la personne de l'empereur. J'ai été troublé cette nuit dans mon sommeil; mais le jour naissant a consolé mon cœur. (*Fanfares des cors. Entrent Saturninus, Tamora, Bassianus, Lavinia, Chiron, Démétrius et leur suite.*) Mille heureux jours à Votre Majesté!—Et à vous aussi, madame! J'avais promis à Vos Majestés l'appel d'un chasseur.

SATURNINUS.—Et vous l'avez rigoureusement sonné, seigneur, et peut-être un peu trop matin pour de nouvelles mariées.

BASSIANUS.—Qu'en dites-vous, Lavinia?

LAVINIA.—Je dis que non : il y avait deux heures et plus que j'étais tout éveillée.

SATURNINUS.—Allons, qu'on amène nos chariots et nos

---

[1] Permis ou non.
[2] Je suis transporté à travers le Styx et les mânes.

chevaux, et partons pour notre chasse.—(*A Tamora.*) Madame, vous allez voir notre chasse romaine.

MARCUS.—Seigneur, j'ai des chiens qui réclameront la plus fière panthère, et qui monteront jusqu'à la cime du promontoire le plus élevé.

TITUS.—Et moi, j'ai un cheval qui suivra le gibier dans tous ses détours, et qui rasera la plaine comme une hirondelle.

DÉMÉTRIUS, *à son frère.*—Chiron, nous ne chassons pas, nous, avec des chevaux ni des chiens ; mais nous espérons forcer une jolie biche.

(Tous partent.)

SCÈNE III

On voit une partie de la forêt déserte et sauvage.

AARON, *avec un sac d'or.*

AARON.— Un homme qui aurait du sens croirait que je n'en ai pas d'ensevelir tant d'or sous un arbre, pour ne jamais le posséder ensuite. Que celui qui concevra de moi une si pauvre opinion sache que cet or doit forger un stratagème qui, adroitement ménagé, produira un excellent tour de scélératesse. Ainsi, repose ici, cher or, pour ôter le repos à ceux qui recevront l'aumône de la cassette de l'impératrice.

(Il cache l'or.)

(Entre Tamora.)

TAMORA. — Mon aimable Aaron, pourquoi as-tu l'air triste, lorsque tout est riant autour de toi ? Sur chaque buisson les oiseaux chantent des airs mélodieux : le serpent dort enroulé aux rayons du soleil ; un zéphyr rafraichissant agite doucement les feuilles vertes, dont les ombres mobiles se dessinent sur la terre. Asseyons-nous, Aaron, sous leur doux ombrage ; et tandis que l'écho babillard se moque des chiens, en répondant de sa voix grêle aux sons éclatants des cors, comme si l'on entendait à la fois une double chasse, reposons-nous, écoutons le bruit de leurs abois ; et après une lutte comme celle dont on dit que jouirent jadis Didon et le prince errant, lorsque, surpris par un heureux orage, il se réfugièrent à l'ombre d'une grotte discrète, nous pourrons, enlacés dans les bras l'un de l'autre, après nos doux ébats, goûter un sommeil doré, tandis que la voix des chiens, les cors et le ramage des oiseaux seront pour nous ce qu'est le chant de la nourrice pour endormir son nourrisson.

AARON.—Madame, si Vénus gouverne vos désirs, Saturne domine sur les miens[1].—Que signifient mon œil farouche et fixe, mon silence et ma sombre mélancolie? la toison de ma chevelure laineuse déroulée comme un serpent qui s'avance pour accomplir un projet funeste? Non, madame, ce ne sont pas là des symptômes amoureux. La vengeance est dans mon cœur, la mort est dans mes mains; mon cerveau ne roule que projets de sang et de carnage. Écoutez, Tamora, vous, la souveraine de mon âme, qui n'espère d'autre ciel que celui que vous me donnez; voici le jour fatal pour Bassianus : il faut que sa Philomèle perde sa langue aujourd'hui ; que vos enfants pillent les trésors de sa chasteté, et lavent leurs mains dans le sang de Bassianus. Voyez-vous cette lettre? prenez-la, je vous prie, et donnez au roi ce rouleau chargé d'un complot sinistre.—Ne me faites point de questions en ce moment; nous sommes espionnés : je vois venir à nous une portion de notre heureuse proie; ils ne songent guère à la destruction de leur vie.

TAMORA.—Ah! mon cher More, plus cher pour moi que la vie !

AARON.—Pas un mot de plus, grande impératrice; Bassianus vient; soyez dure avec lui, et j'amènerai vos enfants pour soutenir vos querelles quelles qu'elles soient.

(Aaron sort.)
(Entre Bassianus et Lavinia.)

BASSIANUS.—Qui rencontrons-nous ici? Est-ce la souveraine impératrice de Rome, séparée de son brillant cortége? Est-ce Diane, vêtue comme elle, qui aurait

---

[1] Saturne, dans l'astrologie, est la planète des cœurs froids.

quitté ses bois sacrés pour voir la grande chasse dans cette forêt?

TAMORA.—Espion insolent de nos démarches privées, si j'avais le pouvoir qu'on attribue à Diane, ton front serait à l'instant surmonté de cornes comme celui d'Actéon; et les chiens donneraient la chasse à tes membres métamorphosés, importun, impoli que tu es!

LAVINIA.—Avec votre permission, aimable impératrice, on vous croit douée du don des cornes; et l'on pourrait soupçonner que votre More et vous vous êtes écartés pour faire des expériences. Que Jupiter préserve aujourd'hui votre époux des poursuites de sa meute! Il serait malheureux qu'ils le prissent pour un cerf.

BASSIANUS.—Croyez-moi, reine, votre noir Cimmérien[1] donne à Votre Honneur la couleur de son corps; il le rend comme lui, souillé, détesté et abominable. Pourquoi êtes-vous ici séparée de toute votre suite; pourquoi êtes-vous descendue de votre beau coursier blanc comme la neige, et errez-vous ici dans un coin écarté, accompagnée d'un barbare More, si vous n'y avez pas été conduite par d'impurs désirs?

LAVINIA.—Et vous voyant troublée dans vos passe-temps, il est bien naturel que vous taxiez mon noble époux d'insolence. (A Bassianus.) Je vous en prie, quittons ces lieux, et laissons-la jouir à son gré de son amant noir comme le corbeau : cette vallée convient à merveille à ses desseins.

BASSIANUS.—Le roi, mon frère, sera informé de ceci.

LAVINIA.—Oui, car ces écarts l'ont déjà fait remarquer. Ce bon roi! être si indignement trompé!

TAMORA.—D'où me vient la patience d'endurer tout ceci?

(Entrent Chiron et Démétrius.)

DÉMÉTRIUS.—Quoi donc, chère souveraine, notre gracieuse mère, pourquoi Votre Majesté est-elle si pâle et si défaite?

---

[1] *Cimmeriæ tenebræ.* Cimmérien ici veut dire noir, par l'analogie qui existe entre le pays nébuleux des Cimmériens et la couleur noire.

TAMORA.—Et n'en ai-je pas bien sujet, dites-moi, d'être pâle? Ces deux ennemis m'ont attirée dans ce lieu que vous voyez être une vallée horrible et déserte : les arbres, au milieu de l'été, sont encore dépouillés et nus, couverts de mousse et du gui funeste : le soleil ne brille jamais ici; rien de vivant que le nocturne hibou et le sinistre corbeau; et en me montrant cet abîme horrible, ils m'ont dit qu'ici, au plus profond de la nuit, mille démons, mille serpents sifflants, dix mille crapauds gonflés de poisons, et autant d'affreux hérissons, feraient des cris si terribles et si confus que tout mortel en les entendant deviendrait fou à l'instant ou mourrait tout d'un coup [1] : aussitôt après m'avoir fait cet infernal récit, ils m'ont menacée de m'attacher au tronc d'un if mélancolique, et de m'y abandonner à cette cruelle mort; ensuite ils m'ont appelée infâme, adultère, Gothe débauchée, et m'ont accablée de tous les noms les plus insultants que jamais oreille humaine ait entendus. Si une bonne fortune merveilleuse ne vous eût pas conduits dans ce lieu, ils allaient exécuter sur moi cette vengeance. Vengez-moi si vous aimez la vie de votre mère, ou renoncez à vous appeler jamais mes enfants.

DÉMÉTRIUS, *poignardant Bassianus*.—Voilà la preuve que je suis votre fils.

CHIRON, *lui portant aussi un coup de poignard*.—Et ce coup, enfoncé jusqu'au cœur, pour prouver ma force.

LAVINIA.—Courage, Sémiramis, ou plutôt barbare Tamora; car il n'est point d'autre nom que le tien qui convienne à ta nature.

TAMORA, *à son fils*.—Donnez-moi votre poignard : vous verrez, mes enfants, que la main de votre mère saura venger l'outrage fait à votre mère.

DÉMÉTRIUS.—Arrêtez, madame : nous lui devons d'autres vengeances : d'abord battons le blé, et après brûlons la paille; cette mignonne fonde son orgueil sur sa chasteté, sur son vœu nuptial, sur sa fidélité ; et, fière

---

[1] On prétendait que la mandragore poussait un cri plaintif quand on l'ouvrait.

de ces spécieuses apparences, elle brave Votre Majesté. Eh! emportera-t-elle cet orgueil au tombeau?

CHIRON.—Si elle l'y emporte, je consens qu'on me fasse eunuque : traînons son époux hors de ce lieu, dans quelque fosse cachée, et que son cadavre serve d'oreiller à nos voluptés.

TAMORA.—Mais lorsque vous aurez savouré le miel qui vous tente, ne laissez pas survivre cette guêpe pour nous piquer de son aiguillon.

CHIRON.—Je vous promets, madame, d'y mettre bon ordre.—Allons, ma belle, la violence va nous faire jouir de cet honneur si scrupuleusement conservé.

LAVINIA.—O Tamora! tu portes la figure d'une femme...

TAMORA.—Je ne veux pas l'entendre parler davantage : entraînez-la loin de moi.

LAVINIA.—Chers seigneurs, priez-la d'entendre seulement un mot de moi.

DÉMÉTRIUS.—Écoutez-la, belle reine : faites-vous un triomphe de voir couler ses larmes : mais que votre cœur les reçoive comme le rocher insensible les gouttes de pluie.

LAVINIA, *à Démétrius.*—Depuis quand les jeunes tigres donnent-t-ils des leçons à leur mère? Oh! ne lui apprends pas la cruauté : c'est elle qui te l'a enseignée. Le lait que tu as sucé de son sein s'est changé en marbre : tu as puisé dans ses mamelles même ta tyrannie. —(*A Chiron*). Et cependant toutes les mères n'enfantent pas des fils qui leur ressemblent. Prie-la de montrer la pitié d'une femme.

CHIRON.—Quoi! voudrais-tu que je prouvasse par ma conduite que je suis un bâtard!

LAVINIA.—Il est vrai le noir corbeau n'engendre pas l'alouette. Cependant j'ai ouï dire (oh! si je pouvais le voir vérifier aujourd'hui!) que le lion, touché de pitié, souffrit qu'on coupât ses griffes royales ; on dit que les corbeaux nourrissent les enfants abandonnés, tandis que leurs propres petits oiseaux sont affamés dans leur nid. En dépit de ton cœur barbare, montre-toi, non pas aussi généreux, mais susceptible de quelque pitié.

TAMORA.—Je ne sais ce que cela veut dire : entraînez-la.

LAVINIA.—Ah! permets que je te l'enseigne : au nom de mon père qui t'a donné la vie; lorsqu'il aurait pu te tuer, ne t'endurcis point; ouvre tes oreilles sourdes.

TAMORA.—Quand tu ne m'aurais jamais personnellement offensée, le nom de ton père me rendrait impitoyable pour toi.—Souvenez-vous, mes enfants, que mes larmes ont coulé en vain pour sauver votre frère du sacrifice : le cruel Andronicus n'a pas voulu s'attendrir : emmenez-la donc; traitez-la à votre gré : plus vous l'outragerez et plus vous serez aimés de votre mère.

LAVINIA.—O Tamora, mérite le nom d'une reine généreuse, en me tuant ici de ta propre main : car ce n'est pas la vie que je te demande depuis si longtemps, je suis morte depuis que Bassianus a été tué!

TAMORA.—Que demandes-tu donc? Femme insensée, laisse-moi.

LAVINIA.—C'est la mort à l'instant que j'implore; et une grâce encore, que la pudeur empêche ma langue de nommer. Ah! sauve-moi de leur passion, plus fatale pour moi que le coup de la mort, et jette-moi dans quelque abîme odieux, où jamais l'œil de l'homme ne puisse considérer mon corps : fais cela et sois un meurtrier charitable.

TAMORA.—Je volerais à mes chers fils leur salaire! non; qu'ils assouvissent sur toi leurs désirs.

DÉMÉTRIUS, *l'entraînant.* —Allons, viens : tu n'es restée ici que trop longtemps.

LAVINIA.—Point de grâce, point de pitié de femme! Ah! brutale créature, l'opprobre et l'ennemie de tout notre sexe! que la destruction tombe....

CHIRON.—Ah! je vais te fermer la bouche. (*Il la saisit et l'entraîne.*) (*A son frère.*) Toi, traîne son mari; voici la fosse où Aaron nous a dit de le cacher.

(Ils sortent en traînant leur victime.)

TAMORA.—Adieu, mes enfants : songez à la bien mettre en sûreté. Que jamais mon cœur ne goûte un véritable sentiment de joie jusqu'à ce que la race entière des Andronicus soit détruite. Maintenant je vais chercher mon aimable More et laisser mes enfants irrités déshonorer cette malheureuse.

(Elle sort.)

(Entrent Aaron, Quintus et Marcius.)

AARON.—Venez, mes seigneurs, mettez en avant votre meilleur pied ; je vais tout à l'heure vous conduire à la fosse dégoûtante où j'ai découvert la panthère profondément endormie.

QUINTUS.—Ma vue est extrêmement obscurcie, quel qu'en soit le présage.

MARTIUS.—Et la mienne aussi, je vous le proteste ; si ce n'était pas une honte, je laisserais volontiers la chasse pour dormir quelques instants.

(Marcius tombe dans la fosse.)

QUINTUS.—Quoi, es-tu tombé? Quel dangereux précipice, dont l'ouverture est couverte par des ronces touffues dont les feuilles sont teintes d'un sang tout nouvellement répandu, et aussi frais que la rosée du matin distillée sur les fleurs! Cet endroit me semble fatal.—Parle-moi, mon frère, t'es-tu blessé dans ta chute?

MARTIUS.—O mon frère! je suis blessé par l'aspect du plus triste objet dont la vue ait fait gémir mon cœur.

AARON, *à part*.—Maintenant je vais chercher le roi et l'amener ici, afin qu'il les y trouve ; il verra là un indice probable que ce sont eux qui ont assassiné son frère.

(Aaron sort.)

MARTIUS, *du fond de la fosse*.—Pourquoi ne me consoles-tu pas et ne m'aides-tu pas à sortir de cet exécrable fosse toute souillée de sang?

QUINTUS.—Je me sens saisi d'une terreur extraordinaire : une sueur glacé inonde tous mes membres tremblants ; mon cœur soupçonne plus de choses que n'en voient mes yeux.

MARTIUS.—Pour te prouver que ton cœur devine juste, Aaron et toi, regardez dans cette caverne, et voyez un affreux spectacle de mort et de sang.

QUINTUS.—Aaron est parti : et mon cœur compatissant ne peut permettre à mes yeux de regarder l'objet dont le soupçon seul le fait frissonner; oh! dis-moi ce que c'est : jamais, jusqu'à ce moment, je n'ai jamais été assez enfant pour craindre sans savoir pourquoi.

MARTIUS. — Le prince Bassianus est gisant en un monceau, comme un agneau égorgé, dans cet antre détestable, ténébreux et abreuvé de sang.

QUINTUS. — Si cet antre est si sombre, comment peux-tu savoir que c'est lui?

MARTIUS. — Il porte à son doigt sanglant un anneau précieux [1] dont les feux éclairent toute cette profondeur, comme une lampe sépulcrale dans un monument brille sur les visages terreux des morts et montre les entrailles rugueuses de cet abîme : telle la pâle lueur de la lune tombait sur Pyrame, gisant dans la nuit et baigné dans son sang. — O mon frère! aide-moi de ta main défaillante..... si la crainte t'a rendu aussi faible que je le suis..... Aide-moi à sortir de ce cruel et dévorant repaire, aussi odieux que la bouche obscure du Cocyte.

QUINTUS. — Tends-moi la main, afin que je puisse t'aider à remonter..... ou, si la force me manque pour te rendre ce service, je serai entraîné par ton poids dans le sein de cet abîme, tombeau du pauvre Bassianus. Ah! je n'ai pas la force de t'attirer sur le bord.

MARTIUS. — Et moi, je n'ai pas la force de monter sans ton secours.

QUINTUS. — Donne-moi ta main encore une fois, je ne la lâcherai pas cette fois que tu ne sois dehors, ou moi au fond. — Tu ne peux venir à moi, je viens à toi.

(Il tombe dans la caverne.)
(Entrent Saturninus et Aaron.)

SATURNINUS. — Venez avec moi. — Je veux voir quel trou il y a ici, et quel est celui qui vient de s'y précipiter. — Parle, qui es-tu, toi qui viens de descendre dans cette crevasse de la terre?

MARTIUS. — Le malheureux fils du vieil Andronicus, conduit ici par la plus fatale destinée, pour y trouver ton frère Bassianus mort.

---

[1] « On suppose ici que cette bague jette non pas une lumière réfléchie mais une lumière qui lui est propre. » (JOHNSON.)

SATURNINUS.—Mon frère mort? Tu ne parles pas sérieusement; son épouse et lui sont vers le nord de la forêt, au rendez-vous de cette agréable chasse; il n'y a pas encore une heure que je l'y ai laissé.

MARCUS.—Nous ne savons pas où vous l'avez laissé vivant, mais, hélas! nous l'avons trouvé mort ici.

(Entrent Tamora et sa suite, Andronicus et Lucius.)

TAMORA.—Où est mon époux, où est l'empereur?

SATURNINUS.—Ici, Tamora; mais navré d'un chagrin mortel.

TAMORA.—Où est votre frère Bassianus?

SATURNINUS.—Oh! vous touchez au fond de ma blessure; l'infortuné Bassianus est ici assassiné.

TAMORA.—Alors je vous apporte trop tard ce fatal écrit, le plan de cette tragédie prématurée; et je suis bien étonnée que le visage d'un homme puisse cacher dans les replis d'un sourire gracieux tant de cruauté et de barbarie.

(Elle donne une lettre à Saturninus.)

SATURNINUS *la lit* —« Si nous manquons de le joindre à « propos;—mon bon chasseur!—C'est Bassianus, que « nous voulons dire.—Songe seulement à creuser un « tombeau pour lui; tu nous entends.—Va chercher ta « récompense sous les orties au pied du 'sureau, qui « couvre de son ombrage l'ouverture de cette même « fosse où nous avons résolu d'enterrer Bassianus, fais « cela et tu acquerras en nous des amis sûrs. »

O Tamora! a-t-on jamais entendu rien de pareil? Voici la fosse, et voilà le sureau; voyez, amis, si vous pourriez découvrir le chasseur qui doit avoir assassiné ici Bassianus.

AARON, *cherchant*.—Mon digne souverain, voici le sac d'or.

(Il le montre.)

SATURNINUS, *à Titus*.—Deux dogues nés de toi, dogues cruels et sanguinaires, ont ôté ici la vie à mon frère. (*A sa suite*.) Arrachez-les de la fosse pour les traîner en prison; qu'ils y restent jusqu'à ce que nous ayons inventé pour leur supplice des tortures nouvelles et inouïes.

TAMORA.—Quoi! ils sont dans cette fosse? O prodige! avec quelle facilité le meurtre se découvre!

TITUS.—Auguste empereur, je vous demande à genoux une grâce, avec des larmes qui ne coulent pas aisément, c'est que ce crime atroce de mes enfants maudits, maudits si leur crime est prouvé.....

SATURNINUS.—S'il est prouvé! vous voyez qu'il est manifeste.—Qui a trouvé cette lettre? Tamora, est-ce vous?

TAMORA.—C'est Andronicus lui-même qui l'a ramassée.

TITUS.—Oui, c'est moi, seigneur; et cependant souffrez que je sois leur caution, car je fais vœu, par la tombe de mon vénérable père qu'ils seront toujours prêts à se présenter sur l'ordre de Votre Majesté; et à répondre sur leurs vies de vos soupçons.

SATURNINUS.—Tu ne seras pas leur caution; allons, suis-moi. Que les uns enlèvent le corps, et que d'autres emmènent les meurtriers; qu'ils ne disent pas une parole; la culpabilité est évidente; sur mon âme, s'il était une fin plus cruelle que la mort, je la leur ferais subir.

TAMORA.—Andronicus, je prierai le roi pour toi; ne crains rien pour tes fils, ils se tireront d'affaire.

TITUS.—Viens, Lucius, viens; ne t'arrête pas à leur parler.

(Ils sortent par différents côtés.)

SCÈNE IV

DÉMÉTRIUS et CHIRON, *avec* LAVINIA *violée, les mains et la langue coupées.*

DÉMÉTRIUS.—Va maintenant; dis, si tu peux parler, qui t'a coupé la langue et t'a déshonorée.

CHIRON.—Écris ta pensée, trahis ainsi tes sentiments; et, si tes moignons te le permettent, fais l'office d'écrivain.

DÉMÉTRIUS, *à Chiron.*—Vois, comme elle peut manifester son ressentiment avec des signes et des indices.

CHIRON, *à Lavinia.*—Va chez toi, demande de l'eau de senteur et lave tes mains.

DÉMÉTRIUS.—Elle n'a point de langue pour appeler ni

de mains à laver; ainsi laissons-la à ses promenades silencieuses.

CHIRON.—Si j'étais à sa place, j'irais me pendre.

DÉMÉTRIUS.—Oui, si tu avais des mains pour t'aider à nouer la corde.

(Démétrius et Chiron sortent.)
(Entre Marcus.)

MARCUS.—Que vois-je? Serait-ce ma nièce qui fuit si vite? Ma nièce, un mot : où est ton mari? Si c'est un songe, je voudrais me réveiller au prix de tout ce que je possède. Et si je suis éveillé, que l'influence de quelque astre fatal me frappe et me plonge dans un sommeil éternel.—Parle-moi, chère nièce, quelle main féroce et sans pitié t'a ainsi mutilée? qui a coupé et dépouillé ton corps de ses deux branches, de ses doux ossements à l'ombre desquels des rois ont désiré de s'endormir sans pouvoir obtenir un aussi grand bonheur que la moitié de ta tendresse?—Pourquoi ne me réponds-tu pas?—Hélas! un ruisseau cramoisi de sang fumant comme une source bouillante et agitée par le vent sort et tombe entre tes deux lèvres de rose, va et revient avec le souffle de ta respiration. Sûrement quelque nouveau Térée a profané ta fleur, et, pour t'empêcher de découvrir son forfait, t'a coupé la langue. Ah! voilà que tu détournes ton visage confus,—et malgré tout ce sang que tu perds, et qui sort comme des trois bouches d'un conduit, tes joues se colorent encore comme la face de Titan lorsqu'il rougit d'être assailli par un nuage. Répondrai-je pour toi? Dirai-je que cela est vrai? Que ne puis-je lire dans ton cœur, et connaître cette bête féroce, afin que je puisse l'accabler d'injures pour soulager mon cœur! Le chagrin caché, fermé comme un four fermé, brûle et calcine le cœur où il est renfermé. La belle Philomèle ne perdit que la langue; et elle parvint à broder ses sentiments sur un ennuyeux canevas; mais, toi, mon aimable nièce, cette ressource t'a été enlevée. Tu as rencontré un Térée plus rusé, qui a coupé ces jolis doigts qui auraient brodé bien mieux que ceux de Philomèle. Ah! si le monstre avait vu ces mains de lis trembler, comme les feuilles du tremble, sur un luth, et faire frémir ses cordes de soie du plaisir d'en être caressées, il n'eût pu les toucher, au prix même de sa vie. S'il eût entendu la céleste harmonie que produisait cette langue mélodieuse, il eût laissé échapper de ses mains le couteau cruel, et se fût endormi, comme Cerbère aux pieds du poëte de Thrace.—Allons, viens, viens frapper ton père d'aveuglement; car une pareille vue doit rendre un père aveugle. Un orage d'une heure suffit pour noyer les prairies parfumées : que ne doivent donc pas produire sur les yeux de ton père des années de larmes? Ne me fuis point : nous pleurerons avec toi; plût au ciel que nos larmes pussent soulager ta souffrance !

(Ils sortent tous deux.)

FIN DU DEUXIÈME ACTE.

ACTE TROISIÈME

SCÈNE I

Le théâtre représente une rue de Rome.

Les SÉNATEURS et *les* JUGES, *suivis de* MARCUS et *de* QUINTUS *enchaînés passent sur le théâtre, se rendant au lieu de l'exécution* : TITUS *les précède, parlant pour ses enfants.*

TITUS.—Écoutez-moi, vénérables pères. Nobles tribuns, arrêtez un moment, par pitié pour mon âge, dont la jeunesse fut employée à des guerres dangereuses, tandis que vous dormiez en paix; au nom de tout le sang que j'ai versé pour la grande cause de Rome, de toutes les nuits glacées pendant lesquelles j'ai veillé, au nom de ces larmes amères que vous voyez remplir sur mes joues les rides de la vieillesse; ayez pitié pour mes enfants condamnés, dont les âmes ne sont pas aussi perverses qu'on l'imagine! J'ai perdu vingt-deux enfants sans jamais répandre une larme; morts dans le noble lit de l'honneur. (*Il se jette à terre, les juges passent tous près de lui.*) C'est pour ceux-ci, pour ceux-ci, tribuns, que j'écris sur la poussière l'angoisse profonde de mon cœur et les larmes de mon âme, qu'elles abreuvent la terre altérée : le sang de mes chers enfants la fera rougir de honte. (*Les sénateurs et les tribuns sortent avec les prisonniers.*) O terre! je prodiguerai à ta soif plus de pleurs tombant de ces deux urnes vieillies, que le jeune avril ne te donnera de ses rosées; dans les ardeurs de l'été, je t'en arroserai encore : dans l'hiver, je fondrai tes neiges par mes larmes brûlantes, et j'entretiendrai une verdure éternelle sur ta surface, si tu refuses de boire le sang de mes chers fils. (*Entre Lucius avec son épée nue.*) Tribuns révérés; bons vieillards, délivrez mes enfants de leurs chaînes, révoquez l'arrêt de leur mort, et faites-moi dire, à moi, qui n'avais jamais pleuré, que mes larmes sont douées d'une éloquence persuasive.

LUCIUS.—Mon noble père, vous vous lamentez en vain; les tribuns ne vous entendent point; il n'y a personne ici, et vous racontez vos douleurs à une pierre.

TITUS.—Ah! Lucius, laisse-moi plaider la cause de tes frères.—Respectables tribuns, je vous conjure encore une fois.

LUCIUS.—Mon vénérable père, il n'y a pas de tribuns pour vous entendre.

TITUS.—N'importe : s'ils m'entendaient, ils ne feraient pas attention à moi; ou bien, comme je leur suis entièrement inutile, ils m'entendraient sans avoir pitié de moi : c'est pourquoi je raconte mes douleurs aux pierres; si elles ne peuvent répondre à mes plaintes, du moins sont-elles en quelque sorte meilleures que les tribuns; elles n'interrompent point mon douloureux récit : quand je pleure, elles reçoivent humblement mes larmes et semblent pleurer avec moi. Si elles étaient vêtues de longues robes de deuil, Rome n'aurait point de tribun qui leur fût comparable. Oui, la pierre est molle comme la cire; les tribuns sont plus durs que les rochers : la pierre est silencieuse et ne blesse point; les tribuns avec leur langue condamnent les gens à mort : mais pourquoi te vois-je avec ton épée nue?

LUCIUS.—C'était pour arracher à la mort mes deux frères; et, pour cette tentative, les juges ont prononcé contre moi la sentence d'un bannissement éternel.

TITUS.—Que tu es heureux! Ils t'ont traité avec amitié. Quoi! Lucius insensé, ne vois-tu pas que Rome n'est qu'un repaire de tigres? Il faut aux tigres une proie; et Rome n'en a point d'autre à leur offrir que moi et les miens. Ah! que tu es heureux d'être banni loin de ces tigres dévorants!—Mais qui vient ici avec notre frère Marcus?

(*Entrent Marcus et Lavinia.*)

marcus.—Titus, prépare tes nobles yeux à pleurer, sinon il faudra que ton cœur se brise de douleur; j'apporte à ta vieillesse un chagrin dévorant.

titus.—Me dévorera-t-il? Alors, montre-le-moi.

marcus, *montrant Lavinia.*—Ce fut là ta fille.

titus.—Oui, Marcus, et elle l'est encore.

lucius.—Ah! malheureux que je suis! cet objet me tue.

titus.—Enfant au cœur faible, relève-toi et regarde-la.—Parle, ma Lavinia, quelle main maudite t'envoie ainsi mutilée devant les regards de ton père? Quel insensé va porter de l'eau à l'Océan, ou jeter du bois dans Troie en flammes? Avant que je t'eusse vue, ma douleur était au comble, et maintenant, comme le Nil, elle ne connaît plus de limites. Donnez-moi une épée, je trancherai mes mains aussi, car elles ont combattu pour Rome, et combattu en vain; elles ont nourri ma vie et prolongé mes jours pour cet horrible malheur : je les ai tendues en vain dans une prière inutile et elles ne m'ont servi qu'à des usages sans résultat, maintenant tout le service que je leur demande c'est que l'une m'aide à couper l'autre.—Il est bon, Lavinia, que tu n'aies plus de mains, car il est inutile d'en avoir pour servir Rome.

lucius.—Parle, chère sœur; dis qui t'a ainsi martyrisée?

marcus.—Hélas! ce charmant organe de ses pensées, qui les exprimait avec une si douce éloquence, est arraché de sa jolie cage creuse où, comme un oiseau mélodieux, il chantait ces sons agréables et variés qui ravissait toutes les oreilles!

lucius, *à Marcus.*—Toi, parle donc pour elle; dis, qui a commis cette action.

marcus.—Hélas! je l'ai trouvée ainsi errante dans la forêt, cherchant à se cacher, comme la biche timide qui a reçu une blessure incurable.

titus.—Elle était ma biche chérie, et celui qui l'a blessée m'a fait plus de mal que s'il m'eût étendu mort. Maintenant je suis comme un homme sur un rocher environné d'une vaste étendue de mer, et qui voit la marée monter vague après vague, attendant le moment où un flot ennemi l'engloutira dans ses entrailles salées. C'est par ce chemin que mes malheureux fils ont marché à la mort : voilà ici mon autre fils condamné à l'exil, et voilà mon frère, qui pleure mes malheurs : mais de tous mes maux, celui qui porte à mon âme le coup le plus cruel, c'est le sort de ma chère Lavinia, qui m'est plus chère que mon âme. Si j'avais vu ton portrait dans cet état affreux, cela aurait suffi pour me rendre fou : que deviendrai-je, lorsque je te vois ainsi en personne dans cette horrible situation? Tu n'as plus de mains pour essuyer tes larmes, ni de langue pour dire qui t'a ainsi martyrisée : ton époux est mort, et, pour sa mort, tes frères sont condamnés et exécutés à l'heure qu'il est.— Vois, Marcus : ah! Lucius, mon fils, regardez-la. Quand j'ai nommé ses frères, de nouvelles larmes ont coulé sur ses joues comme une douce rosée sur un lis cueilli et déjà flétri.

MARCUS.—Peut-être pleure-t-elle parce qu'ils ont tué son mari : peut-être aussi parce qu'elle les sait innocents.

TITUS, *à sa fille*.—Si ce sont eux qui ont tué ton époux, réjouis-toi alors de ce que la loi a vengé sa mort.—Non, non, ils n'ont point commis un forfait aussi atroce : j'en atteste la douleur que montre leur sœur.—Ma chère Lavinia, laisse-moi baiser tes lèvres; ou fais-moi comprendre par quelques signes comment je pourrais te soulager. Veux-tu que ton bon oncle, et ton frère Lucius, et toi, et moi, nous allions nous asseoir autour de quelque fontaine, tous, les yeux baissés vers son onde, pour voir comment nos joues sont tachées par les larmes, semblables à des prairies encore humides du limon qu'a laissé sur leur surface une inondation? Irons-nous attacher nos regards sur la fontaine jusqu'à ce que la douceur de ses eaux limpides soit altérée par l'amertume de nos larmes, ou bien veux-tu que nous coupions nos mains comme on a coupé les tiennes : ou que nous tranchions nos langues avec nos dents, et que nous passions, sans autre voix que nos signes muets, le reste de nos exécrables jours? Que veux-tu que nous fassions?—Nous, qui possédons nos langues, imaginons quelque plan de misères plus horribles pour étonner l'avenir de nos désastres.

LUCIUS. — Mon tendre père, cessez vos pleurs : car voyez comme votre désespoir fait pleurer et sangloter ma pauvre sœur.

MARCUS.—Prends patience, chère nièce.—Bon Titus, sèche tes yeux.

TITUS.—Ah! Marcus, Marcus! mon frère, je sais bien que ton mouchoir ne peut plus boire une seule de mes larmes; car toi, homme infortuné, tu l'as tout trempé des tiennes.

LUCIUS.—Ah! ma chère Lavinia, je veux essuyer tes joues.

TITUS.—Vois, Marcus, vois; je comprends ses signes; si elle avait une langue pour parler, elle dirait en ce moment à son frère, ce que je viens de te dire; « que le « mouchoir tout trempé des pleurs de son frère ne « peut plus servir à essuyer ses joues humides. » O quelle sympathie de malheurs! aussi éloignés de tout remède que les limbes le sont du ciel! (Entre Aaron.)

AARON. — Titus Andronicus, l'empereur mon maître m'envoie te dire, que si tu aimes tes fils, vous pouvez, soit Marcus, soit Lucius, soit toi-même, vieillard, quelqu'un de vous, enfin, vous couper la main et l'envoyer au roi; qu'en retour il te renverra tes deux fils vivants, et que ce sera la rançon de leur crime.

TITUS.—O généreux empereur! ô bon Aaron! Le noir corbeau a-t-il donc jamais fait entendre des accents aussi semblables à ceux de l'alouette, qui nous avertit par ses chants du lever du soleil? De tout mon cœur, je consens à envoyer ma main à l'empereur; bon Aaron, veux-tu m'aider à la couper?

LUCIUS.—Arrêtez, mon père; non, vous n'enverrez point votre main, cette main glorieuse qui a terrassé tant d'ennemis, la mienne suffira; ma jeunesse a plus de sang à perdre que vous; et ce sera ma main qui servira à sauver la vie de mes frères.

MARCUS.—Laquelle de vos mains n'a pas défendu Rome, et brandi la hache d'armes sanglante, écrivant la destruction sur le casque des ennemis? Ah! vous n'avez point de main qui ne soit illustrée par de rares exploits, la mienne est restée oisive; qu'elle serve aujourd'hui de rançon pour arracher mes neveux à la mort; je l'aurai conservée alors pour un digne usage.

AARON.—Allons, convenez promptement; quelle main sera sacrifiée, de crainte qu'ils ne meurent, avant que leur pardon arrive.

MARCUS.—Ce sera ma main.

LUCIUS.—Non, par le ciel, ce ne sera pas la vôtre.

TITUS.—Mes amis, ne vous disputez plus; des herbes si flétries (*montrant ses mains*) sont bonnes à arracher, et ce doit être la mienne.

LUCIUS.—Mon tendre père, si l'on doit me croire ton fils, laisse-moi racheter mes deux frères de la mort.

MARCUS.—Pour l'amour de notre père, au nom de l'affection de notre mère, laisse-moi te prouver en ce moment la tendresse d'un frère.

TITUS.—Arrangez-vous entre vous; je veux bien épargner ma main.

LUCIUS.—Je vais chercher une hache.

MARCUS.—Mais c'est à moi qu'elle servira.

(Lucius et Marcus sortent.)

TITUS. — Approche, Aaron, je veux les tromper tous deux; prête-moi ta main, et je vais te donner la mienne.

AARON.—Si cela s'appelle tromper, je veux être honnête, et ne jamais tromper ainsi les hommes, tant que je vivrai. (*A part.*) Mais je te tromperai d'une autre manière, et tu le verras avant qu'il se passe une demi-heure.

(Il coupe la main à Titus.)
(Lucius et Marcus reviennent.)

TITUS.—Maintenant cessez votre dispute; ce qui devait être est fait. Bon Aaron, va, donne ma main à l'empereur. Dis-lui que c'est une main qui l'a protégé contre mille dangers; qu'il l'enterre; elle a mérité davantage; qu'elle obtienne du moins cela. Quant à mes fils, dis-lui que je les regarde comme des joyaux achetés à peu de frais, et cependant bien chèrement aussi, puisque je n'ai racheté que ce qui est à moi.

AARON.—Je pars, Andronicus; et, au prix de ta main, attends-toi à voir incessamment tes fils t'être rendus, (*à part*) leurs têtes, je veux dire. Oh! comme cette scélératesse me nourrit par sa seule idée! Que les fous fassent du bien, et que les beaux hommes cherchent à plaire; Aaron veut avoir l'âme aussi noire que son visage.

(Il sort.)

TITUS, *à sa fille*.—Je lève cette main qui me reste vers le ciel, et je fléchis jusqu'à terre ce corps caduc; s'il est quelque puissance qui prenne pitié des larmes des malheureux, c'est elle que j'implore. Quoi, veux-tu te prosterner avec moi? Fais-le, chère âme; le ciel entendra nos prières, ou bien, avec nos soupirs, nous obscurcirons la voûte du ciel, et nous ternirons la face du soleil par une vapeur comme font quelquefois les nuages quand ils le pressent contre leur sein humide.

MARCUS.—Mon frère, demande des choses possibles, et ne te jette point dans cet abîme de chagrins.

TITUS.—Mon malheur n'est-il donc pas un abîme, puisqu'il n'a point de fond? que ma douleur soit donc sans fond comme lui.

MARCUS.—Mais pourtant que ta raison gouverne ta douleur.

TITUS.—S'il était quelque raison pour mes misères, je pourrais contenir ma souffrance dans quelques bornes. Quand le ciel pleure, la terre n'est-elle pas inondée? Si les vents sont en fureur, la mer ne devient-elle pas furieuse, menaçant le firmament de son sein gonflé? Et veux-tu avoir une raison de ce tumulte? Je suis la mer; écoute la violence de ses soupirs. Ma fille est le firmament en pleurs, et moi la terre; il faut donc que la mer soit émue de ses soupirs; il faut donc que ma terre submergée et noyée par ses larmes continuelles devienne un déluge. Mes entrailles ne peuvent contenir mon desespoir ; il faut donc que, comme un ivrogne, je le vomisse. Ainsi, laisse-moi en liberté, ceux qui perdent doivent avoir la liberté de se soulager le cœur par la méchanceté de leur langue.

(Entre un messager, portant deux têtes et une main.)

LE MESSAGER.—Digne Andronicus, tu es mal payé de cette noble main que tu as envoyée à l'empereur : voici les têtes de tes deux braves fils, et voilà ta main qu'on te renvoie avec mépris. Tes chagrins vont faire leur amusement, et ils se moquent de ton courage. Je souffre plus de penser à tes maux que du souvenir de la mort de mon père.

(Il sort.)

MARCUS.—Maintenant que le bouillant Etna s'éteigne en Sicile, et que mon cœur nourrisse la flamme éternelle d'un enfer! C'est trop de maux pour pouvoir les supporter! Pleurer avec ceux qui pleurent soulage un peu, mais un chagrin qu'on insulte est une double mort.

LUCIUS.—Quoi ! comment se peut-il que ce spectacle me fasse une blessure si profonde, et que l'odieuse vie ne succombe pas? Se peut-il que la mort permette à la vie d'usurper son nom, quand la vie n'a plus d'autre bien que le souffle ?

(Lavinia lui donne un baiser.)

MARCUS.—Hélas ! pauvre cœur, ce baiser est sans consolation, comme l'eau glacée pour un serpent transi par la faim.

TITUS.—Quand finira cet effrayant sommeil?

MARCUS.—Adieu, maintenant, toute illusion : meurs, Andronicus, tu ne dors pas : vois les têtes de tes deux fils, ta main guerrière tranchée, ta fille mutilée, ton autre fils banni, pâle et inanimé à cet horrible aspect; et moi, ton frère, froid et immobile comme une statue de pierre. Ah ! je ne veux plus chercher à modérer ton désespoir : arrache tes cheveux argentés, ronge de tes dents ton autre main, et que cet affreux spectacle ferme enfin tes yeux trop infortunés ! Voilà le moment de t'emporter : pourquoi restes-tu calme?

TITUS, *riant*.—Ha, ha, ha.

marcus. — Pourquoi ris-tu ? ce n'est guère le moment.

titus. — Il ne me reste plus une seule larme à verser ; d'ailleurs, ce désespoir est un ennemi qui veut envahir mes yeux humides, et les rendre aveugles en les forçant de payer le tribut de leurs larmes. Par quel chemin alors trouverais-je la caverne de la vengeance ? car ces deux têtes semblent me parler et me menacer de ne jamais entrer dans le séjour du bonheur, jusqu'à ce que tous ces malheurs retombent sur ceux qui les ont commis. Allons, voyons quelle tâche j'ai à remplir. — Vous, tristes compagnons, entourez-moi, afin que je puisse me tourner vers chacun de vous, et jurer à mon âme de venger vos affronts. Le vœu est prononcé. — Allons, mon frère, prends une tête, et moi je porterai l'autre dans cette main. Lavinia, tu seras employée à cette œuvre : porte ma main, chère fille, entre tes dents. Toi, jeune homme, va-t'en, éloigne-toi de ma vue : tu es banni, et tu ne dois pas rester ici ; cours chez les Goths, lève parmi eux une armée ; et si tu m'aimes, comme je le crois, embrassons-nous et séparons-nous, car nous avons beaucoup à faire.

(Ils sortent tous, excepté Lucius.)

lucius, *seul*. — Adieu, Andronicus, mon noble père, l'homme le plus malheureux qui ait jamais vécu dans Rome ! Adieu, superbe Rome : Lucius laisse ici, jusqu'à son retour, des gages plus chers que sa vie. Adieu, Lavinia, ma noble sœur ; ah ! plût aux dieux que tu fusses ce que tu étais auparavant ! Mais à présent Lucius et Lavinia ne vivent plus que dans l'oubli et dans des chagrins insupportables. Si Lucius vit, il vengera vos outrages et forcera le fier Saturninus et son impératrice à mendier aux portes de Rome, comme autrefois Tarquin et sa reine. Je vais chez les Goths, et je lèverai une armée pour me venger de Rome et de Saturninus.

(Il sort.)

SCÈNE II

On voit un appartement dans la maison de Titus.

Un banquet est dressé. TITUS, MARCUS, LAVINIA ET *le jeune* LUCIUS, *enfant de Lucius.*

TITUS.—Bon, bon.—Maintenant asseyons-nous, et songez à ne prendre de nourriture que ce qu'il en faut pour conserver en nous assez de forces pour venger nos affreux malheurs. Marcus, dénoue le nœud de ton douloureux embrassement; ta nièce et moi, pauvres créatures, sommes privés de nos mains, et nous ne pouvons exprimer notre profond chagrin en nous pressant de nos bras. Cette pauvre main droite qui me reste ne m'est laissée que pour tourmenter mon sein; et lorsque mon cœur, rendu fou par la souffrance, bat violemment dans cette prison de chair, je le réprime ainsi par mes coups. (*A Lavinia.*) Toi, carte de douleurs, qui me parles par signes, tu ne peux, quand ton cœur précipite ses battements douloureux, le frapper comme moi pour l'apaiser. Blesse-le par tes soupirs, ma fille; tue-le par des gémissements, ou saisis un petit couteau entre tes dents, et fais une ouverture là où palpite ton cœur, afin que toutes les larmes que laissent tomber tes pauvres yeux puissent couler dans cette fente et noyer dans des flots amers ce cœur insensé qui se lamente.

MARCUS.—Fi donc! mon frère, fi donc! N'enseigne point à ta fille à porter des mains homicides sur sa frêle vie!

TITUS.—Quoi, le chagrin te fait-il déjà extravaguer, Marcus? ce n'est qu'à moi seul qu'il appartient d'être fou. Quelles mains homicides peut-elle porter sur sa vie? Ah! pourquoi prononces-tu le nom de *mains?* c'est presser Énée de raconter deux fois l'embrasement de Troie et l'histoire de ses cruelles infortunes. Ah! évite de toucher à un sujet qui t'amène à parler de *mains*, de peur de nous rappeler que nous n'en avons point.—Fi donc, fi donc! quels discours extravagants! Comme si nous pouvions oublier que nous n'avons pas de mains, quand même Marcus ne prononcerait pas le mot de mains! —Allons, commençons : chère fille, mange ceci.—Il n'y a point à boire? Écoute, Marcus, ce qu'elle veut dire.—Je puis interpréter tous ses signes douloureux. Elle dit qu'elle ne boit d'autre boisson que ses larmes brassées avec ses chagrins et fermentées sur ses joues [1]. Muette infortunée, j'apprendrai tes pensées et je saurai aussi bien tes gestes muets que les ermites mendiants savent leurs saintes prières. Tu ne pousseras point de soupir, tu n'élèveras point tes moignons vers le ciel, tu ne feras pas un clin d'œil, un signe de tête, tu ne te mettras pas à genoux, tu ne feras pas un geste, que je n'en compose un alphabet, et que je ne parvienne, par une pratique assidue, à savoir ce que tu veux dire.

LE JEUNE ENFANT.—Mon bon grand-père, laisse là ces plaintes amères, et égaye ma tante par quelque belle histoire.

MARCUS.—Hélas! ce pauvre enfant, ému de nos douleurs, pleure de voir le chagrin de son grand-père.

TITUS.—Calme-toi, tendre rejeton, tu es fait de larmes, et ta vie s'écoulerait bientôt avec elles. (*Marcus frappe le plat avec un couteau.*) Que frappes-tu de ton couteau, Marcus?

MARCUS.—Ce que j'ai tué, seigneur, une mouche.

TITUS.—Malédiction sur toi, meurtrier, tu assassines mon cœur : mes yeux sont rassasiés de voir la tyrannie. Un acte de mort exercé sur un être innocent ne sied point au frère de Titus.—Sors de ma présence, je vois que tu n'es pas fait pour être en ma société.

MARCUS.—Hélas! seigneur, je n'ai tué qu'une mouche.

TITUS.—Eh quoi! si cette mouche avait un père et une mère? comme tu les verrais laisser pendre leurs ailes délicates et dorées et frapper l'air de leur murmure gémissant! Pauvre et innocente mouche, qui était venue ici pour nous égayer par son bourdonnement mélodieux! et tu l'as tuée!

[1] *Brew'd with her sorrows, mesh'd upon her cheeks.* Grossière allusion à l'art du brasseur.

MARCUS.—Pardonnez, seigneur, c'était une mouche noire et difforme, semblable au More de l'impératrice : voilà pourquoi je l'ai tuée.

TITUS.—Oh ! oh ! alors pardonne-moi de t'avoir blâmé, car tu as fait une action charitable. Donne-moi ton couteau ; je veux outrager son cadavre, me faisant illusion comme si je voyais en lui le More qui serait venu exprès pour m'empoisonner. (*Il porte des coups à l'insecte.*) Voilà pour toi, et voilà pour Tamora ; ah ! scélérat !—Cependant je ne crois pas que nous soyons encore réduits si bas que nous ne puissions entre nous tuer une mouche qui vient nous offrir la ressemblance de ce More noir comme le charbon.

MARCUS.—Hélas, pauvre homme ! la douleur a fait tant de ravages en lui, qu'il prend de vains fantômes pour des objets réels.

TITUS.—Allons, levons-nous.—Lavinia, viens avec moi : je vais dans mon cabinet ; je veux lire avec toi les tristes aventures arrivées dans les temps anciens.—(*Au jeune Lucius.*) Viens, mon enfant, lire avec moi ; ta vue est jeune, et tu liras lorsque la mienne commencera à se troubler.

(Ils sortent.)

FIN DU TROISIÈME ACTE.

ACTE QUATRIÈME.

SCÈNE I

La scène est devant la maison de Titus.

Entrent TITUS ET MARCUS; *survient en même temps le* JEUNE LUCIUS, *après lequel court* LAVINIA.

L'ENFANT.—Au secours, mon grand-père, au secours! ma tante Lavinia me suit partout, je ne sais pourquoi. Mon cher oncle Marcus, voyez comme elle court vite.— Hélas, chère tante, je ne sais pas ce que vous voulez.

MARCUS.—Reste près de moi, Lucius; n'aie pas peur de ta tante.

TITUS.—Elle t'aime trop, mon enfant, pour te faire du mal.

L'ENFANT.—Oh! oui, quand mon père était à Rome, elle m'aimait bien.

MARCUS.—Que veut dire ma nièce Lavinia par ces signes?

TITUS, *à l'enfant.*—N'aie pas peur d'elle, Lucius.—Elle veut dire quelque chose.—Vois, Lucius, vois comme elle t'invite.—Elle veut que tu ailles quelque part avec elle. Ah! mon enfant, jamais Cornélie ne mit plus de soin à lire à ses enfants, que Lavinia à te lire de belles poésies et les harangues de Cicéron. Ne peux-tu deviner pourquoi elle te sollicite ainsi?

L'ENFANT.—Je n'en sais rien, moi, seigneur, ni ne peux le deviner, à moins que ce ne soit quelque accès de frénésie qui l'agite; car j'ai souvent ouï dire à mon grand-père que l'excès du chagrin rendait les hommes fous, et j'ai lu que Hécube de Troie devint folle de douleur : c'est ce qui m'a fait peur, quoique je sache bien que ma noble tante m'aime aussi tendrement qu'ait jamais fait ma mère, et qu'elle ne voudrait pas effrayer mon enfance, à moins que ce ne fût dans sa folie. C'est ce qui m'a fait jeter mes livres, et fuir sans raison, peut-être; mais pardon, chère tante; oui, madame, si mon oncle Marcus veut venir, je vous accompagnerai bien volontiers.

MARCUS.—Lucius, je le veux bien.
 (Lavinia retourne du pied les livres que Lucius a laissés tomber.)

TITUS.— Eh bien, Lavinia?—Marcus, que veut-elle dire? il y a un livre qu'elle demande à voir.—Lequel de ces livres, ma fille? Ouvre-les, mon enfant.—Mais tu es plus lettrée, ma fille, et plus instruite. Viens, et choisis dans toute ma bibliothèque, et trompe ainsi tes chagrins jusqu'à ce que le ciel révèle l'exécrable auteur de ces atrocités.—Pourquoi lève-t-elle ses bras ainsi l'un après l'autre?

MARCUS.—Je crois qu'elle veut dire qu'il y avait plus d'un scélérat ligué contre elle dans cette action.—Oui, il y en avait plus d'un,—ou bien, elle lève les bras vers le ciel pour implorer sa vengeance.

TITUS.—Lucius, quel est ce livre qu'elle agite ainsi?

L'ENFANT.—Mon grand-père, ce sont les Métamorphoses d'Ovide : c'est ma mère qui me l'a donné.

MARCUS.—C'est peut-être par tendresse pour celle qui n'est plus qu'elle a choisi ce livre entre tous les autres.

TITUS.—Doucement, doucement.—Voyez avec quelle activité elle tourne les feuillets! aidez-la : que veut-elle trouver? Lavinia, dois-je lire? Voici la tragique histoire de Philomèle, qui raconte la trahison de Térée et son rapt; et le rapt, je le crains bien, a été la source de tes malheurs.

MARCUS.—Voyez, mon frère, voyez : remarquez avec quelle attention elle considère les pages!

TITUS.—Lavinia, chère fille, aurais-tu été ainsi surprise, violée et outragée, comme l'a été Philomèle, saisie de force dans le vaste silence des bois sombres et insensibles? Voyez, voyez!—Oui, voilà la description d'un lieu pareil à celui où nous chassions (ah! plût au ciel que nous n'eussions jamais, jamais chassé là!); il est exactement semblable à celui que le poëte décrit, et la nature semble l'avoir formé pour le meurtre et le rapt.

MARCUS.—Oh! pourquoi la nature aurait-elle bâti un antre si horrible, à moins que les dieux ne se plaisent aux tragédies?

TITUS.—Donne-moi quelques signes, chère fille.—Il n'y a ici que tes amis.—Quel est le seigneur romain qui a osé commettre cet attentat? Ou Saturninus se serait-il écarté, comme fit jadis Tarquin, qui quitta son camp pour aller souiller le lit de Lucrèce?

MARCUS.—Assieds-toi, ma chère nièce.—Mon frère, asseyez-vous près de moi.—Apollon, Pallas, Jupiter ou Mercure, inspirez-moi, afin que je puisse découvrir cette trahison.—Seigneur, regardez ici.—Regarde ici, Lavinia. (*Il écrit son nom avec son bâton, qu'il tient dans sa bouche et qu'il conduit avec ses pieds.*) Ce sable est uni; tâche de conduire comme moi le bâton, si tu le peux, après que j'aurai écrit mon nom sans le secours des mains. Maudit soit l'infâme qui nous réduit à ces expédients!—Écris, ma chère nièce, et dévoile enfin ici ce crime que les dieux veulent qu'on découvre pour en tirer vengeance : que le ciel guide ce burin pour imprimer nettement tes douleurs, afin que nous puissions connaître les traîtres de la vérité!

(*Lavinia prend le bâton dans ses dents, et, le guidant avec ses moignons, elle écrit sur le sable.*)

TITUS.—Lisez-vous, mon frère, ce qu'elle a écrit? *Rapt,—Chiron,—Démétrius*.

MARCUS.—Quoi! quoi! ce sont les enfants dissolus de Tamora qui sont les auteurs de cet abominable et sanglant forfait!

TITUS.—*Magne dominator poli, tam lentus audis scelera? tam lentus vides*[1]?

---

[1] Suprême dominateur du monde! peux-tu voir, peux-tu entendre avec patience de si grands scélérats (*Sénèque*, tragédie d'*Hippolyte*).

MARCUS.—Calme-toi, cher Titus; quoique je convienne qu'il y en a assez d'écrit sur ce sable pour révolter les âmes les plus douces, pour armer de fureur le cœur des enfants. Seigneur, agenouillez-vous avec moi : Lavinia, agenouille-toi; et toi, jeune enfant, l'espérance de l'Hector romain, agenouille-toi aussi et jurez tous avec moi; comme autrefois Junius Brutus jura, pour le viol de Lucrèce, avec l'époux désolé et le père de cette dame vertueuse et déshonorée, jurez que nous poursuivrons avec prudence une vengeance mortelle sur ces traîtres Goths, et que nous verrons couler leur sang, ou que nous mourrons de cet affront.

TITUS.—C'est assez sûr, si nous savions comment. Si vous blessez ces jeunes ours, prenez garde : leur mère se réveillera; et si elle vous flaire une fois, songez qu'elle est étroitement liguée avec le lion, qu'elle le berce et l'endort sur son sein, et que pendant son sommeil elle peut faire tout ce qu'elle veut. Vous êtes un jeune chasseur, Marcus : laissons dormir cette idée, et venez; je vais me procurer une feuille d'airain, et avec un stylet d'acier j'y écrirai ces mots pour les mettre en réserve : —Les vents irrités du Nord vont éparpiller ces sables dans l'air, comme les feuilles de la sibylle; et que devient alors votre leçon? Enfant, qu'en dis-tu?

L'ENFANT.—Je dis, seigneur, que si j'étais homme, la chambre où couche leur mère ne serait pas un asile sûr pour ces scélérats, esclaves du joug romain.

MARCUS.—Oui, voilà mon enfant! Ton père en a souvent agi ainsi pour cette ingrate patrie.

L'ENFANT.—Et moi, mon oncle, j'en ferai autant, si je vis.

TITUS.—Viens, viens avec moi dans mon arsenal. Lucius, je veux t'équiper; et ensuite, mon enfant, tu porteras de ma part aux fils de l'impératrice les présents que j'ai l'intention de leur envoyer à tous deux. Viens, viens : tu feras ce message; n'est-ce pas?

L'ENFANT.—Oui, avec mon poignard dans leur sein, grand-père.

TITUS.—Non, non, mon enfant; non pas cela : je t'enseignerai un autre moyen. Viens, Lavinia.—Marcus, veille sur la maison : Lucius et moi, nous allons faire les braves à la cour : oui, seigneur, nous le ferons comme je le dis, et on nous rendra honneur.

(Titus sort avec Lavinia et l'enfant.)

MARCUS.—Ciel, peux-tu entendre les gémissements d'un homme de bien, et ne pas t'attendrir, et ne pas prendre pitié de ses maux? Marcus, suis dans sa fureur cet infortuné qui porte dans son cœur plus de blessures faites par la douleur que les coups de l'ennemi n'ont laissé de traces sur son bouclier usé ; et cependant il est si juste qu'il ne veut pas se venger.—Ciel! charge-toi donc de venger le vieil Andronicus.

(Il sort.)

SCÈNE II

Appartement du palais.

Entrent AARON, CHIRON ET DÉMÉTRIUS *par une des portes du palais ;* LUCIUS ET *un serviteur entrent par l'autre porte avec un faisceau d'armes sur lesquelles sont gravés des vers.*

CHIRON.—Démétrius, voilà le fils de Lucius : il est chargé de quelque message pour nous.

AARON.—Oui, de quelque message extravagant de la part de son extravagant grand-père.

L'ENFANT.—Seigneurs, avec toute l'humilité possible, je salue Vos Grandeurs de la part d'Andronicus ; (*à part*) et je prie tous les dieux de Rome qu'ils vous confondent tous deux.

DÉMÉTRIUS.—Grand merci, aimable Lucius ; qu'y a-t-il de nouveau ?

L'ENFANT, *à part*.—Que vous êtes tous les deux découverts pour des scélérats souillés d'un rapt ; voilà ce qu'il y a de nouveau.—(*Haut.*) Sous votre bon plaisir, mon grand-père, bien conseillé, vous envoie par moi les plus belles armes de son arsenal, pour en gratifier votre illustre jeunesse, qui fait l'espoir de Rome : car c'est ainsi qu'il m'a ordonné de vous appeler; je m'en acquitte, et je présente à Vos Grandeurs ces dons, afin que dans l'occasion vous soyez bien armés et bien équipés; et je prends congé de vous, (*à part*) comme de sanguinaires scélérats que vous êtes.

(L'enfant sort avec celui qui l'accompagne.)

DÉMÉTRIUS.—Que vois-je ici? Un rouleau écrit tout autour? Voyons :

> Integer vitæ scelerisque purus
> Non eget Mauri jaculis, non arcu[1]:

CHIRON.—Oh! c'est un passage d'Horace; je le connais bien; je l'ai lu il y a bien longtemps dans la grammaire.

AARON.—Oui, fort bien. C'est un passage d'Horace : justement, vous y êtes. (*A part.*) Ce que c'est que d'être un âne! Ceci n'est pas une bonne plaisanterie, le vieillard a découvert leur crime, et il leur envoie ces armes enveloppées de ces vers, qui les blessent au vif, sans qu'ils le sentent. Si notre spirituelle impératrice était levée, elle applaudirait à l'idée ingénieuse d'Andronicus : mais laissons-la reposer quelque temps sur son lit de souffrance.—(*Haut.*) Eh bien, mes jeunes seigneurs, n'est-ce pas une heureuse étoile qui nous a conduits à Rome, étrangers et qui plus est captifs, pour être élevés à cette fortune suprême? Cela m'a fait du bien de braver le tribun devant la porte du palais, en présence de son père!

DÉMÉTRIUS.—Et moi cela me fait encore plus de bien de voir un homme si illustre s'insinuer bassement dans notre faveur, et nous envoyer des présents.

AARON.—N'a-t-il pas raison, seigneur Démétrius? N'avez-vous pas traité sa fille en ami?

DÉMÉTRIUS.—Je voudrais que nous eussions un millier de dames romaines à notre merci, pour assouvir tour à tour nos désirs de volupté.

---

[1] Début d'une ode d'Horace dont voici le sens:

« L'homme dont la vie est pure et exempte de crime n'a besoin ni de l'arc ni des flèches du Maure. »

CHIRON.—Voilà un souhait charitable et plein d'amour!

AARON.—Il ne manque ici que votre mère pour dire : *Amen!*

CHIRON.—Et elle le dirait, y eût-il vingt mille Romaines de plus dans le même cas.

DÉMÉTRIUS.—Allons, venez : allons prier les dieux pour notre mère bien-aimée qui est à présent dans les souffrances.

AARON, *à part*.—Priez plutôt tous les démons ; les dieux nous ont abandonnés.

(On entend une fanfare.)

DÉMÉTRIUS.—Pourquoi les trompettes de l'empereur sonnent-elles ainsi?

CHIRON.—Apparemment pour la joie qu'il ressent d'avoir un fils.

DÉMÉTRIUS.—Doucement ; qui vient à nous?

(Entre une nourrice, portant dans ses bras un enfant more.)

LA NOURRICE.—Salut, seigneurs! Oh! dites-moi, avez-vous le More Aaron?

AARON.—Bien, un peu plus, ou un peu moins, ou pas du tout, voici Aaron : que voulez-vous à Aaron?

LA NOURRICE.—Mon cher Aaron, nous sommes tous perdus ; venez à notre secours, ou le malheur vous accable à jamais!

AARON.—Quoi? quel miaulement vous faites! Que tenez-vous là enveloppé dans vos bras?

LA NOURRICE.—Oh! ce que je voudrais cacher à l'œil des cieux ; l'opprobre de notre impératrice, et la honte de la superbe Rome.—Elle est délivrée, seigneurs, elle est délivrée.

AARON.—A qui [1]?

LA NOURRICE.—Je veux dire qu'elle est accouchée.

AARON.—Eh bien, que Dieu lui donne bon repos! Que lui a-t-il envoyé?

LA NOURRICE.—Un démon.

---

[1] *Delivered*, veut dire : livrée, délivrée et accouchée. De là l'équivoque.

AARON. — Eh bien! alors elle est la femelle de Pluton? une heureuse lignée!

LA NOURRICE. — Dites une malheureuse, hideuse, noire et triste lignée. Le voilà l'enfant, aussi dégoûtant qu'un crapaud, au milieu des beaux nourrissons de notre climat. — L'impératrice vous l'envoie, c'est votre image, scellée de votre sceau, et vous ordonne de le baptiser avec la pointe de votre poignard.

AARON. — Fi donc! fi donc! prostituée! Le noir est-il une si vilaine couleur? Cher joufflu, tu fais une jolie fleur, cela est sûr.

DÉMÉTRIUS. — Misérable, qu'as-tu fait?

AARON. — Ce que tu ne peux défaire.

CHIRON. — Tu as perdu [1] notre mère.

AARON. — Misérable, j'ai trouvé ta mère.

DÉMÉTRIUS. — Oui, chien d'enfer, et c'est ainsi que tu l'as perdue. Malheur à son fruit, et maudit soit son détestable choix! maudit soit le rejeton d'un si horrible démon.

CHIRON. — Il ne vivra pas.

AARON. — Il ne mourra pas.

LA NOURRICE. — Aaron, il le faut; sa mère le veut ainsi.

AARON. — Le faut-il absolument, nourrice? En ce cas, qu'aucun autre que moi n'attente à la vie de ma chair et de mon sang.

DÉMÉTRIUS. — J'embrocherai le petit têtard sur la pointe de ma rapière. Nourrice, donne-le-moi, mon épée l'aura bientôt expédiée.

AARON, *prenant l'enfant et tirant son épée.* — Ce fer t'aurait plus vite encore labouré les entrailles. — Arrêtez, lâches meurtriers! Voulez-vous tuer votre frère? Par les flambeaux du firmament, qui brillaient avec tant d'éclat lorsque cet enfant fut engendré, il meurt de la pointe affilée de mon cimeterre, celui qui ose toucher à cet enfant, mon premier-né et mon héritier! Je vous dis, jeunes gens, qu'Encelade lui-même avec toute la race mena-

---

[1] *Thou hast undone our mother;... to undo,* défaire et ordre de réputation. Le More répond: je l'ai faite ou je lui ai fait....

çante des enfants de Typhon, ni le grand Alcide, ni le dieu de la guerre, n'auraient le pouvoir d'arracher cet enfant des mains de son père. Quoi! quoi! enfants aux joues rouges, aux cœurs vides, murs plâtrés, enseignes peintes de cabaret! le noir vaut mieux que toute autre couleur, il dédaigne de recevoir aucune autre couleur; toute l'eau de l'Océan ne blanchit jamais les jambes noires du cygne, quoiqu'il les lave à toute heure dans les flots.—Dites de ma part à l'impératrice que je suis d'âge à garder ce qui est à moi, qu'elle arrange cela comme elle pourra.

DÉMÉTRIUS.—Veux-tu donc trahir ainsi ton auguste maîtresse?

AARON.—Ma maîtresse est ma maîtresse; et cet enfant, c'est moi-même; la vigueur et le portrait de ma jeunesse; je le préfère au monde entier; et en dépit du monde entier, je conserverai ses jours; ou Rome verra quelques-uns de vous en porter la peine.

DÉMÉTRIUS.—Cet enfant déshonore à jamais notre mère.

CHIRON.—Rome la méprisera pour cette indigne faiblesse.

LA NOURRICE.—L'empereur, dans sa rage, la condamnera à la mort.

CHIRON.—Je rougis quand je songe à cette ignominie.

AARON.—Voilà donc le privilége de votre beauté; malheur à cette couleur traîtresse, qui trahit par la rougeur les secrètes pensées du cœur! Voilà un petit garçon formé d'une autre nuance. Voyez comme le petit moricaud sourit à son père, et semble lui dire : « Mon vieux, je suis à toi. » Il est votre frère, seigneurs; visiblement nourri du même sang qui vous a donné la vie, et il est venu au jour et sorti du même sein, où, comme lui, vous avez été emprisonnés. Oui, il est votre frère, et du côté le plus certain, quoique mon sceau soit empreint sur son visage.

LA NOURRICE.—Aaron, que dirai-je à l'impératrice?

DÉMÉTRIUS.—Réfléchis, Aaron, sur le parti qu'il faut prendre, et nous souscrirons tous à ton avis. Sauve l'enfant, pourvu que nous soyons tous en sûreté.

AARON.—Asseyons-nous et délibérons tous ensemble; mon fils et moi nous nous placerons au vent de vous; restez là; maintenant parlez à loisir de votre sûreté.
(Ils s'asseyent à terre.)

DÉMÉTRIUS.—Combien de femmes ont déjà vu cet enfant?

AARON.—Allons, fort bien, braves seigneurs. Quand nous sommes tous unis, je suis un agneau. Mais si vous irritez le More,—le sanglier en fureur, la lionne des montagnes, l'Océan en courroux ne seraient pas aussi redoutables qu'Aaron.—Mais répondez, combien de personnes ont vu l'enfant?

LA NOURRICE.—Cornélie la sage-femme, et moi; personne autre si ce n'est l'impératrice sa mère.

AARON.—L'impératrice, la sage-femme et vous.—Deux peuvent garder le secret, quand le troisième n'est plus là[1]; va trouver l'impératrice, dis-lui ce que je viens de dire. (Il poignarde la nourrice.) Aïe! aïe! voilà comme crie un cochon de lait qu'on arrange pour la broche.

DÉMÉTRIUS.—Que prétends-tu donc, Aaron? pourquoi as-tu fait cela?

AARON.—Seigneur, c'est un acte de politique; la laisserai-je vivre pour trahir notre crime? Une commère bavarde avec la langue longue? Non, seigneur, non. Et maintenant connaissez tous mes desseins. Près d'ici habite un certain Mulitéus, mon compatriote; sa femme n'est accouché que d'hier. Son enfant lui ressemble, il est blanc comme vous; allez arranger le marché avec lui, donnez de l'or à la mère, et instruisez-les tous deux de tous les détails de l'affaire; dites-leur comment leur fils, par cet arrangement, sera élevé et reçu pour héritier de l'empereur, et substitué à la place du mien, afin d'apaiser cet orage qui se forme à la cour, et que l'empereur le caresse comme sien. Vous entendez, seigneurs? Et voyez (montrant la nourrice), je lui ai donné sa potion.—Il faut que vous preniez soin de ses funé-

---

[1] Secret de deux, secret de Dieu, secret de trois, secret de tous. *Tre tacerano se due vi non sono.*

railles. Les champs ne sont pas loin, et vous êtes de braves compagnons. Cela fait, songez à ne pas prolonger les délais, mais envoyez-moi sur-le-champ la sage-femme. Une fois débarrassés de la sage-femme et de la nourrice, libre alors aux dames de jaser à leur gré.

CHIRON.—Aaron, je vois que tu ne veux pas confier aux vents tes secrets.

DÉMÉTRIUS.—Pour le soin que tu prends de l'honneur de Tamora, elle et les siens te doivent une grande reconnaissance.

(Démétrius et Chiron sortent en emportant le cadavre de la nourrice.)

AARON, *seul*.—Courons vers les Goths, aussi rapidement que l'hirondelle, pour y placer le trésor qui est dans mes bras, et saluer secrètement les amis de l'impératrice.—Allons, viens, petit esclave aux lèvres épaisses; je t'emporte d'ici; car c'est toi qui nous donnes de l'embarras; je te ferai nourrir de fruits sauvages, de racines, de lait caillé, de petit-lait; je te ferai teter la chèvre, et loger dans une caverne, et je t'élèverai pour être un guerrier, et commander un camp.

(Il sort.)

SCÈNE III

Place publique de Rome.

TITUS, MARCUS *père, le jeune* LUCIUS ET *autres Romains tenant des arcs ; Titus porte les flèches, lesquelles ont des lettres à leurs pointes.*

TITUS.—Viens, Marcus, viens.—Cousins, voici le chemin.—Allons, mon enfant,—voyons ton adresse à tirer. Vraiment, tu ne manques pas le but, et la flèche y arrive tout droit. *Terras Astræa reliquit*[1].—Rappelez-vous bien, Marcus.—Elle est partie, elle est partie.—Monsieur, voyez à vos outils.—Vous, mes cousins, vous irez sonder l'Océan, et vous jetterez vos filets ; peut-être trouverez-vous

---

[1] Astrée quitte la terre.

la justice au fond de la mer; et cependant il y en a aussi peu sur mer que sur terre.—Non, Publius et Sempronius, il faut que vous fassiez cela; c'est vous qui devez creuser avec la bêche et la pioche, et percer le centre le plus reculé de la terre; et lorsque vous serez arrivés au royaume de Pluton, je vous prie, présentez-lui cette requête : dites-lui que c'est pour demander justice et implorer son secours; et que c'est de la part du vieil Andronicus, accablé de chagrins dans l'ingrate Rome.— Ah! Rome!—Oui, oui, j'ai fait ton malheur le jour que j'ai réuni les suffrages du peuple sur celui qui me tyrannise ainsi.—Allez, partez, et je vous prie, soyez tous bien attentifs, et ne laissez pas passer un seul vaisseau de guerre sans y faire une exacte recherche; ce méchant empereur pourrait bien l'avoir embarquée pour l'écarter d'ici, et alors, cousins, nous pourrions appeler en vain la Justice.

MARCUS.—O Publius! n'est-il pas déplorable de voir ainsi ton digne oncle dans le délire?

PUBLIUS.—C'est pour cela qu'il nous importe beaucoup, seigneur, de ne pas le quitter, de veiller sur lui jour et nuit, et de traiter le plus doucement que nous pourrons sa folie, jusqu'à ce que le temps apporte quelque remède salutaire à son mal.

MARCUS.—Cousins, ses chagrins sont au-dessus de tous les remèdes. Joignons-nous aux Goths; et par une guerre vengeresse, punissons Rome de son ingratitude, et que la vengeance atteigne le traître Saturninus.

TITUS.—Eh bien, Publius? eh bien, messieurs, l'avez-vous rencontré?

PUBLIUS.—Non, seigneur; mais Pluton vous envoie dire que si vous voulez obtenir vengeance de l'enfer vous l'aurez. Quant à la Justice, elle est occupée, à ce qu'il croit, dans le ciel avec Jupiter, ou quelque part ailleurs; en sorte que vous êtes forcé d'attendre un peu.

TITUS.—Il me fait tort de m'éconduire ainsi avec ses délais; je me plongerai dans le lac brûlant de l'abîme, et je saurai arracher la Justice de l'Achéron par les talons.—Marcus, nous ne sommes que des roseaux; nous ne sommes pas des cèdres; nous ne sommes pas des hommes charpentés d'ossements gigantesques, ni de la taille des cyclopes ; mais nous sommes de fer, Marcus, nous sommes d'acier jusqu'à la moelle des os, et cependant nous sommes écrasés de plus d'outrages que notre dos n'en peut supporter.—Puisque la Justice n'est ni sur la terre ni dans les enfers, nous solliciterons le ciel et nous fléchirons les dieux pour qu'ils envoient la Justice ici-bas pour venger nos affronts. Allons, à l'ouvrage.— Vous êtes un habile archer, Marcus. (*Il lui donne des flèches.*) *Ad Jovem*[1], voilà pour toi.—Ici, *ad Apollinem*[2], *ad Martem*[3]. C'est pour moi-même.—Ici, mon enfant, à *Pallas*.—Ici, à *Mercure*.—A *Saturne*, Caïus, et non pas à Saturninus.—Il vaudrait autant tirer contre le vent.— Allons, à l'œuvre, enfant. Marcus, tire quand je te l'ordonnerai. Sur ma parole, j'ai écrit cette liste à merveille : il ne reste pas un dieu qui n'ait sa requête.

MARCUS.—Cousins, lancez toutes vos flèches vers la cour, nous mortifierons l'empereur dans son orgueil.

TITUS.—Allons amis, tirez. (*Ils tirent.*) A merveille, Lucius. Cher enfant, c'est dans le sein de la Vierge, envoie-la à Pallas.

MARCUS.—Seigneur, je vise un mille par delà la lune : de ce coup, votre lettre est arrivée à Jupiter.

TITUS.— Ah ! Publius, Publius, qu'as-tu fait ? Vois, vois, tu as coupé une des cornes du Taureau.

MARCUS.—C'était là le jeu, seigneur ; quand Publius a lancé sa flèche, le Taureau, dans sa douleur, a donné un si furieux coup au Bélier que les deux cornes de l'animal sont tombées dans le palais; et qui les pouvait trouver que le scélérat de l'impératrice?—Elle s'est mise à rire, et elle a dit au More qu'il ne pouvait s'empêcher de les donner en présent à son maître.

TITUS.—Oui, cela va bien : Dieu donne la prospérité à votre grandeur! (*Entre un paysan avec un panier et une paire de pigeons.*) Des nouvelles, des nouvelles du ciel! Marcus, le message est arrivé.—Eh bien, l'ami, quelles

---

[1] A Jupiter, [2] à Apollon, [3] á Mars, etc.

nouvelles apportes-tu? as-tu des lettres? me fera-t-on justice? Que dit Jupiter?

LE PAYSAN.—Quoi, le faiseur de potences[1]? Il dit qu'il les a fait descendre, parce que l'homme ne doit être pendu que la semaine prochaine.

TITUS.—Que dit Jupiter? Voilà ce que je te demande.

LE PAYSAN.—Hélas! monsieur, je ne connais pas Jupiter, je n'ai bu jamais avec lui de ma vie.

TITUS.—Comment, coquin, n'es-tu pas le porteur?

LE PAYSAN.—Oui, monsieur, de mes pigeons : de rien autre chose.

TITUS. — Quoi, ne viens-tu pas du ciel?

LE PAYSAN.—Du ciel? Hélas, monsieur, jamais je n'ai été là : Dieu me préserve d'être assez audacieux pour prétendre au ciel dans ma jeunesse! Quoi! je vais tout simplement avec mes pigeons au *Tribunal peuple*[2], pour arranger une matière de querelle entre mon oncle et un des gens de *l'impérial*.

MARCUS.—Allons, seigneur, cela est juste ce qu'il faut pour votre harangue. Qu'il aille remettre les pigeons à l'empereur de votre part.

TITUS.—Dis-moi, peux-tu débiter une harangue à l'empereur avec *grâce*?

LE PAYSAN.—Franchement, monsieur, je n'ai jamais pu dire *grâces* de ma vie.

TITUS.—Allons, drôle, approche : ne fais plus de difficulté ; mais donne tes pigeons à l'empereur. Par moi, tu obtiendras de lui justice.—Arrête, arrête!—En attendant, voilà de l'argent pour ta commission.—Donnez-moi une plume et de l'encre.—L'ami, peux-tu remettre une supplique avec grâce?

LE PAYSAN.—Oui, monsieur.

TITUS.—Eh bien, voilà une supplique pour toi. Et quand tu seras introduit près de l'empereur, dès le premier

---

[1] Au lieu de Jupiter, le paysan entend Gibbet-Maker, faiseur de potences.

[2] *Tribunal peuple* est ici pour tribun du peuple, *imperial* pour l'empereur.

abord il faut te prosterner; ensuite lui baiser les pieds; et alors remets-lui tes pigeons, et alors attends ta récompense. Je serai tout près, l'ami : vois à t'acquitter bravement de ce message.

LE PAYSAN.—Oh! je vous le garantis, monsieur : laissez-moi faire.

TITUS.—Dis, as-tu un couteau? Voyons-le.—Marcus, plie-le dans la harangue : car tu l'as faite sur le ton d'un humble suppliant.—Et lorsque tu l'auras donnée à l'empereur, reviens frapper à ma porte, et dis-moi ce qu'il t'aura dit.

LE PAYSAN.—Dieu soit avec vous, monsieur! Je le ferai.

TITUS.—Venez, Marcus, allons.—Publius, suis-moi.

(Ils sortent.)

SCÈNE IV

La scène est devant le palais.

Entrent SATURNINUS, TAMORA, CHIRON, DÉMÉTRIUS, *seigneurs et autres. Saturninus porte à la main les flèches lancées par Titus.*

SATURNINUS.—Que dites-vous, seigneurs, de ces outrages? A-t-on jamais vu un empereur de Rome insulté, dérangé et bravé ainsi en face, et traité avec ce mépris pour avoir déployé une justice impartiale? Vous le savez, seigneurs, aussi bien que les dieux puissants; quelques calomnies que les perturbateurs de notre paix murmurent à l'oreille du peuple, il ne s'est rien fait que de l'aveu des lois contre les fils téméraires du vieil Andronicus. Et parce que ses chagrins ont troublé sa raison, faudra-t-il que nous soyons ainsi persécutés de ses vengeances, de ses accès de frénésie, et de ses insultes amères? Le voilà maintenant qui appelle le ciel pour le venger. Voyez, voici une lettre à Jupiter, une autre à Mercure; celle-ci à Apollon; celle-là au dieu de la guerre. De jolis écrits à voir voler dans les rues de Rome! Quel est le but de ceci, si ce n'est de diffamer le sénat et de nous flétrir en tous lieux du reproche d'injustice? N'est-ce pas là une agréable folie, seigneurs? Comme s'il voulait dire qu'il n'y a point de justice à Rome. Mais si je vis, sa feinte démence ne servira pas de protection à ces outrages. Lui et les siens apprendront que la justice respire dans Saturninus; et si elle sommeille, il la réveillera si bien, que dans sa fureur elle fera disparaître le plus impudent des conspirateurs qui soient en vie.

TAMORA.—Mon gracieux seigneur, mon cher Saturninus, maître de ma vie, souverain roi de toutes mes pensées, calmez-vous et supportez les défauts de la vieillesse de Titus; c'est l'effet des chagrins qu'il ressent de la perte de ses vaillants fils, dont la mort l'a frappé profondément et a blessé son cœur. Prenez pitié de son déplorable état, plutôt que de poursuivre pour ces insultes le plus faible ou le plus honnête homme de Rome. (*A part.*) Oui, il convient à la pénétrante Tamora de les flatter tous.—Mais, Titus, je t'ai touché au vif, et tout le sang de ta vie s'écoule : si Aaron est seulement prudent, tout va bien, et l'ancre est dans le port. (*Entre le paysan avec sa paire de colombes.*)—Eh bien, qu'y a-t-il, mon ami? Veux-tu nous parler?

LE PAYSAN.—Oui, vraiment, si vous êtes la Majesté impériale.

TAMORA.—Je suis l'impératrice.—Mais voilà l'empereur assis là-bas.

LE PAYSAN.—C'est lui que je demande. (*A l'empereur.*) —Que Dieu et saint Étienne vous donnent le bonheur Je vous ai apporté une lettre, et une paire de colombes que voilà.

(L'empereur lit la lettre.)

SATURNINUS.—Qu'on le saisisse et qu'on le pende sur l'heure.

LE PAYSAN.—Combien aurai-je d'argent?

TAMORA.—Allons, misérable, tu vas être pendu.

LE PAYSAN.—Pendu! Par Notre-Dame, j'ai donc apporté ici mon cou pour un bel usage!

(Il sort avec les gardes.)

SATURNINUS.—Des outrages sanglants et intolérables! Endurerai-je plus longtemps ces odieuses scélératesses? Je sais d'où part encore cette lettre : cela peut-il se supporter? Comme si ses traîtres enfants, que la loi a condamnés à mourir pour le meurtre de notre frère, avaient été injustement égorgés par mon ordre! Allez, traînez ici ce scélérat par les cheveux : ni son âge ni ses honneurs ne lui donneront des priviléges. Va, pour cette audacieuse insulte, je serai moi-même ton bourreau, rusé et frénétique misérable, qui m'aidas à monter au faîte des grandeurs dans l'espérance que tu gouvernerais et Rome et moi. (*Entre Émilius.*) Quelles nouvelles, Émilius?

ÉMILIUS.—Aux armes, aux armes, seigneurs! Jamais Rome n'en eut plus de raisons! Les Goths ont rassemblé des forces; et avec des armées de soldats courageux, déterminés, avides de butin, ils marchent à grandes journées vers Rome, sous la conduite de Lucius, le fils du vieil Andronicus : il menace dans le cours de ses vengeances d'en faire autant que Coriolan.

SATURNINUS.—Le belliqueux Lucius est-il le général des Goths? Cette nouvelle me glace; et je penche ma tête comme les fleurs frappées de la gelée ou l'herbe battue par la tempête. Ah! c'est maintenant que nos chagrins vont commencer : c'est lui que le commun peuple aime tant : moi-même, lorsque vêtu en simple particulier je me suis confondu avec eux, je leur ai souvent ouï dire que le bannissement de Lucius était injuste, et souhaiter que Lucius fût leur empereur.

TAMORA.—Pourquoi trembleriez-vous? Votre ville n'est-elle pas forte?

SATURNINUS.—Oui, mais les citoyens favorisent Lucius, et ils se révolteront pour lui venir en aide.

TAMORA.—Roi, prenez les sentiments d'un empereur, comme vous en portez le titre. Le soleil est-il éclipsé par les insectes qui volent devant ses rayons? L'aigle permet aux petits oiseaux de chanter et ne s'embarrasse pas de ce qu'ils veulent dire par là, certain qu'il peut, de l'ombre de ses ailes, faire taire à son gré leurs voix. Vous pouvez en faire autant pour la populace insensée de Rome. Reprenez donc courage ; et sachez, empereur, que je saurai charmer le vieil Andronicus par des paroles plus douces, mais plus dangereuses que ne l'est l'appât pour le poisson, et le miel du trèfle fleuri pour la brebis[1] : l'un meurt blessé par l'hameçon, et l'autre empoisonné par une pâture délicieuse.

SATURNINUS.—Mais il ne voudra pas prier son fils pour nous.

TAMORA.—Si Tamora l'en prie, il le voudra ; car je puis flatter sa vieillesse et l'endormir par des promesses dorées : et quand son cœur serait presque inflexible et ses vieilles oreilles sourdes, son cœur et son oreille obéiraient à ma langue.—(A Émilius.) Allez, précédez-nous, et soyez notre ambassadeur. Dites-lui que l'empereur demande une conférence avec le brave Lucius, et fixe le lieu du rendez-vous dans la maison de son père, le vieil Andronicus.

SATURNINUS.—Émilius, acquittez-vous honorablement de ce message ; et s'il exige des otages pour sa sûreté, dites-lui de demander les gages qu'il préfère.

ÉMILIUS.—Je vais exécuter vos ordres.

(Il sort.)

TAMORA.—Moi, je vais aller trouver le vieux Andronicus, et l'adoucir par toutes les ressources de l'art que je possède, pour arracher aux belliqueux Goths le fier Lucius. Allons, cher empereur, reprenez votre gaieté ; ensevelissez toutes vos alarmes dans la confiance en mes desseins.

SATURNINUS.—Allez ; puissiez-vous réussir et le persuader !

(Ils sortent.)

---

[1] « Cette herbe mangée en abondance est nuisible aux troupeaux. » (JOHNSON.)

FIN DU QUATRIÈME ACTE.

ACTE CINQUIÈME.

SCÈNE 1

Plaine aux environs de Rome.

LUCIUS, *à la tête des Goths ; tambours, drapeaux*

LUCIUS.—Guerriers éprouvés, mes fidèles amis, j'ai reçu des lettres de la superbe Rome, qui m'annoncent la haine que les Romains portent à leur empereur, et combien ils aspirent de nous voir. Ainsi, nobles chefs, soyez ce qu'annoncent vos titres, fiers et impatients de venger vos affronts, et tirez une triple vengeance de tous les maux que Rome vous a causés.

UN CHEF DES GOTHS.—Brave rejeton sorti du grand Andronicus, dont le nom, qui nous remplissait jadis de terreur, fait maintenant notre confiance ; vous, dont l'ingrate Rome paye d'un odieux mépris les grands exploits et les actions honorables, comptez sur nous : nous vous suivrons partout où vous nous conduirez ; comme dans un jour brûlant d'été les abeilles, armées de leurs dards, suivent leur roi aux champs fleuris, et nous nous vengerons de l'exécrable Tamora.

TOUS ENSEMBLE.—Et ce qu'il dit, nous le disons tous avec lui, nous le répétons tous d'une voix.

LUCIUS.—Je lui rends grâces humblement, et à vous tous.—Mais qui vient ici, conduit par ce robuste Goth ?

LE SOLDAT.—Illustre Lucius, je me suis écarté de notre armée pour aller considérer les ruines d'un monastère, et comme j'avais les yeux fixés avec attention sur cet édifice en décadence, soudain ai entendu un enfant qui criait au pied d'une muraille. Me tournant du côté de la voix, j'ai bientôt entendu qu'on calmait l'enfant qui pleurait en lui disant : « Paix, petit marmot basané « qui tiens moitié de moi, moitié de ta mère! Si ta « nuance ne décelait pas de qui tu es l'enfant ; si la « nature t'avait seulement donné la physionomie de ta « mère, petit misérable, tu aurais pu devenir un empe- « reur : mais quand le taureau et la génisse sont tous « deux blancs comme lait, jamais ils n'engendrent un « veau noir comme le charbon. Tais-toi, petit malheu- « reux, tais-toi. » Voilà comment on grondait l'enfant,. et on continuait : « Il faut que je te porte à un fidèle « Goth, qui, quand il saura que tu es fils de l'impéra- « trice, te prendra en affection pour l'amour de ta « mère. » Aussitôt, moi, je tire mon épée, je fonds sur ce More que j'ai surpris à l'improviste, et que je vous amène ici pour en faire ce que vous trouverez bon.

LUCIUS.—O vaillant Goth! voilà le démon incarné qui a privé Andronicus de sa main glorieuse : voilà la perle qui charmait les yeux de votre impératrice, et voilà le vil fruit de ses passions déréglées. (*A Aaron.*)—Réponds, esclave à l'œil blanc, où voulais-tu porter cette vivante image de ta face infernale? Pourquoi ne parles-tu pas? —Quoi! es-tu sourd? Non; pas un mot? Une corde, soldats ; pendez-le à cet arbre, et à côté de lui son fruit de bâtardise.

AARON.—Ne touche pas à cet enfant : il est de sang royal.

LUCIUS.—Il ressemble trop à son père pour valoir jamais rien. Allons, commencez par pendre l'enfant, afin qu'il le voie s'agiter; spectacle fait pour affliger son cœur de père. Apportez-moi une échelle.

(On apporte une échelle sur laquelle on force Aaron de monter.)

AARON.—Lucius, épargne l'enfant, et porte-le de ma part à l'impératrice. Si tu m'accordes ma prière, je te révélerai d'étonnants secrets qu'il te serait fort avantageux de connaître ; si tu me la refuses, arrive que pourra, je ne parle plus, et que la vengeance vous confonde tous !

LUCIUS.—Parle, et si ce que tu as à me dire me satisfait, ton enfant vivra, et je me charge de le faire élever.

AARON.—Si cela te satisfait? Oh! sois certain, Lucius, que ce que je te dirai affligera ton âme; car j'ai à t'entretenir de meurtres, de viol et de massacres, d'actes commis dans l'ombre de la nuit, d'abominables forfaits, de noirs complots de malice et de trahison, de scélératesses horribles à entendre raconter, et qui pourtant ont été exécutées par pitié. Tous ces secrets seront ensevelis par ma mort, si tu ne me jures pas que mon enfant vivra.

LUCIUS.—Révèle ta pensée ; je te dis que ton enfant vivra.

AARON.—Jure-le, et puis, je commencerai.

LUCIUS.—Par qui jurerai-je? Tu ne crois à aucun dieu, et dès lors comment peux-tu te fier à un serment?

AARON.—Quand je ne croirais à aucun dieu, comme en effet je ne crois à aucun, n'importe ; je sais que tu es religieux, et que tu as en toi quelque chose qu'on appelle la conscience, et vingt autres superstitions et cérémonies papistes que je t'ai vu très-soigneux d'observer.—C'est pour cela que j'exige ton serment.—Car je sais qu'un idiot se fait un dieu de son hochet, et tient la parole qu'il a jurée par ce dieu. C'est là le serment que j'exige. —Ainsi tu jureras par ce dieu, quel qu'il soit, que tu adores et que tu vénères, de sauver mon enfant, de le nourrir et de l'élever ; ou je ne te révèle rien.

LUCIUS.—Eh bien, je te jure par mon dieu que je le ferai.

AARON.—D'abord, apprends que j'ai eu cet enfant de l'impératrice.

LUCIUS.—O femme impudique et d'une luxure insatiable!

AARON.—Arrête, Lucius! Ce n'est là qu'une action charitable, en comparaison de ce que tu vas entendre. Ce sont ses deux fils qui ont massacré Bassianus; ils ont coupé la langue à ta sœur, ils lui ont fait violence, lui ont coupé les mains, et l'ont *parée* comme tu l'as vue.

LUCIUS.—O exécrable scélérat! tu appelles cela *parer*?

AARON.—Eh! elle a été lavée, et taillée et parée, et cela fut même un fort agréable exercice pour ceux qui l'ont fait.

LUCIUS.—Oh! les brutaux et barbares scélérats, semblables à toi!

AARON.—C'est moi qui ai été leur maître, et qui les ai instruits. C'est de leur mère qu'ils tiennent cet esprit de débauche, ce qui est aussi sûr que l'est la carte qui gagne la partie; quant à leurs goûts sanguinaires, je crois qu'ils les tiennent de moi, qui suis un aussi brave chien qu'aucun boule-dogue qui ait jamais attaqué le taureau à la tête. Que mes actions perfides attestent ce que je veux; j'ai indiqué à tes frères cette fosse où le corps de Bassianus était gisant; j'ai écrit la lettre que ton père a trouvée, et j'avais caché l'or dont il était parlé dans cette lettre, d'accord avec la reine et ses deux fils. Et que s'est-il fait dont tu aies eu à gémir, où je n'aie pas mis ma part de malice? J'ai trompé ton père pour le priver de sa main; et dès que je l'ai eue, je me suis retiré à l'écart, et j'ai failli me rompre les côtes à force de rire. Je l'ai épié à travers la crevasse d'une muraille, après qu'en échange de sa main il a reçu les têtes de ses deux fils, j'ai vu ses larmes, et j'ai ri de si bon cœur que mes deux yeux pleuraient comme les siens; et quand j'ai raconté toute cette farce à l'impératrice, elle s'est presque évanouie de plaisir à mon récit, et elle m'a payé mes nouvelles par vingt baisers.

UN GOTH.—Comment peux-tu dire tout cela sans rougir?

AARON.—Je rougis comme un chien noir, comme dit le proverbe.

LUCIUS.—N'as-tu point de remords de ces forfaits atroces?

AARON.—Oui, de n'en avoir fait mille fois davantage, et même en ce moment je maudis le jour (cependant je crois qu'il en est peu sur lesquels puisse tomber ma malédiction) où je n'aie fait quelque grand mal, comme de massacrer un homme ou de machiner sa mort, de violer une vierge ou d'imaginer le moyen d'y arriver, d'accuser quelque innocent ou de me parjurer moi-même, de semer une haine mortelle entre deux amis, de faire rompre le cou aux bestiaux des pauvres gens, d'incendier les granges et les meules de foin dans la nuit, et de dire aux propriétaires d'éteindre l'incendie avec leurs larmes : souvent j'ai exhumé les morts de leurs tombeaux, et j'ai placé leurs cadavres à la porte de leurs meilleurs amis lorsque leur douleur était presque oubliée, et sur leur peau, comme sur l'écorce d'un arbre, j'ai gravé avec mon couteau en lettres romaines : *Que votre douleur ne meure pas quoique je sois mort*. En un mot, j'ai fait mille choses horribles avec l'indifférence qu'un autre met à tuer une mouche ; et rien ne me fait vraiment de la peine que la pensée de ne plus pouvoir en commettre dix mille autres.

LUCIUS.—Descendez ce démon : il ne faut pas qu'il meure d'une mort aussi douce que d'être pendu sur-le-champ.

AARON.—S'il existe des démons, je voudrais être un démon pour vivre et brûler dans le feu éternel ; pourvu seulement que j'eusse ta compagnie en enfer, et que je pusse te tourmenter de mes paroles amères.

LUCIUS, *aux soldats*.—Amis, fermez-lui la bouche et qu'il ne parle plus.

(Entre un Goth.)

LE GOTH.—Seigneur, voici un messager de Rome qui désire être admis en votre présence.

LUCIUS.—Qu'il vienne. (*Entre Émilius.*) Salut, Émilius ; quelles nouvelles apportez-vous de Rome ?

ÉMILIUS.—Seigneur Lucius, et vous, princes des Goths, l'empereur romain vous salue tous par ma voix : ayant appris que vous êtes en armes, il demande une entrevue avec vous à la maison de votre père. Vous pouvez choisir vos otages, ils vous seront remis sur-le-champ.

UN CHEF DES GOTHS.—Que dit notre général ?

LUCIUS.—Emilius, que l'empereur donne ses otages à mon père et à mon oncle Marcus, et nous viendrons. (*A ses troupes.*)—Marchez.

(Ils sortent.)

SCÈNE II

Rome.—La scène est devant la maison de Titus.

TAMORA, CHIRON et DÉMÉTRIUS *déguisés*.

TAMORA.—C'est dans cet étrange et singulier habillement que je veux me présenter à Andronicus, et lui dire que je suis la Vengeance envoyée du fond de l'abîme pour me joindre à lui et venger ses cruels outrages. Frappez la porte de son cabinet, où l'on dit qu'il se renferme pour méditer les étranges plans de terribles représailles. Dites-lui que la Vengeance elle-même est venue pour se liguer avec lui et travailler à la ruine de ses ennemis.
(Ils frappent, et Titus se montre en haut.)

TITUS.—Pourquoi troublez-vous mes méditations? Vous faites-vous un jeu de me faire ouvrir la porte, dans le but de faire évanouir mes tristes résolutions et de rendre sans effet toutes mes études? Vous vous trompez; car ce que j'ai intention de faire, voyez, je l'ai tracé ici en caractères de sang; et ce qui est écrit s'accomplira.

TAMORA.—Titus, je suis venue pour te parler.

TITUS.—Non, pas un seul mot. Comment puis-je donner de la grâce à mon discours, lorsqu'il me manque une main pour y joindre les gestes? Tu as l'avantage sur moi; ainsi retire-toi.

TAMORA.—Si tu me connaissais, tu voudrais me parler.

TITUS.—Je ne suis pas fou : je te connais bien; j'atteste ce bras mutilé, et ces lignes sanglantes, et ces rides profondes, creusées par le chagrin et les soucis : j'atteste les jours de fatigue et les longues nuits; j'atteste tout mon désespoir que je te connais bien pour notre fière impératrice, la puissante Tamora : ne viens-tu pas me demander mon autre main?

TAMORA.—Sache, triste vieillard, que je ne suis point Tamora : elle est ton ennemie, et moi je suis ton amie. Je suis la Vengeance, envoyée du royaume des enfers pour te soulager du vautour qui te ronge le cœur, en exerçant d'horribles représailles sur tes ennemis. Descends et souhaite-moi la bienvenue dans ce royaume de la lumière : viens t'entretenir avec moi de meurtre et de mort. Il n'est point d'antre sombre, de retraite cachée, de vaste obscurité, de vallon obscur où le meurtre sanglant et l'affreux viol puissent se tapir de frayeur, où je ne puisse les découvrir, et faire retentir à leurs oreilles mon nom terrible, la Vengeance, nom qui fait frissonner les odieux coupables.

TITUS.—Es-tu la Vengeance? m'es-tu envoyée pour tourmenter mes ennemis.

TAMORA.—Oui ; ainsi descends et reçois-moi.

TITUS.—Commence par me rendre quelque service avant que j'aille te recevoir. A tes côtés sont le Meurtre et le Viol : donne-moi quelque assurance que tu es en effet la Vengeance : poignarde-les ou écrase-les sous les roues de ton char ; alors j'irai te trouver, et je serai ton cocher, et je roulerai avec toi autour des globes. Procure-toi deux coursiers fougueux, noirs comme le jais, pour entraîner rapidement ton char vengeur, et déterrer les meurtriers dans leurs coupables repaires. Et lorsque ton char sera chargé de leurs têtes, je descendrai et je courrai à pied près de la roue tout le long du jour, comme un vil esclave ; oui, depuis le lever d'Hypérion à l'orient jusqu'à ce qu'il se précipite dans l'Océan : et tous les jours je recommencerai cette pénible tâche, à condition que tu détruiras ici le Rapt et le Meurtre.

TAMORA.—Ce sont mes ministres, et ils m'accompagnent.

TITUS.—Sont-ils tes ministres? Comment s'appellent-ils?

TAMORA.—Le Rapt et le Meurtre : ils portent ces noms parce qu'ils punissent ceux qui sont coupables de ces crimes.

TITUS.—Grand Dieu! comme ils ressemblent aux fils de l'impératrice! Mais nous autres, pauvres humains, nous avons de pauvres yeux insensés qui nous trompent. O douce Vengeance, maintenant je viens à toi ; et si l'étreinte d'un seul bras peut te satisfaire, je vais te presser tout à l'heure avec celui qui me reste.

(Titus se retire.)

TAMORA, *à ses fils.* — Ce pacte que je fais avec lui convient à sa folie : quelque invention que je forge pour nourrir la chimère de son cerveau malade, songez à l'appuyer, à l'entretenir par vos discours ; car il ne lui reste plus aucun doute, et il me prend fermement pour la Vengeance. Profitant de sa crédulité et de sa folle idée, je le déterminerai à mander son fils Lucius ; et lorsque je serai assurée de lui dans un banquet, je trouverai quelque ruse, quelque coup de main, pour écarter et disperser ces Goths inconstants, ou au moins pour en faire ses ennemis. Voyez : le voilà qui vient ; il faut que je joue mon rôle.

TITUS.—J'ai longtemps été délaissé, et cela pour toi ; sois la bienvenue, furie terrible, dans ma maison désolée ! Meurtre et Rapt, vous êtes aussi les bienvenus.— Oh ! comme vous ressemblez à l'impératrice et à ses deux fils ! Je vous trouve bien assortis, il ne vous manque qu'un More.—Est-ce que tout l'enfer n'a pû vous procurer un pareil démon ? car je sais bien que jamais l'impératrice ne roule dans son char qu'elle ne soit accompagnée d'un More ; et pour représenter en vrai notre reine, il conviendrait que vous eussiez un pareil démon. Mais soyez les bienvenus, tels que vous êtes ; que ferons-nous ?

TAMORA.—Que voudrais-tu que nous fissions, Andronicus ?

DÉMÉTRIUS.—Montre-moi un meurtrier, et je me charge de lui.

CHIRON.—Montre-moi un scélérat qui ait commis un rapt ; je suis envoyé pour en tirer vengeance.

TAMORA.—Montre-moi mille méchants qui t'aient fait du mal, et je te vengerai d'eux tous.

TITUS.—Regarde autour de toi dans les rues corrompues de Rome, et quand tu apercevras un homme qui te ressemble, bon Meurtre, poignarde-le ; c'est un meurtrier.—Toi, accompagne-le, et quand le hasard te fera rencontrer un autre homme qui te ressemble, bon Rapt, poignarde-le ; c'est un ravisseur.—Toi, suis-les ; il y a dans le palais de l'empereur une reine suivie d'un More ; tu pourras aisément la reconnaître en la comparant à toi, car elle te ressemble de la tête aux pieds : je t'en conjure, fais-leur souffrir quelque mort violente ; ils ont été violents envers moi et les miens.

TAMORA.—Nous voilà bien instruits ; nous l'exécuterons : mais si tu voulais, bon Andronicus, envoyer vers Lucius, ton vaillant fils, qui conduit vers Rome une armée de valeureux Goths ; et l'inviter à se rendre à un festin dans ta maison ; lorsqu'il sera ici, au milieu de ta fête solennelle, j'amènerai l'impératrice et ses fils, l'empereur même et tous tes ennemis, et ils s'agenouilleront et se mettront à ta merci ; et tu pourras soulager sur eux ton cœur irrité. Que répond Andronicus à cette proposition ?

TITUS *appelant*.—Marcus, mon frère !—C'est le triste Titus qui t'appelle. (*Entre Marcus.*) Pars, cher Marcus, va trouver ton neveu Lucius ; tu le chercheras parmi des Goths. Dis-lui de venir me trouver, et d'amener avec lui quelques-uns des principaux princes des Goths ; dis-lui de faire camper ses soldats là où ils sont ; dis-lui que l'empereur et l'impératrice viennent à une fête chez moi, et qu'il la partagera avec eux. Fais cela pour l'amitié que tu me portes, et qu'il fasse ce que je dis s'il tient à la vie de son vieux père.

MARCUS.—Je vais faire ton message, et revenir aussitôt.
(Il sort.)

TAMORA.—Je vais te quitter pour m'occuper de tes affaires, et j'emmène avec moi mes ministres.

TITUS.—Non, non, que le Meurtre et le Rapt restent avec moi ; autrement je rappelle mon frère, et je ne cherche plus d'autre vengeance que par les mains de Lucius.

TAMORA, *à part, à ses deux fils*.—Qu'en dites-vous, mes enfants ? Voulez-vous rester, tandis que je vais informer l'empereur de la manière dont j'ai conduit le stratagème que nous avons résolu ? Cédez à sa fantaisie, flattez-le, caressez-le, et demeurez avec lui jusqu'à mon retour.

TITUS, *à part*.—Je les connais bien tous, quoiqu'ils me croient fou ; et j'attraperai par leur propre ruse ce couple de maudits chiens d'enfer et leur mère.

DÉMÉTRIUS.—Madame, partez quand il vous plaira, laissez-nous ici.

TAMORA.—Adieu, Andronicus ; la Vengeance va ourdir un plan pour surprendre tes ennemis.

(Elle sort.)

TITUS.—Je le sais que tu vas t'en occuper ; adieu, chère Vengeance.

CHIRON.—Dis-nous, vieillard, à quoi tu nous emploieras.

TITUS.—Ne vous mettez pas en peine ; j'ai assez d'ouvrage pour vous. (*Il appelle.*)—Publius, Caïus, Valentin, venez ici !

(Entrent Publius et autres.)

PUBLIUS.—Que désirez-vous ?

TITUS.—Connais-tu ces deux hommes ?

PUBLIUS.—Ce sont les fils de l'impératrice, je crois, Chiron et Démétrius.

TITUS.—Fi donc, Publius, fi donc, tu te trompes étrangement. L'un est le Meurtre, et l'autre s'appelle le Rapt ; en conséquence, enchaîne-les, bon Publius.—Caïus, Valentin, mettez la main sur eux. Vous m'avez souvent entendu désirer cet instant, je le trouve enfin. Liez-les bien, et fermez-leur la bouche s'ils veulent crier.

(Titus sort.)
(Publius, Caïus, Valentin, etc., se saisissent de Chiron et de Démétrius.)

CHIRON.—Lâches, arrêtez ; nous sommes les fils de l'impératrice !

PUBLIUS.—Et c'est pour cela que nous faisons ce qu'on nous a commandés.—Fermez-leur la bouche ; qu'ils ne puissent pas dire un mot.—Est-il bien garrotté ?—Songez à les bien lier.

(Titus Andronicus rentre tenant un poignard, et Lavinia tenant un bassin.)

TITUS.—Viens, viens, Lavinia. Vois, tes ennemis sont

liés.—Amis, fermez bien leurs bouches; qu'ils ne me parlent pas, mais qu'ils entendent les paroles terribles que je profère.—O scélérats, Chiron et Démétrius! voici la source pure que vous avez souillée de boue, voilà ce beau printemps que vous avez mêlé avec votre hiver. Vous avez tué son époux, et pour ce lâche forfait deux de ses frères ont été condamnés au supplice; ma main a été tranchée, et vous en avez fait de gaies plaisanteries; ses deux belles mains, sa langue, et ce qui était plus précieux encore que sa langue et ses mains, sa chasteté sans tache, traîtres inhumains, vous les avez mutilées et ravies! Que répondriez-vous si je vous laissais parler? Écoutez, misérables, comment je me propose de vous martyriser. Il me reste encore cette main pour vous couper la gorge; tandis que Lavinia tiendra entre ses moignons le bassin qui va recevoir votre sang criminel. Vous savez que votre mère compte revenir partager mon festin, qu'elle se donne le nom de la Vengeance, et qu'elle me croit fou. —Écoutez, scélérats, je mettrai vos os en poussière, j'en formerai une pâte avec votre sang, et de la pâte je ferai un pâté où je ferai entrer vos têtes odieuses; et je dirai à cette prostituée, votre exécrable mère, de dévorer, comme la terre, sa propre progéniture. Voilà le repas auquel je l'ai conviée, et voilà le mets dont elle se gorgera. Vous avez traité ma fille plus cruellement que ne le fut Philomèle; je veux m'en venger plus cruellement que Progné. Allons, tendez la gorge.—(*Il les égorge.*) Viens, Lavinia, reçois leur sang; et, quand ils seront morts, je vais réduire leurs os en poudre imperceptible, les humecter de cette odieuse liqueur, et faire cuire leurs têtes dans cette horrible pâte. Viens, que chacun m'aide à préparer ce banquet; je désire qu'il puisse être plus terrible et plus sanglant que la fête des centaures. Allons, apportez-les ici; je veux être le cuisinier, et les tenir prêts pour le retour de leur mère.

(Ils sortent en emportant les cadavres.)

SCÈNE III

Un pavillon avec des tables.

LUCIUS, MARCUS, OFFICIERS GOTHS, AARON
prisonnier.

LUCIUS.—Mon oncle Marcus, puisque c'est la volonté de mon père que je vienne à Rome, je suis satisfait.

UN GOTH.—Et notre volonté est la tienne, arrive ce que voudra la Fortune.

LUCIUS.—Cher oncle, chargez-vous de ce More barbare, de ce tigre affamé, de ce maudit démon : qu'il ne reçoive aucune nourriture ; enchaînez-le jusqu'à ce qu'on le produise face à face avec l'impératrice, pour rendre témoignage de ses horribles forfaits, et veillez à ce que nos amis en embuscade soient en force ; je crains que l'empereur ne nous veuille pas de bien.

AARON.—Que quelque démon murmure ses malédictions à mon oreille, et m'inspire afin que ma langue puisse exhaler tout le venin dont mon cœur est gonflé.

LUCIUS.—Va-t'en, chien barbare, esclave infâme.— Amis, aidez à mon oncle à l'emmener. (*Les Goths sortent avec Aaron. Fanfares.*)—Ces trompettes annoncent l'approche de l'empereur.

(Entrent Saturninus et Tamora avec les tribuns et les sénateurs.)

SATURNINUS.—Quoi, le firmament a-t-il donc plus d'un soleil ?

LUCIUS.—Que te sert-il de t'appeler un soleil ?

MARCUS.—Empereur de Rome, et vous, mon neveu, entamez le pourparler. Cette querelle doit être discutée paisiblement. Tout est prêt pour le festin que le soigneux Titus a ordonné dans des vues honorables, pour la paix, pour l'amitié, pour l'union, et pour le bien de Rome. Veuillez donc avancer, et prendre vos places.

SATURNINUS.—Volontiers, Marcus.

(Les hautbois sonnent. La compagnie prend place à table. Titus paraît en habit de cuisinier, plaçant les mets sur la table, Lavinia voilée l'accompagne, avec le jeune Lucius.)

titus.—Soyez le bienvenu, mon gracieux souverain. —Soyez la bienvenue, redoutable reine.—Salut, Goths belliqueux.—Salut, Lucius; soyez tous les bienvenus. Quoique la chère soit peu splendide, elle suffira pour vous remplir l'estomac : veuillez bien manger.

saturninus.—Pourquoi êtes-vous ainsi accoutré, Andronicus?

titus.—Parce que je voulais m'assurer que tout serait en ordre pour fêter Votre Majesté et votre impératrice.

tamora.—Nous vous sommes obligés, bon Andronicus.

titus.—Vous le seriez sûrement si Votre Majesté pouvait lire au fond de mon cœur. Seigneur empereur, résolvez-moi cette question : Le fougueux Virginius fit-il bien de tuer sa fille de sa propre main, parce qu'elle avait été violée, souillée et déshonorée?

saturninus.—Il fit bien, Andronicus.

titus.—Votre raison, mon souverain?

saturninus.—Parce que sa fille ne devait pas survivre à son déshonneur, et renouveler sans cesse par sa présence les douleurs de son père.

titus.—Cette raison est forte, décisive et convaincante. C'est un exemple, un précédent, un modèle à suivre pour moi, le plus malheureux des pères. Meurs, meurs, Lavinia, et ta honte avec toi ; et avec ta honte le chagrin de ton père!

(Il tue sa fille.)

saturninus.—Qu'as-tu fait, père barbare et dénaturé?

titus.—J'ai tué celle qui m'a rendu aveugle à force de me faire pleurer : je suis aussi malheureux que l'était Virginius, et j'ai mille raisons de plus que lui de commettre cette violence; et la voilà faite.

saturninus.—Quoi, est-ce qu'elle a été violée? Dis, qui a fait cette action?

titus.—Voudriez-vous manger? Que Votre Majesté daigne se nourrir.

tamora.—Pourquoi as-tu tué ainsi ta fille unique?

titus.—Ce n'est pas moi : c'est Chiron et Démétrius, ils l'ont violée, ils lui ont tranché la langue; ce sont eux, oui, eux, qui lui ont fait tout ce mal.

SATURNINUS. — Qu'on aille les chercher sur-le-champ.

TITUS.—Bon! ils sont là tous deux assaisonnés dans ce pâté, dont leur mère s'est délicatement nourrie : elle a mangé la chair qu'elle a enfantée elle-même. C'est la vérité, c'est la vérité : j'en atteste la lame affilée de mon couteau.

(Il perce Tamora.)

SATURNINUS.—Meurs, misérable fou, pour cet abominable forfait.

(Saturninus tue Titus.)

LUCIUS.—L'œil d'un fils peut-il voir couler le sang de son père? Voilà salaire pour salaire, mort pour mort.

(Lucius poignarde Saturninus.)

MARCUS.—Peuple et fils de Rome dont je vois les tristes visages que ce tumulte disperse comme une troupe d'oiseaux séparés par les vents et le tourbillon de la tempête, laissez-moi vous enseigner le moyen de réunir de nouveau dans une gerbe unique ces épis épars, et de former de ces membres séparés un seul corps.

UN SÉNATEUR.—Oui, de peur que Rome ne soit le fléau de Rome; et que celle qui voit ramper devant elle de vastes et puissants royaumes, désormais comme un proscrit errant dans l'abandon et le désespoir, exerce sur elle-même une honteuse justice! Mais si ces signes de vieillesse, ces rides profondes de l'âge, témoins sérieux de ma longue expérience, ne peuvent vous engager à m'écouter, parlez, vous, ami chéri de Rome (*à Lucius*), comme jadis notre ancêtre, lorsque sa langue pathétique raconta à l'oreille attentive de l'amoureuse et triste Didon l'histoire de cette nuit de flammes et de désastres où les Grecs rusés surprirent la Troie du roi Priam : dites-nous quel Sinon avait enchanté nos oreilles, ou qui a introduit chez nous la fatale machine qui porte une blessure profonde à notre Troie, à notre Rome?—Mon cœur n'est pas formé de caillou ni d'acier, et je ne puis exprimer notre amère douleur sans que des flots de larmes viennent suffoquer ma voix, et interrompre mon discours dans le moment même où il exciterait le plus votre attention et attendrirait vos cœurs émus de pitié. Voici un général : qu'il fasse lui-même ce récit; vos cœurs palpiteront et vous pleurerez en l'entendant parler.

LUCIUS. — Apprenez donc, nobles auditeurs, que les exécrables Chiron et Démétrius sont ceux qui ont massacré le frère de notre empereur, que ce sont eux qui ont déshonoré notre sœur, et que nos deux frères ont été décapités pour leurs atroces forfaits. Apprenez que les larmes de notre père ont été méprisées; et qu'il a été, par une lâche fraude, privé de cette main fidèle qui avait soutenu les guerres de Rome et précipité ses ennemis dans le tombeau. Enfin, vous savez que moi j'ai été injustement banni, que les portes ont été fermées sur moi, et que, pleurant, j'ai été chassé et réduit à aller demander du secours aux ennemis de Rome, qui ont noyé leur haine dans mes larmes sincères, et m'ont ouvert leurs bras pour me recevoir comme un ami; et je suis le banni, il faut que vous le sachiez, qui ai protégé la sûreté de Rome au prix de mon sang, et détourné de son sein le fer ennemi pour l'enfoncer dans mon corps intrépide. Hélas! vous savez que je ne suis pas homme à me vanter; mes blessures, toutes muettes qu'elles sont, peuvent attester que mon témoignage est juste et plein de vérité. Mais, arrêtons, il me semble que je m'écarte trop en parlant ici de mon faible mérite. Oh! pardonnez-moi, les hommes se louent eux-mêmes quand ils n'ont plus d'amis pour le faire.

MARCUS. — C'est maintenant à mon tour de parler. Voyez cet enfant. (*Il montre l'enfant qu'un serviteur porte dans ses bras.*) Tamora est sa mère; c'est la progéniture d'un More impie, le premier artisan et l'auteur de tous ces maux. Le scélérat est vivant dans la maison de Titus, et il est là, tout homme qu'il est, pour attester la vérité de ce fait. Jugez maintenant quelle raison avait Titus de se venger de ces outrages inexprimables, au-dessus de la patience, au delà de ce que peut supporter l'homme. Maintenant que vous avez entendu la vérité, que dites-vous, Romains? Avons-nous rien fait d'injuste? Montrez-nous en quoi, et de la place où vous nous voyez maintenant, nous allons, en nous tenant par la main, nous précipiter ensemble, détruire tout ce qui reste de la triste famille d'Andronicus, écraser nos têtes sur les pierres rugueuses, et éteindre d'un seul coup notre maison. Parlez, Romains, parlez, et si vous l'ordonnez, voyez, Lucius et moi, nous allons, la main dans la main, nous précipiter.

ÉMILIUS.—Viens, viens, respectable citoyen de Rome, et conduis doucement par la main notre empereur, notre empereur Lucius; car je suis bien sûr que toutes les voix vont le nommer d'un cri unanime.

TOUS LES ROMAINS *s'écrient.*— Salut, Lucius; salut, royal empereur de Rome.

(Lucius et ses amis descendent.)

MARCUS.—Allez dans la triste maison du vieux Titus, et traînez ici ce More impie pour le condamner à quelque mort sanglante, cruelle, en punition de sa méchante vie.

LES ROMAINS.—Salut, Lucius; salut, gracieux maître de Rome.

LUCIUS. —Grâces vous soient rendues, généreux Romains : puissé-je gouverner de façon à guérir les plaies de Rome, et à effacer ses désastres! Mais, bon peuple, accordez-moi quelques instants, car la nature m'impose une tâche douloureuse. — Tenez-vous à l'écart. — Et vous, mon oncle, approchez pour verser les larmes funèbres sur ce cadavre. — Ah! reçois ce baiser brûlant sur tes lèvres pâles et froides (*il embrasse Titus*), ces larmes de douleur sur ton visage sanglant; tristes et derniers devoirs de ton digne fils!

MARCUS.—Ton frère Marcus nous offre à tes lèvres, larmes pour larmes, et tendre baiser pour baiser. Oh! lorsque la somme de ceux que je devais te donner serait infinie, impossible à compter, cependant je m'acquitterais encore.

LUCIUS, *à son fils.*—Approche, enfant : viens apprendre de nous à fondre en pleurs. Ton grand-père t'aimait bien : mille fois il t'a fait danser sur ses genoux, il t'a endormi en chantant, pendant que son tendre sein te servait d'oreiller, il t'a raconté bien des histoires à la portée de ton enfance; en reconnaissance, comme un tendre enfant, répands quelques larmes de tes yeux encore faibles, et paye ce tribut à la nature qui le demande : les amis associent leurs amis à leurs chagrins et à leurs peines : fais-lui tes derniers adieux; dépose-le dans sa tombe; rends-lui ce service et prends congé de lui.

LE JEUNE LUCIUS.—O grand-père, grand-père! oui, je voudrais de tout mon cœur être mort, et qu'à ce prix vous fussiez encore vivant. O seigneur! mes larmes m'empêchent de pouvoir lui parler : mes larmes m'étoufferont si j'ouvre la bouche.

(Entrent des serviteurs entraînant Aaron.)

UN DES ROMAINS.—Enfin, triste famille d'Andronicus, finissez-en avec le malheur. Prononcez la sentence de cet exécrable scélérat, qui a été l'auteur de ces tragiques événements.

LUCIUS.—Enfouissez-le jusqu'à la poitrine dans la terre, et laissez-le mourir de faim [1] : qu'il reste là, qu'il crie et demande de la nourriture : si quelqu'un le soulage et le plaint, il mourra pour ce crime. Tel est notre arrêt : que quelques-uns de vous demeurent et veillent à ce qu'il soit enfoui dans la terre.

AARON.—Eh! pourquoi la rage serait-elle muette? pourquoi la fureur garderait-elle le silence? Je ne suis pas un enfant, moi, pour aller, avec de basses prières, me repentir des maux que j'ai faits. Je voudrais, si je pouvais faire ma volonté, commettre dix mille forfaits pis que tous ceux que j'ai commis; et si jamais il m'arriva dans le cours de ma vie de faire une seule bonne action, je m'en repens de toute mon âme.

LUCIUS.—Que quelques bons amis emportent d'ici le corps de l'empereur, et lui donnent la sépulture dans le tombeau de son père. Mon père et Lavinia seront sans délai enfermés dans le monument de notre famille. Quant à cette odieuse tigresse, cette Tamora, nuls rites funèbres ne lui seront accordés, nul homme ne prendra pour elle

---

[1] Dans la pièce de Ravenscroft, Aaron est mis à la broche et rôti sur le théâtre.

les habits de deuil : nul glas funéraire n'annoncera ses obsèques : qu'on la jette aux bêtes sauvages et aux oiseaux de proie. Sa vie fut celle d'une bête féroce; elle vécut sans pitié; et par conséquent elle n'en trouvera point. Veillez à ce qu'il soit fait justice d'Aaron, de cet infernal More, l'auteur de tous nos désastres : ensuite nous allons travailler à bien ordonner l'État, afin que de pareils événements ne viennent jamais hâter sa ruine.

FIN DU CINQUIÈME ET DERNIER ACTE.

BALLADE.

PLAINTES DE TITUS ANDRONICUS.

Vous, âmes nobles et guerrières, qui n'épargnez pas votre sang pour la patrie, écoutez-moi, moi qui, pendant dix longues années, ai combattu pour Rome, et n'en ai reçu que de l'ingratitude pour récompense.

Je vécus soixante ans à Rome dans la plus grande considération, j'y étais aimé des nobles, j'avais vingt-cinq fils dont la vertu naissante faisait tout mon plaisir.

Je combattis toujours avec mes fils contre l'essaim furieux des ennemis de Rome; nous avons combattu dix ans les Goths, nous avons essuyé mille fatigues et reçu beaucoup de blessures.

Le glaive m'enleva vingt-deux de mes fils avant que nous revinssions à Rome; et je ne conservai que trois de mes vingt-cinq enfants, tant la guerre en moissonna!

Cependant le bonheur accompagna mes travaux, j'amenai prisonniers la reine, ses fils et un More, l'homme le plus meurtrier qui fut jamais.

L'empereur épousa la reine, source de maux funestes qui désolèrent Rome; car les deux princes et le More le trompèrent lâchement, sans égard pour personne.

Le More plut à l'impératrice, qui prêta l'oreille à sa passion; elle oublia ses serments jurés à l'empereur, et elle mit au monde un enfant more.

Jour et nuit ils ne pensaient tous les deux qu'à répandre le sang, et à me plonger moi et les miens dans le tombeau par un assassinat.

J'espérais enfin vivre en repos, lorsque de nouveaux chagrins vinrent m'assaillir; il me restait une fille de qui j'attendais le soulagement de mes maux, et la consolation de ma vieillesse.

Cette enfant, appelée Lavinia, était fiancée au noble fils de l'empereur : dans une chasse, il fut massacré par les indignes complices de la cruelle impératrice.

On eut la méchanceté de jeter son corps dans une profonde et sombre fosse; le scélérat more] passa peu de temps après par cet endroit avec mes fils, et ils tombèrent dans la fosse.

Le More y fit passer ensuite l'empereur, et leur imputa tout le crime de ce meurtre; comme ils furent trouvés dans la fosse, on les arrêta et on les enchaîna.

Mais ce qui mit le comble à mon malheur, les deux princes eurent la cruauté d'enlever ma fille sans pitié, et souillèrent sa chasteté dans leurs bras impudiques.

Et quand ils l'eurent déshonorée, ils firent tout ce qu'ils purent pour tenir leur crime secret; ils lui coupèrent la langue, afin qu'elle ne pût les accuser.

Ils lui coupèrent aussi les deux mains, afin qu'elle ne pût ni mettre ses plaintes par écrit, ni trahir les deux complices de ce forfait, en brodant avec l'aiguille sur son métier.

Mon frère Marcus la rencontra dans la forêt où son sang arrosait la terre, la vit les deux bras coupés, sans langue, et ne pouvant se plaindre de son malheur.

Et lorsque je la vis dans cet affreux état, je versai des larmes; je poussai pour Lavinia plus de plaintes que je n'en avais poussé pour mes vingt-deux fils.

Et quand je vis qu'elle ne pouvait ni écrire, ni parler, ce fut alors que mon cœur se brisa de douleur; nous répandîmes du sable sur la terre, afin de parvenir à dévoiler l'auteur de tant d'atrocités.

Avec un bâton, sans le secours de la main, elle écrivit sur le sable ce qui suit :

« Les fils abominables de la fière impératrice sont les seuls
« auteurs de mes souffrances. »

J'arrachai mes cheveux gris, je maudis l'heure où j'étais né, et je souhaitai que la main qui avait combattu pour l'honneur de Rome eût été estropiée dans le berceau.

Le More, toujours occupé de scélératesses, dit que si je voulais délivrer mes fils, il fallait que je donnasse ma main droite à l'empereur, et qu'alors il laisserait vivre mes fils.

J'ordonnai au More de me couper sur-le-champ la main, et je la vis séparée de mon bras sans crainte et sans horreur; car j'aurais volontiers donné au tyran mon cœur sanglant pour la vie de mes enfants.

Bientôt on me rapporte ma main qu'on avait refusée, et les têtes de mes fils séparées de leurs corps : je les contemplai, et mes larmes coulèrent encore à plus grands flots.

Alors en proie à ma misère, je m'en allai sans secours, je traçai ma douleur sur le sable avec mes larmes, je décochai ma flèche vers le ciel ¹, et j'invoquai à grands cris les puissances de l'enfer pour me venger.

L'impératrice, qui me crut fou, parut devant moi sous la forme d'une furie, avec ses fils travestis ; elle se disait la Vengeance, et ses deux fils le Rapt et le Meurtre.

Je la laissai quelque temps dans cette idée, jusqu'à ce que mes amis, ayant épié le lieu et le moment, attachèrent les princes à un poteau, pour infliger la punition due à leur crime.

Je les égorgeai ; Lavinia, des restes de ses bras mutilés, tint le bassin pour recevoir leur sang ; je râpai ensuite leurs os, pour faire de cette poussière une pâte épaisse dont je fis deux pâtés.

Je les remplis de leur chair et les fis servir sur la table un jour de festin ; je les plaçai devant l'impératrice qui mangea la chair et les os de ses deux fils.

Ensuite j'égorgeai ma fille sans pitié, et j'enfonçai le poignard dans le sein de l'impératrice, j'en fis de même à l'empereur, puis à moi-même, et terminai ainsi ma fatale vie.

---

[1] Si cette ballade est antérieure à la tragédie, c'est ici une expression métaphorique, empruntée probablement d'un passage du psaume LXIV, 3 : « Ceux qui visent avec des mots empoi-
« sonnés, comme avec des flèches. » PERCY.

POËMES ET SONNETS

DE

SHAKSPEARE

NOTICE HISTORIQUE
SUR LES POËMES DE SHAKSPEARE

Nous demandons pardon à l'ombre de Shakspeare de trahir le secret de ses premières compositions, si peu dignes de son grand nom. Certes, dépouillés de l'harmonie du rhythme, ces poëmes vont paraître plus fades encore qu'ils ne le sont réellement, et l'on se demandera comment il est possible que les contemporains de Shakspeare citent plus souvent *Vénus et Adonis*, et *Tarquin et Lucrèce*, que les énergiques et gracieuses inspirations qui caractérisent son génie dramatique. Nos critiques dédaigneux vont crier au burlesque et nous accuser plus que jamais d'encenser l'idole informe d'un peuple sauvage; nous oserons les renvoyer à la lecture des premières pièces de Corneille; et leur citer ce passage de Voltaire :

> De relever mon sort sur les ailes d'Amour.
> MÉDÉE, scène Ire.

Ce vers est un exemple du mauvais goût qui régnait alors chez toutes les nations de l'Europe. Les métaphores outrées, les comparaisons fausses étaient les seuls ornements qu'on employât. On croyait avoir surpassé Virgile et le Tasse quand on faisait voler le sort sur l'aile de l'Amour; les beautés vraies étaient partout ignorées. On a reproché depuis, à quelques auteurs, de courir après l'esprit. En effet, c'est un défaut insupportable de chercher des épigrammes quand il faut peindre la sensibilité chez ses personnages; il est ridicule de montrer ainsi l'auteur quand le héros seul doit paraître au naturel; mais ce défaut puéril était bien plus commun du temps de Corneille que du nôtre. La pièce de *Clitandre*, qui précéda *Médée*, est remplie de pointes. Un amant qui a été blessé en défendant sa maîtresse apostrophe ainsi ses blessures et leur dit :

> Blessures, hâtez-vous d'élargir vos canaux.
> Ah! pour l'être trop peu, blessures trop cruelles,
> De peur de m'obliger vous n'êtes point mortelles.

Tel était le malheureux goût de ce temps-là.

Tel fut l'auteur de *Cinna,* et tel aussi l'auteur de *Macbeth.*

Le poëme de *Vénus et Adonis* fut publié en 1593, et *Médée* représentée en 1635, c'est-à-dire quarante-deux ans plus tard.

Nous ne devons donc point, pour juger le mérite de ces grands hommes, perdre de vue les règles qui étaient prescrites aux poëtes de leur siècle. Après cette réflexion indispensable, faisons grâce seulement à l'épisode du coursier d'Adonis, et à l'apparition de Brutus qui se révèle à ses amis étonnés, passages qui laissent deviner le poëte, et convenons avec Hazlitt que dans ces tributs offerts au goût de son temps par Shakspeare, tout supérieur qu'il était déjà à tous ses contemporains, si une belle pensée brille çà et là, elle se perd aussitôt dans un commentaire sans fin. Les personnages ont l'air d'avoir le loisir de faire des énigmes sur leur situation et s'amusent à la retracer en acrostiches et en anagrammes. Les allégories, les digressions, les arguties sentimentales, les jeux de mots, les pédanteries de dialectique, règnent seules dans ces premiers ouvrages de Shakspeare.

Ce seront encore là, pour quelques-uns, des défauts romantiques. Il est certain que ni Shakspeare ni son siècle, où régnait une princesse qui parlait latin, ne s'en doutaient; ils croyaient pouvoir concilier cette poésie contre nature avec une passion véritable pour les auteurs de l'antiquité; dans le Trésor de l'Esprit (*Wit's treasure*), publié en 1598, on trouve l'observation suivante :

« De même que l'âme d'Euphorbe vivait, croyait-on, dans Pythagore, l'âme ingénieuse et tendre d'Ovide vit dans Shakspeare à la langue de miel; témoin *Vénus et Adonis, Lucrèce,* etc., etc. »

Le sujet de *Vénus et Adonis* fut probablement suggéré à Shakspeare par la description que fait Spencer des tapisseries d'un château, dans la *Reine des Fées,* chant III, ou par le court poëme d'Henri Constable, intitulé le *Chant pastoral de Vénus et Adonis;* Shakspeare n'a pas suivi l'histoire mythologique de Spencer, il a mieux aimé rendre Adonis insensible aux charmes de la beauté, il est même dédaigneux.

Le poëme de *Lucrèce* fut publié en 1594, un an après celui de *Vénus et Adonis;* il eut encore plus de succès. Nouvelle preuve du goût du temps. Déjà plusieurs auteurs des siècles gothiques avaient célébré la chaste Romaine, et Shakspeare a pu se dispenser de puiser aux sources premières.

Ces poëmes sont du reste les seuls ouvrages que Shakspeare ait publiés lui même.

VÉNUS ET ADONIS

POËME.

> Vilia miretur vulgus, mihi flavus Apollo
> Pocula castalia plena ministret aqua.
> (Ovide. *Amor.* l. I, eleg. 15.)

AU TRÈS-HONORABLE HENRY WRIOTHESLY,
COMTE DE SOUTHAMPTON ET BARON DE TICHFIELD.

Très-honorable seigneur,

J'ignore si je me rends coupable en dédiant mes vers imparfaits à Votre Seigneurie, et si le monde me reprochera d'avoir choisi un si fort soutien pour un si faible fardeau; si vous daignez seulement être satisfait, je me tiendrai pour hautement honoré, et je promets de mettre à profit toutes mes heures de loisir jusqu'à ce que je puisse vous offrir quelques travaux plus sérieux. Mais si le premier enfant de mon imagination est mal conformé, je regretterai de lui avoir donné un si noble parrain, et je ne cultiverai jamais une terre si stérile, de peur de n'y recueillir que de mauvaises moissons. J'abandonne mes vers à votre honorable examen, et Votre Seigneurie au contentement de son cœur; puisse-t-il répondre toujours à vos désirs et aux espérances du monde!

De Votre Seigneurie le dévoué serviteur,

W. SHAKSPEARE.

VÉNUS ET ADONIS

POËME.

I.—A peine le soleil, au visage vermeil, avait-il reçu les derniers adieux de l'aurore en pleurs, qu'Adonis, aux joues roses, partit pour les bois. Il aimait la chasse, mais se moquait de l'amour. La mélancolique Vénus va droit à lui; et, telle qu'un amant hardi, elle commence à lui faire la cour.

II.— « Toi, qui es trois fois plus beau que moi-même, » dit-elle d'abord, « tendre fleur des campagnes, dont le parfum est sans égal; toi, qui éclipses toutes les nymphes; toi, plus aimable qu'un mortel, plus blanc que les colombes et plus vermeil que les roses, la nature qui t'a créé, en contradiction avec elle-même, dit que le monde finira avec ta vie!

III.— « Consens, ô merveille, à descendre de ton coursier, et relie au pommeau de la selle les rênes qui enlacent sa tête orgueilleuse! Si tu daignes m'accorder cette faveur, tu apprendras mille doux secrets : viens t'asseoir ici, où le serpent ne siffle jamais, et je t'accablerai de baisers.

IV.— « Cependant je n'émousserai pas tes lèvres par la satiété; je les rendrai encore plus avides au milieu de l'abondance, en les faisant pâlir et rougir tour à tour par une variété de caresses toujours renaissantes. Dix baisers seront aussi courts qu'un seul, et un seul aussi long que vingt; un jour d'été ne te paraîtra qu'une heure rapide, perdu ainsi dans des jeux qui te feront oublier le temps. »

V.—Là-dessus, elle saisit sa main humide d'une moiteur qui indique la vigueur et l'énergie, et, tremblante de passion, elle l'appelle un baume, un remède souverain donné par la terre pour la guérison d'une déesse. Dans son délire, le désir lui donne la force et le courage d'arracher Adonis de son coursier.

VI.—Sur un de ses bras est la bride du vigoureux coursier, sur l'autre elle tient le faible enfant qui rougit et boude avec un triste dédain. Les désirs sont froids chez lui, il n'entend rien aux jeux de l'amour; elle est brûlante et enflammée comme un charbon ardent; il est rouge de honte, mais froid comme la glace.

VII.—Elle attache avec promptitude à une branche raboteuse la bride garnie de clous d'or. (Oh! combien l'Amour est adroit!) Voilà le cheval à l'écurie; elle se met en devoir d'attacher le cavalier; elle le pousse en arrière, comme elle voudrait être poussée; elle le gouverne par la force, mais non par le désir.

VIII.—Dès qu'il est à terre, elle s'étend auprès de lui; tous deux reposent sur leurs coudes et sur leurs hanches; tantôt elle lui tape sur la joue, tantôt elle fronce le sourcil, et commence à lui adresser des reproches; mais bientôt elle lui ferme la bouche; et tout en l'embrassant elle lui parle avec le langage entrecoupé de la volupté. « Si tu veux me gronder, tes lèvres ne souriront plus. »

IX.—Il brûle d'une ardeur timide; Vénus éteint de ses larmes l'ardeur pudique de ses joues; puis, avec le souffle de ses soupirs et en agitant ses cheveux d'or, elle cherche à les sécher comme avec un éventail. Il dit qu'elle est immodeste, et il la blâme; elle étouffe par un baiser ce qu'il allait ajouter.

X.—Comme un aigle affamé, excité par un long jeûne, déchire de son bec les plumes, les os et la chair, et secouant ses ailes dévore tout ce qu'il rencontre, jusqu'à ce qu'il ait assouvi son double gosier, ou que la proie ait disparu tout entière; de même Vénus baisait le front d'Adonis, ses joues, ses lèvres; et là où elle finit, là elle recommence.

XI.—Forcé de céder, mais sans jamais obéir, il est étendu haletant, son haleine arrive au visage de Vénus; elle se repaît de cette vapeur comme d'une proie, et l'appelle une rosée céleste, un air embaumé; elle voudrait que ses propres joues fussent changées en parterres de fleurs, pourvu qu'elles fussent humectées par cette rosée vivifiante.

XII.—Voyez un oiseau pris dans un filet; tel est Adonis enchaîné dans ses bras: sa timidité pure et sa résistance domptée lui donnent un air boudeur, qui ajoute de nouveaux charmes à ses yeux irrités : la pluie qui tombe dans un fleuve déjà plein l'oblige à franchir ses bords.

XIII.—Vénus supplie encore, elle supplie avec grâce, car elle module sa voix pour charmer l'oreille de ce qu'elle aime. Il reste sombre, il refuse et boude, tour à tour rouge de honte et pâle de colère; s'il rougit, elle l'aime davantage; ce qu'elle préférait disparaît devant des transports plus vifs encore.

XIV.—Comme il se montre, elle ne peut que l'aimer; elle jure par sa main immortelle de ne jamais s'éloigner de son sein qu'il n'ait capitulé avec ses larmes qui coulent toujours et inondent ses joues ; un seul doux baiser acquittera cette dette immense.

xv.—A cette promesse il lève la tête, tel qu'une poule d'eau qui apparaît entre deux vagues, mais qui disparaît tout aussitôt dès qu'on la regarde. C'est ainsi qu'il offre de lui accorder ce qu'elle demande ; mais au moment où ses lèvres sont prêtes à accepter le payement, il cligne l'œil et tourne ses lèvres d'un autre côté.

xvi.—Jamais voyageur, dans les ardeurs de l'été, ne soupira davantage après un peu d'eau, qu'elle ne soupirait après cette faveur. Elle voit ce qu'elle désire et ne peut l'obtenir ; elle se baigne dans la rivière et son feu ne s'éteint pas. « Oh ! par pitié, s'écrie-t-elle, enfant au cœur de pierre, ce n'est qu'un baiser que je demande, pourquoi es-tu si timide ?

xvii.— « J'ai été suppliée comme je te supplie maintenant, même par le farouche et cruel dieu de la guerre, dont la tête superbe ne fléchit jamais dans les combats, et qui triomphe partout où il va, dans toutes les querelles ; cependant il fut mon captif et mon esclave, et il a mendié ce que tu obtiendras sans l'avoir demandé.

xviii.— « Sur mes autels il a déposé sa lance, son bouclier entaillé, son cimier triomphant ; pour l'amour de moi il apprit à jouer et à danser ; il apprit à folâtrer, à s'amuser, à badiner, à sourire, à plaisanter, méprisant son grossier tambour, ses rouges enseignes, faisant de mes bras son champ de bataille et sa tente de mon lit.

xix.— « Ainsi, je triomphai du conquérant et je le tins captif dans des chaînes de roses. L'acier le mieux trempé obéissait à la force de son bras, cependant il fut soumis par ma réserve et mes dédains. Oh ! ne sois pas trop fier ; ne te vante pas de ta puissance, parce que tu gouvernes celle qui dompta le dieu des batailles !

xx.— « Touche seulement mes lèvres avec les tiennes (elles sont si belles ; quoique les miennes ne soient pas si belles, elles sont vermeilles aussi) : le baiser t'appartiendra aussi bien qu'à moi. Que vois-tu par terre ? relève la tête, regarde dans mes yeux où ta beauté se réfléchit. Pourquoi donc tes lèvres ne s'attachent-elles pas aux miennes, puisque tes yeux se réfléchissent dans les miens ?

xxi.— « As-tu honte d'un baiser ? Eh bien, ferme les yeux, je ferai comme toi ; le jour nous semblera la nuit ; l'amour tient ses fêtes là où l'on n'est que deux : sois donc plus hardi, nos ébats n'ont pas de témoins ; ces violettes bleues sur lesquelles nous sommes couchés ne peuvent ni bavarder, ni savoir ce que nous faisons.

XXII. — « La fraîcheur de tes lèvres séduisantes annonce que tu es à peine mûr; cependant on peut bien goûter tes charmes. Fais usage du temps, ne laisse pas échapper l'occasion; la beauté ne doit pas se consumer elle-même; les belles fleurs qu'on ne cueille pas dans leur éclat se fanent et périssent bientôt.

XXIII. — « Si j'étais laide, vieille et ridée, mal élevée, difforme, grossière, grondeuse, épuisée, la vue trouble, percluse, glacée, stérile, maigrie, desséchée, alors tu pourrais hésiter, car je ne serais point faite pour toi; mais n'ayant aucun défaut, pourquoi me détestes-tu?

XXIV. — « Tu ne peux découvrir une ride sur mon front, mes yeux sont bleus, brillants et vifs, ma beauté comme le printemps se renouvelle chaque année, ma chair est douce et fraîche, mon sang ardent; si tu pressais dans la tienne ma main douce et moite, tu la sentirais disparaître dans cette étreinte comme si elle était prête à se fondre.

XXV. — « Dis-moi de parler, j'enchanterai ton oreille; ordonne, et comme une fée je bondirai sur le gazon, ou telle qu'une nymphe à la longue chevelure éparse, je danserai sur le sable sans y laisser la trace de mes pas. L'amour est un esprit de feu, il n'a rien de grossier qui l'abaisse vers la terre, mais il est léger et aspire à s'élever.

XXVI. — « Témoin cette couche de primevères sur laquelle je repose, témoin ces faibles fleurs qui me soutiennent comme des arbres robustes : deux frêles colombes me traînent à travers les airs depuis le matin jusqu'au soir, partout où il me plaît d'aller. L'amour est si léger, aimable enfant, se peut-il que tu le croies trop lourd pour toi!

XXVII. — « Ton cœur est-il épris de ton propre visage? Ta main droite peut-elle trouver l'amour dans ta main gauche? alors, aime-toi toi-même, sois rejeté par toi-même, prive-toi de la liberté et plains-toi du larcin; c'est ainsi que Narcisse s'abandonna lui-même et périt pour embrasser son ombre dans le ruisseau.

XXVIII. — « Les torches sont faites pour éclairer, les bijoux pour servir de parure, les mets délicats pour être goûtés, la fraîcheur de la beauté pour enchanter, les herbes des champs pour parfumer l'air, les arbres pour porter des fruits; tout ce qui ne pousse que pour soi abuse de ses acultés ; les semences naissent des semences, la beauté enfante la beauté, tu fus engendré, ton devoir est d'engendrer à ton tour.

XXIX. — « Pourquoi te nourrirais-tu des dons de la terre, si ce n'est pour nourrir la terre de tes dons ? par la loi de la nature, tu dois te multiplier dans des enfants qui vivront quand tu ne seras plus. C'est ainsi qu'en dépit de la mort tu survivras dans ceux qui porteront ta ressemblance. »

XXX. — Cependant la reine amoureuse commençait à être en nage, car l'ombre avait abandonné le lieu où ils reposaient ; et Titan, fatigué au milieu de sa course, les regardait d'un œil brûlant, souhaitant qu'Adonis dirigeât son char pourvu qu'il pût lui ressembler et se trouver près de Vénus.

XXXI. — Soudain d'un air insouciant et avec un regard sombre, boudeur et dédaigneux, voilant de ses sourcils froncés l'éclat de ses yeux, comme les vapeurs d'un brouillard obscurcissent le ciel, Adonis s'écrie d'un ton aigre : « Fi ! plus d'amour ! le soleil me brûle le visage, il faut que je m'en aille. »

XXXII. — « Hélas ! dit Vénus : si jeune et si cruel ! quelle pauvre excuse tu me donnes pour t'échapper ! mon souffle céleste sera pour toi un zéphyr qui dissipera la chaleur du soleil qui darde sur nous. Je te ferai un abri de mes cheveux, et, s'ils brûlent aussi, je les éteindrai avec mes larmes.

XXXIII. — « Le soleil qui brille dans le ciel n'est que brûlant, et moi, je suis entre le soleil et toi ! la chaleur qu'il donne ne m'incommode guère ; ce sont tes yeux dont le feu me consume : si je n'étais immortelle, ma vie se terminerait entre le soleil céleste et le soleil terrestre.

XXXIV. — « Es-tu donc si rebelle, es-tu de pierre ou dur comme l'acier ? Ah ! tu es plus dur que la pierre, car la pierre s'amollit sous la pluie. Es-tu fils d'une femme, et peux-tu ne pas sentir ce qu'est l'amour ? combien l'absence d'amour fait souffrir ? Ah ! si ta mère avait eu un cœur si cruel, elle ne t'aurait pas enfanté, elle serait morte dans sa solitude.

XXXV. — « Qui suis-je pour être ainsi méprisée par toi, ou quel grand danger y a-t-il dans mon amour ? quel mal ferait à tes lèvres un pauvre baiser ? Parle, mon bien-aimé ; mais ne dis rien que de tendre ou garde le silence. Donne-moi un baiser, je te le rendrai, et puis un autre pour les intérêts, si tu en veux deux.

XXXVI. — « Fi donc, portrait sans vie, marbre froid et insensible, idole bien enluminée, image sourde et inanimée, statue qui ne satisfait que les yeux, être semblable à l'homme, mais qui ne naquis point d'une femme : tu n'es pas un homme, quoique tu aies le teint d'un homme, car les hommes donnent des baisers par leur propre instinct. »

XXXVII. — Elle dit, l'impatience arrête sa langue suppliante, et la colère qui l'étouffe la contraint au silence ; ses joues enflammées, ses yeux ardents disent assez ses outrages ; étant juge et amante, elle ne peut se faire rendre justice. Tantôt elle pleure, tantôt elle veut parler, ses sanglots s'y opposent.

XXXVIII. — Parfois elle secoue la tête, puis elle lui prend la main ; elle le regarde, et puis elle fixe ses yeux sur la terre. Quelquefois ses bras l'entourent comme une ceinture ; elle voudrait l'enchaîner dans ses bras, mais il ne veut pas, et quand il s'efforce d'échapper à son étreinte, elle enlace ses doigts de lis.

XXXIX. — « Mon amour, dit-elle, puisque je t'ai enfermé dans ce cercle d'ivoire, je serai le parc, et tu seras mon daim ; nourris-toi où tu voudras, sur les coteaux ou dans la vallée ; rassasie-toi sur mes lèvres, et, si les montagnes sont desséchées, erre plus bas, tu y trouveras de douces fontaines.

XL. — « Dans ces limites tu as de quoi te satisfaire ; une pelouse et une belle plaine délicieuse ; des coteaux arrondis et des taillis épais et sombres pour te mettre à l'abri de la tempête et de la pluie. Sois donc mon daim puisque je suis un parc si charmant ; aucun limier ne t'y poursuivra, quand même tu en entendrais aboyer mille. »

XLI. — A ces mots, Adonis sourit de dédain ; sur chacune de ses joues se forme une jolie fossette ; c'est l'amour qui les a creusées, et s'il périssait il pourrait être enseveli dans une tombe si simple, sachant bien qu'une fois qu'il y serait déposé il y vivrait et ne pourrait pas mourir.

XLII. — Ces aimables grottes, ces fossettes enchantées ouvrent leur bouche pour engloutir le caprice de Vénus. Elle était déjà folle, que va devenir sa raison ? déjà frappée à mort, qu'a-t-elle besoin d'une autre blessure ? Pauvre reine de l'amour, abandonnée dans ton propre empire, peux-tu bien aimer des joues que le mépris seul fait sourire ?

XLIII. — Maintenant que fera-t-elle, que dira-t-elle ? elle a tout dit et n'a fait qu'augmenter ses maux. Le temps a fui, son amant va s'éloigner ; il cherche à s'échapper de ses bras enlacés. « Par pitié, s'écrie-t-elle, une grâce... un remords... » Il s'élance et se précipite vers son coursier.

XLIV. — Mais voici ! D'un taillis voisin, une jeune cavale,

robuste, belle et fière, aperçoit le coursier impatient d'Adonis; elle accourt, s'ébroue et hennit. Le coursier vigoureux, attaché à un arbre, brise ses rênes, et va droit à elle.

XLV. — Il s'élance, il hennit, le voilà qui bondit avec orgueil, de son dur sabot rompt la courroie de la sangle. Triomphant de ce qui le régissait, il frappe la terre dont les cavités résonnent comme le tonnerre du ciel. Il broie entre ses dents le fer de son mors tressé.

XLVI. — Ses oreilles se dressent, les flots de sa crinière se hérissent sur son cou recourbé, replié; ses naseaux aspirent l'air, et, comme une fournaise, rejettent d'épaisses vapeurs; son œil superbe, qui étincelle comme le feu, montre son ardent courage et le transport qui l'agite.

XLVII. — Tantôt il trotte, comme s'il comptait ses pas, avec une majesté calme et une modeste fierté; puis il se cabre, fait des courbettes et s'élance comme s'il disait: Voyez! telle est ma force; c'est ainsi que je cherche à captiver le regard de la belle cavale.

XLVIII. — Que lui importe maintenant son cavalier irrité qui l'appelle, ses flatteurs « holà » où ses cris « arrête-toi, entends-tu? » Que lui importent les rênes et la pointe aiguë de l'éperon, son riche harnais et son caparaçon brillant? Il voit celle qu'il aime et ne voit qu'elle; seule elle plaît à ses orgueilleux regards.

XLIX. — Voyez le tableau où un peintre aurait voulu surpasser son modèle, en peignant un coursier bien proportionné; son art lutte contre l'œuvre de la nature, comme si les morts pouvaient l'emporter sur les vivants. Ce même coursier était au-dessus d'un coursier ordinaire par ses formes, son courage, sa couleur, son allure et sa vigueur.

L. — Sabot arrondi, articulations courtes, fanons velus et longs, large poitrail, œil grand, tête petite, naseaux bien ouverts, encolure haute, oreilles courtes, jambes fortes et déliées, crinière claire, queue épaisse, croupe arrondie, peau fine, il avait tout ce qu'un cheval doit avoir, excepté un fier cavalier sur son dos orgueilleux.

LI. — Quelquefois il s'éloigne et de là il regarde avec surprise, puis il bondit au mouvement d'une plume. Bientôt il se prépare à défier le vent : et on ne sait plus s'il court, où s'il vole. Le vent siffle entre sa crinière et sa queue, soulevant les crins qui se déploient comme des ailes emplumées.

LII. — Il regarde celle qu'il aime et lui adresse ses hennissements; elle lui répond comme si elle devinait sa pensée.

Fière, comme le sont les femmes, de se voir recherchée, elle feint le caprice, fait la cruelle, repousse son amour, dédaigne l'ardeur qu'il éprouve, et répond par des ruades à ses amoureuses caresses.

LIII.—Alors, triste et mécontent, il baisse sa queue qui, telle qu'un panache flottant, prêtait une ombre bienfaisante à sa croupe en sueur. Il frappe du pied et mord dans sa rage les pauvres mouches. La cavale, voyant sa fureur, se rend plus complaisante, et sa colère est apaisée.

LIV.—Son maître impatienté va pour le ressaisir, lorsque soudain la cavale indomptée, pleine de terreur et craignant de se voir saisie s'enfuit rapidement; le cheval la suit et laisse Adonis. Tous deux, comme égarés, se dirigent vers le bois, et dépassent les corbeaux qui cherchent à voler plus vite qu'eux.

LV.—Essoufflé de sa course, Adonis s'assied, maudissant son coursier impétueux et indomptable. Voici de nouveau une bonne occasion qui s'offre à l'amour malheureux d'obtenir le bonheur qu'il implore : car les amants disent que le cœur a trois fois tort quand il est privé du secours de la langue.

LVI.—Un four que l'on ferme n'en est que plus brûlant; une digue ne fait qu'augmenter la fureur d'un fleuve : on en peut dire autant d'une douleur cachée : la liberté de la parole calme le feu de l'amour; mais, quand l'avocat du cœur est muet, le client se meurt, son affaire est désespérée.

LVII.—Il la voit venir, et recommence à rougir, de même qu'un charbon mourant que le vent rallume. Il cache son front irrité avec sa toque, et se tourne vers la terre d'un air chagrin, sans prendre garde à elle, bien qu'elle soit tout près : car il ne saurait la regarder avec des yeux favorables.

LVIII.—Oh! quel spectacle c'était de la voir s'avancer en cachette vers le fantasque jeune homme, et d'observer les couleurs changeantes de ses joues, comme le rouge et le blanc se détruisaient l'un l'autre! la pâleur enfin y domine; mais de temps en temps ses yeux lancent des flammes comme s'il passait un éclair dans le ciel.

LIX.—Le voilà devant lui, et il est assis, comme le ferait une amante timide, elle s'agenouille; avec une de ses belles mains elle relève sa toque; l'autre douce main caresse ses joues vermeilles. Ces joues délicates reçoivent l'impression de cette tendre main comme la neige fraîchement tombée garde toute empreinte.

LX.—O quelle guerre de regards se déclara alors entre eux! Les yeux de Vénus implorent ceux d'Adonis, qui la regardent comme s'ils ne la voyaient pas. Ses yeux le conjurent encore, mais ses regards dédaignent ses prières. Toute cette pantomime est expliquée par les larmes que les yeux de Vénus répandent comme ceux d'un chœur de tragédie.

LXI.—Elle le prend doucement par la main : c'est un lis enfermé dans une prison de neige, ou une main d'ivoire dans un cercle d'albâtre tant l'amie est blanche qui presse sa blanche ennemie. Cette lutte charmante entre celle qui veut et celui qui ne veut point ressemblait aux ébats de deux colombes argentées qui se becquètent.

LXII.—Bientôt l'interprète des pensées de Vénus reprend : « O toi, le plus beau de tous ceux qui se meuvent sur le globe de la terre ! que n'es-tu ce que je suis, et moi un homme ; mon cœur intact comme le tien, et ton cœur atteint de ma blessure ! Pour le prix d'un doux regard, je t'assurerais mon secours lorsque la pâte de mon corps pourrait seule te sauver.

LXIII. — « Rendez-moi ma main, dit Adonis : pourquoi la pressez-vous ? » — « Demande-moi mon cœur, dit-elle, et tu l'auras, ou rends-le-moi de peur que ton cœur inflexible ne l'endurcisse ; une fois endurci, de tendres soupirs ne pourraient plus le pénétrer ; les sanglots de l'amour me trouveraient insensible, parce que le cœur d'Adonis aurait endurci le mien ! »

LXIV. — « Fi donc ! s'écrie-t-il ; laissez-moi et laissez-moi aller. Le plaisir de ma journée est perdu : mon cheval a fui, et c'est par votre faute que j'en suis privé. Je vous en prie, quittez-moi, et laissez-moi seul ici ; car tout mon souci, toute ma préoccupation, toute mon idée, c'est de reprendre mon cheval à cette jument. »

LXV. — Vénus lui répond : « Ton palefroi t'abandonne comme il le doit aux douces ardeurs du désir. L'amour est un charbon qu'il faut refroidir, sinon il met tout le cœur en feu. La mer a des bornes, mais le profond désir n'en a point : ne sois donc pas surpris si ton coursier est parti.

LXVI. — « Comme il avait l'air d'une rosse, attaché à un arbre, esclave soumis à des rênes de cuir ! Mais, dès qu'il a vu la cavale, noble prix de sa jeunesse, il a dédaigné sa honteuse servitude, secoué de son col arqué ses misérables liens, et il a affranchi sa bouche, sa croupe et son poitrail.

LXVII. — « Après avoir vu sa bien-aimée nue dans sa couche, montrant à ses draps une nuance plus blanche que le blanc, quel est celui dont les yeux avides n'inspirent pas à ses autres sens le désir d'une égale jouissance ? quel est l'homme assez lâche pour ne pas avoir le courage de s'approcher du feu quand il fait froid?

LXVIII. — « Laisse-moi donc excuser ton coursier, aimable enfant, et apprends de lui, je t'en conjure, à profiter de la félicité qui s'offre à toi. Quand je resterais muette, sa conduite suffirait à t'instruire. Oh! apprends à aimer; la leçon en est facile; une fois qu'on la sait, on ne l'oublie jamais.

LXIX. — « Je ne connais pas l'amour, dit-il, je ne veux pas le connaître, à moins que ce ne soit un sanglier : alors je lui ferai la chasse. C'est un gros emprunt, je ne veux pas faire de dettes. Je n'ai d'autre amour que l'amour d'en mal parler, car j'ai entendu dire que c'était une vie dans la mort, et qu'on riait et qu'on pleurait de la même haleine.

LXX. — « Qui porte un habit mal fait et non fini? qui cueille le bouton avant que les feuilles soient poussées? Si les choses qui croissent sont mutilées elles se flétrissent dans leur fleur, et n'ont plus aucune valeur. Le poulain qui est monté et chargé dans sa jeunesse perd sa fierté et jamais ne devient fort.

LXXI. — « Vous me faites mal à la main en la pressant. Séparons-nous, et laissons ce vain sujet et ces frivoles discours. Levez le siége que vous avez mis devant mon cœur inflexible; il n'ouvrira point ses portes aux alarmes de l'amour : renoncez à vos vœux, à vos larmes feintes, à vos flatteries; car elles n'ont point d'effet lorsque le cœur est jeune.

LXXII. — « Quoi! tu sais parler? répond-elle. As-tu donc une langue? Oh! que n'en as-tu point! ou plutôt que je n'eusse point d'oreilles? Ta voix de sirène m'a doublement blessée. J'étais assez chargée tout à l'heure, sans ce surcroît qui m'accable. Mélodieuse dissonance, célestes accords aux rudes effets! douce harmonie pour l'oreille qui blesse profondément le cœur!

LXXIII. — « Si je n'avais point d'yeux, si je n'avais que des oreilles, mes oreilles adoreraient cette beauté invisible et intérieure; ou si j'étais sourde, tes charmes extérieurs toucheraient en moi tout ce qu'il y a de sensible. Quoique sans yeux et sans oreilles pour voir ou pour entendre, je t'aimerais encore rien qu'en te touchant.

LXXIV. — « Suppose maintenant que le sens du toucher me soit ravi; que je ne puisse ni voir, ni entendre, ni toucher, qu'il ne me reste que l'odorat; mon amour pour toi n'en serait pas moins vif, car de la distillerie de ton adorable visage sort une haleine parfumée qui excite l'amour par l'odorat.

LXXV. — « Mais quel banquet n'offrirais-tu pas au goût puisque tu nourris et alimentes les quatre autres sens? ne désireraient-ils pas que le festin fût éternel, en ordonnant au soupçon de fermer la porte à double tour, de peur que la jalousie, cet hôte sombre et mal venu, ne se glissât parmi eux pour troubler la fête? »

LXXVI. — Encore une fois s'ouvrit le portique couleur de rubis qui avait déjà donné passage aux doux accents de son discours : semblable à une aurore rougeâtre qui prédit toujours le naufrage aux marins, la tempête aux campagnes, les regrets aux pasteurs, la désolation aux oiseaux, le vent et les bourrasques aux troupeaux et aux bergers.

LXXVII. — Prudemment elle observe ce sinistre présage. De même que le vent se tait avant la pluie, que le loup entr'ouvre les dents avant de hurler, que la baie se fend avant de faire tache, ou comme la balle meurtrière d'un fusil, ce qu'il allait dire la frappe avant qu'il eût parlé.

LXXVIII. — Elle tombe par le seul effet de son regard; car les regards tuent l'amour, et l'amour ressuscite par des regards : un sourire guérit la blessure produite par des sourcils froncés. Heureuse faillite que celle qui enrichit ainsi l'amour! Le pauvre enfant, croyant qu'elle est morte, presse ses joues pâles jusqu'à leur rendre leur vermillon.

LXXIX. — Tout étonné, il renonce à sa première intention, qui était de la réprimander vertement; ce que prévint l'astucieux amour. Honneur à la ruse qui sut si bien la protéger! car elle reste étendue sur le gazon, comme si elle était morte, jusqu'à ce que le souffle d'Adonis la rappelle à la vie.

LXXX. — Il lui serre le nez, la frappe sur les joues, plie ses doigts, lui presse l'artère, réchauffe ses lèvres, et cherche mille moyens pour réparer le mal qu'ont causé ses duretés. Il lui donne un baiser : volontiers elle ne se relèverait plus pourvu qu'il l'embrasse encore.

LXXXI. — A cette nuit de chagrin succède le jour : elle entr'ouvre doucement ses deux fenêtres bleues, semblables au soleil lorsqu'à son éclatant retour il charme le matin et console l'univers. De même que le brillant soleil embellit le ciel, l'œil de Vénus illumine son visage.

LXXXII. — Elle en tourne les rayons sur son visage sans barbe comme s'il lui empruntait tout son éclat. Jamais quatre astres aussi beaux n'auraient été réunis, si Adonis n'avait voilé les siens, en abaissant ses sourcils : mais ceux de Vénus, qui brillaient à travers le cristal de ses larmes, resplendissaient comme la lune réfléchie dans l'eau pendant la nuit.

LXXXIII.— « Où suis-je donc? dit-elle; sur la terre ou dans le ciel? Suis-je dans l'Océan ou dans le feu? quelle heure est-il? est-ce le matin ou le soir fatigué? suis-je ravie de mourir, ou désiré-je la vie? Tout à l'heure je vivais, et ma vie était assurée contre la mort! tout à l'heure je mourais, et la mort m'était un ravissement!

LXXXIV.—« Oh! c'était toi qui me tuais! Fais-moi mourir encore : l'habile maître de tes yeux, ton cœur inflexible a su leur enseigner des regards dédaigneux et un tel mépris qu'ils ont assassiné mon pauvre cœur; et mes yeux, fidèles guides de leur reine, auraient été à jamais privés de la vue, sans la compassion de tes lèvres.

LXXXV. — « Puissent-elles se baiser longtemps, pour prix de cette cure! Oh! ne laisse jamais flétrir leur incarnat! et puisse leur fraîcheur dissiper tant qu'elles dureront les influences dangereuses de l'année! Les astrologues qui ont écrit sur la mort diront que la peste est bannie par ton souffle.

LXXXVI. — « Lèvres pures, sceaux délicieux imprimés sur mes lèvres, quel marché pourrais-je faire pour obtenir encore leur empreinte! Me vendre moi-même? ah! j'y consens, pourvu que tu veuilles m'acheter, me payer, et en bien user envers moi. Si tu fais cette acquisition, de crainte de méprises, applique bien ton sceau sur mes lèvres vermeilles.

LXXX-VII. — « Avec mille baisers tu peux acheter mon cœur, et les payer à ton loisir l'un après l'autre. Que sont pour toi dix fois cent baisers? ne sont-ils pas bien vite comptés, bien vite donnés? Convenons, qu'en cas de non-payement, la dette serait double; deux mille baisers te donneraient-ils tant de peine? »

LXXXVIII. — « Belle reine, dit-il, si vous me devez quelque amour, que mes jeunes années vous expliquent mes bizarreries; ne cherchez pas à me connaître avant que je me connaisse moi-même : il n'est pas de pêcheur qui n'épargne le fretin. La prune mûre tombe, la verte tient à la branche; ou si elle est cueillie trop tôt, elle est aigre au goût.

LXXXIX. — « Voyez! le consolateur du monde achève à l'occident, d'un pas fatigué, sa brûlante carrière de la journée; le hibou, héraut de la nuit, crie qu'il est tard; les troupeaux sont rentrés dans leur bercail, les oiseaux dans leur nid, les noirs nuages qui voilent la lumière du ciel nous somment de nous séparer et de nous dire bonsoir..

XC. — « Laissez-moi donc vous dire bonne nuit, et dites-

en de même; si vous y consentez, vous aurez un baiser. »
« Bonne nuit, répond Vénus. » Et avant qu'il ait dit adieu,
elle lui offre le doux gage du départ; ses bras se croisent autour du cou d'Adonis; elle semble s'incorporer avec lui; leurs
visages se touchent.

XCI. — Enfin, hors d'haleine, il se dégage et retire la
rosée céleste, cette jolie bouche de corail dont les lèvres
avides de la déesse connaissaient bien le parfum délicieux;
elles s'en désaltèrent, et se plaignent cependant de la sécheresse. Adonis accablé de caresses, elle épuisée par sa froideur,
tous deux tombent à terre avec leurs lèvres collées ensemble.

XCII. — Maintenant ses rapides désirs ont conquis sa proie
plus docile, elle se nourrit sans pouvoir se rassasier; ses lèvres
sont triomphantes, celles d'Adonis obéissent et payent la
rançon qu'exige un vainqueur dont la pensée, vorace comme
un vautour, porte si haut ses prétentions qu'il tarit l'humide
trésor des lèvres du vaincu.

XCIII. — Une fois qu'elle a goûté la douceur des dépouilles,
elle commence à piller avec une aveugle fureur; son visage
est en sueur, son sang bouillonne; sa passion, sans frein, lui
donne un courage désespéré; elle appelle l'oubli, et repousse
la raison, elle oublie la chaste rougeur de la honte et le naufrage de l'honneur.

XCIV. — Lassé, fatigué et échauffé par ses étroits embrassements, tel qu'un oiseau sauvage apprivoisé à force d'être
manié, tel que l'agile chevreuil fatigué par la chasse, ou
comme un enfant mutin calmé par des caresses, Adonis obéit,
et ne résiste plus, pendant que Vénus lui prend non tout ce
qu'elle veut, mais tout ce qu'elle peut.

XCV. — Quelle cire assez gelée pour ne pas se fondre à la
chaleur, et pour ne pas céder enfin à la plus légère impression?
Les objets placés au delà de l'espérance sont souvent atteints
par la témérité, surtout en fait d'amour; la hardiesse dépasse
la permission : l'Amour ne se décourage pas comme un lâche
pâle et tremblant, mais ose davantage quand ce qu'il courtise
est rebelle.

XCVI. — Oh! si elle avait renoncé, lorsque Adonis fronçait
le sourcil, elle n'eût point savouré un semblable nectar sur ses
lèvres : des mots durs et de sévères regards ne doivent point
repousser les amants. Les roses ont bien des épines, mais on
recueille néanmoins. La beauté fût-elle sous vingt verrous,
l'Amour triompherait de tous les obstacles et les enfoncerait
tous.

xcvii. — Par pitié, enfin, elle ne peut le retenir plus longtemps; le pauvre enfant la prie de le laisser aller; elle se décide à ne plus le retenir, lui dit adieu, et lui recommande d'avoir bien soin de son cœur, qu'il emporte captif dans sa poitrine, jure-t-elle par l'arc de Cupidon.

xcviii. — « Aimable enfant, dit-elle, je vais passer cette nuit dans la douleur, car mon cœur blessé ordonne à mes yeux de veiller. Dis-moi, maître de l'Amour, nous verrons-nous demain? Dis-moi, nous verrons-nous, nous verrons-nous; veux-tu me le promettre ? » Il lui répond, non, parce qu'il a l'intention d'aller le lendemain chasser le sanglier avec quelques-uns de ses amis.

xcix. — « Le sanglier! » s'écrie-t-elle, et une soudaine pâleur couvre son visage, comme une gaze étendue sur une rose purpurine : elle tremble à ses paroles, elle jette ses bras autour de son cou qu'elle enchaîne, elle tombe, toujours suspendue à son cou, elle tombe sur le dos et lui sur son sein.

c. — La voilà dans la lice de l'Amour ; son champion est monté pour le combat : vaine illusion ; il ne veut pas dompter sa monture. Plus malheureuse que Tantale, elle tient l'Élysée et les délices lui échappent.

ci. — Telle que ces pauvres oiseaux, qui, abusés par des grappes peintes, se rassasient par les yeux et souffrent la faim, elle languit dans sa mésaventure, comme ces pauvres oiseaux qui voyaient des baies inutiles. Elle prodigue ses baisers à son amant pour chercher à allumer l'ardeur qu'elle ne trouve point en lui.

cii. — Mais tout est inutile, bonne reine, cela ne sera pas; elle a osé tout ce qui se pouvait oser : ses prières eussent mérité une plus riche récompense. Elle est l'Amour ; elle aime et n'est point aimée. « Fi donc! fi donc! dit-il, vous m'étouffez; laissez-moi partir, vous n'avez aucune raison de me retenir ainsi. »

ciii. — « Tu serais déjà parti, cher enfant, répond-elle, si tu ne m'avais dit que tu voulais chasser le sanglier. Oh ! sois prudent; tu ne sais pas ce que c'est de blesser avec le fer d'une javeline ce sauvage animal qui aiguise sans cesse des défenses qui n'ont jamais de fourrure, décidé à tuer son adversaire comme un boucher funeste.

civ. — « Sur son dos il a une armée de piques hérissées qui sans cesse menacent ses ennemis; ses yeux, semblables à des vers luisants, étincellent quand il est irrité; son groin creuse des tombeaux partout où il passe; furieux, il frappe tout ce qu'il rencontre, et tous ceux qu'il frappe, ses cruelles défenses les tuent.

cv. — « Ses flancs robustes, armés de rudes soies, sont à l'épreuve de la pointe de ta lance; son cou épais et court est difficile à blesser; dans sa fureur, il attaquerait le lion ; les broussailles et les arbustes épineux à travers lesquels il se précipite se séparent comme s'ils en avaient peur.

cvi. — « Hélas ! il ferait peu de cas de ton visage, auquel les yeux de l'Amour payent un tribut de regards; de ta douce main, de tes lèvres suaves, ou de tes yeux de cristal dont la perfection étonne le monde. Mais, s'il pouvait te surprendre, le cruel, ô triste pressentiment ! il détruirait tous tes charmes, comme il détruit une prairie.

cvii. — « Oh ! laisse-le en paix dans sa dégoûtante tanière: la beauté n'a rien à faire avec de tels monstres; ne t'expose pas volontairement à ce danger ! Ceux qui prospèrent prennent conseil de leurs amis. Quand tu as nommé le sanglier, à ne te rien cacher, j'ai tremblé pour toi, et tout mon corps a frémi.

cviii. — « N'as-tu pas remarqué mon visage ? N'ai-je point pâli ? n'as-tu pas vu les indices de la crainte dans mes yeux ? ne me suis-je pas évanouie ? ne suis-je point tombée ? Dans ce sein sur lequel tu es penché, mon cœur, troublé par de tristes pressentiments, palpite, s'agite, ne trouve point de repos; il te soulève sur ma poitrine comme un tremblement de terre.

cix. — « Car là où règne l'amour, une jalouse inquiétude s'établit d'elle-même sa sentinelle, donne de fausses alarmes, dénonce la rébellion, et dans un temps de paix crie : Tue, tue ! Elle trouble le paisible amour par ses caprices, comme l'air et l'eau éteignent le feu.

cx. — « Ce délateur chagrin, cet espion qui fomente les querelles, cette chenille qui dévore les tendres bourgeons de l'amour, cette jalousie rapporteuse, querelleuse, qui tantôt apporte des nouvelles vraies et tantôt des fausses, elle frappe à la porte de mon cœur et me dit à l'oreille que si je t'aime, je dois craindre ta mort.

cxi. — « Bien plus, elle offre à mes regards le tableau d'un sanglier furieux ; sous ses défenses aiguës, je vois étendu sur le dos quelqu'un qui te ressemble, couvert de blessures, et dont le sang répandu sur les fleurs nouvelles les fait pencher de douleur et baisser la tête.

cxii. — « Que ferais-je en te voyant dans cet état, puisque je tremble à cette image ? Cette pensée fait saigner mon faible cœur, et la crainte m'enseigne l'avenir! Oui, je prédis ta mort et mon éternelle douleur, si demain tu rencontres le sanglier.

CXIII.—« Mais si tu veux absolument chasser, laisse-toi guider par moi, lance tes chiens contre le lièvre peureux, le renard qui vit de ruse ou le chevreuil qui n'ose rien affronter; poursuis ces timides animaux sur les collines, et tiens tête à ton lévrier sur ton coursier agile.

CXIV.—« Et lorsque tu es sur la trace du lièvre à la vue courte, observe comme le pauvre fugitif devance le vent pour échapper à son danger, et avec quel soin il tourne et traverse et multiplie ses détours; les différents sentiers qu'il suit sont comme un labyrinthe pour dérouter ses ennemis.

CXV.—« Quelquefois il court au milieu d'un troupeau de moutons pour tromper l'odorat subtil des chiens; quelquefois il traverse des lieux souterrains où les lapins habitent, pour arrêter les hurlements sonores de ceux qui le poursuivent; quelquefois encore, c'est dans une troupe de daims qu'il se cache : le danger invente des ruses, la crainte donne de l'esprit.

CXVI.—« Car une fois là, son odeur se mêle à celle d'autres animaux, les lévriers excités reniflent l'air, ils hésitent et ils cessent leurs clameurs jusqu'à ce qu'ils soient parvenus avec peine à reconnaître la piste refroidie. Alors les aboiements recommencent, l'écho répond comme si une autre chasse avait lieu dans les airs.

CXVII.—« Cependant le pauvre lièvre, au sommet d'un coteau lointain, se tient accroupi; il écoute pour entendre si les ennemis le poursuivent encore; il entend de nouveau leurs voix bruyantes, et son désespoir peut bien se comparer à celui d'un malade qui entend retentir le glas.

CXVIII.—« Tu verras ce malheureux, inondé de sueur, tourner et retourner, revenir sur ses pas : chaque broussaille jalouse écorche ses jambes fatiguées; chaque ombre le fait arrêter; le moindre bruit le fait hésiter, car l'infortune est foulée aux pieds par tous, et dans son abaissement elle ne trouve aucun ami.

CXIX.— « Reste tranquille ; écoute-moi encore un peu : non, ne me résiste pas, car tu ne te relèveras pas. Si, contre mon habitude, tu m'entends faire de la morale, c'est pour te faire haïr la chasse du sanglier. J'ajoute ceci à cela et une raison à une autre, car l'amour peut faire un commentaire sur tous les maux.

cxx.—« Où en étais-je? — Peu m'importe, dit-il; laissez-moi, et l'histoire finira fort à propos : la nuit se passe. — Eh bien! qu'importe! dit-elle. — Je suis attendu par mes amis, répond-il; voilà qu'il fait obscur, et je tomberai en m'en allant. — Ah! lui dit-elle, le désir ne voit jamais mieux que la nuit.

cxxi.—« Mais si tu tombes, figure-toi que c'est la terre qui, amoureuse de toi, te fait trébucher rien que pour te dérober un baiser. De riches dépouilles rendent les honnêtes gens voleurs; c'est ainsi que tes lèvres rendent la modeste Diane dédaigneuse et solitaire; elle a peur d'être tentée de te voler un baiser et de mourir parjure.

cxxii.—« Maintenant je devine la raison de cette nuit si sombre. Cynthie honteuse obscurcit son diadème d'argent, jusqu'à ce que la nature soit condamnée comme traître et faussaire pour avoir volé au ciel les moules divins dans lesquels elle t'a formé, en dépit des cieux, pour éclipser le soleil pendant le jour et Cynthie pendant la nuit.

cxxiii.—« C'est pourquoi elle a séduit les Destinées pour détruire le rare chef-d'œuvre de la nature, en mêlant des infirmités à la beauté, et d'impurs défauts à la perfection pure, qu'elle a soumise à la tyrannie des cruels accidents et de toutes sortes de maux.

cxxiv.—«Tels que la fièvre brûlante et ses pâles accès; la peste qui empoisonne la vie; la folie et son délire; la maladie qui ronge la moelle des os, et qui corrompt le sang en l'échauffant; enfin le dégoût, la douleur et le funeste désespoir ont juré la mort de la nature pour la punir de t'avoir fait si beau.

cxxv.—« Et ce qui charme n'est pas la moindre de toutes ces maladies, c'est qu'un combat d'une minute détruise la beauté, le charme, le goût, le teint, la grâce : tout ce qu'admirait tout à l'heure un spectateur impartial est tout à coup perdu, fondu, anéanti, comme la neige disparaît sous le soleil de midi.

cxxvi.—« Ainsi donc, en dépit de la stérile chasteté, des vestales sans amour et des nonnes égoïstes qui voudraient réduire la population de la terre et produire une disette de fils et de filles... sois prodigue. La lampe qui brûle pendant la nuit épuise son huile pour donner sa lumière au monde.

cxxvii.—« Ton corps sera-t-il autre chose qu'un tombeau dévorant, s'il engloutit toute la postérité que d'après les droits du temps tu dois avoir, à moins que tu ne la détruises dans une sombre obscurité? S'il en est ainsi, le monde te tiendra en mépris puisque par ton orgueil tu te prives d'une si belle espérance.

CXXVIII.—« Par là, tu t'anéantis toi-même, crime plus grand que la guerre civile, ou que celui des hommes qui portent sur eux-mêmes des mains furieuses, ou bien des pères meurtriers qui arrachent la vie à leurs fils. Une hideuse rouille s'attache au trésor caché, mais l'or qui est mis en usage se multiplie toujours. »

CXXIX.—« Allons, répondit Adonis; vous allez retomber dans vos vains discours tant de fois rebattus? Le baiser que je vous ai donné vous a été accordé en vain : c'est en vain que vous luttez contre un torrent; car je vous proteste, par cette ténébreuse nuit, sombre nourrice du désir, que je vous aime de moins en moins depuis votre dissertation.

CXXX.—« Si l'Amour vous prêtait vingt mille langues, dont chacune serait plus touchante que la vôtre, et aussi séduisante que les chants des sirènes amoureuses, ses accents pénétrants seraient vains pour mon oreille; car sachez que mon cœur s'y tient armé en sentinelle, et n'y laisserait pas en entrer un son perfide.

CXXXI.—« De peur que la mélodie trompeuse ne pénétrât jusque dans la paisible enceinte de mon sein : et là mon petit cœur lui-même serait entièrement perdu, s'il était privé de sommeil dans sa chambre à coucher. Non, madame, non; mon cœur ne désire point de gémir; il dort profondément tant qu'il dort seul.

CXXXII.—« Qu'avez-vous dit que je ne puisse réfuter? le sentier qui conduit au péril est doux. Je ne hais pas l'amour, mais votre manière d'aimer qui prête des embrassements à tous les étrangers, vous en agissez ainsi pour la multiplication de l'espèce : bizarre excuse de prendre la raison pour servir les excès de la volupté.

CXXXIII.— « Ne l'appelez pas l'amour; l'Amour s'est envolé au ciel depuis que la honteuse débauche usurpe son nom sur la terre, et s'est couverte de sa ressemblance pour séduire la beauté vermeille et la déshonorer; car ce tyran la souille de ses brûlantes caresses, et la flétrit bientôt comme la chenille flétrit les jeunes feuilles.

CXXXIV.—« L'amour réjouit comme le soleil après l'orage, l'effet de la débauche est comme celui de la tempête après le soleil; l'aimable printemps de l'amour demeure toujours frais, l'hiver de la débauche arrive avant que son été soit à demi fini; l'amour ne rassasie jamais, la débauche meurt comme un glouton ; l'amour est tout vérité, la débauche est pleine de tromperies et de mensonges.

cxxxv.—« J'en pourrais dire davantage, mais je n'ose ; ce texte est vieux et l'orateur trop jeune. Je me retire donc avec tristesse ; mon visage est rouge de honte et mon cœur plein de douleur : mes oreilles, qui ont écouté votre langage indécent, se brûlent elles-mêmes pour s'être ainsi rendues coupables. »

cxxxvi.—Il dit, s'arrache du doux lien de ces beaux bras qui l'enchaînaient sur le sein de Vénus ; et il retourne chez lui en courant à travers les sombres prairies, la laissant étendue par terre et désolée. Avez-vous jamais vu une brillante étoile filer dans le ciel? tel fuit Adonis pendant la nuit loin des yeux de Vénus.

cxxxvii.—Ses regards le suivent comme ceux d'un homme, sur le rivage, contemplent un ami qui vient de s'embarquer, jusqu'à ce que les vagues furieuses ne lui permettent plus de l'apercevoir, en soulevant leurs crêtes jusqu'aux nuages: de même la nuit impitoyable et sombre enveloppe de ses ténèbres l'objet qui charmait l'œil de Vénus.

cxxxviii.—Étourdie comme celui qui vient de laisser tomber par mégarde un précieux bijoux dans les ondes, ou étonnée comme l'homme errant dans les ténèbres, lorsque son fanal s'éteint au milieu d'un bois dangereux, telle Vénus reste confondue après avoir perdu dans l'obscurité celui qu'elle avait découvert sur son chemin.

cxxxix.—Elle frappe son sein qui gémit, et les cavernes voisines répètent ses plaintes comme si elles en étaient troublées ; sa passion s'augmente. Hélas ! s'écrie-t-elle ; et vingt fois elle ajoute : malheur, malheur ! Vingt échos répètent vingt fois le même cri.

cxl.—Elle les écoute, commence une douloureuse lamentation, et improvise un chant mélancolique ; elle dit comment l'amour rend la jeunesse esclave et fait radoter les vieillards ; comment l'amour est sage dans la folie et fou dans la sagesse. Son triste chant finit toujours par malheur ; et le chœur des échos répond à sa voix.

cxli.—Son chant dura longtemps, plus longtemps que la nuit ; car les heures de ceux qui aiment sont longues, quoiqu'elles paraissent courtes. S'ils sont contents eux-mêmes, ils s'imaginent que les autres jouissent de la même satisfaction et partagent leur plaisir ; leurs longues histoires souvent recommencées finissent sans auditeurs, et ne finissent jamais.

cxlii.—Car avec qui Vénus passerait-elle la nuit, si ce n'est avec de vains sons, comparables à des parasites, répondant à toutes les voix comme des cabaretiers à la langue acérée, et adoucissant l'humeur des esprits fantasques? Elle disait oui, l'écho répondait oui; et il eût dit non si elle eût voulu.

cxliii.—Voyez la gentille alouette, qui, fatiguée du repos, s'élance dans les airs au sortir de son nid humide, elle réveille l'aube matinale, et le soleil, dans toute sa majesté, sort de son sein argenté : ses rayons jettent tant d'éclat sur le monde, que les monts couronnés de cèdres semblent de l'or bruni.

cxliv.—Vénus le salue en lui adressant ce bonjour flatteur : « O toi, dieu brillant, père de toute lumière, toi de qui chaque étoile et chaque astre empruntent le don magnifique qui lui permet de briller, il est ici-bas un fils allaité par une mère mortelle, qui pourrait te prêter de la lumière comme tu en prêtes aux autres ! »

cxlv.—Elle dit, et s'enfuit vers un bosquet de myrtes, réfléchissant que la matinée est bien avancée et qu'elle n'a pas reçu de nouvelles de son amant : elle écoute pour distinguer la voix de sa meute et le son de son cor; elle les entend résonner gaiement, et elle s'avance à la hâte dans la direction du bruit.

cxlvi.—Elle court; sur son chemin les broussailles s'attachent à son cou, d'autres caressent son front; d'autres encore s'entrelacent autour de ses jambes pour l'arrêter : elle s'arrache violemment à leurs étroits embrassements, telle qu'une biche aux mamelles pendantes qui s'empresse d'aller allaiter son faon caché dans un taillis.

cxlvii.—Tout à coup elle entend que les chiens sont aux abois : elle tressaille; comme celui qui aperçoit devant lui une vipère repliée en funestes anneaux, tremble et frissonne dans sa terreur, de même le timide jappement des chiens épouvante Vénus et trouble tous ses sens.

cxlviii.—Car elle n'ignore plus que ce n'est pas une chasse sans danger, et qu'on poursuit le sanglier farouche, l'ours féroce ou le superbe lion. Les cris partent toujours du même point et la voix des chiens exprime la terreur. A la vue d'un si redoutable ennemi ils se font tous des politesses à qui l'attaquera le premier.

cxlix.—Ces cris lugubres retentissent tristement à l'oreille de Vénus, et pénètrent par surprise jusqu'à son cœur, qui, accablé par le doute et par la terreur glacé, engourdit d'une faiblesse mortelle tous les sens de la déesse ; tels que des soldats qui, voyant leur capitaine se rendre, fuient lâchement et n'osent tenir la campagne.

CL.—C'est ainsi qu'elle s'arrête tremblante, jusqu'à ce que, pour ranimer ses sens abattus, elle leur dise que c'est une terreur sans fondement, et une illusion puérile qui les effraye. Elle leur ordonne de ne plus trembler, elle leur ordonne de ne rien craindre, et au même instant elle aperçoit le sanglier poursuivi.

CLI.—Une écume blanche teinte de rouge comme un mélange de sang et de lait teint sa gueule entr'ouverte à un sang couleur de pourpre : une nouvelle terreur parcourt tout le corps de Vénus et l'emporte comme une folle sans qu'elle sache où elle va ; elle court d'un côté, puis n'ose aller plus avant, et revient sur ses pas pour accuser le sanglier de meurtre.

CLII.—Mille pensées contraires l'entraînent de mille côtés divers ; elle revient dans les sentiers qu'elle a quittés ; sa précipitation se joint à des délais ; semblable à l'homme pris de vin qui, ayant l'air de faire attention à tout, et toujours inattentif, commence toujours et ne termine rien.

CLIII.—Ici elle trouve un limier réfugié dans un buisson, et demande à l'animal fatigué où est son maître ; plus loin elle en trouve un autre qui lèche ses blessures, seul baume souverain contre les plaies envenimées : en voici un autre qui se traîne d'un air chagrin ; elle lui parle, et il lui répond en hurlant.

CLIV. — A peine a-t-il terminé ses discordantes clameurs, qu'un autre chien blessé, à la gueule béante, le poil noir et hérissé, déchire les airs de sa voix plaintive ; un autre, et puis un autre encore, lui répondent en traînant leur noble queue jusqu'à terre et secouant leurs oreilles écorchées en versant leur sang à chaque pas.

CLV. — Voyez ! de même que les pauvres habitants du monde sont effrayés par les apparitions, les signes et les prodiges qu'ils contemplent longtemps d'un œil effaré en leur attribuant de sinistres prophéties, de même Vénus à ces signes funestes, respire avec peine, et puis soupirant, s'indigne contre la Mort.

CLVI. — « Tyran horrible, affreux, maigre, décharné, odieux ennemi de l'Amour ! — C'est ainsi qu'elle inspire la mort. Fantôme au sourire sinistre, ver de la terre, que prétends-tu donc? étouffer la beauté, et terminer les jours de celui qui, pendant sa vie, d'un souffle donnait de l'éclat à la rose, du parfum à la violette.

CLVII. — « S'il est mort... Oh! non; il est impossible qu'en voyant sa beauté tu aies oser le frapper! Oh! oui, c'est possible, tu n'as point d'yeux pour voir, mais dans ta rage tu frappes au hasard; ton but est la vieillesse; mais ton trait infidèle manque ce but, et perce le cœur d'un enfant.

CLVIII. — «Si tu lui avais seulement dit de prendre garde, il eût parlé; à sa voix ton bras eût été sans pouvoir. Les destinées te maudiront pour ce coup fatal : elles t'ordonnent d'arracher une mauvaise herbe, tu arraches une fleur. C'est la flèche d'or de l'Amour qui aurait dû l'atteindre, et non le dard d'ébène de la Mort pour le tuer.

CLIX. — « As-tu soif de larmes, que tu en veuilles faire tant verser? quel bien un douloureux sanglot peut-il te faire? pourquoi as-tu plongé dans l'éternel sommeil ces yeux qui apprenaient à voir à tous les yeux? Maintenant la nature s'inquiète peu de tes coups mortels, puisque ta rigueur a détruit son plus bel ouvrage. »

CLX. — Ici, accablée comme une femme désespérée, elle abaisse ses paupières, qui, comme des écluses, arrêtent l'humide cristal qui coulait en ruisseau de ses deux belles joues, jusque dans le doux lit de son sein : mais cette pluie argentée se fait bientôt jour à travers ces obstacles, et les contraint de se rouvrir par son cours impétueux.

CLXI. — Oh! combien ses yeux et ses larmes se furent réciproquement redevables! Ses yeux se voient dans les larmes, les larmes dans ses yeux : l'un et l'autre cristal reproduisent leur douleur mutuelle, leurs douleurs que des soupirs consolateurs cherchaient à calmer. Mais comme on voit dans un jour d'orage tantôt la pluie, tantôt le vent, les soupirs sèchent ses joues que les larmes inondent encore.

CLXII. — Des passions variables se pressent autour de sa constante douleur, comme se disputant à qui conviendra le mieux à sa détresse. Chacune d'elles est accueillie, chaque passion sauvage à la douleur présente semble la plus forte; mais aucune ne l'emporte sur les autres; alors elles se confondent ensemble comme un groupe de nuages qui se consultent pour une tempête.

CLXIII. — Cependant elle entend un chasseur appeler dans le lointain. Jamais chant de nourrice ne plut autant à son nourrisson. Ce son appelle l'espérance, qui s'efforce de bannir les tristes idées qu'elle poursuit : la joie renaissante l'engage à se réjouir et la flatte en lui persuadant que c'est la voix d'Adonis.

CLXIV. — Ses larmes remontent à leur source, et restent prisonnières dans ses yeux comme des perles sous un verre : cependant parfois une de ces perles orientales s'échappe sur sa joue qui l'absorbe, comme si elle craignait de la laisser passer et de la voir laver le sale visage de la terre, qui n'est qu'enivrée lorsqu'elle semble noyée.

CLXV. — Inexplicable amour! qu'il est étrange de ne pas croire et d'être si crédule! ton bonheur et ta souffrance sont également extrêmes; le désespoir et l'espérance te rendent également ridicule : l'une te flatte par d'improbables pensées, et l'autre te détruit aussitôt par des pensées vraisemblables!

CLXVI. — Maintenant elle défait le tissu qu'elle a fabriqué : Adonis vit, la mort n'est plus coupable. Ce n'est pas elle qui l'accusait de ne rien valoir; elle s'empresse d'ajouter des louanges à son nom odieux : elle l'appelle la reine des tombeaux, le tombeau des rois, la souveraine de toutes les choses mortelles.

CLXVII. — « Non, non, dit-elle, aimable Mort, je ne faisais que plaisanter; cependant pardonne-moi, j'éprouvai une espèce de crainte en voyant le sanglier, cet animal féroce qui ne connut jamais la pitié mais qui reste impitoyable. Voilà pourquoi, aimable fantôme (je dois avouer la vérité), je t'accusais, craignant la mort de mon amant.

CLXVIII. — « Ce n'est pas ma faute; le sanglier a provoqué ma langue. Prends-t'en à lui, invisible souveraine; c'est cet odieux animal qui t'a outragée; je n'étais que son instrument; c'est lui qui est l'auteur de la calomnie. La douleur a deux langues; et jusqu'ici jamais une femme ne put les gouverner toutes deux sans avoir l'esprit de dix femmes. »

CLXIX. — Espérant qu'Adonis est vivant, c'est ainsi qu'elle atténue ses premiers soupçons, et pour préserver la beauté d'Adonis, elle cherche à s'insinuer humblement dans les bonnes grâces de la Mort; elle lui parle de ses trophées, de ses statues, de ses monuments; elle raconte ses victoires, ses triomphes et ses gloires.

CLXX. — « O Jupiter! dit-elle, que j'étais insensée de m'abandonner à tant de faiblesse, et de pleurer la mort de celui qui vit et ne doit pas mourir jusqu'au renversement complet de toute l'espèce humaine; car avec lui périrait la beauté; et la beauté une fois morte le noir chaos régnerait de nouveau!

CLXXI.— « Fi donc, fol amour, tu es aussi craintif qu'un homme chargé d'un trésor et pressé par les voleurs; des bagatelles, que n'ont distinguées ni l'œil ni l'oreille, troublent ton lâche cœur de fausses alarmes. »

Elle entend à ce dernier mot un cor joyeux, elle bondit elle qui tout à l'heure était si abattue.

CLXXII.—Elle vole, telle qu'un faucon vers sa proie, et le gazon ne fléchit pas, tant elle le foule légèrement et dans sa hâte elle aperçoit le triomphe de l'odieux sanglier sur celui qu'elle aimait; à ce spectacle ses yeux, comme frappés de mort, se cachent, semblables aux étoiles honteuses du jour.

CLXXIII.—Telle encore que le limaçon qui, si ses cornes délicates sont touchées, rentre souffrant dans sa caverne d'écaille, et là tout rabougri reste longtemps à l'ombre avant d'oser ressortir de nouveau; de même à l'aspect du cadavre sanglant, les yeux de Vénus se sont réfugiés dans les sombres orbites de sa tête.

CLXXIV.—Là, ils abandonnent leur fonction et leur lumière à l'indisposition du cerveau troublé qui leur ordonne de s'associer avec la nuit sombre, et de ne plus blesser le cœur par leurs regards; comme un roi affligé sur son trône, ce cœur pousse un douloureux gémissement excité par leurs suggestions.

CLXXV.—Cependant, chaque sens tributaire frémit, de même que le vent, emprisonné dans la terre, s'efforçant de s'ouvrir un passage, ébranle les fondements du monde, ce qui trouble l'esprit des hommes par de sinistres terreurs. Ce bouleversement surprend si fort chaque organe que les yeux s'élancent de nouveau de leurs sombres retraites.

CLXXVI.—En souriant, ils jettent à regret leur lumière sur la large blessure que le sanglier a faite dans le tendre sein d'Adonis, dont la blancheur ordinaire, semblable à celle du lis, était inondée de larmes de pourpre répandues par la plaie. Il n'était à l'entour aucune fleur, aucune herbe, aucune plante, aucune feuille, aucune racine qui ne lui ravît son sang, et ne semblât saigner avec lui.

CLXXVII.— La pauvre Vénus remarque cette sympathie solennelle; elle penche sa tête sur une épaule, son désespoir est muet, elle s'abandonne à son délire. Elle pense qu'il ne pouvait mourir, qu'il n'est pas mort. Sa voix est étouffée, ses genoux oublient de fléchir; ses yeux sont furieux d'avoir pleuré naguère !

CLXXVIII.—Elle tient ses regards constamment fixés sur la

blessure, sa vue éblouie la lui représente triple, et alors elle blâme ses yeux féroces de multiplier les blessures là où il ne devait y en avoir aucune. Le visage d'Adonis paraît double, chacun de ses membres est doublé, car souvent l'œil s'abuse quand le cerveau est troublé.

CLXXIX. — « Ma langue, dit-elle, ne peut exprimer ma douleur pour un seul, et cependant voilà deux Adonis morts. Je n'ai plus de soupirs; mes larmes amères sont taries, mes yeux sont un feu brûlant, mon cœur est changé en plomb et le plomb de mon cœur accablé se dissout devant le feu ardent de mes yeux; je mourrai dans cette flamme liquide du désir.

CLXXX. — « Hélas, pauvre univers! quel trésor tu as perdu? quel visage reste ici-bas digne d'être regardé? quelle langue musicale entendons-nous? qu'y a-t-il dans le passé ou dans l'avenir qui puisse désormais faire ta gloire? Ces fleurs sont suaves, leurs couleurs fraîches et vermeilles, mais la véritable et parfaite beauté vivait et est morte dans lui.

CLXXXI. — « Qu'aucune créature ne porte à l'avenir ni toque ni voile! Ni le soleil ni le vent ne chercheront à vous caresser; n'ayant point de beauté à perdre, vous ne devez plus craindre : le soleil vous dédaigne, et le vent vous siffle; mais quand Adonis vivait, le soleil et le vent l'épiaient comme deux voleurs pour lui ravir sa beauté.

CLXXXII. — « C'est pourquoi il mettait sa toque sous les bords de laquelle le soleil brillant se glissait; le vent l'emportait, et puis jouait avec ses cheveux : Adonis pleurait alors, et, par pitié pour ses tendres années, tous deux se disputaient à qui le premier sècherait ses larmes.

CLXXXIII. — « Pour voir ses traits, le lion se cachait derrière les haies, de peur de l'effrayer; pour jouir de son chant, le tigre, devenu apprivoisé, l'écoutait sans bruit. A sa voix, le loup abandonnait sa proie, et de tout le jour, il n'effrayait plus l'innocent agneau.

CLXXXIV. — « Quand il regardait son ombre dans un ruisseau, les poissons déployaient sur elle leurs nageoires dorées. Quand il s'approchait d'eux, les oiseaux étaient si ravis que quelques-uns chantaient, et d'autres lui apportaient dans leurs becs des mûres et de rouges cerises. Il les nourrissait de sa vue, et eux les nourrissaient de fruits.

CLXXXV. — « Mais ce sanglier hideux et féroce avec un museau de hérisson, qui de son œil baissé cherche sans cesse un tombeau, ne vit jamais les charmes d'Adonis, témoin le traitement qu'il lui a fait, ou s'il a vu son visage, je sais alors que c'est en voulant le caresser qu'il l'a tué.

CLXXXVI.—« C'est vrai, c'est vrai, c'est ainsi qu'Adonis a été tué. Il courait sur le sanglier avec sa lance acérée ; l'animal, n'eut point voulu le blesser de ses défenses, mais il voulait le désarmer par un baiser. C'est involontairement que l'animal amoureux a entr'ouvert ses flancs délicats et plongé ses défenses dans son sein.

CLXXXVII.—« Si j'avais eu des dents comme lui, je dois avouer que je l'aurais déjà tué en l'embrassant ; mais il est mort, il n'a pas réjoui ma jeunesse de son amour. J'en suis bien plus malheureuse. »

A ces mots elle tombe, et souille son visage avec le sang glacé d'Adonis.

CLXXXVIII.—Elle regarde ses lèvres, elles sont pâles ; elle lui prend la main, elle est froide ; elle murmure à son oreille un sombre récit comme s'il entendait ses tristes paroles. Elle soulève les paupières qui couvrent ses yeux, et voici : deux lampes éteintes y sont dans l'obscurité.

CLXXXIX.—Ce sont deux places où mille fois elle se vit elle-même, et qui ne réfléchissent plus ses traits ; elles ont perdu cette vertu où elles excellaient tout à l'heure et toutes les beautés d'Adonis ont perdu leur influence. « Merveille des temps ! dit-elle, je suis irritée qu'après ta mort le jour éclaire encore.

CXC.—« Puisque tu n'es plus ! voici : Je prédis que désormais la douleur suivra partout l'amour, il sera escorté de la jalousie, trouvera les préludes pleins de douceur et la fin insipide. Jamais il ne sera bien d'accord ; il sera toujours trop fort ou trop faible, afin que tous ses plaisirs n'égalent jamais ses peines.

CXCI.—« Il sera volage, perfide, trompeur il naîtra et il sera anéanti dans un instant ; il trouvera au fond du vase une lie empoisonnée, et les bords seuls enduits d'un miel qui trompera les plus habiles. Il fera perdre au plus robuste sa force ; il rendra le sage muet, et enseignera à l'imbécile l'art de parler.

CXCII. —« Il sera économe et débauché, il apprendra à la vieillesse décrépite les mesures de la danse ; il calmera le scélérat étonné, ruinera le riche, enrichira le pauvre ; il sera fou à lier, tendre jusqu'à la faiblesse ; il vieillira le jeune homme, et ramènera la vieillesse à l'enfance.

CXCIII. — « Il sera soupçonneux là où il n'aura aucun

motif de crainte; il ne craindra rien quand il devra se méfier. Il sera compatissant et trop sévère, et d'autant plus trompeur qu'il semblera plus juste. Il sera pervers alors qu'on le croira tendre; il inspirera des terreurs à la valeur, et donnera du courage au lâche.

CXCIV. — « Il sera la cause de guerres et de funestes événements, divisera le père et le fils, il sera soumis et asservi à tous les mécontentements comme le bois sec l'est au feu. Puisque la mort détruit mon amour dans son printemps, ceux qui aimeront le mieux ne jouiront pas de leur amour. »

CXCV. — Tout à coup l'enfant étendu mort auprès d'elle s'évanouit à ses yeux comme une vapeur; et dans son sang, répandu sur la terre, naquit une fleur pourpre tachetée de blanc, semblable à ses pâles joues et au sang qui en parsemait la pâleur en gouttes arrondies.

CXCVI. — Vénus baisse la tête pour sentir la nouvelle fleur, et la compare au souffle de son Adonis. « Elle sera déposée dans mon sein, dit-elle, puisque Adonis lui-même m'a été arraché par la mort. » Elle cueille la fleur, et la tige laisse échapper une séve verte qu'elle appelle des larmes.

CXCVII. — « Pauvre fleur, ajoute-t-elle, c'était ainsi (douce fille d'un père plus doux encore que ton parfum), c'était ainsi que ton père pleurait au moindre chagrin; croître pour lui seul était son désir comme c'est le tien; mais sache qu'il vaut autant te flétrir dans mon sein que dans ton sang.

CXCVIII. — « Ici fut la couche de ton père, ici dans mon sein; tu es son héritière, voici ta place. Repose dans ce doux berceau, où les battements de mon cœur te berceront jour et nuit. Il ne se passera pas une minute dans une heure sans que je baise la fleur de mon bien-aimé. »

CXCIX. — C'est ainsi que, fatiguée du monde, Vénus s'enfuit, elle accouple ses colombes argentées, et par leur secours s'élève dans l'espace des airs. Attelées à son char rapide, elles se dirigent vers Paphos où leur reine veut s'enfermer et ne plus se laisser voir.

FIN DE VÉNUS ET ADONIS.

LA MORT DE LUCRÈCE[1]

POËME.

---

[1] *The Rape of Lucrece*, le Viol de Lucrèce.

AU TRÈS-HONORABLE HENRY WRIOTHESLY,
COMTE DE SOUTHAMPTON ET BARON DE TICHFIELD.

Très-honorable seigneur,

L'affection que je voue à Votre Seigneurie est sans fin. Cet écrit, sans commencement, n'en est qu'une partie superflue : La confiance que j'ai en votre honorable caractère, et non le mérite de mes vers imparfaits, me fait espérer qu'ils seront agréés. Ce que j'ai fait vous appartient, ce que je ferai vous appartient encore, comme partie du tout que je vous ai consacré. Si mon mérite était plus grand, mon zèle se montrerait davantage : en attendant, tel qu'il est, il est dû à Votre Seigneurie, à qui je souhaite de longs jours, embellis par toutes sortes de félicités.

De Votre Seigneurie le dévoué serviteur,

W. SHAKSPEARE.

ARGUMENT

Lucius Tarquinius (surnommé le Superbe, à cause de son orgueil excessif), après avoir été cause du meurtre cruel de son beau-père Servius Tullius, et s'être emparé du trône, contre les lois et les coutumes de Rome, sans demander ni attendre les suffrages du peuple, alla mettre le siége devant Ardéa, accompagné de ses fils et des nobles romains.

Pendant le siége, les principaux officiers de l'armée, réunis un soir dans la tente de Sextus Tarquinius, le fils du roi, et s'entretenant après le souper, se mirent à vanter la vertu de leurs femmes; entre autres, Collatin vanta l'incomparable chasteté de son épouse Lucrèce. Dans cette joyeuse humeur, ils partirent tous pour Rome avec l'intention, par une arrivée soudaine et imprévue, de vérifier ce que chacun avait avancé; le seul Collatin trouva sa femme (quoique ce fût tard dans la nuit) occupée à filer parmi ses suivantes, tandis que les autres dames étaient à danser ou livrées à d'autres distractions. Là-dessus, les seigneurs cédèrent la victoire à Collatin, et la gloire à sa femme.

Sextus Tarquin devint épris de la beauté de Lucrèce; mais, étouffant sa passion pour le moment, il retourna au camp avec les autres. Bientôt après il repart secrètement, et, à cause de son rang, il est reçu et logé royalement par Lucrèce, à *Collatium*. Dès la première nuit, il se glisse traîtreusement dans sa chambre, lui fait violence, et s'enfuit de bon matin. Lucrèce, dans cette lamentable situation, dépêche deux messagers, l'un à Rome, à son père, l'autre au camp, à Collatin. Ils arrivent tous deux, accompagnés, l'un de Junius Brutus, l'autre de Publius Valérius, et trouvant Lucrèce en habits de deuil, ils lui demandent la cause de sa douleur. Elle leur fait d'abord prononcer le serment de la venger, révèle le coupable, les détails de son attentat, puis se poignarde du consentement de tous et avec d'unanimes acclamations.

D'une voix unanime, **les témoins de cet** acte de désespoir jurent de détruire toute l'odieuse **famille des** Tarquins. Ils portent le cadavre à Rome, Brutus raconte au peuple le forfait et le nom du criminel, et termine par d'amères invectives contre la tyrannie du roi. Le peuple est tellement irrité que l'exil des Tarquins est proclamé et la monarchie convertie en république.

LA MORT DE LUCRÈCE

POËME.

---

i.—S'éloignant avec rapidité de l'armée romaine, campée sous les remparts d'Ardéa qu'elle assiége, l'impudique Tarquin, sur les ailes perfides d'un désir coupable, porte à Collatium le feu obscur qui, caché sous de pâles cendres, se prépare à s'élever et à entourer de flammes ardentes les formes de la belle épouse de Collatin, Lucrèce la chaste.

ii.—C'est sous ce titre malheureux de « chaste » qui a aiguisé ses désirs voluptueux, lorsque Collatin vanta imprudemment l'incomparable incarnat et la blancheur qui brillaient dans ce ciel de sa félicité, où des astres mortels, aussi beaux que les astres des cieux, réservaient à lui seul le pur éclat de leurs rayons.

iii.—C'était lui-même qui, la nuit précédente, dans la tente de Tarquin, avait révélé le trésor de son heureux hymen ; faisant connaître quelle richesse inestimable les dieux lui avaient accordée dans la possession de sa belle compagne, et estimant sa fortune si haut, que les rois pouvaient bien avoir en partage plus de gloire, mais que ni roi ni seigneur n'avait une dame aussi incomparable.

iv.—O bonheur, que si peu de mortels connaissent, et qui, lorsqu'on te possède, t'évanouis aussi vite que la rosée argentée du matin devant les rayons d'or du soleil ! Date effacée avant même d'être commencée ! L'honneur et la beauté, entre les bras de celui qui en jouit, sont bien mal fortifiés contre un monde rempli de dangers.

v.—La beauté persuade elle-même les yeux des hommes sans avoir besoin d'un orateur ; quel besoin donc de faire le panégyrique d'un objet si remarquable, ou pourquoi Collatin est-il le premier à publier ce riche bijou, qu'il devrait garder bien loin de l'oreille des ravisseurs, puisqu'il est tout à lui ?

vi.—Peut-être cet éloge de la supériorité de Lucrèce fut-il ce qui tenta ce fils orgueilleux d'un roi ; car c'est souvent par nos oreilles que nos cœurs sont séduits. Peut-être un si riche trésor, au-dessus de toute comparaison, excita-t-il la superbe jalousie de Tarquin, indigné qu'un inférieur se vantât de posséder ce riche trésor dont ses supérieurs étaient privés.

VII. — Mais quelque coupable pensée excita sa passion impatiente : il négligea son honneur, ses affaires, ses amis, le soin de son rang, et partit au plus vite pour éteindre le feu qui brûle dans son cœur. O ardeur trompeuse et téméraire qu'attend le froid repentir, ton printemps hâtif se flétrit toujours et jamais ne vieillit !

VIII. — Arrivé à Collatium, ce perfide prince fut bien accueilli par la dame romaine, sur le visage de laquelle la vertu et la beauté se disputent à qui des deux soutiendra le mieux sa gloire : quand la vertu faisait la fière, la beauté rougissait de honte ; quand la beauté se vantait de sa pudique rougeur, la vertu dépitée la couvrait d'une pâleur argentée.

IX. — Mais la beauté, à qui cette blanche couleur fut aussi donnée par les colombes de Vénus, accepte le défi : alors la vertu réclame de la beauté ce vermillon qu'elle lui a donné au temps de l'âge d'or pour en parer ses joues argentées, et qu'elle appelait alors son bouclier, lui apprenant à s'en servir dans le combat, afin que, lorsque la honte attaquerait, le rouge défendit le blanc.

X. — Ce blason se voyait sur les joues de Lucrèce, discuté par le rouge de la beauté et le blanc de la vertu : chacune était la reine de sa couleur ; depuis la minorité du monde leurs droits étaient prouvés ; cependant leur ambition leur fait encore engager le combat, leur souveraineté réciproque étant si grande, que souvent elles changent de trône entre elles.

XI. — Le traître regard de Tarquin embrasse dans leurs chastes rangs cette guerre silencieuse des lis et des roses qu'il contemple sur le champ de bataille de ce beau visage ; et là de peur d'y être tué, le lâche vaincu et captif se rend aux deux armées, qui aimeraient mieux le laisser aller que de triompher d'un ennemi si perfide.

XII. — Il trouve que son époux, cet avare prodigue qui l'a tant louée, a dans une tâche si difficile fait tort à sa beauté, dont l'éclat surpasse de beaucoup ses stériles louanges. C'est pourquoi Tarquin, dans son imagination, supplée à ce qui manquait au panégyrique de Collatin, dans la muette extase de ses yeux ravis.

XIII. — Cette sainte terrestre, adorée par ce démon, est loin de soupçonner le perfide adorateur ; car de chastes pensées ne rêvent guère au mal. Les oiseaux qui n'ont jamais été pris à la glu ne craignent aucune embûche dans les buissons. C'est ainsi que Lucrèce, dans son innocence, fait un accueil respectueux à son hôte royal, dont le vice caché n'exprime aucune mauvaise intention au dehors.

XIV.—Il masquait adroitement son vil dessein sous la dignité de son rang, et l'enveloppait de sa majesté ; tout en lui paraissait réglé, excepté parfois un excès d'admiration dans ses regards; car en embrassant tout ils ne pouvaient se satisfaire : mais le riche manque de tant de choses, que malgré son abondance il désire encore davantage.

XV.—Lucrèce, qui ne répondit jamais aux yeux d'un étranger, ne pouvait deviner le sens de leurs éloquents regards, ni lire les secrets subtils gravés sur les marges de cristal de semblables livres. Elle ne touchait point d'appâts inconnus et ne craignait pas d'hameçon ; elle ne pouvait interpréter ses regards voluptueux ; elle voyait seulement que ses yeux étaient ouverts à la lumière.

XVI.—Tarquin lui raconte la gloire acquise par son époux dans les plaines de la fertile Italie ; il vante le nom de Collatin, rendu glorieux par ses mâles exploits, ses armes brisées et ses lauriers victorieux. Elle exprime sa joie en levant les mains au ciel, et le remercie silencieusement de ces heureux succès.

XVII.—Sans révéler le projet qui l'amène, il demande excuse de se trouver à Collatium. Aucun indice d'orage ne se montre dans son beau ciel, jusqu'à ce que la sombre nuit, mère de la terreur et de la crainte, déploie ses ténèbres sur le monde, et enferme le jour dans sa prison souterraine.

XVIII.—Enfin Tarquin se fait conduire à son lit, affectant la fatigue et le besoin du sommeil ; car après le souper il avait passé une partie de la soirée à causer avec la modeste Lucrèce. Maintenant le sommeil de plomb lutte avec les forces de la vie ; chacun va s'endormir, excepté les voleurs, les soucis et les esprits troublés qui veillent.

XIX.—Dans ce nombre, Tarquin repasse en lui-même tous les périls qu'il court pour satisfaire ses désirs; cependant il reste résolu de les satisfaire, quoique ses faibles espérances lui conseillent d'y renoncer. Le désespoir est souvent invoqué pour réussir : et quand un grand trésor est le prix qu'on attend, en vain il y va de la mort, on ne suppose pas que la mort existe.

XX.—Ceux qui désirent beaucoup sont si avides d'obtenir, qu'ils laissent échapper ce qu'ils n'ont pas et ce qu'ils ont ; et ainsi plus ils espèrent, moins ils ont ; ou s'ils gagnent, le résultat de l'excès n'est que de rassasier et d'amener de tels chagrins, qu'ils font encore banqueroute dans leurs pauvres profits.

XXI.—Le but de tous est de couler une vie pleine d'honneur, de richesse et de bonheur ; et dans ce but nous rencontrons tant de difficultés, que nous jouons un contre tout, ou bien tout contre un. Les uns jouent la vie contre l'honneur, les autres l'honneur contre la richesse, et souvent la richesse cause la mort et la perte de tout.

XXII.—De sorte qu'en risquant tout, nous abandonnons ce que nous sommes pour être ce que nous espérons ; et cette faiblesse ambitieuse de tout posséder nous tourmente de l'imperfection de ce que nous avons, et nous le fait négliger pour réduire dans notre folie quelque chose à rien en voulant l'augmenter.

XXIII.—Tel est le hasard que l'insensé Tarquin va courir, en sacrifiant son honneur pour satisfaire son incontinence ; c'est pour lui-même qu'il va se perdre. A qui donc pourra-t-on se fier, si l'on ne peut plus se fier à soi-même ? où trouvera-t-il un étranger juste, celui qui se trahit lui-même et se condamne aux paroles calomnieuses et aux jours misérables ?

XXIV.—Le temps amène enfin cette heure obscure de la nuit, où un profond sommeil ferme les yeux des mortels ; aucune étoile secourable ne prêtait sa lumière ; point d'autre bruit que les cris des hibous et des loups qui présagent la mort. Voilà l'heure où ils peuvent surprendre les pauvres brebis ; les pensées innocentes dorment en paix, tandis que la débauche et le meurtre veillent pour souiller et pour faire périr.

XXV.—C'est maintenant que ce prince débauché s'élance de son lit, et jette brusquement son manteau sur son bras, follement agité par le désir et la crainte. Le désir le flatte d'un ton doucereux, la crainte lui prédit malheur ; mais la simple crainte, séduite par les charmes impurs de la luxure, se retire battue par la violence du désir insensé.

XXVI.—Il frappe doucement son épée sur un caillou pour tirer de la froide pierre des étincelles de feu, dont il allume une torche qui va servir d'étoile à ses yeux impudiques ; ensuite il parle en ces termes à la flamme : « De même que j'ai forcé ce feu à sortir de cette pierre, il faut que je force Lucrèce à céder à mon désir. »

XXVII.—Ici, pâle de crainte, il réfléchit aux dangers de sa coupable entreprise, et discute dans le secret de son cœur les malheurs qui peuvent s'ensuivre ; et puis, d'un regard plein de dédain, il méprise l'armure nue de la débauche, et adresse ces justes reproches à ses injustes pensées.

XXVIII.—« Torche brillante, consume ta clarté, ne la prête pas pour noircir celle dont l'éclat surpasse le tien ; profanes pensées, mourez avant de salir de votre infamie ce qui est divin ; offrez un encens pur sur un si pur autel ; que l'humanité abhorre un forfait qui souille la fleur modeste de l'amour, blanche comme la neige.

XXIX.—« Honte à la chevalerie et aux armes étincelantes ! déshonneur au tombeau de ma famille ! acte impie qui comprend tous les attentats ! Un brave guerrier être l'esclave d'une tendre passion ! La véritable valeur devrait se respecter elle-même. Oh ! mon crime sera si vil et si lâche qu'il restera gravé sur mon front.

XXX. — « Oui, j'aurai beau mourir, le déshonneur me survivra, et sera une tache sur l'or de ma cotte d'armes. Le héraut trouvera quelque honteux écusson pour attester ma folle passion, si bien que mes enfants, déshonorés par ce souvenir, maudiront mes cendres, et ne croiront pas être coupables en souhaitant que leur père n'eût jamais existé.

XXXI. — « Qu'est-ce que je gagne, si j'obtiens ce que je cherche ? un rêve, un souffle, un plaisir fugitif qui achète la joie d'une minute pour gémir une semaine, ou qui vend l'éternité pour acquérir une bagatelle ? Quel est celui qui, pour une douce grappe, voudrait détruire la vigne ; ou quel est le mendiant insensé qui, pour toucher seulement une couronne, consentirait à se laisser frapper à mort par le sceptre ?

XXXII. — « Si Collatin rêve de mon intention, ne se réveillera-t-il pas ; et dans sa fureur désespérée n'accourra-t-il pas ici pour prévenir ma honteuse entreprise, ce siége qui menace son hymen, cette tache pour la jeunesse, cette douleur pour le sage, cette vertu mourante, cette honte éternelle, et ce crime suivi d'un blâme sans fin ?

XXXIII. — « Oh ! quelle excuse pourrai-je inventer, quand tu m'accuseras de ce noir attentat ? ma langue ne sera-t-elle pas muette, mes faibles membres ne frémiront-ils pas ? mes yeux n'oublieront-ils pas de voir, et mon perfide cœur ne saignera-t-il pas ? Quand le forfait est grand, la crainte le surpasse encore, et l'extrême crainte ne peut ni combattre ni fuir ; mais comme un lâche, elle meurt tremblante de terreur.

XXXIV. — « Si Collatin avait tué mon fils ou mon père,

ou bien dressé des embûches contre mes jours; s'il n'était pas mon ami, mon désir de corrompre sa femme aurait quelque excuse dans la vengeance ou les représailles; mais il est mon parent et mon fidèle ami, ce qui rend ma honte et mon crime à jamais inexcusables.

XXXV. — « C'est un crime honteux, — oui, si le fait est connu, il est odieux : — Mais il n'y a point de crime à aimer. Je lui demanderai son amour; mais elle ne s'appartient pas; le pire sera un refus et des reproches : ma volonté est ferme, et la faible raison ne saurait l'ébranler. Celui qui craint une sentence ou la morale d'un vieillard se laissera intimider par une tapisserie. »

XXXVI. — C'est ainsi que l'infâme balance entre sa froide conscience et sa brûlante passion; il congédie enfin ses bonnes pensées, dont il cherche même à détourner le sens à son avantage; ce qui, dans un moment, confond et détruit l'influence de la vertu; et il va si loin, que ce qui est une lâcheté lui paraît une action vertueuse.

XXXVII. — « Elle m'a pris tendrement par la main, se dit-il, interrogeant mes yeux passionnés, dans la crainte d'apprendre de mauvaises nouvelles de l'armée dont son bien-aimé Collatin fait partie. Oh! comme la crainte lui donnait des couleurs! d'abord ses joues étaient rouges comme les roses que nous possédons sur une blanche mousseline, et puis blanches comme cette mousseline elle-même.

XXXVIII. — « Puis sa main, serrée dans la mienne, la forçait de trembler de ses craintes fidèles; ce qui la frappa de tristesse, et la fit encore frémir davantage jusqu'à ce qu'elle apprit que son époux était sain et sauf : alors elle sourit avec tant de grâce, que si Narcisse l'avait aperçue en ce moment, l'amour de lui-même ne l'eût jamais poussé à se noyer.

XXXIX. — « Qu'ai-je besoin de chercher des prétextes ou des excuses? Tous les orateurs sont muets quand la beauté plaide; les pauvres malheureux éprouvent le remords après de légers méfaits. L'amour ne prospère pas dans le cœur qui craint les ombres : l'Amour est mon capitaine, et il me conduit; — lorsque sa bannière éclatante est déployée, le lâche lui-même combat, et ne veut pas être vaincu.

XL. — « Loin de moi, crainte puérile! finissez, vains débats, respect et raison, soyez le partage de la vieillesse ridée. Mon cœur ne contrariera jamais mes yeux, la triste tentation et les réflexions profondes conviennent au sage; mon rôle, c'est la jeunesse, et je dois les bannir du théâtre. Le désir est mon pilote, la beauté ma prise; qui aurait peur de couler à fond quand il s'agit d'un tel trésor?

XLI. — Telle que le froment étouffé par l'ivraie, la crainte salutaire est presque détruite par l'irrésistible concupiscence. Tarquin se glisse sans bruit, l'oreille aux aguets, plein d'un honteux espoir et d'une amoureuse méfiance; l'un et l'autre, comme deux serviteurs de l'injustice, le troublent tellement de leurs inspirations opposées que tantôt il projette une ligue et tantôt une invasion.

XLII. — Dans sa pensée se grave la céleste image de Lucrèce, et à côté d'elle est aussi celle de Collatin : celui de ses yeux qui la regarde le confond; l'autre, qui considère son époux, se refuse comme plus divin à un spectacle si perfide et il adresse un appel vertueux au cœur qui une fois corrompu choisit la plus mauvaise part.

XLIII. — Là il excite ses serviles agents, qui, flattés par la joyeuse apparence de leurs chefs, accroissent encore sa passion comme les minutes forment des heures; ils sont si fiers de leur capitaine qu'ils lui payent un tribut plus humble que celui qu'ils lui doivent. Conduit ainsi en insensé par ses désirs infernaux, le prince romain marche au lit de Lucrèce.

XLIV. — Les serrures qui opposent des obstacles entre la chambre et sa volonté sont toutes forcées par lui et quittent leur poste, mais en s'ouvrant elles font entendre un craquement qui tance son mauvais dessein, ce qui fait réfléchir un moment le voleur. Le seuil fait grincer la porte pour avertir de son approche; les belettes, vagabondes nocturnes, crient en le voyant; elles l'effrayent, cependant il dompte son effroi.

XLV. — A chaque porte qui lui cède le passage à regret, à travers les fentes et les petites crevasses, le vent lutte avec sa torche pour l'arrêter et lui en renvoyant la fumée au visage, éteint sa clarté conductrice, mais son cœur brûlant, qu'un coupable désir dévore, exhale un autre souffle qui rallume la torche.

XLVI. — A la faveur de cette clarté, il aperçoit le gant de Lucrèce auquel l'aiguille est encore attachée, il le prend sur les nattes où il le trouve et au moment où il le saisit, l'aiguille lui pique le doigt, comme si quelqu'un lui disait : ce gant n'est point habitué aux licencieux jeux; retire-toi à la hâte, tu vois que les ornements de notre maîtresse sont chastes.

XLVII. — Mais tous ces faibles obstacles ne peuvent l'arrêter, il interprète leur refus dans le pire de tous les sens; les portes, le vent, le gant qui le retardent sont pour lui des épreuves accidentelles, ou comme ces rouages qui ralentissent l'horloge jusqu'à ce que chaque minute ait payé son tribut à l'heure.

XLVIII. — « Sans doute, dit-il, ces empêchements sont là comme les petites gelées qui quelquefois menacent le printemps pour ajouter encore plus de prix à ses charmes et donner aux oiseaux plus de raison de chanter ; la peine paye le revenu de tout trésor précieux. D'énormes rochers, de grands vents, de cruels pirates, des sables et des écueils effrayent le marchand avant qu'il entre riche dans le port. »

XLIX. — Le voici arrivé à la porte qui le sépare du ciel de sa pensée. Un loquet docile est tout ce qui protége contre lui l'objet précieux qu'il cherche. L'impiété a tellement bouleversé son cœur qu'il commence à prier pour sa proie, comme si les dieux pouvaient approuver son crime.

L. — Mais au milieu de son inutile prière, après avoir demandé à l'éternelle puissance que ses criminelles pensées triomphent de cette charmante beauté, et prié les dieux de lui être propices dans ce moment, il tressaille soudain et dit : « Je dois donc déflorer ! les dieux que j'invoque abhorrent cette action, comment m'aideraient-ils à la commettre ?

LI. — « Eh bien, que la Fortune et l'Amour soient mes dieux et mon guide ; ma volonté est basée sur une ferme résolution ; les pensées ne sont que des rêves tant que leurs effets ne sont pas éprouvés. Le plus noir attentat est lavé par l'absolution ; le feu de l'amour a pour ennemie la glace de la crainte : l'œil du ciel est fermé, et la nuit brumeuse cache la honte qui suit la douce volupté. »

LII. — A ces mots, sa main criminelle lève le loquet, et de son genou il ouvre la porte toute grande. Elle dort profondément, la colombe que ce hibou nocturne veut saisir ; c'est ainsi que la trahison surprend dans le sommeil ! celui qui voit le serpent en embuscade se retire à l'écart ; mais Lucrèce dort profondément, et sans rien craindre elle est à la merci de son dard mortel.

LIII. — Le méchant s'avance dans la chambre et contemple ce lit encore pur. Les rideaux étant fermés, il erre à l'entour roulant ses yeux avides dans leurs orbites, c'est leur trahison qui a égaré son cœur. Il donne bientôt à sa main le signal d'ouvrir le nuage qui cache la lune argentée.

LIV. — Voyez comment le soleil aux rayons de feu, sortant d'un nuage, nous prive de la vue. De même, à peine le rideau est tiré, que les yeux de Tarquin commencent à cligner, éblouis par trop d'éclat. Soit qu'en effet les traits de Lucrèce réfléchissent une éblouissante lumière, soit que quelque reste de honte le lui fasse supposer; mais ses yeux sont aveuglés et se tiennent fermés.

LV. — O que ne périrent-ils dans leur sombre prison! ils auraient vu alors le terme de leur crime, et Collatin aurait pu encore reposer tranquille à côté de Lucrèce dans sa couche non souillée. Mais ils s'ouvriront pour détruire cette union bénie et aux saintes pensées. Lucrèce devra sacrifier à leur vue son bonheur, sa vie et son plaisir dans ce monde.

LVI. — Sa main de lis est sous sa joue de rose, privant d'un baiser légitime le coussin affligé, qui semble se partager en deux et se soulever de chaque côté pour atteindre son bonheur. Entre ces deux collines, la tête de Lucrèce est comme ensevelie, telle qu'un saint monument placé là pour être admiré par des yeux profanes.

LVII. — Son autre main si blanche était hors du lit, sur la couverture verte; par sa parfaite blancheur, elle ressemblait à une marguerite d'avril sur le gazon humide des perles de la rosée. Tels que des soucis, ses yeux avaient abrité leur éclat, et reposaient dans les ténèbres jusqu'à ce qu'ils pussent s'ouvrir pour embellir le jour.

LVIII. — Ses cheveux, comme des fils d'or, jouaient avec son souffle. O modestes voluptés! ô voluptueuse modestie! ils montraient le triomphe de la vie dans le sein de la mort et déployaient les couleurs sombres de la mort dans l'absence passagère de la vie. L'une et l'autre se prêtaient tant de charmes dans ce sommeil, qu'on eût dit qu'il n'y avait entre elles aucune rivalité, mais que la vie vivait dans la mort, et la mort dans la vie.

LIX. — Ses deux seins ressemblaient à des globes d'ivoire entourés d'un cercle bleu, c'étaient deux mondes vierges et non conquis; ne connaissant d'autre joug que celui de leur seigneur à qui leurs serments étaient fidèles. Ces mondes inspirent une nouvelle ambition à Tarquin; tel qu'un odieux usurpateur, il va tenter de faire descendre de ce beau trône le possesseur légitime.

LX. — Que pouvait-il voir qui ne fût digne d'être admiré? qu'admirait-il qui n'enflammât son désir? tout ce qu'il contemple le fait délirer d'amour, et sa passion fatigue même sa vue ravie; il admire avec plus que de l'admiration ses veines d'azur, sa peau d'albâtre, ses lèvres de corail, et la fossette de son menton blanc comme la neige.

LXI. — Comme le lion farouche caresse sa proie quand sa faim cruelle est satisfaite par la victoire, de même Tarquin reste penché sur cette âme endormie, calmant par la contemplation sa rage amoureuse qu'il contient sans la dissiper; car, étant si près d'elle, ses yeux retenus un moment soulèvent encore plus violemment ses veines.

LXII. — Celles-ci sont comme des esclaves acharnés au pillage, vassaux cruels dont les exploits sont odieux, qui se plaisent dans le meurtre et le viol, sans égard pour les larmes des enfants et les gémissements des mères : elles s'enflent dans leur orgueil, attendant la charge; bientôt son cœur palpitant donne le signal du combat, et leur dit d'agir suivant leur désir.

LXIII. — Son cœur, qui bat comme un tambour, encourage son œil brûlant, son œil confie l'attaque à sa main; sa main, fière de cette dignité, et fumant d'orgueil, va se poster sur la gorge nue de Lucrèce, centre de tous ses domaines; à peine l'a-t-elle escaladée, que les rangs des veines d'azur abandonnent leurs tourelles pâles et sans défense.

LXIV. — Elle se rendent dans le paisible cabinet où dort leur reine chérie, lui disent qu'elle est assiégée par un terrible ennemi, et l'épouvantent par leurs cris confus; elle, très-étonnée, ouvre ses yeux fermés, qui, en apercevant le tumulte, sont obscurcis et domptés par sa torche enflammée.

LXV. — Figurez-vous quelqu'un réveillé au milieu de la nuit par un rêve effrayant, et qui croit avoir vu un esprit hideux, dont le farouche aspect fait frissonner tous ses membres; quelle n'est pas sa terreur! Mais Lucrèce, plus malheureuse, et troublée dans son sommeil, voit réellement ce qui serait terrible même en supposition.

LXVI. — Accablée, confondue par mille terreurs, elle reste tremblante comme l'oiseau blessé qui expire. Elle n'ose regarder; cependant, en ouvrant à demi ses yeux, elle voit apparaître des fantômes hideux qui passent devant elle. De telles ombres sont les impostures d'un faible cerveau, qui, fâché que les yeux fuient devant la lumière, les épouvante dans les ténèbres par des spectacles plus affreux.

LXVII. — La main de Tarquin demeure sur la gorge de Lucrèce. (Cruel bélier, d'ébranler un semblable rempart d'ivoire!) Il sent son cœur épouvanté (pauvre citoyen!) se soulever et puis retomber, et heurter son sein qui vient frapper la main du ravisseur. Ces mouvements excitent sa rage. Plus de pitié; il va faire la brèche et entrer dans cette belle ville.

LXVIII.—D'abord, telle qu'une trompette, sa langue commence à sonner un pourparler. Elle s'adresse à son ennemi timide, qui lève par-dessus des draps blancs son menton plus blanc encore, pour demander la raison de cette alarme imprévue, ce que Tarquin cherche à expliquer par des gestes muets; mais Lucrèce redouble ses ardentes supplications, et veut savoir quels sont les motifs de son attentat.

LXIX.—Tarquin répond : « La couleur de ton teint qui fait pâlir de dépit le lis lui-même et rougir la rose éclipsée par cet incarnat répondra pour moi, et dira mon tendre aveu. C'est sous les couleurs de cet étendard que je suis venu escalader ton fort non encore conquis ; la faute en est à toi, ce sont tes yeux qui t'ont trahie eux-mêmes.

LXX.—« Si tu veux me faire des reproches, je t'objecterai que c'est ta beauté qui t'a tendu un piége cette nuit où tu dois te résigner à subir ma volonté. Je t'ai choisie pour mon plaisir sur la terre ; c'est de tout mon pouvoir que j'ai cherché à vaincre mes désirs ; mais à peine les réprimandes et la raison les avaient étouffés, que l'éclat de ta beauté les faisait renaître.

LXXI.—« Je vois toutes les difficultés que m'attirera mon entreprise. Je sais que des épines défendent la jeune rose ; je m'attends à trouver le miel gardé par un aiguillon. La réflexion m'a représenté tout cela ; mais le désir est sourd et n'écoute pas de sages amis. Il n'a des yeux que pour contempler la beauté et adorer ce qu'il voit, en dépit des lois et du devoir.

LXXII.—« J'ai pesé dans mon âme l'outrage, la honte et les chagrins que je puis causer ; mais rien ne peut contenir le cours de la passion, ni arrêter sa fureur entraînante. Je sais que les larmes du repentir, les reproches, le mépris et la haine mortelle suivront le crime, mais je veux aller au-devant de ma propre infamie. »

LXXIII.—Il dit et agite son épée romaine, qui, semblable à un faucon planant dans les airs, couvre sa proie de l'ombre de ses ailes, et de son bec recourbé la menace de mort si elle veut prendre l'essor. De même sous le glaive terrible, l'innocente Lucrèce écoute en tremblant les paroles de Tarquin, comme les oiseaux timides écoutent les sonnettes du faucon.

LXXIV.—« Lucrèce, continue-t-il, il faut que cette nuit je jouisse de toi ; si tu me refuses, la force m'ouvrira la voie ; car c'est dans ton lit que j'ai l'intention de te détruire ; j'égorge ensuite un de tes vils esclaves pour t'ôter l'honneur avec la vie, et je le place dans tes bras morts, jurant que je l'ai tué en te surprenant à l'embrasser.

LXXV.— « De sorte que ton époux deviendra un objet de mépris pour tous ceux qui le verront. Tes parents baisseront la tête sous le coup du dédain, et tes enfants seront souillés par le titre de bâtards. Toi-même, auteur de leur honte, tu iras à la postérité dans des chansons qui raconteront ton infamie.

LXXVI.— « Mais, si tu me cèdes, je reste ton ami secret, une faute inconnue est comme une pensée non accomplie. Un peu de mal fait dans un but grand et utile est permis, et légitime en bonne politique. La plante vénéneuse est quelquefois distillée en un composé innocent, et son application a des effets salutaires.

LXXVII.— « Pour l'amour de ton époux et de tes enfants, accorde-moi ce que je demande, ne leur lègue point une honte impossible à effacer, une souillure éternelle pire que les défauts du corps que l'homme apporte en naissant. Car ceux-ci ne sont que la faute de la nature et ne causent point d'infamie. »

LXXIII.—A ces mots il se relève et s'arrête un moment, en fixant sur Lucrèce l'œil mortel d'un basilic, tandis qu'elle, image de la chaste piété et telle qu'une biche blanche serrée par des griffes meurtrières dans un désert où il n'y a point de loi, implore la bête féroce qui ne connaît aucune compassion, et n'obéit qu'à son odieux appétit.

LXXIX.—Voyez quand un nuage noir menace le monde, cachant dans ses vapeurs sombres les monts ambitieux; si quelque douce brise sort du sein obscur de la terre, son souffle écarte ces vapeurs dont il empêche momentanément la chute en les divisant. De même le profane empressement de Tarquin arrête les paroles de Lucrèce, et le farouche Pluton approuve tandis qu'Orphée joue de sa lyre.

LXXX.—Cependant, semblable à un chat, rôdeur de nuit, Tarquin ne fait que jouer avec la faible souris qui reste tremblante entre ses griffes. Sa tristesse nourrit sa fureur de vautour, gouffre immense que rien ne parvient à combler. Son oreille accueille ses prières, mais son cœur ne se laisse pas pénétrer par ses plaintes. Les larmes endurcissent la concupiscence quoique la pluie amollisse le marbre.

LXXXI.—Les yeux de Lucrèce qui demandent pitié sont douloureusement fixés sur son front inexorable et sourcilleux; sa modeste éloquence est mêlée de soupirs qui ajoutent plus de grâce à ses paroles. Elle interrompt souvent sa phrase, souvent la voix lui manque, et elle est obligée de recommencer.

LXXXII.—Elle le conjure par le grand Jupiter, par la chevalerie, par son noble rang, et par le serment de la douce amitié, par ses larmes et par l'amour de son époux, par les saintes lois de l'humanité et la foi commune, par le ciel, la terre et toutes leurs puissances; elle le conjure de se retirer dans le lit que l'hospitalité lui accorde, et d'écouter l'honneur plutôt qu'un coupable désir.

LXXXIII.—« Ah! lui dit-elle, pourrais-tu bien récompenser l'hospitalité par un si noir outrage? ne souille pas la source qui a calmé ta soif, ne gâte point ce qui ne saurait être réparé, renonce à ton but criminel avant de tirer ton coup. Ce n'est pas un archer loyal, celui qui tend son arc pour frapper une jeune biche.

LXXXIV.—« Mon époux est ton ami, épargne-moi par amour pour lui; toi, tu es prince, par amour pour toi-même laisse-moi. Je suis faible; ne me rends point victime d'un piége; tu ne ressembles point à la perfidie, ne me trompe donc pas; mes soupirs, tels que des tourbillons, s'efforcent de te chasser; si jamais mortel fut touché de la douleur d'une femme, sois touché de mes larmes, de mes soupirs et de mes sanglots.

LXXXV.—« Comme les flots d'un océan orageux, ils se réunissent pour lutter contre le rocher de ton cœur, qui menace d'un naufrage, et pour l'adoucir, s'ils peuvent par leur mouvement continuel; car les pierres dissoutes se convertissent en eau. Oh! si tu n'es pas plus dur qu'une pierre, laisse-toi pénétrer par mes larmes et sois compatissant! La douce pitié traverse une porte de fer.

LXXXVI.—« J'ai cru recevoir Tarquin en te recevant; as-tu pris sa ressemblance pour le déshonorer? Je me plains à toute l'armée du ciel; tu outrages son honneur, tu dégrades son nom royal, tu n'es point ce que tu sembles, ou tu ne ressembles pas à ce que tu es, un roi, un dieu; car les rois comme les dieux devraient tout gouverner.

XXXVII.—« Quelle sera donc ta honte dans ta vieillesse puisque déjà tu montres tant de vices dans ton printemps! Que n'oseras-tu pas quand tu seras roi, si tu oses tant maintenant que tu n'as que l'espérance de l'être! Oh! souviens-toi que puisque aucun outrage commis par un vassal ne peut être effacé, les mauvaises actions des rois ne sauraient être ensevelies dans le silence.

LXXXVIII.—« Ce forfait fera qu'on ne t'aimera plus que par

crainte, les monarques heureux sont craints par amour. Tu seras forcé de tolérer les coupables quand ils te prouveront que tu l'es comme eux. Ne serait-ce qu'à cause de cela, retire-toi, car les princes sont le miroir, l'école, le livre où les yeux des sujets voient, apprennent et lisent.

LXXXIX. — « Voudrais-tu être l'école à laquelle s'instruira la débauche ? souffriras-tu qu'elle lise en toi ses honteuses leçons ? consentiras-tu à être le miroir où elle verra une autorité pour ses attentats et une garantie contre le blâme ? Pour donner par ton nom un privilége au déshonneur tu préfères les reproches à la louange immortelle, et tu fais de ta bonne réputation une vile *entremetteuse*.

XC. — « As-tu la puissance ? Au nom de celui qui te l'a donnée, soumets tes désirs rebelles ; ne tire point l'épée pour protéger l'iniquité, car elle t'a été remise pour en détruire l'engeance. Comment pourras-tu remplir tes devoirs de roi lorsque, prenant modèle sur ton exemple, le crime pourra dire que c'est toi qui lui as enseigné à devenir criminel.

XCI. — « Ah ! quel dégradant spectacle ce serait de reconnaître ton crime dans un autre ! Les fautes des hommes sont rarement évidentes pour eux ; leur partialité étouffe leurs transgressions : ton forfait te semblerait digne de mort dans ton frère. Oh ! quelle est l'infamie de ceux qui détournent les yeux de leurs propres attentats !

XCII. — « C'est vers toi, vers toi que se tournent mes mains suppliantes, elles te conjurent de résister aux séductions de tes désirs. J'implore le retour de ta dignité bannie ; rappelle-la, et sache retirer les pensées qui te flattent : sa noble générosité emprisonnera le perfide désir, dissipera le nuage qui obscurcit tes yeux trompés, afin que tu reconnaisses ta situation, et que tu aies pitié de la mienne. »

XCIII. — « Cesse, lui répond Tarquin ; l'indomptable torrent de mes désirs ne fait que croître par ces retards. De faibles lumières sont bientôt éteintes ; de grands feux résistent au vent, qui ne fait qu'augmenter leur fureur. Des petits ruisseaux qui payent leur tribut journalier à leur amère souveraine ajoutent à ses eaux, mais n'en changent point le goût. »

XCIV. — « Tu es, lui dit Lucrèce, un océan, un roi souverain, et dans ton vaste empire se répandent la noire luxure, le déshonneur, la honte, le déréglement, qui cherchent à souiller les flots de ton sang. Si toutes ces faibles sources de mal changent ta vertu, la mer est jetée dans la boue d'un bourbier, quand la vase devrait se perdre dans la mer.

xcv.—« C'est ainsi que tes esclaves seront rois, et toi leur esclave; c'est ainsi que ta noblesse sera dégradée, leur bassesse relevée; c'est ainsi que tu seras leur vie, et qu'ils seront eux-mêmes ton tombeau; toi, avili dans ta honte; eux, dans ton orgueil. Les choses inférieures ne devraient point cacher les choses plus grandes. Le cèdre ne s'abaisse point aux pieds du buisson, les broussailles se flétrissent aux pieds des cèdres.

xcvi.—« Que tes pensées, fidèles à ton rang..... »—« C'est assez, dit Tarquin; par le ciel, je ne t'écoute plus. Cède à mon amour, sinon la haine brutale, au lieu du contact timide de l'amour, te déchirera cruellement. Après quoi je veux te transporter dans le lit de quelque coquin de valet, pour lui faire partager ta destinée honteuse. »

xcvii.—A ces mots, il écrase du pied sa torche, car la lumière et la débauche sont ennemies mortelles. La honte, enveloppée des ombres de l'aveugle nuit, tyrannise d'autant plus qu'elle n'est pas aperçue. Le loup a saisi sa proie, le pauvre agneau crie jusqu'à ce que sa voix soit arrêtée au passage par sa propre toison, qui ensevelit ses cris dans les plis délicats de ses lèvres.

xcviii.—En effet, Tarquin se sert du linge de nuit qu'elle porte pour enfermer dans sa bouche ses tristes clameurs; il baigne son front brûlant dans les plus chastes larmes qu'aient jamais versées les yeux de la modeste douleur. Oh! comment la concupiscence désordonnée peut-elle souiller une couche si pure? Ah! si les larmes pouvaient en effacer la tache, Lucrèce en répandrait à jamais!

xcix.—Mais elle a perdu une chose plus précieuse que la vie, et Tarquin a conquis ce qu'il voudrait bien ne plus avoir. Cette violence amène une autre lutte; cette jouissance passagère engendre des années de regrets : cet ardent désir se change en froid dégoût. La pure chasteté est dépouillée de son trésor, et la luxure est plus pauvre qu'avant son larcin.

c.—Voyez comme le limier trop nourri ou le faucon rassasié, n'ayant plus la même finesse d'odorat, ni la même vitesse, poursuivent lentement ou perdent tout à fait la proie dont la nature les a rendus avides; de même Tarquin assouvi redoute cette nuit. Son goût aigri dévore son désir qui l'a abusé.

ci.—O crime dont l'imagination paisible ne peut comprendre la profondeur insondable! Le désir enivré rejette sa proie avant de voir sa propre infamie. Tant que la concupiscence est dans son orgueil, aucune remontrance ne saurait apaiser son ardeur ni maîtriser son téméraire désir, jusqu'à ce que, telle qu'un vieux coursier, elle se fatigue elle-même.

CII.—Et alors le désir, aux joues pâles et amaigries, à l'œil pesant, au front sourcilleux, à la démarche défaillante, abattu, pauvre et lâche, se lamente comme un mendiant banqueroutier. Tant que la chair est fière, le désir lutte avec la pitié, car alors il est en joie : mais quand elle perd sa fraîcheur, le rebelle coupable demande lui-même grâce d'un ton soumis.

CIII.—C'est ainsi qu'il agit avec ce prince criminel de Rome, si ardent à le satisfaire. Le voilà maintenant qui prononce contre lui-même cet arrêt : qu'il est déshonoré dans les siècles à venir, que le beau temple de son âme est profané, et que sur ses ruines accourent des armées de soucis pour demander à cette reine souillée ce qu'elle est devenue.

CIV.—L'âme répond que ses sujets insurgés ont renversé son mur consacré, et que, par leur faute mortelle, ils ont réduit en servitude son immortalité, et l'ont rendue esclave d'une mort vivante et d'une douleur éternelle. Avertie par sa prescience, elle avait fait résistance; mais sa prévoyance n'avait pu faire céder leurs désirs.

CV.—Agité de cette pensée, Tarquin s'esquive dans les ténèbres de la nuit, vainqueur captif pour qui la victoire est funeste. Il emporte une blessure que rien ne guérit, une cicatrice qui restera malgré la guérison, laissant la victime désolée. Lucrèce est accablée du poids du crime qu'il laisse derrière lui, et lui du fardeau d'une âme coupable.

CVI.—Tarquin, comme un loup ravisseur, s'éloigne furtivement. Elle, comme un agneau fatigué, reste étendue, presque sans souffle. Il se hait pour son attentat; désespérée, elle déchire son beau corps de ses propres mains. Il part effrayé, et couvert de la sueur du crime. Elle reste, poussant des cris de douleur profonde pendant cette fatale nuit; il fuit, regrettant le court plaisir qui ne lui laisse que dégoût.

CVII.—Il part pénitent, accablé. Elle demeure abandonnée et sans espoir. Dans sa hâte, il soupire après la clarté du matin; elle voudrait ne plus voir le jour. « Pendant le jour, dit-elle, les écarts de la nuit se révèlent, et mes yeux sincères n'ont jamais appris à masquer mes torts par un regard dissimulé.

CVIII.—« Ils croient que tous les yeux peuvent voir le déshonneur qu'ils aperçoivent eux-mêmes, c'est pourquoi ils voudraient rester dans l'obscurité pour tenir caché mon outrage, car ils se trahiront par leurs larmes ; et, comme l'eau qui ronge l'acier, ils graveront sur mes joues la honte irréparable que je ressens. »

CIX.—Ici elle accuse le repos et le sommeil, condamnant ses yeux à être désormais aveugles. Elle réveille son cœur en frappant sur son sein, et lui dit d'aller chercher un autre asile plus pur et plus digne de lui. Rendue folle par l'excès de sa douleur, elle exhale en ces mots ses plaintes contre les secrets de la nuit :

CX.—« O nuit ennemie de la paix du cœur ! image de l'enfer, sombre registre de la honte, obscur théâtre de meurtres tragiques, vaste chaos qui cache les crimes, nourrice des outrages, entremetteuse couverte d'un manteau ! asile d'infamie, caverne affreuse de la mort, conspirateur à voix basse, liguée avec la trahison et le viol.

CXI.—« Nuit abhorrée, nuit aux ténébreuses vapeurs ! puisque tu es complice de mon crime irréparable, rassemble tes brouillards pour attaquer l'aube matinale et faire la guerre au cours réglé du temps ! ou si tu souffres que le soleil s'élève jusqu'à sa hauteur accoutumée avant qu'il retourne à son humide couche, ceins sa tête d'or de nuages empoisonnés.

CXII.—« Corromps l'air du matin avec des exhalaisons fétides ; par leur haleine empestée, souille la vie de la pureté, beauté par excellence, avant que Phébus arrive à sa halte de midi ; et que tes vapeurs marchent en rangs si serrés, que dans leurs ombres brumeuses sa lumière étouffée s'éclipse au milieu de sa course et cause une nuit perpétuelle.

CXIII.—« Si Tarquin était la nuit comme il est le fils de la nuit, il outragerait la reine au diadème d'argent ; ses nymphes étincelantes aussi (violées par lui) n'oseraient plus se montrer sur le sein noir de la nuit. J'aurais, par ce moyen, des compagnes de douleur. Des malheurs partagés sont plus doux à supporter, de même que des pèlerins font route ensemble pour abréger leur pèlerinage.

CXIV.—« Maintenant je n'ai personne qui puisse rougir avec moi, se croiser les bras, pencher humblement la tête, se voiler le front et cacher son infamie. Mais moi seule je suis condamnée à gémir, arrosant la terre de larmes amères, mêlant des sanglots à mes plaintes, des gémissements à mes douleurs, gages cruels d'un éternel désespoir.

CXV.—« O nuit ! fournaise dont la fumée est sanglante, ne permets pas que le jour jaloux voie ce visage qui sous ton noir manteau a été livré à la dégradation de l'impudicité. Garde possession de ton sombre empire, afin que les fautes commises sous ton règne puissent également être ensevelies sous tes ombres.

cxvi.— « Ne m'expose pas au jour médisant, sa lumière montrera gravée sur mon front l'histoire des outrages faits à la douce chasteté, et la violation impie des saints serments de l'hymen. Oui, jusqu'à l'ignorant qui ne sait pas lire tous verront dans mes regards ma honteuse disgrâce.

cxvii.— « Pour apaiser les cris de son enfant, la nourrice lui racontera mon histoire, et fera peur du nom de Tarquin à son nourrisson qui pleure. L'orateur, pour orner son discours, associera mon infamie à celle de Tarquin ; les ménestrels, pour reconnaître l'hospitalité, chanteront mon infortune et diront maintenant que je n'ai personne.

cxviii.— « Que mon beau nom, que ma réputation reste sans tache pour l'amour de mon cher Collatin : si elle devient un sujet de calomnie, les branches d'une autre tige sont aussi viciées et une honte non méritée s'attachera à son nom qui est aussi pur de la tache imposée au mien que j'étais pure moi-même hier encore pour Collatin.

cxix.— « O honte inaperçue ! disgrâce invisible ; blessure non sentie, cicatrice déshonorante ! le mépris est imprimé sur le front de Collatin, et l'œil de Tarquin peut reconnaître de loin la blessure qu'il a reçue pendant la paix, non à la guerre. Hélas ! qu'il y a de gens qui portent ces marques honteuses que chacun ignore excepté celui qui les a faites !

cxx.— « Collatin, si ton honneur est fondé sur moi, il m'a été arraché par un assaut irrésistible. Mon miel est perdu, je ne suis plus qu'une abeille semblable à un frelon. Il ne me reste plus aucune des perfections de mon côté, je suis dépouillée par un outrageant larcin : dans ta faible ruche s'est introduite une guêpe errante qui a dévoré le miel gardé par ta chaste abeille.

cxxi.— « Cependant ne suis-je pas innocente du naufrage de ton honneur ! c'est en ton honneur que je l'ai accueilli ; venant de ta part, pouvais-je le renvoyer ? c'eût été un déshonneur que de le rejeter. Bien plus, il s'est plaint de lassitude et il a parlé de vertu ! O forfait imprévu ! combien la vertu est profanée dans un tel démon !

cxxii.— « Pourquoi le ver s'introduit-il dans le bouton vierge ? pourquoi l'odieux coucou pond-il ses œufs dans les nids du passereau ? pourquoi les crapauds empoisonnent-ils les sources pures, par une vase envenimée ? pourquoi une démence tyrannique se cache-t-elle dans des seins pleins de douceur ? pourquoi les princes violent-ils leurs devoirs ? Mais il n'est pas de perfection si absolue que quelque impureté ne la souille.

CXXIII.—« Le vieillard qui entasse son or est tourmenté de crampes, de la goutte et de douloureuses incommodités. A peine a-t-il des yeux pour voir son trésor : mais, comme le malheureux Tantale, il maudit l'insuffisance de ses sens, n'ayant d'autre plaisir de ses richesses que la douloureuse pensée qu'elles ne peuvent guérir ses maux.

CXXIV.—« Il les possède quand il n'en peut jouir et il les laisse à ses jeunes fils qui dans leur orgueil se hâtent de les prodiguer. Leur père était trop faible, ils sont trop forts pour conserver longtemps cette fortune à la fois maudite et bénie. Les douceurs que nous désirons s'aigrissent et deviennent amères au moment même où elles nous sont accordées.

CXXV.—« Des vents capricieux accompagnent le tendre printemps ; des plantes nuisibles prennent racine au milieu des fleurs précieuses. La vipère siffle là où les charmants oiseaux chantent ; ce qu'enfante la vertu, l'iniquité le dévore. Il n'est aucun bien en notre pouvoir que la malencontreuse occasion ne nous le fasse perdre ou n'altère ses qualités.

CXXVI.—« Occasion, ton crime est grand, c'est toi qui exécutes la trahison du traître ; tu livres l'agneau à la cruauté du loup ; quelque complot qu'on médite, c'est toi qui le favorises : c'est toi qui foules au pied le droit, la justice et la raison ; c'est toi qui dans ta sombre caverne, où personne ne peut te voir, postes le crime, pour dévorer les âmes qui passent auprès.

CXXVII.—« Tu persuades à la vestale de violer son vœu ; tu souffles le feu quand la tempérance fond. Tu étouffes la probité, tu immoles la vérité ; indigne complice, infâme entremetteuse, tu sèmes la calomnie et tu écartes la louange ; tu t'associes au viol, à la perfidie, aux brigands. Ton miel se change en fiel, ta jouissance en douleur.

CXXVIII.—« A tes plaisirs secrets succède la honte publique ; à tes festins cachés un jeûne solennel, à tes titres flatteurs un nom déshonoré, à ta langueur miellée un goût d'absinthe, et tes vanités forcées ne sauraient être durables. Comment se fait-il donc, vile occasion, qu'étant si méchante, il y ait tant de gens qui te recherchent ?

CXXIX.—« Quand seras-tu l'ami de l'humble suppliant, quand le conduiras-tu au lieu où il obtiendra ce qu'il désire, quand amèneras-tu la fin des grands débats, quand délivreras-tu l'âme que le malheur enchaîne, quand guériras-tu les malades, quand soulageras-tu les affligés ? le pauvre, le boiteux, l'aveugle languissent, pleurent et t'implorent, mais ils ne trouvent jamais l'occasion.

CXXX.— « Le malade meurt pendant que le médecin dort, l'orphelin gémit pendant que l'oppresseur est heureux, le juge est en festin pendant que la veuve pleure; la prudence se divertit pendant que le vice naît, tu n'accordes jamais rien aux actions charitables. La colère, l'envie, la trahison, le rapt, le meurtre triomphent, tu leur donnes tes heures pour pages.

CXXXI.— « Quand la vertu et la vérité ont affaire à toi, mille traverses les privent de ton secours; elles achètent ton appui, mais le crime ne le paye jamais; il vient sans frais, et tu es satisfaite de l'écouter et de lui accorder ce qu'il demande. Mon Collatin aurait pu venir vers moi quand Tarquin est venu; c'est toi qui l'as retenu.

CXXXII.— « Tu es coupable de meurtre, de larcin, coupable de parjure et de subornation, coupable de trahison, de fausseté et d'imposture, coupable de l'abominable inceste. Tu es de ton plein gré consentante à tous les crimes passés, et à tous les crimes à venir, depuis la création jusqu'à la fin du monde.

CXXXIII.— « Temps difforme, compagnon de l'horrible nuit, agile coursier du hideux souci, toi qui dévores la jeunesse, esclave trompeur des plaisirs trompeurs, lâche sentinelle des chagrins, cheval de bât du crime, séducteur de la vertu, tu nourris et tu détruis tout ce qui est. Oh! écoute-moi! temps méchant et maudit, sois coupable de ma mort, puisque tu l'es de mon crime.

CXXXIV.— « Pourquoi ta servante, l'occasion, a-t-elle trahi les heures que tu m'avais accordées pour mon repos? pourquoi corrompre mon bonheur, et m'enchaîner à une suite infinie de maux éternels? Le devoir du Temps est de déjouer la haine des ennemis, de détruire les erreurs nées de l'opinion, et de ne pas laisser souiller une couche légitime.

CXXXV.— « La gloire du temps, c'est d'apaiser les querelles des rois, de démasquer la fausseté, d'amener la vérité au jour, et de mettre le sceau des siècles sur les choses antiques, de veiller le matin, de faire sentinelle la nuit, de poursuivre l'injustice jusqu'à ce qu'elle répare ses torts, de ruiner les somptueux édifices et de souiller de poussière leurs dômes dorés.

CXXXVI.— « Sa gloire est de remplir de trous de vers les vastes monuments, de fournir l'oubli de ruines, d'effacer de vieux livres, d'en altérer le contenu, d'arracher les plumes aux ailes des vieux corbeaux, d'épuiser la séve des vieux chênes, de féconder les printemps et de tourner la roue capricieuse de la Fortune.

CXXXVII.—« Sa gloire est de faire voir à l'aïeule les filles de sa fille, de faire de l'enfant un homme, de l'homme un enfant; de tuer le tigre qui vit de meurtre, d'apprivoiser la licorne et le lion farouche; de se jouer de l'homme rusé et de le tromper par lui-même, de réjouir le laboureur par d'abondantes moissons, et d'user de grosses pierres avec de petites gouttes d'eau.

CXXXVIII.—« Pourquoi fais-tu tant de mal dans ton long pèlerinage, si tu ne peux revenir pour le réparer? Une pauvre minute par siècle t'achèterait un million d'amis, si tu donnais de l'esprit à celui qui prête à de mauvais débiteurs! O fatale nuit! si tu pouvais rétrograder d'une heure je préviendrais cette tempête et j'éviterais le naufrage.

CXXXIX.—« Serviteur sans fin de l'éternité! arrête par quelque malheur Tarquin dans sa fuite; invente tout pour lui faire maudire cette maudite nuit, que des fantômes hideux effrayent ses yeux coupables, et que la sinistre pensée de son crime transforme pour lui chaque buisson en démon difforme.

CXL.—« Trouble ses heures de repos par des angoisses incessantes; tourmente-le dans son lit par des sanglots qui l'oppressent, qu'il pousse des gémissements pitoyables; mais n'en aie point pitié, qu'il ne rencontre que des cœurs plus durs que le marbre. Que les femmes les plus douces oublient leur douceur et soient pour lui plus terribles que des tigres dans le désert!

CXLI.—« Qu'il ait le temps d'arracher sa chevelure bouclée, qu'il ait le temps de tourner sa rage contre lui-même, qu'il ait le temps de désespérer du secours du temps, qu'il ait le temps de vivre en esclave méprisé, qu'il ait le temps de mendier son pain, qu'il ait le temps de voir un mendiant lui refuser des restes dédaignés!

CXLII.—« Qu'il ait le temps de voir ses amis devenir ses ennemis, et de voir les fous le tourner en dérision; qu'il ait le temps d'apprendre combien le temps s'écoule lentement dans les regrets, combien il est court et rapide aux heures de la folie et du plaisir! Que son crime ineffaçable ait le temps de déplorer l'abus de son temps!

CXLIII.—« O temps! précepteur du bon et du méchant, apprends-moi à maudire celui à qui tu as appris ce crime. Que le scélérat devienne fou de peur en voyant son ombre!

que lui-même cherche à s'ôter la vie : c'est à ses misérables mains qu'il appartient de verser son sang misérable. Y aurait-il un homme assez vil pour servir de bourreau à un si vil esclave !

CXLIV. — « Plus vil encore il est, parce qu'il est fils de roi, lui qui trompe les espérances de son père par de basses actions ! Plus l'homme est puissant, plus il mérite de respect ou de haine, car la plus grande infamie s'attache au rang le plus élevé. La lune a assez d'un grand nuage pour se voiler ; les petites étoiles se cachent quand elles veulent.

CXLV. — « Le corbeau peut tremper ses ailes noires comme le charbon dans un bourbier et s'envoler sans que l'on aperçoive la fange qui les tache ; mais si le cygne, blanc comme la neige, veut en faire de même, la tache se reconnaît sur son col argenté. Les pauvres serviteurs sont une nuit obscure, les rois sont un jour resplendissant. Les moucherons volent inaperçus, les aigles frappent tous les regards.

CXLVI. — « Loin d'ici, vains mots, interprètes des cerveaux creux, sons sans utilité, faibles arbitres, allez dans les écoles où l'on se fait un art de la dispute ; allez servir les insipides débats de ceux qui en amusent leurs loisirs : soyez médiateurs des clients tremblants de perdre leur cause ; pour moi je ne ferai pas le moindre argument, puisque je n'ai rien à attendre du secours de la loi.

CXLVII. — « En vain je maudis l'occasion, le temps, Tarquin et la sombre nuit, en vain je cherche querelle à mon infamie ; en vain je repousse mon désespoir ; cette inutile fumée de mots ne me fait aucun bien, le seul remède qui puisse me guérir, c'est de verser tout mon sang impur.

CXLVIII. — « Pauvre main, pourquoi frémis-tu à ce décret ? Honore-toi en me débarrassant de cette honte ; car si je meurs, mon honneur survit en toi : si je vis, tu as part à mon infamie ; puisque tu n'as pu défendre ta dame loyale, puisque tu as eu peur de déchirer son perfide ennemi, immole-toi avec elle pour avoir cédé ainsi. »

CXLIX. — Elle dit et s'élance de sa couche en désordre pour saisir dans son désespoir quelque instrument ; mais elle n'est pas dans une maison de meurtre, et ne trouve aucun instrument pour agrandir le passage de son souffle, qui se presse entre ses lèvres et s'évanouit comme la fumée de l'Etna, qui se consume dans les airs, ou comme celle qu'exhale un canon qu'on décharge.

CL. — « Vainement, dit-elle, je vis et je cherche quelque

bienheureux moyen de finir une malheureuse vie : j'ai eu peur d'être tuée par le glaive de Tarquin, et cependant je cherche un couteau pour la même intention; mais quand j'avais peur, j'étais une femme loyale; je le suis encore : oh non! ce ne peut-être : Tarquin m'a dépouillée de ce noble titre.

CLI. — « Oh! j'ai perdu ce qui me faisait aimer la vie, je n'ai donc plus de motif de craindre la mort; en effaçant ma souillure par la mort, du moins je donne un gage de gloire aux couleurs de la calomnie, et une vie mourante à l'éternelle honte. Ressource insuffisante, après avoir perdu le trésor, que de brûler l'innocente cassette où il était!

CLII. — « Eh bien! cher Collatin! tu ne connaîtras pas le goût corrompu de la foi violée; je n'outragerai pas ton amour sincère; je ne prétendrai pas que mon serment est resté intact. Cette greffe bâtarde ne croîtra pas. Celui qui a souillé ta tige ne se vantera pas que tu es le tendre père de son fruit.

CLIII. — « Il ne rira pas à tes dépens dans sa pensée secrète, il n'égayera point ses compagnons de débauche sur ton affront : tu sauras que je n'ai point été lâchement achetée avec de l'or, mais que la porte a été forcée. Pour moi, je suis la maîtresse de mon sort et je ne me pardonnerai que lorsque la vie aura payé au trépas mon offense involontaire.

CLIV. — « Je ne t'empoisonnerai point de ma souillure; je ne masquerai point ma faute par d'adroites excuses. Je ne colorerai pas la noirceur de mon crime pour cacher la vérité sur les horreurs de cette perfide nuit. Ma bouche révélera tout. Mes yeux, tels que des écluses, ou semblables à la source des montagnes, qui arrose un vallon, répandront de purs ruisseaux pour laver mon aveu impur. »

CLV. — Cependant la plaintive Philomèle avait terminé le chant mélodieux de ses douleurs nocturnes; la nuit solennelle descendait d'un pas lent et triste dans les gouffres de l'effroyable enfer; l'aurore rougissant prête sa lumière à tous les yeux qui la désirent; mais, dans sa douleur, Lucrèce se reproche de voir et regrette les ombres de la nuit.

CLVI. — Le jour révélateur épie à travers toutes les fentes et semble l'apercevoir au lieu où elle est assise tout en pleurs. C'est à lui qu'elle s'adresse en sanglotant : « Œil des yeux, pourquoi cherches-tu à poindre par ma fenêtre? Cesse tes regards indiscrets, caresse de tes rayons les yeux qui dorment encore, ne brûle pas mon front de ta lumière éblouissante, car le jour n'a rien à faire avec ce qui se passe la nuit. »

CLVII.—C'est ainsi que Lucrèce s'en prend à tout ce qu'elle voit : le vrai chagrin est radoteur et fantastique comme un enfant, qui, une fois qu'il boude, voit tout avec humeur. Ce sont les anciennes douleurs et non les douleurs nouvelles qui s'adoucissent. La durée dompte les unes, les autres sont telles qu'un nageur inhabile, plongeant toujours péniblement et se noyant par défaut d'adresse.

CLVIII.—C'est ainsi que Lucrèce, enfoncée dans une mer de soucis, se fâche contre tout ce qu'elle voit, et rapporte tout à son chagrin; tous les objets viennent les uns après les autres accroître la force de son désespoir. Quelquefois il est muet et ne parle plus, quelquefois il est en démence et parle trop.

CLIX.—Les petits oiseaux qui chantent dans leur joie matinale la désolent par leur douce mélodie, car la gaieté est alors importune ; les âmes tristes souffrent mortellement dans les sociétés joyeuses ; le chagrin se plaît davantage dans la compagnie du chagrin : le chagrin véritable cherche la sympathie de son semblable.

CLX.—C'est une double mort de faire naufrage à l'aspect du rivage ; il languit dix fois celui qui languit en voyant de la nourriture : la vue du baume rend la plaie plus douloureuse. Les grandes douleurs déplorent surtout ce qui les peut soulager. Les profonds regrets s'avancent comme un fleuve paisible qui, étant arrêté, franchit ses bords. Le chagrin qu'on plaisante ne connaît ni lois ni limites.

CLXI.—« Oiseaux railleurs, dit-elle, renfermez vos accents dans vos seins garnis de plumes ; soyez silencieux et muets en ma présence ; mon trouble plein d'angoisse n'aime aucune cadence de sons : une hôtesse triste ne peut souffrir des hôtes joyeux. Réservez vos accords pour ceux à qui ils plaisent ; l'infortune aime la mélancolie, qui marque la mesure avec des pleurs.

CLXII.—« Viens, Philomèle qui chantes le viol ; fais ton triste bocage de mes cheveux épars ; de même que la terre humide pleure sur ta langueur, je verserai une larme à chaque son mélancolique, et je soutiendrai le diapason avec mes profonds sanglots. Pour refrain, je murmurerai le nom de Tarquin, tandis que tu moduleras celui de Térée.

CLXIII.—« Pendant que tu feras ta partie contre un buisson, pour entretenir le souvenir de tes maux cuisants, moi, malheureuse, afin de t'imiter, je fixerai contre mon cœur un couteau acéré pour effrayer mes regards ; et s'ils se troublent, je tomberai et mourrai. Ces moyens, comme les touches sur un instrument, mettront les cordes de nos cœurs au vrai ton de la douleur.

CLXIV.—« Pauvre oiseau, puisque tu ne chantes pas pendant le jour, comme honteux d'être aperçu, nous choisirons quelque désert profond et sombre, écarté de la route, où ne pénètrent ni la chaleur brûlante, ni le froid glacial, et là, nous adressant aux bêtes féroces, nous leur ferons entendre des airs mélancoliques pour les adoucir. Si les hommes sont aussi cruels que les bêtes, que les bêtes aient un cœur compatissant. »

CLXV.—Comme la pauvre biche effrayée qui s'arrête et regarde, immobile et incertaine de quel côté elle fuira, ou comme celui qui, égaré dans un labyrinthe, a peine à reconnaître sa route, Lucrèce reste indécise, ne sachant lequel est préférable de vivre ou de mourir, quand la vie est honteuse et que la mort lui coûte.

CLXVI.—« Me tuer ! dit-elle. Hélas ! ne serait-ce pas souiller à la fois mon âme et mon corps ? Ceux qui perdent une moitié vivent avec plus de patience que ceux qui sont dépouillés du tout : c'est une mère sans raison et sans pitié que celle qui, ayant deux aimables enfants, quand la mort lui en enlève un, tue l'autre et n'en a plus.

CLXVII.—« De mon corps ou de mon âme, lequel m'était le plus cher quand l'un était pur et l'autre céleste ? lequel préférais-je quand tous deux appartenaient au ciel et à Collatin ? Hélas ! Qu'on déchire l'écorce du pin superbe, ses feuilles se flétriront, sa sève se tarira. Il en est ainsi de mon âme blessée dans son écorce.

CLXVIII.— « Sa demeure est saccagée, son repos interrompu, son asile pris d'assaut par l'ennemi, son saint temple souillé, pillé, profané par l'audacieuse infamie ; que l'on ne m'accuse donc pas d'impiété, si, dans une forteresse ainsi battue en ruine, je fais une brèche pour en enlever mon âme malheureuse.

CLXIX.— « Cependant je ne veux pas mourir jusqu'à ce que mon Collatin ait appris la cause de ma mort prématurée, afin que, dans cette heure de mon agonie, il puisse jurer vengeance sur celui qui me force d'abréger mes jours. Je léguerai mon sang impur à Tarquin. Souillé par lui, il sera versé par lui, et, comme il le mérite, je le dirai dans mon testament.

CLXX.—« Je léguerai mon honneur au couteau qui blessera mon corps déshonoré. C'est un honneur de terminer une vie déshonorée. L'un vivra quand l'autre ne sera plus. C'est ainsi que de mes cendres naîtra ma gloire; car dans ma mort je tue le mépris insultant : ma honte étant morte, mon honneur renaît.

CLXXI. — « Seigneur adoré de ce trésor que j'ai perdu, quel héritage te laisserai-je? Mon courage fera ton orgueil, et ton exemple pour te venger. Apprends par ma fin quelle doit être celle de Tarquin. *Moi*, ton amie, j'immolerai *moi*, ton ennemie. Pour l'amour de moi, traite de même le perfide Tarquin.

CLXXII. — « J'achève en quelques mots mes dernières volontés : mon âme au ciel, mon corps à la terre, et toi, ô mon époux, prends mon courage; mon honneur au couteau qui m'ouvrira le sein, ma honte à celui qui souilla ma réputation, et tout ce qui survivra de ma gloire sera partagé à ceux qui vivront et ne penseront pas mal de moi.

CLXXIII. — « Toi, Collatin, tu veilleras à l'exécution de ce testament. Hélas! pourquoi faut-il que tu le voies! Mon sang lavera mon affront; la noble fin de ma vie rachètera l'acte impur de ma vie. Ne faiblis pas, faible cœur; mais dis avec fermeté : il faut que cela soit. Cède à ma main, ma main te vaincra; une fois mort, vous mourrez tous deux, et tous deı vous serez vainqueurs. »

CLXXIV. — Quand Lucrèce eut tristement délibéré ce plan de mort et essuyé la perle amère qui mouillait ses yeux brillants, d'une voix entrecoupée elle appela sa suivante. Celle-ci, obéissant, accourt promptement auprès de sa maîtresse ; car le devoir vole avec les ailes de la pensée. Les joues de l'infortunée Lucrèce semblent à la suivante comme les prairies d'hiver quand le soleil fond leur neige.

CLXXV.—Elle donne à sa maîtresse un grave bonjour avec une voix timide, vrai signe de la modestie. Elle prend un air triste pour être en harmonie avec la tristesse de sa dame (car son visage portait la livrée du chagrin); mais elle n'osa pas lui demander pourquoi ses deux soleils étaient ainsi éclipsés par des nuages, et ses joues humides des larmes de la douleur.

CLXXVI.— De même que la terre pleure quand le soleil est couché, chaque fleur s'humectant comme un œil attendri, de même la suivante commence à inonder ses yeux de grosses larmes que fait couler la sympathie de ces beaux soleils éclipsés dans le ciel de sa maîtresse. Ils ont éteint leurs clartés dans un océan aux vagues salées, ce qui fait pleurer la suivante comme une nuit d'abondante rosée.

CLXXVII. — Un moment, ces deux charmantes créatures restent immobiles, comme deux aqueducs qui remplissent des citernes de corail. L'une d'elles pleure avec raison, l'autre n'a d'autre motif de pleurer que celui de mêler ses larmes à celles de sa compagne. Ce sexe aimable est souvent porté aux larmes, et s'attriste en cherchant à deviner les douleurs des autres ; puis ses yeux s'inondent de larmes, et son cœur se brise.

CLXXVIII. — Les hommes ont des cœurs de marbre, et les femmes des cœurs de cire ; c'est pourquoi elles sont formées au gré du marbre. Leur faiblesse est opprimée ; elles reçoivent par force les impressions étrangères de la fraude ou de l'adresse. Ne les accusez donc pas d'être les auteurs de leurs vices, pas plus que vous n'accuseriez la cire d'être coupable de méchanceté, parce qu'elle aurait reçu l'empreinte d'un démon.

CLXXIX. — Leur surface, polie comme une riche plaine, est ouverte à tous les petits insectes qui rampent. Chez les hommes, comme dans un bois touffu, sont maints vices endormis dans d'obscures cavernes. A travers des murs de cristal, on aperçoit le moindre fétu. Les hommes peuvent masquer leurs crimes par de farouches et sombres regards ; les visages des pauvres femmes sont des livres où elles laissent lire leurs fautes.

CLXXX. — Personne ne déclame contre la fleur flétrie, mais bien contre l'hiver qui l'a fait périr ; ce n'est pas ce qui est dévoré, mais ce qui dévore qui mérite le blâme. Oh ! ne dites donc pas que c'est la faute des femmes si elles sont exposées aux affronts des hommes ; ces coupables et orgueilleux maîtres rendent les faibles femmes dépendantes de leur honte.

CLXXXI. — Vous en avez un exemple dans Lucrèce. Assaillie la nuit par la menace d'une mort prompte et de la honte qui devait s'ensuivre pour elle et son époux, elle vit qu'il y avait tant de dangers dans la résistance, qu'une terreur mortelle se répandit dans tout son corps. Qui ne pourrait violer un corps sans vie ?

CLXXXII. — Cependant sa douce patience fit que Lucrèce parla ainsi à sa suivante qui répétait en sa personne la douleur de sa maîtresse : « Ma fille, dit-elle, pourquoi verses-tu ces larmes qui tombent en pluie sur tes joues ? Si tu pleures sur mes chagrins, à moi, apprends, douce fille, que j'en retire peu d'avantage : si les larmes pouvaient me secourir, les miennes y auraient réussi.

CLXXXIII. — « Mais, dis-moi... » A ces mots elle s'arrêta, et ne reprit qu'après un profond gémissement. « A quelle heure Tarquin est-il parti? » — « Madame, avant que je fusse levée, répondit la suivante. Ma négligence paresseuse est bien blâmable; cependant je puis m'excuser en disant que je me suis levée avant le jour, et que Tarquin était déjà parti.

CLXXXIV.—« Mais, madame, si votre suivante l'osait, elle vous demanderait la cause de votre tristesse. » — « Silence! reprit Lucrèce, si je te la disais, cette confidence ne la diminuerait pas; car elle est plus cruelle que je ne puis l'exprimer, et l'on peut bien appeler enfer une torture plus déchirante qu'on ne peut dire.

CLXXXV.—« Va, apporte-moi papier, encre et plume; non, épargne-toi cette peine, car j'en ai ici... (que voulais-je dire?) Va dire à un des domestiques de mon époux de se tenir prêt à porter de suite une lettre à mon seigneur, à mon ami, à mon bien-aimé, qu'il se prépare à faire hâte, car la missive est pressée et sera bientôt écrite. »

CLXXXVI.—Sa suivante est partie; elle se met à écrire, promenant d'abord sa plume au-dessus du papier : l'amour-propre et la douleur se livrent un combat; ce que la pensée trace est effacé aussitôt par sa volonté : cette phrase est trop recherchée, cette autre est trop franche; ses idées se pressent comme une foule d'hommes assiégeant une porte pour savoir à qui passera le premier.

CLXXXVII.—Enfin elle commence ainsi :
« Digne époux de cette indigne femme qui te salue, je te souhaite la santé, et puis je te prie (si tu veux revoir encore ta Lucrèce) de partir en toute hâte et de venir : je me recommande à toi; de notre maison en deuil, mes douleurs sont cruelles, quoique mes paroles soient brèves! »

CLXXXVIII.—Elle plie sa lettre, qui n'annonce que vaguement son malheur trop certain : par cette courte épître, Collatin peut apprendre sa peine, mais non ce qui la cause; elle n'ose pas la révéler, de peur d'être soupçonnée d'une dissimulation grossière, avant d'avoir lavé son affront dans son sang.

CLXXXIX.—D'ailleurs elle réserve l'énergie et la vie de sa douleur pour le moment où il pourra l'entendre; alors que les soupirs, les sanglots et les larmes aideront à détourner d'elle les soupçons que le monde pourrait concevoir : pour les éviter, elle n'a pas voulu prodiguer dans sa lettre les explications que son désespoir rendra plus certaines.

CXC.—Voir de tristes spectacles touche plus que de les entendre raconter [1]; car alors l'œil interprète à l'oreille les gestes qu'il aperçoit : quand chaque sens nous exprime une partie de la douleur, nous n'en pouvons entendre ou voir qu'une partie; des détroits profonds font moins de bruit que des eaux basses, et la douleur reflue par le souffle des mots.

CXCI.—Sa lettre est cachetée; elle met pour adresse : « A Collatin, mon époux; plus que pressée. A Ardéa. » Le courrier vient; elle donne sa missive, ordonnant au valet à l'air maussade de courir aussi vite que les oiseaux poussés par les vents du nord : tant de rapidité lui semble encore trop lente; l'excessive infortune ne mesure pas autrement.

CXCII.—Le rustique vassal la salue avec respect et la regarde en rougissant; il reçoit le papier sans dire ni non ni oui, et aussitôt l'innocence honteuse se retire : mais ceux dont le cœur recèle une faute s'imaginent que tous les yeux voient leur déshonneur; Lucrèce crut que le valet avait rougi du sien.

CXCIII.—Hélas! pauvre valet, Dieu le sait, c'était chez lui défaut d'esprit, d'assurance et de hardiesse. Ces innocentes créatures ne parlent qu'en actions respectueuses, tandis que d'autres promettent une grande promptitude et prennent leur loisir; c'est ainsi que ce modèle des siècles passés offrait un air d'honnêteté, mais ne le soutenait point par des paroles.

CXCIV.—Son excès de zèle éveilla la méfiance de Lucrèce, et la même rougeur enflamma leurs deux visages : elle crut qu'il rougissait, parce qu'il connaissait le crime de Tarquin; et, rougissant elle-même, elle le regarda avec attention; son œil scrutateur le rendit encore plus confus; plus elle le vit rougir, plus elle pensa qu'il était instruit de son outrage.

CXCV. — Mais elle pense longtemps encore avant son retour, et le fidèle vassal ne fait que de partir : elle ne sait comment abréger le temps; car elle a tant soupiré, pleuré et gémi, que la source de ses sanglots et de ses larmes est comme épuisée; elle suspend ses plaintes, cherchant une nouvelle manière de s'affliger.

CXCVI.—Enfin, elle se rappelle qu'il y a quelque part un beau tableau du siége de Troie; devant la ville est dessinée l'armée des Grecs, qui vient la détruire pour venger l'enlève-

---

[1] *To see sad sights moves more than hear them told.*
Peut-être est-ce sans le connaître que Shakspeare a traduit ici littéralement Horace.

Segnius irritant animos demissa per aurem
Quum quæ sunt oculis subjecta.

ment d'Hélène, et menace de toutes parts la fière Ilion. Le peintre avait fait la cité de Priam si superbe, qu'on eût dit que le ciel s'abaissait pour en caresser les tours.

cxcvii.—Rival de la nature, l'art avait donné une vie artificielle à mille objets lamentables; on croyait voir plus d'une larme véritable versée par une femme sur son mari massacré. Le sang coulait et fumait comme sur un champ de bataille, et des yeux mourants jetaient de ternes clartés comme des charbons mourants dans les foyers des nuits d'hiver.

cxcviii.—Vous auriez vu l'assiégeant humide de sueur et tout noir de poussière. Sur les remparts de Troie paraissaient les citoyens qui, à travers leurs meurtrières, regardaient les Grecs. Tout était si parfait dans ce tableau, que, malgré la distance de la perspective, on remarquait la tristesse peinte dans leurs yeux.

cxcix.—Sur le front des chefs grecs, on admirait la grâce, la majesté et un air triomphant; les jeunes gens étaient pleins d'agilité et de noblesse; et, çà et là, l'artiste avait placé des lâches, marchant à pas timides, qui ressemblaient si bien à des paysans peureux, qu'on aurait juré qu'ils frissonnaient en effet.

cc.—Dans Ajax et dans Ulysse! oh! quel art de physionomie! le visage de chacun exprimait les sentiments de leur cœur; leur figure disait parfaitement leur caractère. Dans les yeux d'Ajax brillaient la rage et la rudesse; mais le sourire de l'astucieux Ulysse annonçait la prudence et l'autorité pleine d'adresse.

cci.—Vous auriez vu le grave Nestor prêt à haranguer pour exciter les Grecs au combat; ses gestes mesurés captivaient l'attention et charmaient la vue. Il semblait parler; sa barbe blanche était légèrement agitée, et de ses lèvres s'échappait un souffle dont le murmure s'élevait au ciel.

ccii.—Autour de lui était une foule qui, la bouche béante, semblait se nourrir de ses sages avis. Chacun était dans l'attitude de l'attention, comme si une sirène ravissait son oreille; quelques-uns étaient d'une haute taille, et d'autres moins grands, tant le peintre avait été exact. Les têtes de plusieurs, presque cachées derrière les autres, avaient l'air de s'élancer.

ciii.—Ici, la main d'un auteur s'appuie sur l'épaule de son voisin dont l'oreille masque son nez; là, un autre est rouge et haletant; un troisième qu'on étouffe semble se débattre et jurer; et dans leur rage, on dirait que, sans les paroles douces de Nestor, tous sont prêts à se battre avec le tranchant du glaive.

CCIV.—Tant d'animation animait ce chef-d'œuvre; l'art était si trompeur et si bien ménagé, que, pour l'image d'Achille, on ne voyait que sa lance tenue par une main armée, tandis que lui-même était laissé derrière, invisible, excepté par la pensée. Une main, un pied, un profil, une jambe ou une tête suffisaient pour faire deviner un personnage.

CCV.—Près des remparts de Troie assiégée, au moment où le fier et brave Hector, son espérance, marchait au combat, on observait maintes mères troyennes, joyeuses de voir leurs jeunes fils manier leurs armes étincelantes; à leur espérance, il se mêlait un je ne sais quoi, semblable à une tache sur un objet brillant, qui ressemblait à une pénible crainte.

CCVI.—Jusqu'aux bords fumants du Simoïs, théâtre des combats, le sang coulait en flots de pourpre qui imitaient le combat, en se choquant entre eux. Leurs vagues se brisaient sur le rivage, et puis se retiraient jusqu'à ce que, se ralliant à d'autres vagues plus nombreuses, elles revinssent mêler leur écume à celle du Simoïs.

CCVII.—C'est sur ce chef-d'œuvre de peinture que Lucrèce est venue chercher un visage où toutes les douleurs fussent exprimées. Elle en voit plusieurs sillonnés par les soucis; mais aucun où elle reconnaisse l'extrême détresse, si ce n'est celui d'Hécube, fixant ses regards sur Priam, étendu sanglant aux pieds du fier Pyrrhus.

CCVIII. — Le peintre avait retracé en elle les ruines du temps, la beauté flétrie, et les soucis déchirants. Ses joues étaient couvertes de rides et de gerçures; elle ne ressemblait plus à ce qu'elle avait été, son sang bleu s'était noirci dans ses veines. Son corps, privé de son ancienne fraîcheur, pouvait être comparé à un cadavre dans lequel on aurait empoisonné la vie.

CCIX.—C'est sur ce triste fantôme que Lucrèce attache ses yeux, modelant son chagrin sur celui de cette reine déchue, à qui il ne manque rien que les cris et les reproches amers pour maudire ses cruels ennemis. Le peintre n'était pas un dieu pour les lui prêter. Lucrèce s'écrie qu'il a été injuste de lui donner tant de douleur et point de langue pour s'exprimer.

CCX. — « Pauvre instrument privé de son, dit-elle, je dirai tes douleurs avec ma voix plaintive, et je verserai un baume sur la blessure peinte de Priam; je maudirai Pyrrhus qui fut son meurtrier, j'éteindrai avec mes larmes le long incendie de Troie, et avec mon couteau j'arracherai les yeux furieux de tous les Grecs qui sont tes ennemis.

CCXI. — « Montre-moi la prostituée qui commença cette guerre, afin que mes ongles la défigurent. C'est ton impudicité, ô Pâris, insensé! qui attira sur Troie ce poids de colère : ton œil alluma le feu qui brûle ici; et c'est par le crime de ton œil que périssent dans Troie le père, le fils, la mère et la fille.

CCXII. — « Pourquoi le plaisir d'un seul homme devient-il le fléau d'un si grand nombre? Que le crime commis par un seul ne retombe que sur la tête de celui qui l'a commis; que les âmes innocentes soient exemptes des malheurs du coupable. Pourquoi l'offense d'un mortel détruirait-elle une ville et deviendrait-elle une offense générale?

CCXIII. — « Voici Hécube qui pleure, et Priam qui meurt. Là, le vaillant Hector succombe, et Troïlus élève la voix. Ici l'ami est étendu avec son ami dans une tombe sanglante, et quelquefois c'est l'ami qui blesse sans le savoir celui qui lui est cher! la licence d'un seul homme cause tous ces trépas. Si le vieux Priam eût réprimé la passion de son fils, Troie eût brillé des rayons de la gloire et non des flammes de l'incendie. »

CCXIV. — Lucrèce pleure sur les malheurs de Troie en peinture : car le chagrin, tel qu'une lourde cloche une fois ébranlée, s'agite par son propre poids, et il faut peu de chose pour en tirer de lamentables sons. C'est ainsi que Lucrèce gémit en s'adressant à la tristesse et aux douleurs tracées par l'artiste. Elle leur prête ses paroles et emprunte leurs regards.

CCXV. — Elle parcourt la toile des yeux, et plaint chaque figure qu'elle trouve isolée. Enfin elle voit un personnage enchaîné qui a l'air malheureux et qui regarde les Phrygiens. Son visage, quoique plein de soucis, trahit une espèce de joie. Il s'avance vers Troie avec une troupe de bergers, si résigné que sa patience semble mépriser ses maux.

CCXVI.—Le peintre avait appelé tout son art à son secours, pour lui donner une habile dissimulation, un air d'innocence, une démarche humble, un regard calme, des yeux humides de larmes, un front ouvert et prêt à accueillir l'infortune, des joues ni pâles ni colorées, mais où se mêlaient si bien les deux nuances que sa rougeur ne trahissait point le crime, ni sa pâleur l'âme perfide des traîtres.

CCXVII. — Mais comme un démon exercé dans son rôle, il

avait un tel aspect d'innocence, sous lequel se cachaient ses secrets desseins, que le soupçon lui-même ne se serait pas douté que la ruse perfide et le parjure parvinssent à produire de si noirs orages dans un si beau jour, et à souiller d'un crime infernal une forme aussi angélique.

ccxviii. — L'artiste habile avait voulu représenter, par cette douce ressemblance, le perfide Sinon, dont le récit séduisit et perdit le crédule Priam, et dont les paroles, comme un feu dévorant, consumèrent les splendeurs de la riche Ilion, aux grands regrets des cieux, tellement que les étoiles s'élancèrent de leur sphère fixe, quand elles eurent perdu le miroir où elles aimaient à se contempler.

ccxix. — Lucrèce regarde attentivement cette partie du chef-d'œuvre, et reproche au peintre son admirable talent. Selon elle, il s'était trompé dans l'image de Sinon, en donnant une âme si noire à un si beau corps. Elle le regarde, et puis le regarde encore, trouvant qu'un air de vérité est si évident sur ce visage, qu'elle en conclut qu'il est calomnié.

ccxx. — « Il ne se peut, dit-elle, que tant de perfidie... » elle voulait ajouter : « se cache sous des traits semblables ; » mais l'aspect de Tarquin s'offrit à son esprit, et au lieu de continuer, elle reprit et changea le sens de ses paroles en disant : « Oui, il n'est que trop possible qu'un tel visage cache un cœur criminel.

ccxxi. — « Car de même que l'astucieux Sinon est représenté si triste, si fatigué et si doux (comme affaibli par la douleur et une pénible route), de même je vis arriver Tarquin armé, avec la même bonne foi au dehors et les mêmes vices au fond du cœur. Priam accueillit Sinon : j'ai aussi accueilli Tarquin, et mon Ilion a péri.

ccxxii. — « Voyez, voyez comme Priam en l'écoutant pleure touché des larmes feintes de Sinon. Priam ! tu es vieux, que n'es-tu prudent ? Pour chaque larme qu'il répand, un Troyen doit périr. C'est du feu qui sort de ses yeux et non des pleurs. Ces perles liquides qui émeuvent ta pitié sont des flammes inextinguibles qui vont brûler ta ville.

ccxxiii. — « De tels démons vont chercher leur ruse dans le sombre enfer, car au milieu de la fureur, Sinon tremble de froid, et un feu brûlant réside dans cette glace ; ces contraires s'unissent pour séduire les esprits faibles et leur donner du courage. C'est ainsi que les larmes du perfide Sinon trompent la bonne foi de Priam, et qu'il trouve moyen de brûler sa Troie avec de l'eau. »

CCXXIV. — A ces mots elle est transportée d'une si violente colère, que toute patience est bannie de son sein : elle déchire Sinon inanimé avec ses ongles, le comparant à cet hôte dont le crime la force à se détester elle-même. Enfin, elle s'arrête en souriant et dit : « Insensée que je suis, ces blessures ne lui feront aucun mal. »

CCXXV. — C'est ainsi que va et vient sa douleur et qu'elle fatigue le temps de ses plaintes. Elle désire la nuit et puis l'aurore, et accuse la lenteur de l'une et de l'autre : le temps si court lui paraît long dans ses angoisses. Quoique le poids du chagrin soit accablant, il ne produit guère le sommeil, et ceux qui veillent trouvent le temps bien long.

CCXXVI. — Elle a cherché à éluder ses pensées en s'occupant d'images peintes, et à se distraire du sentiment de ses maux en plaignant ceux des autres et en contemplant le tableau de leurs infortunes. Il en est qui sont soulagés, mais jamais guéris, en songeant que leurs douleurs ont été éprouvées par d'autres.

CCXXVII. — Mais le zélé messager arrive et amène Collatin, qui ne vient pas seul. Il trouve sa Lucrèce en noirs habits de deuil ; et, autour de ses yeux flétris par les larmes, il aperçoit des cercles d'azur qui, tels que des arcs-en-ciel sur l'horizon, prédisent de nouveaux orages après ceux qui viennent de passer.

CCXXVIII. — A cette vue, son époux affligé la regarde avec surprise. Les yeux de Lucrèce, quoique inondés de larmes, sont rouges et irrités, et son teint si vermeil a été fané par les soucis. Collatin n'a pas la force de lui demander comment elle se porte, et tous deux restent immobiles comme d'anciennes connaissances longtemps absentes et surprises du hasard qui les réunit.

CCXXIX. — Enfin il prend sa main pâle, et commence en ces termes : « Quel fatal événement est donc survenu, et pourquoi trembles-tu, ma bien-aimée ? Quel chagrin t'a enlevé tes belles couleurs ? Pourquoi ce vêtement de deuil ? Révèle-nous, ma femme chérie, la cause de tant de douleurs, afin que nous puissions te secourir. »

CCXXX. — Trois fois elle soupire amèrement avant de pouvoir prononcer une parole. Enfin, suppliée de répondre, elle se prépare humblement à faire connaître que son honneur a été surpris et enlevé par l'ennemi. Collatin et ses compagnons attendent impatiemment ses aveux et l'écoutent avec une douloureuse attention.

CCXXXI. — Ce pâle cygne, au milieu de l'humide élément de ses larmes, commence le mélancolique chant de sa mort.

« Peu de mots, dit-elle, suffiront pour la révélation d'un attentat qui ne peut être excusé. J'ai maintenant plus de douleurs que de paroles, et il serait trop long de raconter toutes mes plaintes avec une seule langue.

CCXXXII.— « Qu'il lui soit donc permis de dire seulement, cher époux, qu'un étranger est venu et s'est couché sur le coussin où tu avais coutume de reposer ta tête fatiguée; et de tout ce que tu pourras imaginer que la violence ait pu me faire, hélas! rien n'a été épargné à ta Lucrèce.

CCXXXIII.—« A l'heure ténébreuse de minuit, est entré à à pas comptés dans ma chambre un homme armé d'un glaive étincelant et d'une torche; il m'a dit à voix basse : Réveille-toi, dame romaine, accueille mon amour, ou je te livre à une éternelle honte, toi et les tiens, si tu contrains ma passion.

CCXXXIV. — « A moins que tu n'accordes tout à mes désirs, a-t-il ajouté, je tue un de tes plus hideux valets et je t'immole ensuite, dans l'intention de jurer que je vous ai surpris dans d'impudiques embrassements, et que j'ai frappé les coupables. Cet acte fera ma gloire et ton éternelle infamie.

CCXXXV. — « Alors j'ai frémi et crié. Il a fixé son glaive sur mon sein, jurant que si je ne cédais pas, je ne vivrais pas pour prononcer une autre parole; qu'ainsi ma honte me survivrait, et qu'on n'oublierait jamais dans la puissante Rome l'adultère de Lucrèce, sa mort et celle de son valet.

CCXXXVI.—« Mon ennemi était fort, et moi, hélas! j'étais faible encore par la terreur qui m'agitait; mon juge sanguinaire me défendit de parler et de lui faire entendre la voix de la justice. Dans sa fureur de débauche, il prétendit que ma beauté avait volé ses yeux; et quand le juge se plaint d'avoir été volé, le prisonnier meurt.

CCXXXVII.—« Oh! apprenez-moi à m'excuser moi-même, ou du moins accordez-moi de pouvoir dire que, si mon sang est souillé par cet affront, mon âme est pure et sans tache. Mon âme n'a point été contrainte ni complice de ma faiblesse, elle est restée innocente et désespérée dans son asile empoisonné. »

CCXXXVIII.—Ici le malheureux possesseur de tant d'espérances ruinées, la tête penchée, les bras croisés, les yeux tristement immobiles, et la voix tremblante de douleur, commence à agiter ses lèvres pâles pour exhaler la souffrance qui arrête sa réponse; mais, hélas! vains efforts, ses paroles expirent sur ses lèvres.

ccxxxix. — Telle, sous l'arche d'un pont, une onde mugissante dépasse la vitesse de l'œil qui la suit; elle bondit dans son orgueil, et rebrousse chemin vers l'étroit passage qui l'a forcée à cette fuite rapide; elle s'est élancée furieuse, et revient furieuse encore. C'est ainsi que les soupirs et la douleur de Collatin pressent les paroles qui rentrent aussitôt dans son sein.

ccxl. — Lucrèce, témoin de ce désespoir muet, excite en ces termes sa rage : « Cher époux, ta douleur ajoute encore à ma douleur; la pluie ne saurait tarir un torrent; ma peine, déjà si cruelle, le devient encore davantage à la vue de ta fureur; qu'il suffise donc de deux yeux en larmes pour pleurer notre commune infortune.

ccxli. — « Pour l'amour de moi, ou du moins pour l'amour de celle qui te charmait alors, de celle qui était ta Lucrèce, écoute-moi; venge-toi immédiatement de celui qui s'est fait mon ennemi, le tien, le sien; suppose que tu me protéges contre le crime déjà commis : il est trop tard, mais que le traître meure; car la clémence de la justice alimente l'iniquité.

ccxlii. — « Mais avant que je le nomme, nobles seigneurs, ajoute-t-elle en s'adressant à ceux qui étaient venus avec Collatin, engagez-moi votre honneur que vous poursuivrez sans délai la vengeance de mon affront; car c'est une action méritoire de punir l'injustice, et par leur serment les chevaliers sont obligés de venger les injures faites aux dames. »

ccxliii. — A cette requête, chacun des seigneurs présents s'empresse avec générosité de promettre fidélité aux vœux de la chevalerie; chacun est impatient de connaître l'odieux ennemi de Lucrèce; mais à peine avait-elle commencé son dernier aveu qu'elle l'interrompt : « Oh! parlez, dit-elle, comment puis-je me laver de cette tache involontaire?

ccxliv. — « Quel est le nom que mérite ma faute, à laquelle d'horribles circonstances m'ont forcée? mon âme qui reste pure est-elle affranchie de cette souillure, ou mon honneur est-il à jamais perdu? à quelle condition puis-je le réparer? la source empoisonnée se purifie elle-même; pourquoi ne le pourrais-je pas comme elle? »

ccxlv. — Là-dessus, tous en même temps lui protestent que son âme innocente purifie la tache de son corps, tandis qu'avec un triste sourire elle détourne son visage où les larmes ont gravé l'impression profonde de l'infortune. « Non, non, dit-elle, jamais une femme ne pourra dans l'avenir se prévaloir de mon excuse pour s'excuser. »

CCXLVI.—Puis avec un soupir, comme si son cœur allait se briser, elle prononce le nom de Tarquin : « C'est lui, lui, » dit-elle; mais elle ne put dire autre chose que « lui; » enfin, après une longue hésitation et des sanglots : « C'est lui, lui, mon noble époux, continua-t-elle; c'est lui qui guide ma main, et m'oblige à me faire cette blessure. »

CCXLVII.—Et à ces mots elle enfonça dans son sein innocent un coupable couteau qui en fit sortir son âme : ce coup la délivra de la profonde inquiétude et de la prison impure où elle respirait; ses soupirs repentants aidèrent son essor vers les nuages, et la date de sa vie fut effacée par le sang de ses blessures.

CCXLVIII.—Collatin et les seigneurs ses amis restèrent pétrifiés par cet acte terrible, jusqu'à ce que le père de Lucrèce, témoin de sa mort, se précipita sur son cadavre sanglant. Brutus tira le couteau de la blessure; et, en ce moment, son sang, comme indigné, repoussa le fer meurtrier.

CCXLIX. — Sortant à gros bouillons de son sein, il se divise en deux ruisseaux; ils entourent d'un cercle de pourpre son corps isolé, qui demeure au milieu de cette onde effrayante, comme une île qu'on vient de ravager et de dépeupler; une partie de ce sang reste pur et rouge, et une autre se noircit; c'était celui qu'avait souillé le perfide Tarquin.

CCL. — Près des flots gelés de ce sang noir coule une eau qui semble pleurer sur sa souillure; et depuis, comme plaignant les malheurs de Lucrèce, le sang corrompu a toujours une partie aqueuse, et le sang pur conserve sa couleur de pourpre, comme s'il rougissait de celui qui est ainsi putréfié.

CCLI.—« Ma fille ! ma chère fille ! s'écrie le vieux Lucrétius; elle m'appartenait cette vie dont tu viens de te dépouiller. Si dans l'enfant est l'image du père, où vivrai-je maintenant que Lucrèce n'est plus ? Ce n'était pas pour cette fin que tu étais sortie de mes flancs : si les enfants précèdent les pères dans la tombe, nous sommes donc leurs fruits, ils ne sont plus les nôtres.

CCLII.—« Pauvre glace brisée, souvent j'ai vu dans ton doux visage ma vieillesse qui semblait renaître; ce miroir jadis si beau, et maintenant obscurci, ne me montre plus qu'un triste squelette usé par le temps; oh ! tu as ravi mon image à mes yeux, et tellement terni la beauté de mon miroir, que je ne puis plus me revoir comme j'étais jadis.

CCLIII.—« O temps ! cesse ta course, et ne dure pas plus longtemps, si ceux qui devraient survivre cessent ainsi de vivre. La mort destructive domptera-t-elle les forts pour laisser la vie à la faiblesse chancelante? les vieilles abeilles meurent, les jeunes occupent la ruche. Vis donc, chère Lucrèce ; reviens à la vie, et vois ton père mourir au lieu de toi. »

CCLIV.— Cependant Collatin s'éveille comme d'un songe, et dit à Lucrétius de faire place à sa douleur : il tombe dans le sang glacé de Lucrèce, y colore la pâleur de son visage, et semble expirer avec son épouse, jusqu'à ce qu'une honte virile le rappelle à lui pour vivre et venger sa mort.

CCLV. — La profonde angoisse de son âme avait mis comme un sceau sur sa langue, qui, furieuse que le chagrin arrête si longtemps ses paroles consolantes pour le cœur, commence à parler ; mais sur ses lèvres se pressent de faibles accents, si confus que personne ne pouvait en distinguer le sens.

CCLVI.—Cependant le nom de Tarquin était parfois prononcé clairement, mais entre ses dents, comme s'il déchirait ce nom; c'est une tempête qui se prépare et qui accumule ses vents et ses ondes jusqu'à ce que la pluie tombe. Enfin le père et le fils pleurent également et à l'envi, l'un sa fille, l'autre son épouse.

CCLVII.—Tous deux la réclament, et aucun d'eux ne peut plus la posséder; le père dit : « Elle est à moi. »—« Oh ! elle est à moi, répond l'époux; ne me ravissez pas l'intérêt de ma douleur : que personne ne se vante de la pleurer, car elle était à moi seul ; elle ne doit être pleurée que par Collatin. »

CCLVIII.— « Ah ! dit Lucrétius, elle tenait de moi cette vie dont elle a tranché le cours trop tôt et trop tard. »—« Malheur, malheur, dit Collatin ; elle était mon épouse, je la possédais, c'est mon bien qu'elle a tué. » Les mots de fille et d'épouse déchiraient l'air qui, retenant la vie de Lucrèce, répondait à ces cris : « Ma fille » et « mon épouse. »

CCLIX.—Brutus, qui avait arraché le couteau du sein de Lucrèce, voyant cette rivalité de douleur, commence à rendre à son intelligence son orgueil et sa dignité, et il ensevelit sa folie apparente dans la blessure de Lucrèce. Parmi les Romains, Brutus était considéré comme les fous à la cour des rois, pour ses bons mots et ses extravagantes saillies.

CCLX.— Maintenant il jette de côté ce manteau trompeur sous lequel se déguisait une profonde politique, et il fait usage de son esprit longtemps caché pour tarir les larmes de Collatin :

« Romain outragé, dit-il, relève-toi, souffre qu'un fou supposé et mal connu donne une leçon à ton expérience.

CCLXI. — « Quoi donc ! Collatin, la douleur guérit-elle la douleur ? les blessures soulagent-elles les blessures ? le chagrin apporte-t-il un remède au chagrin ? est-ce te venger que de te frapper toi-même pour cet attentat qui coûte la vie à la belle Lucrèce ? Cette puérilité vient d'une âme faible. Ta malheureuse épouse s'est abusée en se tuant de la main qui aurait dû tuer son ennemi.

CCLXII. — « Vaillant Romain, n'abaisse pas ton cœur à ces lamentations et à ces larmes ; mais fléchis le genou avec moi pour m'aider à supplier les dieux de Rome de permettre que la force de nos bras bannisse les oppresseurs abominables qui déshonorent Rome par leurs forfaits.

CCLXIII. — « Voici, par le Capitole que nous adorons, par ce chaste sang si injustement souillé, par le soleil qui nous éclaire et renouvelle les richesses de la nature, par tous nos droits comme citoyens de Rome, par l'âme de cette chaste Lucrèce qui naguère encore nous confiait ses affronts, par ce couteau sanglant, nous vengerons la mort de cette femme fidèle. »

CCLXIV. — Il dit, appuie sa main sur son cœur et baise le fatal couteau pour consacrer son serment : il excite ses amis à le répéter avec lui. Tous le regardent avec surprise et l'écoutent parler, puis ils s'agenouillent à ses côtés : Brutus répète son serment solennel, tous jurent d'y être fidèles.

CCLXV. — Quand ils eurent prononcé ce vœu de vengeance, ils résolurent de porter Lucrèce à Rome pour exposer à tous les yeux le corps sanglant, et publier ainsi le noir attentat de Tarquin. Ce projet s'exécute aussitôt, et les Romains applaudissent au décret qui bannit à jamais Tarquin.

FIN DE LA MORT DE LUCRÈCE.

LA PLAINTE D'UNE AMANTE

POËME.

LA PLAINTE D'UNE AMANTE

POËME.

---

i.—Sur le penchant d'une colline dont le sein creusé répétait une lamentable histoire qui partait de la vallée voisine, je résolus d'écouter cette double voix, et je m'étendis sur le sol pour prêter l'oreille à cette triste aventure : bientôt je vis paraître une jeune fille, d'une extrême pâleur : elle déchirait des papiers, elle brisait des bagues, elle accablait l'univers de la pluie et du vent de sa douleur.

ii.—Sur sa tête elle portait une ruche tressée de paille, qui abritait son visage du soleil ; à travers la paille on pouvait croire qu'on entrevoyait les restes d'une beauté perdue et évanouie. Le Temps n'avait pas moissonné de sa faux tout ce que la jeunesse avait commencé, la jeunesse n'avait pas non plus tout à fait disparu ; et en dépit de la rage cruelle du ciel, on apercevait encore quelque beauté à travers les fentes de sa vie consumée.

iii.—Souvent elle portait à ses yeux son mouchoir, qui était couvert de dessins fantastiques ; elle trempait les images soyeuses dans l'onde amère que sa profonde douleur faisait couler en larmes, et souvent elle lisait les lettres que portait le mouchoir : souvent aussi elle poussait des cris inintelligibles et lamentables, tantôt exhalant sa douleur à haute voix, et tantôt murmurant tout bas.

iv.—Parfois elle levait fixement les yeux comme si elle voulait lancer des traits à la sphère céleste ; parfois elle les tenait tristement attachés à la terre : elle regardait tout droit devant elle, ou bien elle les promenait autour d'elle, sans les arrêter nulle part : ses regards et son âme étaient dans un désordre semblable.

v.—Ses cheveux, qui n'étaient ni épars, ni rattachés en tresses, dénotaient en elle la négligence et l'absence d'orgueil : les uns tombaient hors de son chapeau de paille et pendaient le long de sa joue pâle et amaigrie : les autres restaient cachés dans son filet, et, soumis à l'esclavage, ne cherchaient pas à y échapper, quoique mollement tressés par une main négligente.

Elle tira un millier de rubans d'un panier orné d'ambre, de cristal et de jais : elle les jeta un à un dans une rivière, sur la rive larmoyante de laquelle elle s'était assise; comme l'usure, qui ajoute les pleurs aux pleurs, ou comme les mains d'un monarque, qui ne dispensent pas leurs dons là où la misère demande « quelque chose, » mais là où l'excès réclame tout.

VI.—Elle avait une foule de lettres pliées; elle les relut, soupira, les déchira et les livra au cours de l'onde; elle brisa plus d'une bague d'or et d'émail fleuri, leur ordonnant de chercher un sépulcre dans la vase : elle trouva encore des lettres tristement écrites avec du sang, cachetées avec de la soie qui les entourait, et soigneusement défendues contre les regards curieux.

VII.—Elle les baigna souvent de ses larmes abondantes, elle les embrassa souvent, et souvent aussi elle parut sur le point de les mettre en pièces; elle s'écria : « O sang trompeur ! ô toi, écrivain de mensonge, quel terrible témoignage ne rends-tu pas? L'encre semblerait ici plus noire et plus criminelle! » Cela dit, elle déchire dans sa rage les lignes, et sa fureur les réduit en mille fragments. Un homme vénérable qui faisait paître son troupeau; homme jadis lancé dans le monde, qui connaissait bien le tourbillon de la cour et de la ville, et qui avait laissé couler les heures rapides, en observant leur marche, vint trouver cette pauvre âme affligée, et grâce au privilége de son âge, il lui demanda de lui dire en peu de mots la cause et les motifs de son chagrin.

VIII.—Il s'appuie sur son bâton noueux et vient doucement s'asseoir à ses côtés; puis une fois près d'elle, il lui demande de nouveau de confier à son oreille la cause de son affliction; s'il peut trouver un remède qui apporte quelque soulagement à l'excès de sa douleur, il le lui promet avec la charité d'un vieillard.

IX.— « Mon père, dit-elle, quoique vous voyiez en moi les ravages qu'ont fait plus d'une heure d'angoisse, ne croyez pas que je sois vieille; c'est le chagrin, et non l'âge, qui a eu sur moi cet empire : je pourrais être encore une fleur qui s'épanouit dans toute sa fraîcheur, si j'avais su n'aimer que moi, et me refuser à tout autre amour. Mais hélas ! je prêtai trop tôt l'oreille aux prières (faites pour gagner mon cœur) d'un être si richement doué par la nature à l'extérieur, que les yeux des jeunes filles ne pouvaient se détacher de son visage l'amour n'avait pas de demeure ; il vint se fixer chez lui, et lorsqu'il fut installé dans ce corps si beau, il devint doublement divin.

x. — « Ses cheveux brunissants tombaient en boucles ondoyantes, et chaque léger souffle du vent pressait sur ses lèvres leurs masses soyeuses. Ce qui est doux à faire trouve facilement à se faire ; tous les regards étaient charmés en le contemplant, car on retrouvait en petit, sur son visage, ce qui fut jadis abondamment semé dans le paradis.

xi. — « La virilité ne paraissait encore guère sur son visage : son duvet de phénix commençait seulement à se montrer, comme du velours encore inégal, sur cette peau incomparable, dont la finesse surpassait le tissu qu'elle semblait porter ; cependant son visage en paraissait encore plus précieux, et la tendre affection hésitait à prononcer s'il était plus beau avec ou sans cette parure.

xii. — « Ses qualités égalaient sa beauté, car il avait la langue aussi douce et aussi rapide qu'une jeune fille : et cependant, si les hommes l'irritaient, il devenait furieux comme les ouragans qui se déchaînent entre mai et avril, quand le vent souffle doucement, quoiqu'il puisse revêtir une extrême violence. Sa jeunesse et sa fougue recouvraient ce mensonge de l'orgueil de la vérité.

xiii. — « Comme il montait à cheval ! Souvent les hommes disent que le coursier prend son ardeur de son cavalier : impatient de porter le joug, noble dans sa soumission, quels détours, quels bonds, quelles courses, quels arrêts il savait faire ! Ici l'on se demandait si le cheval devenait sa créature, ou s'il se laissait gouverner par son admirable coursier.

xiv. — « Mais bientôt la réponse était trouvée : sa grâce naturelle donnait de la vie et du charme à tout ce qui lui appartenait et aux ornements : il était accompli en tout par lui-même, et n'avait pas besoin d'une parure extérieure : tout ce qu'il ajoutait à sa beauté devenait plus beau en étant près de lui ; les objets les plus élégants n'ajoutaient pas à sa grâce, mais acquéraient de la grâce en l'approchant.

xv. — « Sa langue pleine d'autorité savait faire usage de toute espèce d'arguments et de questions profondes, de promptes répliques et de raisonnements puissants ; il savait les faire naître et les assoupir ; il savait faire rire les cœurs tristes et faire pleurer les esprits joyeux ; il avait les talents divers et l'habileté de savoir parler à toutes les passions dans son adroite volonté.

XVI. — « Il régnait dans le cœur de tous, des jeunes comme des vieux; et les deux sexes, également charmés, demeuraient avec lui par la pensée, ou restaient autour de lui, le suivant partout où il allait. Avant qu'il exprimât un désir, ce désir lui était accordé; on lui insinuait ce qu'il voulait demander; et ceux qui avaient une volonté faisaient obéir leur volonté à la sienne.

XVII. — « Bien des gens se procuraient son portrait pour charmer leurs yeux et prendre possession de leur âme : semblables aux insensés qui voient dans leur imagination des objets splendides, qui s'attribuent par la pensée des domaines et des palais, et qui en jouissent bien plus que le seigneur goutteux qui les possède réellement.

XVIII. — « Plus d'une femme qui n'avait jamais touché sa main se croyait de la sorte maîtresse de son cœur, et moi, pauvre infortunée, qui jouissais de ma liberté, et qui étais ma libre propriété, je fus charmée par sa jeune adresse, et par son adroite jeunesse; je livrai mon cœur à sa puissance enchanteresse; je ne me réservai que la tige, et je lui donnai toute ma fleur.

XIX. — « Cependant je ne fis pas comme quelques-unes de mes pareilles, je n'allais pas le chercher, je ne désirai pas de lui céder : je compris que mon honneur me le défendait, et j'abritai mon honneur en restant à distance. L'expérience me construisit des remparts propres à me mettre à l'abri de ses causes, à déjouer ce bijou trompeur et sa furie amoureuse.

XX. — « Mais, hélas! qui a jamais pu, au moyen de l'expérience passée, éviter les maux qu'il faut souffrir? Qui a jamais su, contre sa propre volonté, se détourner des périls du chemin? La prudence peut arrêter un moment ce qu'elle ne peut empêcher à jamais; car lorsque nous nous emportons, les conseils ne font souvent que nous irriter, en voulant nous rendre plus sages.

XXI. — « Ce n'est pas donner satisfaction à notre passion que de nous dire qu'il faut la dompter, et de nous défendre des biens qui nous semblent si charmants, par crainte des maux qui prêchent à notre profit. O désir, reste éloigné du bon jugement! L'un a un palais qui veut à toute force goûter ce qui est bon, quoique la raison pleure et s'écrie : « C'est ta dernière heure. »

XXII. — « Car j'aurais pu dire : « Cet homme est trompeur »; je connaissais les formes qu'empruntait sa perfide astuce ; je savais où ses plantes croissaient dans les vergers d'autrui; j'avais vu comment il savait dorer d'un sourire tous ses mensonges, je savais comment il pouvait enfreindre ses vœux, je croyais que ses actions et ses paroles n'étaient que l'effet de l'art, et les œuvres bâtardes de son cœur pervers.

XXIII.—« Longtemps je restai maîtresse de ma place, jusqu'à ce qu'enfin il m'assiégea en disant : « Douce fille, ayez quelque compassion de ma jeunesse souffrante, et ne soyez pas effrayée de mes saints vœux; ce que je vous jure, je ne l'ai jamais dit à personne; car j'ai été souvent convoqué à des festins d'amour, mais jusqu'à présent, je n'ai jamais invité personne, je n'ai jamais prononcé de serment.

XXIV.—« Toutes mes fautes, dont vous avez pu entendre parler au loin, sont des erreurs du sang, et non de l'esprit; l'amour n'en est pas coupable : elles ont pu être commises là où l'on n'était ni fidèle ni tendre : elles ont tellement cherché la honte qu'elles ont fini par la trouver; et je suis d'autant moins à blâmer qu'elles cherchent davantage à faire peser sur moi toute la honte.

XXV.—« Parmi toutes celles que mes yeux ont vues, il n'y en a pas une seule dont la flamme ait le moins du monde échauffé mon cœur, qui m'ait causé le plus léger chagrin, ou qui ait charmé un seul instant mes loisirs : je leur ai fait du mal, mais elles ne m'en ont jamais fait : leur cœur m'était soumis, mais le mien était libre, et régnait en souverain dans sa monarchie.

XXVI.—« Voyez quels tributs ces cœurs malades m'envoyaient : des perles pâlissantes, et des rubis rouges comme le sang; elles se figuraient qu'elles me prêtaient en même temps leurs douleurs et leurs rougeurs passionnées, peintes sous cet emblème d'une blancheur éclatante et d'une nuance cramoisie : résultats d'une terreur et d'une douce modestie qui résidaient dans leurs cœurs, mais qui paraissaient extérieurement.

XXVII.—« Et voyez ces objets précieux, ces cheveux tendrement mêlés à de riches métaux; j'en ai reçu de plus d'une beauté qui me suppliait en pleurant de daigner les accepter, avec de splendides bijoux, et des sonnets recherchés où l'on faisait valoir la nature, la valeur et la qualité de chaque pierre précieuse.

XXVIII.—« Le diamant était beau et dur, et il contenait mille beautés cachées : l'émeraude vert foncé, où les yeux affaiblis reposent leur éclat maladif : le saphir couleur du ciel, et l'opale qui resplendit de tant d'objets divers : chacune de ces pierres, bien enchâssée d'esprit, souriait ou faisait pleurer.

XXIX.— « Regardez tous ces trophées d'affections brûlantes,

hommage de désirs pensifs et soumis : la nature m'ordonne de ne pas les entasser en avare, mais de les donner à celle qui m'a dompté. C'est à vous, mon origine et ma fin. Ces oblations sont nécessairement à vous, puisque vous êtes ma patronne, à moi qui suis leur autel.

xxx. — « Avancez donc cette main qu'aucune phrase ne saurait louer, cette main dont la blancheur fait pencher la balance éthérée de l'éloge : disposez de toutes ces images sanctifiées par des soupirs que poussaient jadis des cœurs ardents ; moi, qui suis votre serviteur pour vous obéir et travailler sous vos ordres, je vous remets ces paquets divers que j'ai réunis.

xxxi. — « Voici, cet objet charmant me vient d'une nonne, ou d'une sainte sœur de la plus pure renommée : jadis elle fuyait à la cour les nobles qui la recherchaient, elle dont les talents si rares charmaient la fleur de la chevalerie : les plus brillants esprits lui adressaient leurs hommages, mais elle restait froide et silencieuse, et elle a fini par s'éloigner pour passer sa vie au sein de l'amour éternel.

xxxii. — « Mais, ô ma chérie, est-il pénible de quitter ce que nous n'avons pas, et de vaincre ce qui ne résiste pas? Est-il difficile de barricader une citadelle qui n'a point d'assaillant et de se jouer dans des entraves à peine serrées? Celle qui cherche ainsi à assurer sa renommée se met par la fuite à l'abri de toute créature ; elle se montre vaillante par son absence, non par son courage.

xxxiii. — « O pardonne-moi, mais j'ai le droit de me vanter; l'accident qui m'amena devant elle fut en un instant vainqueur de toute son énergie : elle voudrait fuir le cloître où elle est emprisonnée ; l'amour religieux a éteint la flamme de la religion ; elle a voulu être murée pour fuir la tentation, et maintenant elle voudrait la liberté pour pouvoir être tentée.

xxxiv. — « O laissez-moi vous dire combien vous êtes puissante! Les cœurs brisés qui m'appartiennent ont vidé dans mon puits toutes leurs fontaines, et je répands le mien dans votre Océan. J'ai été plus fort qu'elle, et vous êtes plus forte que moi, réunissez-nous tous ensemble pour votre victoire, et que ce remède soit salutaire pour votre cœur glacé.

xxxv. — « J'ai eu le pouvoir de charmer un soleil sacré, discipliné et apaisé par la grâce : il crut que ses yeux triompheraient en donnant l'assaut, et que tous les vœux lui céderaient la place. O Amour tout-puissant : ni les vœux, ni les liens, ni l'espace ne peuvent te combattre ; ils n'ont ni aiguillon, ni force, ni puissance. Tu es tout, et toutes choses sont à toi.

XXXVI.—« Lorsque tu agis, que font les préceptes des exemples vieillis? Lorsque tu enflammes, combien la richesse, la crainte filiale, la loi, la famille, la renommée sont de faibles obstacles : les armes de l'Amour sont pacifiques, mais elles triomphent de toute règle, de tout jugement, de toute honte ; il adoucit, dans les angoisses qu'il cause, l'aiguillon de la force, de la crainte et de la douleur.

XXXVII.—« Voici, tous ces cœurs qui sont soumis au mien sentent qu'ils se brisent, et languissent avec de sanglants gémissements; c'est vers vous qu'ils tournent leurs soupirs, afin que vous renonciez à me faire soupirer, afin que vous prêtiez doucement l'oreille à mes tendres desseins, et que vous ajoutiez foi à ce puissant serment qui accompagne mon hommage. »

XXXVIII.—« Après avoir ainsi parlé, il baissa ses yeux humides, qu'il avait jusqu'alors tenus attachés sur mon visage ; un fleuve au courant écumeux coula tendrement de ses yeux. O quel charme le canal prêtait au fleuve ! son cristal éblouissant répétait à travers l'onde les roses éclatantes qui lui prêtaient leur couleur.

XXXIX.—« O mon père, quel enfer de puissance magique réside dans le petit globe d'une seule larme ! Quel est le cœur de rocher qui peut résister à l'inondation des yeux ? Quel est le sein glacé qui n'en serait réchauffé ? O effet singulier ! froide modestie, ardente colère, vous êtes à la fois enflammée et glacée.

XL.— « Car voici ! Sa passion, qui n'était que le comble de l'art, sut bien vite faire fondre en larmes ma raison : j'abandonnai ma blanche robe de chasteté, je dépouillai ma prudente réserve et mes craintes modestes; je me montrai à lui, comme il se montrait à moi, tout en larmes ; seulement nos larmes avaient cette différence, c'est que les siennes m'empoisonnèrent, et que les miennes le rendirent à la vie.

XLI.— « Chez lui, la richesse de l'adresse subtile s'appliquait à tromper sans cesse, et prenait mille formes bizarres; tantôt des rougeurs brûlantes, tantôt des torrents de larmes, ou des pâleurs mortelles ; il savait prendre et quitter à plaisir, suivant que cela devait mieux tromper, et rougir des discours grossiers, et pleurer sur les douleurs d'autrui, et pâlir, et s'évanouir en présence de scènes émouvantes.

XLII.—« Parmi tous les cœurs qui étaient à sa portée il n'en était pas un un seul qui pût échapper à ses coups meurtriers, lorsqu'il se montrait à la fois tendre et soumis ; couvert de ces voiles, il triomphait de toutes celles qu'il voulait frapper. Plus il désirait une chose, et plus il s'en montrait éloigné ; quand l'ardente luxure enflammait son cœur, il vantait la pureté virginale et célébrait la froide chasteté.

XLIII.—« C'était ainsi qu'il couvrait du vêtement d'une Grâce le démon caché et nu, et que des cœurs sans expérience cédaient au tentateur qui planait au-dessus d'eux comme un chérubin. Est-il une seule jeune fille, encore simple et innocente, qui n'eût ainsi succombé? Hélas ! je succombai, et cependant je me demande ce que je ferais encore aujourd'hui pour un si cher amour.

XLIV.— «Oh ! l'humidité traîtresse de son regard, oh ! le feu trompeur qui brillait sur son visage, oh ! l'éclair mensonger qui semblait partir de son cœur, oh ! les tristes soupirs qu'exhalait sa poitrine oppressée, oh ! toute cette émotion feinte, qui semblait si naturelle, tromperaient encore aujourd'hui celle qui s'est déjà laissé tromper, et la jeune fille pardonnée succomberait de nouveau. »

LE PÈLERIN AMOUREUX

POËME.

LE PÈLERIN AMOUREUX

POËME.

I.—La céleste rhétorique de tes yeux, contre lesquels le monde ne pourrait se défendre, n'a-t-elle pas invité mon cœur à ce lâche parjure? Des vœux rompus à cause de toi ne méritent pas un châtiment. J'ai manqué à mes engagements envers une femme, mais je prouverai que je n'ai pas manqué à mes engagements envers toi, parce que tu es une déesse; mon serment était terrestre, tu es un amour céleste; ta grâce, une fois que je la possède, guérit chez moi tous les torts. Mon serment n'était qu'un souffle, un souffle est une vapeur, ainsi donc, beau soleil, toi qui brilles sur cette terre, dissipe ce serment vaporeux, il est en ton pouvoir; si je manque, ce ne sera donc plus ma faute. Si je manque, quel fou ne serait assez sage pour perdre son serment afin de gagner un paradis?

II.—La douce Cythérée, assise près d'un ruisseau avec le jeune Adonis charmant, pur et frais, fit la cour à cet enfant par des regards séduisants, des regards comme la reine de la beauté peut seule en lancer. Elle lui racontait des histoires pour enchanter ses oreilles; elle lui accordait des faveurs pour gagner ses yeux; pour amollir son cœur elle le touchait de la main, et cette main légère sait triompher de la chasteté; mais soit que sa grande jeunesse ne comprît pas ce qu'elle voulait, ou qu'il refusât d'accepter ce qu'elle lui offrait, l'aimable proie ne voulut pas mordre à l'hameçon, et souriait et plaisantait à chacune de ses offres gracieuses; alors la belle reine tomba par terre sur le dos; il était près d'elle, il se leva et s'enfuit, ô fou insensé!

III.—Si l'amour me rend parjure, comment pourrai-je prêter serment à l'amour? jamais foi n'a été gardée lorsqu'elle n'était pas jurée à la beauté; je suis parjure envers moi-même, mais je te resterai fidèle; les pensées qui sont pour moi comme des chênes se pliaient devant toi comme de l'osier. L'étude abandonne ses goûts et prend tes yeux pour levier, tous les plaisirs que l'on peut imaginer y éclatent. S'il s'agit de connaissances, il suffit de te connaître; la langue qui sait te louer est assez savante; l'esprit qui te voit sans admiration n'est qu'ignorance, et c'est quelque honneur pour moi que d'admirer tes facultés. Ton œil me semble lancer les éclairs de Jupiter; son redoutable tonnerre est dans ta voix, qui est toute musicale et d'une douce ardeur lorsqu'elle n'est pas animée par la colère. Céleste comme tu l'es, oh! ne sois pas indignée d'entendre chanter les louanges des cieux d'une voix si humaine.

iv. — A peine le soleil avait-il séché l'herbe couverte de rosée, à peine les troupeaux s'étaient-ils abrités sous les haies, que Cythérée tout éperdue d'amour, vint impatiemment attendre Adonis sous un saule croissant au bord d'un ruisseau, ruisseau où Adonis avait coutume de se rafraîchir. Le temps était chaud, mais elle était plus ardente encore en attendant l'approche de celui qui était souvent venu en ce lieu. Il arrive enfin et jetant son manteau, il se trouve nu sur la rive verdoyante du ruisseau; le soleil contemplait le monde d'un œil éclatant mais moins ardent que celui de la reine; lui, l'apercevant, s'élance dans l'eau, et s'y arrête. O Jupiter, s'écrie-t-elle, pourquoi ne suis-je pas un ruisseau!

v. — Celle que j'aime est belle, mais elle n'est pas si belle qu'inconstante; elle est douce comme une colombe, mais elle n'est ni sûre ni fidèle; elle est plus transparente que le verre, mais tout aussi fragile que le verre; elle est plus molle que la cire, mais elle est rouillée comme le fer; c'est un pâle lis avec une nuance de pourpre pour l'embellir; nulle n'est plus belle, nulle n'est plus perfide qu'elle.

Combien de fois ses lèvres ne se sont-elles pas collées aux miennes, proférant entre chaque baiser des serments d'amour et de fidélité! Combien de contes a-t-elle faits pour me plaire, redoutant mon amour et craignant de le perdre! Cependant au milieu de toutes ces protestations de pureté, sa foi, ses serments, ses larmes, tout cela n'était que des paroles.

Elle brûlait d'amour comme la paille s'enflamme au feu; elle et son amour s'éteignaient aussi vite que brûle la paille; elle inventait l'amour, et elle déjouait ses inventions; elle ordonnait à l'amour de subsister, et puis elle changeait aussitôt. Était-ce une amante ou une femme débauchée? elle ne valait rien pour le meilleur des deux, et n'excellait ni dans l'un ni dans l'autre métier.

vi. — Si la musique et la douce poésie se conviennent, ce qui doit être, puisqu'ils sont frère et sœur, l'amour devrait être

grand entre toi et moi puisque tu aimes l'une, et moi l'autre;
tu chéris Dorsland qui ravit tous les sens en jouant divinement du luth, Spencer m'est cher par la profondeur de son
imagination, qui, dépassant toute imagination, n'a pas besoin
qu'on la défende. Tu aimes à entendre les sons mélodieux et
doux que produit le luth de Phébus, le roi de la musique, et
moi je suis surtout plongé dans les délices quand il se met à
chanter. Les poëtes prétendent que le même dieu règne sur
toutes deux, le même chevalier les arme toutes deux, et tu les
possèdes toutes deux.

VII.—La matinée était belle lorsque la belle reine
d'amour [1]......... plus pâle dans sa tristesse que sa blanche colombe, par amour pour Adonis, jeune homme fier et indompté,
vint se poster sur une colline escarpée; voici Adonis qui arrive
avec son cor et ses chiens; elle, pauvre reine, avec la bonne
volonté d'un amour exalté, défend au jeune homme de passer
ces limites. « Une fois, dit-elle, j'ai vu un beau jeune homme
là-bas dans ces bruyères gravement blessé par un sanglier; il
avait reçu un coup dans la cuisse, c'était un spectacle déplorable Vois ma cuisse, dit-elle, c'était là qu'était la blessure, »
elle lui montre la sienne, il voit plus d'une blessure et rougissant il s'enfuit et la laisse seule.

VIII.—Douce rose, belle fleur, trop tôt cueillie, bientôt flétrie, cueillie en bouton, flétrie au printemps. Belle perle d'Orient,
trop tôt obscurcie, belle créature trop tôt percée par le cruel
aiguillon de la mort! comme une prune verte suspendue à
un arbre, que le vent fait tomber avant son temps. Je te pleure,
et cependant je n'en ai point de raison; pourquoi? tu ne m'as
rien laissé dans ton testament. Cependant tu m'as laissé plus
que je ne demandais; pourquoi? je ne te demandais rien; oh!
oui, chère amie, je te demande pardon, tu m'as laissé ton
inconstance même.

IX.—Vénus avec Adonis, assis près d'elle, à l'ombre d'un
myrte, commençait à lui faire la cour; elle dit au jeune homme
comment le dieu Mars l'avait recherchée, et comment elle s'était éprise de lui, quand il s'était épris d'elle. C'était ainsi,
disait-elle que le dieu de la guerre m'embrassait, et alors elle
secouait Adonis dans ses bras; c'était ainsi, disait-elle, que le
dieu de la guerre me délaçait, comme si l'enfant qu'elle avait
près d'elle allait user des mêmes charmes amoureux; voilà,
disait-elle, comme il s'emparait de mes lèvres, et elle s'empa-

---

[1] Le second vers est perdu.

rait de celles du jeune homme avec les siennes; mais pendant qu'elle reprenait haleine, le voilà qui s'échappe sans vouloir comprendre ce qu'elle voulait dire et ce dont elle avait envie. Ah! si je pouvais tenir ma dame en cette passe pour m'embraser et me tenir dans ses bras jusqu'à ce que je prisse la fuite !

x.—La vieillesse morose et la jeunesse ne peuvent vivre ensemble; la jeunesse est pleine d'agréments, la vieillesse est pleine de soucis; la jeunesse est comme une matinée d'été, la vieillesse est comme un ciel d'hiver ; la jeunesse est brillante comme l'été, la vieillesse dépouillée comme l'hiver; la jeunesse est pleine de gaieté, la vieillesse a l'haleine courte; la jeunesse est leste, la vieillesse infirme; la jeunesse est hardie et bouillante, la vieillesse est faible et glacée; la jeunesse est indomptée, la vieillesse est molle. Vieillesse, je t'abhorre, jeunesse, je t'adore; celle que j'aime, celle que j'aime est jeune! Vieillesse, je te défie; oh! doux berger, va-t'en, il me semble que tu restes bien longtemps.

xi.—La beauté n'est qu'une vanité dont la valeur est douteuse, un vernis brillant qui disparaît tout d'un coup, une fleur qui meurt lorsqu'elle commence à fleurir, un verre fragile qui se casse en un instant, une vanité douteuse, un vernis, un verre, une fleur, perdue, brisée, morte en une heure.

Et comme les biens perdus se retrouvent rarement ou jamais, comme c'est en vain qu'on frotte pour ranimer un vernis disparu, comme les fleurs mortes se flétrissent à terre, comme il n'y a point de ciment qui puisse réparer un verre cassé, de même la beauté une fois altérée est perdue à jamais, en dépit des remèdes, du fard, des peines et des dépenses.

xii.—Bonne nuit, dormez bien. Ah! ni l'un ni l'autre ne sera mon partage; elle me dit bonne nuit, elle qui éloigne de moi le repos, et elle m'envoie sous un toit tendu de soucis pour réfléchir aux inquiétudes que me cause ma défaveur. Portez-vous bien, a-t-elle dit, revenez demain; je ne pouvais me bien porter, je me suis nourri de chagrin pour mon souper.

Cependant, en me voyant partir, elle a souri doucement; par dédain ou par amitié, je n'en sais rien; peut-être se réjouissait-elle de se moquer de mon exil, peut-être voulait-elle que je revinsse errer près d'elle; *errer*, c'est un mot fait pour les ombres comme moi, qui prennent toute la peine sans pouvoir s'emparer du profit.

xiii.—Seigneur, quels regards mes yeux lancent vers l'Orient! Mon cœur veille, le lever du matin rappelle tous les sens de leur oisif repos. N'osant pas me fier au témoignage de mes yeux, pendant que Philomède chante assise sur son lit, assis je l'écoute, et je souhaiterais que ses chants fussent accordés sur le même ton que ceux de l'alouette.

Car celle-ci salue le jour par ses chansons, elle chasse la nuit sombre aux tristes rêves; la nuit disparue, je m'élance chez ma belle, mon cœur retrouve son espérance, mes yeux le spectacle qu'ils désiraient, ma tristesse se change en consolation, ma consolation est mêlée de tristesse; pourquoi? Elle a soupiré et m'a dit de revenir demain.

Si j'étais avec elle, la nuit s'écoulerait trop vite, mais maintenant les heures ont des minutes de surcroît; pour me désoler, chaque minute semble une heure; cependant, ô soleil, brille, non pour moi, mais pour venir en aide aux fleurs! Nuit, disparais; jour, commence à poindre; ô bon jour, emprunte aujourd'hui à la nuit; nuit, abrége-toi pour cette nuit, tu t'allongeras demain.

SONNETS SUR DIVERS AIRS EN MUSIQUE.

xiv. — C'était la fille d'un seigneur, la plus belle des trois sœurs, qui aimait son maître autant que possible, jusqu'à ce qu'ayant vu un Anglais le plus beau qu'on pût voir, son caprice vint à changer. L'issue du combat fut longtemps douce, l'amour lutta avec l'amour pour savoir s'il fallait laisser le maître sans amante, ou tuer le brave chevalier; l'une ou l'autre des deux alternatives était pénible à la pauvre damoiselle. Mais il fallait refuser l'un des deux, c'était là ce qu'il y avait de triste, il n'y avait rien à faire pour profiter de tous les deux; entre les deux, le brave chevalier fut blessé par son dédain. Hélas! elle n'y pouvait rien. Aussi l'art luttant contre les armes remporta la victoire; par le don de la science il remporta la belle; Lullaby, Lullaby, le savant tient la belle dame, et là-dessus ma chanson est finie.

xv. — Un beau jour (jour funeste), l'amour, qui a toujours régné sur le mois de mai, aperçut une fleur d'une beauté rare qui jouait voluptueusement dans les airs. Le vent nuisible commençait à trouver passage entre les pétales veloutés, et l'amant qui se mourait d'amour aurait voulu être le souffle du ciel. L'air, disait-il, peut souffler sur tes joues. Air, si je pouvais triompher comme toi! mais, hélas! ma main a juré de ne jamais te séparer de tes épines, vœu, hélas, bien imprudent pour la jeunesse, pour la jeunesse toujours prête à cueillir une fleur. Toi pour qui Jupiter jurerait que Junon est une Éthiopienne, et renierait son nom de Jupiter afin de devenir mortel par amour pour toi.

XVI.—Mes troupeaux ne mangent pas, mes brebis ne portent pas, mes béliers sont languissants; tout va de travers, l'amour se meurt, c'est en renonçant à sa foi, c'est en reniant son cœur qu'on en est venu là. J'ai oublié toutes mes joyeuses danses; j'ai perdu l'amour de ma dame. Dieu le sait, là où sa confiance et son amour étaient inébranlables je rencontre un non sans espoir de changement. Une folle contrariété m'a causé toutes ces pertes. Oh! Fortune ennemie, perfide, maudite dame, je sais que l'inconstance appartient plus aux femmes qu'aux hommes. Je gémis tout en deuil, je méprise toute crainte, l'amour m'a abandonné, je vis en esclavage, mon cœur est sanglant, il a besoin de secours; ô cruelle ressource, il est rempli de fiel. Mon chalumeau de berger ne peut plus résonner, la clochette de mon bélier sonne un glas funèbre; mon chien, à la queue coupée, qui avait coutume de jouer, ne joue plus du tout; il a l'air d'avoir peur; avec des soupirs profonds, il se met à pleurer en hurlant à sa façon à la vue de ma triste situation. Comme les soupirs résonnent à travers une terre insensible, semblables à un millier d'hommes vaincus dans un combat sanglant.

Les sources pures ne jaillissent pas, les doux oiseaux ne chantent pas, les plantes vertes ne produisent rien, elles meurent; les bestiaux restent à pleurer, les troupeaux dorment tous, les nymphes regardent derrière elles avec effroi. Tous les plaisirs que nous connaissions, nous autres pauvres bergers, toutes nos gaies assemblées dans la plaine, toutes nos fêtes du soir sont finies, tout notre amour est perdu, car l'amour est mort. Adieu, ma douce amie, tu es la cause de toute ma douleur. Jamais on ne vit ton égal pour remplir le cœur de joie. Le pauvre Corydon en sera réduit à vivre seul, je ne vois point pour lui d'autre ressource.

XVII.—Puisque ton œil a choisi la dame et marqué la dame que tu dois frapper, permets à la raison de gouverner des choses dignes de blâme aussi bien que l'amour, qui est une puissance partiale. Prends conseil de quelque tête plus sage, qui ne soit pas trop jeune et qui soit mariée.

Et quand tu viendras raconter ton histoire, n'adoucis pas ta langue par un langage trop soigné, de peur qu'elle ne devine quelque ruse subtile; les estropiés reconnaissent bientôt ceux qui boitent, mais dis-lui nettement que tu l'aimes, et que tu veux qu'elle soit à toi.

Qu'importe qu'elle fronce les sourcils, son front assombri s'éclaircira avant le soir, et alors elle se repentira trop tard d'avoir si bien caché sa joie, et avant qu'il soit jour elle désirera plus d'une fois ce qu'elle avait repoussé avec dédain.

Qu'importe qu'elle essaye d'user de résistance, qu'elle lutte, qu'elle crie, qu'elle dise non ; sa faible force cédera à la fin, et la ruse lui apprendra à dire : « Si les femmes étaient aussi fortes que les hommes, je vous réponds que vous n'auriez rien obtenu. »

Conforme-toi à tous ses désirs, ne redoute pas la dépense, et surtout lorsque tes libéralités peuvent mériter des louanges en retentissant aux oreilles de ta dame ; les balles d'or finissent par abattre le château le plus imprenable, les tours, les villes.

Suis-la toujours avec une ferme confiance ; sois modeste et fidèle dans tes requêtes ; à moins que ta dame ne soit injuste, ne te presse jamais de choisir de nouveau ; quand le moment te sera propice, ne te fais pas faute d'offrir, même lorsqu'elle te refuse.

Le coq qui foule les femmes ne saura jamais les ruses et les détours que les femmes emploient en les cachant sous des apparences extérieures, les finesses et les raffinements qui se cachent chez elles. N'avez-vous pas souvent entendu dire que le non d'une femme ne veut rien dire ?

Les femmes pensent encore à lutter avec les hommes, à pécher sans s'inquiéter de la sainteté ; il n'y a point de ciel qui leur semble saint, excepté quand le temps et l'âge les atteignent. S'il n'y avait d'autre joie dans le lit que des baisers, les femmes se marieraient entre elles.

Mais doucement, c'est assez, c'en est trop, je crains, de peur que ma maîtresse n'entende ma chanson ; elle ne se fera pas faute de me donner un soufflet pour apprendre à ma langue à être si longue, mais elle rougira, je le dis ici, en me voyant trahir ainsi ses secrets.

XVIII. — Vis avec moi, sois mon amie, et nous jouirons de tous les plaisirs que peuvent fournir les collines et les vallées, les ravins et les champs, et les montagnes rugueuses.

Nous nous assiérons sur les rochers, nous verrons les bergers paître leurs troupeaux au bois, des rivières peu profondes et des chutes d'eau près desquelles les oiseaux mélodieux chantent leurs madrigaux.

Là je te ferai un lit de roses, avec mille bouquets odorants, un chapeau de fleurs, et un corsage tout brodé de feuilles de myrte.

Une ceinture de paille et des boutons de lierre, avec des agrafes de corail et des boutons d'ambre, si ces plaisirs peuvent te séduire, viens vivre avec moi et sois mon amie.

RÉPONSE DE L'AMIE.

Si le monde et l'amour étaient jeunes, si la vertu résidait dans la bouche de tous les bergers, ces aimables plaisirs pourraient m'engager à vivre avec toi et à être ton amie.

XIX.—Il arriva un jour, dans le joyeux mois de mai, qu'à l'ombre agréable que donnait un buisson de myrtes, les animaux sautaient, les oiseaux chantaient, les arbres poussaient et les plantes grandissaient; personne ne songeait à gémir, excepté le rossignol; lui, le pauvre oiseau, comme s'il était abandonné, appuyait sa poitrine contre une aubépine, et là il chantait une si lugubre romance que c'était une grande pitié de l'entendre. « Fi donc, fi donc, fi donc, » criait-il parfois, puis il disait : « Térée, Térée. » En l'entendant ainsi se plaindre, j'avais toutes les peines du monde à retenir mes larmes, car ses chagrins si vivement dépeints me faisaient penser aux miens. Ah! pensais-je, tu gémis en vain, personne ne prend pitié de ta peine; ces arbres insensibles, ils ne peuvent t'entendre; ces ours féroces, ils ne te consoleront pas; le roi Pandion est mort, tous tes amis sont ensevelis, tous les oiseaux, tes semblables, chantent sans s'inquiéter de tes chagrins, comme toi, pauvre oiseau, il n'y a âme vivante qui ait pitié de moi. Tant que l'inconstante Fortune nous a souri, toi et moi on nous a trompés. Tous ceux qui te flattent ne sont pas des amis dans le malheur. Les paroles sont légères comme le vent; les amis fidèles sont rares à trouver. Chacun sera ton ami tant que tu auras de quoi dépenser, mais si ta provision d'écus devient restreinte, nul ne suppléera à tes besoins. Si le riche est prodigue, on le qualifie de libéral, et on le flatte en disant : « Quel dommage qu'il ne soit pas roi! » S'il est enclin au vice, on l'y attire bien vite; s'il a le goût des femmes, elles l'acceptent au commandement; mais une fois que la Fortune devient cruelle, adieu son grand renom, ceux qui rampaient naguère devant lui ne recherchent plus sa société. Celui qui est vraiment ton ami, il t'aidera dans tes besoins; si tu as du chagrin, il pleurera; si tu veilles, il ne pourra dormir; ainsi dans chacun de tes chagrins de cœur, il en portera une partie. Voilà les signes infaillibles pour reconnaître un ami fidèle d'un ennemi flatteur.

CHANSON [1].

Écarte, oh! écarte ces lèvres qui se sont si doucement parfumées, et ces yeux, l'aube du jour, ces flambeaux qui induisent l'amour en erreur; mais rends-moi mes baisers, ces sceaux d'amour apposés en vain.

Cache, oh! cache ces collines de neige que porte ton sein glacé; les roses qui croissent à leur cime sont de celles qui couronnent le mois d'avril, mais rends-moi d'abord mon pauvre cœur que tu as lié dans ces chaînes de glace.

VERS FAISANT PARTIE DES POÈMES A LA SUITE DU *Martyr de l'amour*, PAR CHESTER, IMPRIMÉS EN 1601.

Que l'oiseau à la voix la plus forte qui perche sur l'arbre unique de l'Arabie soit le triste héraut et le trompette au son duquel obéissent de chastes ailes.

Mais toi, avant-coureur criard, odieux précurseur du démon, prophète de l'issue des fièvres, n'approche pas de cette réunion.

Interdisez l'approche de cette assemblée à tous les oiseaux aux ailes de proie, à l'exception de l'aigle, le roi emplumé; réglez strictement les obsèques.

Que le cygne, lui qui prévoit la mort, soit le prêtre en surplis blanc qui chante la musique des morts, de peur que le *Requiem* ne manque de solennité.

Et toi, vieille corneille qui engendres ta race d'ébène avec le souffle que tu donnes et reprends, tu feras partie de nos pleureurs.

C'est ici que commence l'antienne: l'amour et la constance sont morts, le phénix et la tourterelle ont disparu dans la même flamme.

Ils s'aimaient tant qu'en eux l'essence de l'amour n'était qu'une; ils étaient deux et distincts, mais la division était nulle, le nombre périssait devant l'amour.

Les cœurs étaient éloignés mais non séparés; on ne voyait ni distance ni espace entre la tourterelle et son roi, mais chez eux c'était une merveille.

---

[1] La collection qui a pour titre le *Pèlerin amoureux* se termine avec le sonnet sur divers airs en musique qui porte le n° XIX. Malone ajoute à cette collection ce charmant petit poëme dont on trouve la première strophe dans *Mesure pour Mesure*.

L'amour brillait à ce point entre eux que la tourterelle voyait briller ses droits dans les yeux du phénix : chacun des deux était le trésor de l'autre.

La propriété était ainsi troublée de ce que l'individualité n'était pas la même ; le double nom d'une nature unique n'était ni un ni deux.

La raison confondue en elle-même voyait des êtres divisés exister ensemble, ne se connaissant plus séparément, tant leurs natures étaient confondues.

Et elle criait : Comme cet être unique semble véritablement en former deux ! L'amour a raison, la raison n'en a point; ce qui est séparé peut ainsi rester uni.

C'est là-dessus qu'elle a chanté cet hymne funèbre au phénix et à la tourterelle, tous les deux maîtres et étoiles de l'amour, pour servir de chœur à leur fin tragique.

THRENOS.

La beauté, la vérité et la rareté, la grâce dans toute sa simplicité gisent ici réduites en cendres.

La mort est maintenant le nid du phénix, et le fidèle cœur de la tourterelle se repose à toute éternité.

Ils n'ont point laissé de postérité, ce n'était pas par infirmité, mais par chasteté dans le mariage.

La vérité peut se parer d'apparences, mais elle n'est plus; la beauté peut se vanter, mais ce n'est plus elle ; la vérité et la beauté sont enterrées ici.

Que celles qui sont belles ou fidèles s'approchent de cette urne et disent une prière pour ces oiseaux qui sont morts.

SONNETS

SONNETS

I.

Nous désirons voir les créatures les plus belles se multiplier afin que la rose de la beauté ne meure jamais, et qu'au moment où les plus avancées tombent sous les coups du Temps, leurs tendres héritières puissent relever leur mémoire ; mais toi, tu es fiancée à tes propres yeux et à leur éclat, tu nourris la flamme de ton flambeau d'une huile intérieure, tu produis la famine là où règne l'abondance, tu es ta propre ennemie, tu es trop cruelle envers toi-même. Toi qui fais maintenant le nouvel ornement du monde, toi qui annonces seule le glorieux printemps, tu enterres dans son bouton ta satisfaction ; douce avare, tu gaspilles par ta lésinerie. Aie compassion du monde, sans quoi, vorace que tu es, tu te joindras au tombeau pour dévorer ce qui est dû au monde.

II.

Lorsque quarante hivers assiégeront ton front et creuseront de profondes tranchées dans le champ de ta beauté, la fière livrée de ta jeunesse, si fort admirée maintenant, ne sera plus qu'un vêtement déguenillé dont on ne fera plus de cas ; lorsqu'on te demandera alors ce qu'est devenue toute ta beauté, où réside le trésor des jours de ta vigueur, ce serait une honte insigne et une flatterie inutile de répondre qu'elle vit encore dans tes yeux creusés et enfoncés ; ne serait-ce pas un usage plus honorable de ta beauté que de pouvoir répondre : « Mon bel enfant que voilà peut faire mon compte et me servir d'excuse ; » tu prouverais ainsi que sa beauté t'appartient par succession ! ce serait ressusciter dans ta vieillesse et voir ton sang bouillir encore lorsque tu le sentirais glacé dans tes veines.

III.

Regarde-toi dans ton miroir et dis au visage que tu y verras, qu'il est temps pour ce visage d'en former un autre ;

si tu ne pourvois pas maintenant à le réparer plus tard, tu trompes le monde, tu laisses une mère sans bénédiction ; car où est la belle dont le sein stérile dédaigne la culture du laboureur ? où est l'homme assez fou pour servir de tombeau à son amour-propre pour arrêter la postérité ? Tu es le miroir de ta mère, en te voyant elle retrouve le bel avril de son printemps ; de même à travers les fenêtres de ta vieillesse, tu reverras ton âge d'or au mépris des rides. Mais si tu vis pour qu'on oublie, meurs fille, et ton image meurt avec toi.

IV.

Beauté prodigue, pourquoi dépenses-tu à ton profit l'héritage de tes charmes ? Les legs de la nature ne donnent rien ; elle prête, et comme elle est fraîche, elle prête à ceux qui sont libres. Belle avare, pourquoi abuses-tu des largesses qu'elle t'a faites pour les donner à d'autres ? usurière sans profits, comment emploies-tu une somme si immense sans venir à bout de vivre ? Tu n'as commerce qu'avec toi-même, tu te trompes donc toi-même ? Eh quoi ! lorsque la nature t'appelera à rendre l'esprit, quels comptes satisfaisants pourras-tu laisser derrière toi ? Ta beauté inutile sera enterrée avec toi ; si tu l'avais employée, elle vivrait pour être ton exécuteur testamentaire.

V.

Les heures qui, par leur doux travail, ont créé ce beau regard qui attire tous les yeux, joueront envers lui le rôle de tyrans et détruiront ces perfections adorables, car le temps ne s'arrête jamais, il mène l'été jusqu'à l'hiver odieux, et là le confond : la sève est arrêtée par la gelée, les feuilles vertes sont tombées, les beautés sont couvertes de neige, la stérilité règne partout ; alors si l'essence de l'été ne demeurait pas captive comme un prisonnier liquide dans des murs de verre, les effets de la beauté disparaîtraient avec la beauté, elle n'existerait plus et il n'en resterait aucun souvenir ; mais les fleurs distillées, lors même que l'hiver les atteint, ne perdent que leur éclat extérieur, leur essence subsiste dans toute sa douceur.

VI.

Ne laisse donc pas la main rugueuse de l'hiver défigurer en toi l'été avant que tu sois distillée ; parfume quelque flacon, emplis quelque lieu du trésor de la beauté avant de te suicider. Ce n'est pas une usure défendue que de faire des prêts qui rendent heureux ceux qui payent volontiers leurs dettes, c'est à toi d'enfanter un autre toi-même; dix fois heureuse si tu en enfantes dix pour un, toi-même tu serais dix fois plus heureuse que tu ne l'es si dix enfants nés de toi te reproduisaient dix fois; que te ferait alors la mort si tu t'en allais en te survivant dans ta postérité? Ne sois pas obstinée, tu es infiniment trop belle pour servir de conquête à la mort et pour faire des vers tes héritiers.

VII.

Regarde lorsque le soleil glorieux lève à l'orient sa tête enflammée, tous les yeux qu'il éclaire rendent hommage à sa lumière qui apparaît et honorent de leurs regards sa majesté sacrée; lorsqu'il a gravi la pente escarpée des cieux comme un jeune homme robuste arrivé à l'âge mûr, les regards des mortels adorent encore sa beauté; mais lorsque, parvenu au faîte, son char fatigué quitte lentement le jour, comme un vieillard affaibli, les yeux, fidèles jusqu'alors, se détournent de son humble sentier et se portent ailleurs; de même toi qui t'avances maintenant dans ton midi, tu mourras sans qu'on prenne garde à toi, à moins que tu n'aies un fils.

VIII.

Toi dont la voix est une musique, pourquoi écoutes-tu tristement la musique? les douceurs ne font pas la guerre aux douceurs, la joie prend plaisir à la joie. Pourquoi aimes-tu ce que tu ne reçois pas volontiers? ou pourquoi reçois-tu avec plaisir ce qui te déplaît? si le véritable accord de sons harmonieux, mariés par une heureuse union, blesse ton oreille, ils ne font que te reprendre doucement, toi qui confonds dans ton chant solitaire les parties que tu devrais entonner. Vois comme les cordes doucement unies ensemble se frappe mutuellement dans une harmonie réciproque, comme un père, un enfant et une heureuse mère qui chantent ensemble le même air délicieux, et dont le chant sans paroles multiple et cependant me semble te dire ceci : « Toi qui es seule, tu seras comme si tu n'étais pas! »

IX.

Est-ce par crainte de mouiller tes yeux des larmes d'une

veuve que tu te consumes dans une vie solitaire? Ah! s'il t'arrive de mourir sans enfants, le monde te pleurera comme une femme sans époux, le monde sera ta veuve, se lamentera de ce que tu n'as laissé après toi aucune image qui te rappelle, lorsque chaque veuve peut conserver en son particulier le portrait de son mari dans son cœur en regardant les yeux de ses enfants. Vois ce qu'un prodigue dépense dans ce monde qui ne fait que changer de place, car le monde en jouit pourtant; mais la beauté prodiguée a un but en ce monde, et si on la garde sans s'en servir, celui qui la possède la détruit. Ce cœur qui peut commettre sur lui-même un meurtre aussi honteux ne respire point d'amour pour les autres.

X.

Fi donc! avoue que tu ne portes d'amour à personne, puisque tu es si imprévoyante pour toi-même. Admets, si tu veux, que tu es aimée de bien des gens; mais il est évident que tu n'aimes personne, puisque tu es animée d'une haine si meurtrière, que tu n'hésites pas à conspirer contre toi-même, et que tu cherches à ruiner cette belle demeure que tu devrais tendre par-dessus tout à conserver. O change d'idée, afin que je puisse changer d'opinion! La haine sera-t-elle mieux logée que l'aimable amour? Sois, comme ta personne, bonne et gracieuse, montre-toi du moins compatissante envers toi-même. Crée une image de ton visage, pour l'amour de moi, afin que la beauté puisse survivre chez toi ou dans les tiens.

XI.

A mesure que tu décroîtras, tu gagneras chez lui des tiers, que tu perdras, et tu pourras tenir pour tien ce jeune sang que tu auras donné dans toute sa jeunesse, lorsque la jeunesse te quittera. Là est la sagesse, la beauté, la postérité; loin de là, la folie, la vieillesse et la décadence glacée; si tous agissaient de même, le monde serait bientôt fini, et en soixante ans on aurait le dernier mot de l'espèce humaine. Que ceux que la nature n'a pas faits pour conserver la race, ceux qui ont les traits durs, grossiers et irréguliers, meurent stériles. Regarde ceux qu'elle a le mieux doués; elle t'a donné plus encore; tu dois libéralement user de ce don libéral, elle t'a taillée pour lui servir de sceau, elle veut que tu laisses des empreintes de ta personne et que tu ne laisses pas périr cet exemplaire.

XII

Quand je regarde l'horloge qui indique les heures, et que je vois le jour brillant disparaître dans la nuit hideuse; quand je vois la violette perdre sa fraîcheur, et des cheveux noirs argentés de lignes blanches; quand je contemple de grands arbres dépouillés de feuilles, eux qui jadis défendaient les troupeaux contre la chaleur; quand je vois toute la verdure recueillie en gerbes, et emportée sur des brancards avec une barbe blanche et hérissée, alors je me demande ce que deviendra ta beauté, puisque toi aussi tu dois tomber parmi les dépouilles du temps, puisque les charmes et la beauté renoncent à eux-mêmes et meurent dès qu'ils en voient d'autres grandir, et que rien ne peut résister à la faux du Temps, si ce n'est la postérité qui le bravera lorsqu'il te retranchera de la terre.

XIII

O si vous étiez vous-même! Mais, bien-aimée, vous n'êtes à vous que tant que vous vivrez ici-bas. Vous devriez vous préparer à cette fin qui vous menace, et donner à quelque autre votre douce ressemblance. Alors cette beauté que vous tenez à bail ne connaîtrait point de terme; alors vous resteriez vous-même, après votre décès, lorsque votre belle postérité reproduirait votre belle image. Qui pourrait laisser une si noble demeure tomber en ruine, lorsque les soins pourraient la maintenir en honneur malgré les orages et les vents des jours d'hiver, malgré la rage stérile des frimas éternels de la mort? Oh! personne! sinon de mauvais administrateurs. Mon cher amour, vous savez que vous avez eu un père, que votre fils en dise autant.

XIV

Ce n'est pas aux étoiles que j'emprunte ma manière de voir, et cependant je crois que j'entends l'astronomie, non pour prédire la bonne ou la mauvaise chance, les pestes, les famines, ou les incidents de la saison; je ne sais pas non plus prévoir la fortune à un moment près, fixer pour chaque minute le tonnerre, la pluie ou le vent, ou dire si les princes se porteront bien par des prédictions que je lis dans le ciel, mais je trouve ma science dans tes yeux, et je lis dans les étoiles fixes avec assez d'art pour prédire que la beauté et la fidélité poursuivront ensemble si tu veux bien te prêter à faire souche, sinon je prophétise que ta fin sera la sentence et l'arrêt de la beauté et de la fidélité.

XV

Quand je considère comment tout ce qui grandit ne conserve la perfection qu'un instant; que ce vaste monde ne présente que des spectacles sur lesquels les étoiles exercent en secret leur influence; quand je vois que les hommes se multiplient comme les plantes, sont nourris et desséchés par le même ciel, qu'ils s'enorgueillissent de leur séve de jeunesse, décroissent quand ils sont arrivés au faîte, et disparaissent du souvenir avec leur éclat, alors l'idée de cette courte durée vous fait apparaître à mes yeux dans toute la richesse de votre jeunesse, je vois le temps prodigue discuter avec le déclin pour changer en une sombre nuit le jour de votre jeunesse, et faisant la guerre au temps par amour pour vous, je vous greffe de nouveau, à mesure qu'il vous enlève quelque chose.

XVI

Mais pourquoi ne faites-vous pas une guerre plus sanglante à ce tyran sanguinaire, le Temps? et pourquoi ne vous fortifiez-vous pas contre le déclin par des moyens plus heureux que des vers stériles? Vous êtes maintenant au faîte des jours heureux, bien des jardins vierges encore, et qui ne sont pas plantés, porteraient avec une vertueuse joie vos fleurs vivantes, bien plus ressemblantes que votre portrait en peinture. Alors les traits de la vie répareraient la vie, ce que ni le crayon du temps, ni ma plume son élève ne peuvent faire pour vous, ni comme valeur intime, ni comme beauté extérieure, ils vous feraient vivre aux yeux des hommes; là vous donnant, vous vous conservez vous-même, et vous vivrez, dans un portrait retracé par votre adorable talent.

XVII

Qui croirait mes vers dans l'avenir, s'ils étaient pleins de tout ce que vous méritez? Cependant le ciel le sait, ce n'est qu'une tombe qui cache votre vie et ne laisse voir que la moitié de vos charmes. Si je pouvais retracer la beauté de vos yeux, et énumérer toutes vos grâces dans des vers nouveaux, les siècles à venir diraient: Le poëte en a menti; ces traits célestes n'ont jamais touché à un visage terrestre. C'est ainsi que mes papiers, jaunis par le temps, seraient méprisés comme des vieillards plus bavards que véridiques, et on traiterait votre juste éloge de fureur poétique, on dirait que c'est le mètre exagéré d'une vieille chanson. Mais s'il vivait dans ce temps-là quelque enfant à vous, vous vivriez deux fois, en sa personne et dans mes vers.

XVIII

Te comparerai-je à un jour d'été? tu es plus charmante et plus tempérée; dans leur violence les vents font tomber les bourgeons chéris de mai, et le bail de l'été est trop court, l'œil du ciel brille quelquefois avec trop d'éclat; souvent son teint doré est brouillé, et toute beauté perd une fois sa beauté, dépouillée par le hasard ou par le cours inconstant de la nature; mais ton éternel été ne se flétrira point, tu ne perdras point la beauté que tu possèdes; la mort ne se vantera pas de te voir errer dans ses ombres, lorsque tu vivras dans tous les temps par des vers immortels ; tant que les hommes respireront, tant que les yeux pourront voir, autant vivra ceci, autant ceci te donnera vie.

XIX.

Temps dévorant, émousse les griffes du lion, et que la terre dévore elle-même sa douce postérité, arrache les dents acérées des mâchoires du tigre féroce, brûle dans son sang le phénix à longue vie, apporte-nous dans ton vol des saisons heureuses et des saisons funestes. Temps aux pieds rapides, fais ce que tu voudras dans le vaste univers, et pour ses charmes fragiles, je ne t'interdis qu'un crime odieux, que tes heures ne sillonnent pas le beau front de mon ami, n'y trace point de lignes avec ton antique plume, laisse-le dans ton cours subsister tout entier pour servir de modèle de beauté aux races futures. Néanmoins fais du pis que tu voudras, vieux Temps : en dépit de tes outrages, mon ami vivra toujours jeune dans mes vers.

XX

Tu as un visage de femme, peint de la main de la nature, toi le maître et la maîtresse de ma passion; tu as le cœur tendre d'une femme, mais tu ne connais pas les inconstances auxquelles la perfidie des femmes est sujette; tu as les yeux plus brillants qu'elles, mais tu ne les roules pas faussement comme elles, tes regards voient l'objet sur lequel ils se portent; tu as le teint d'un homme, toutes les nuances sont à ta disposition pour attirer les yeux des hommes et pour surprendre les âmes des femmes. Tu avais d'abord été créé pour être une femme, mais la nature en te façonnant est tombée dans la rêverie, et par ses additions elle m'a privée de toi en ajoutant quelque chose qui ne m'était bon à rien. Mais puisqu'elle t'a destiné à la satisfaction des femmes, que ton amour m'appartienne et qu'elles usent de ton amour comme d'un trésor.

XXI

Il n'en est pas de moi comme de cette muse animée à versifier par une beauté fardée, qui emprunte au ciel même ses ornements, et qui compare toutes les beautés à sa belle, accumulant les similitudes les plus ambitieuses, le soleil et la lune, les riches joyaux de la terre et de la mer, les premières fleurs du mois d'avril et tout ce que les airs du ciel renferment de rare dans leur vaste sein. Pour moi qui suis sincère en amour, permettez-moi d'écrire sincèrement, et puis, croyez-moi, celle que j'aime est aussi belle qu'aucun enfant des hommes, bien qu'elle ne soit pas aussi éclatante que ces flambeaux d'or fixés dans les cieux; que ceux qui aiment à parler par ouï-dire en disent davantage, je ne veux pas vanter ma marchandise, puisque je n'ai pas l'intention de la vendre.

XXII

Mon miroir ne me persuadera pas que je suis vieux, tant que la jeunesse et toi serez du même âge; mais lorsque j'apercevrai chez toi les rides du temps, alors j'attendrai la mort pour expier ma vie, car toute cette beauté qui te pare n'est que le vêtement charmant de mon cœur qui vit dans ton sein, comme le tien en moi. Comment donc pourrais-je être plus âgé que toi? C'est pourquoi, mon amour, prends soin de toi comme je prends soin de moi-même; non pour moi, mais pour toi, puisque je porte ton cœur, que je garderai tendrement comme une bonne nourrice garde son enfant du mal. Ne compte pas sur ton cœur; si le mien expire, tu m'as donné le tien, mais non pour le reprendre.

XXIII

Comme un pauvre acteur sur la scène qui, dans son effroi, oublie son rôle, ou comme un animal furieux qui, plein de rage, affaiblit son propre cœur par l'excès de sa force, ainsi moi, par manque de confiance, j'oublie d'accomplir toute la cérémonie des rites de l'amour, et surchargé du fardeau de la force de mon amour, l'énergie de mon amour semble décroître. Oh! que mes lèvres servent d'éloquence et d'avocats muets à mon cœur qui te parle, ils plaident mon amour et réclament ma récompense mieux que cette langue qui en a souvent dit bien davantage. Oh! apprends à lire ce qu'a écrit un amour silencieux, c'est un apanage de l'intelligence de l'amour que d'entendre avec les yeux.

XXIV

Mes yeux m'ont servi de peintre et ont retracé l'usage de ta beauté sur la table de mon cœur: mon corps est le cadre qui contient ce portrait, et la perspective est le plus grand art du peintre; mais il faut que vous jugiez du talent à travers le peintre, pour trouver votre fidèle image là où elle repose suspendue dans le magasin de mon cœur; les fenêtres en sont vitrées de tes yeux. Vois quels services les yeux ont rendu aux yeux. Mes yeux ont retracé ta personne, et les tiens servent de fenêtre à mon sein; le soleil prend plaisir à regarder au travers pour te contempler à son aise, mais il manque aux yeux un secret pour compléter leur art, ils ne retracent que ce qu'ils voient, ils ne connaissent pas le cœur.

XXV

Que ceux qui sont en faveur auprès de leurs étoiles se parent d'honneurs publics et de titres orgueilleux; pour moi à qui la fortune refuse de semblables triomphes, je trouve une joie inespérée dans ce que j'honore le plus. Les favoris des grands princes étendent leurs pétales au soleil comme le tournesol; leur orgueil reste enfoui dans leur sein, car un froncement de sourcil les fait périr dans toute leur gloire. Le guerrier qui a lutté toute sa vie, célèbre par son courage, n'a qu'à perdre une fois la partie après un millier de victoires, il est effacé du livre de l'honneur, et on oublie tout ce qu'il avait gagné; tandis que moi, je suis heureux, j'aime et je suis aimé, là où je ne puis changer et où l'on ne changera pas pour moi.

XXVI

Maître de mon amour, ton mérite ayant fortement uni ma fidélité à ton allégeance, je t'envoie cette ambassade écrite pour te témoigner ma fidélité, non pour faire montre de mon esprit. Une fidélité si grande qu'un esprit aussi pauvre que le mien peut faire croire sans valeur, faute de mots pour la dépeindre, si je n'avais l'espoir que quelque bonne pensée à toi, dans le fond de ton âme, donnera ce qui manque à ma nudité, jusqu'à ce que toutes les étoiles qui guident les hommes dans leur marche luisent sur moi gracieusement et, d'un visage favorable, revêtissent mon affection déguenillée d'un vêtement convenable, pour me rendre digne de ta précieuse tendresse. Alors j'oserai me vanter de l'amour que je te porte, jusque-là je n'ose pas montrer mon visage là où tu pourrais me mettre à l'épreuve.

XXVII

Épuisé de fatigue, je me hâte d'aller chercher mon lit, doux repos des membres lassés par la marche; mais voici que ma tête commence un voyage, pour faire travailler mon esprit, maintenant que le travail du corps est achevé; alors toutes mes pensées m'emportent bien loin du lieu où je me trouve, pour entreprendre avec ardeur un pèlerinage vers toi, elles tiennent ouvertes mes paupières qui retombent, et je contemple cette obscurité que voient les aveugles; seulement la vue imaginaire de mon âme présente ton ombre à mes yeux sans regard, et, comme un joyau apparaissant à travers une nuit obscure, elle embellit la nuit sombre et rajeunit son vieux visage. C'est ainsi que mon corps le jour, et la nuit mon esprit ne trouvent point de repos, grâce à toi, grâce à moi.

XXVIII

Comment donc puis-je me conserver dans un état satisfaisant, lorsque je suis privé des bienfaits du repos? lorsque la nuit ne soulage pas le poids du jour, mais que le jour est opprimé par la nuit et la nuit par le jour? Lorsque tous deux, bien qu'ennemis de leurs règnes respectifs, joignent les mains pour me torturer, l'un par la fatigue, l'autre par ses plaintes, de l'éloignement où je travaille, éloigné surtout de toi. Pour lui plaire, je dis au jour: Que tu es brillant, et que tu lui fais honneur quand les nuages couvrent le ciel; je flatte de même la nuit au teint sombre en lui disant que lorsque les étoiles étincelantes ne scintillent pas, tu dores la soirée, mais le jour allonge tous les jours mes peines, et toutes les nuits la nuit me fait paraître plus pénible la longueur de mes souffrances.

XXIX

Dans ma disgrâce auprès de la fortune et aux yeux des hommes, lorsque je déplore tout seul mon abandon, et que j'assiége de mes cris inutiles un ciel qui m'est sourd, lorsque je me contemple, et que je maudis mon sort, lorsqu'il m'arrive de souhaiter les riches espérances de l'un, les traits de celui ci, les amis de celui-là, lorsque je désire l'habileté de cet homme et la portée de cet autre, jouissant le moins possible de ce que je possède le plus, tout en méprisant presque moi-même de pareilles pensées, il m'arrive de songer à toi, et alors ma situation, semblable à l'alouette qui s'élance au point du jour d'une terre morne, va chanter des cantiques aux portes du ciel, car le doux souvenir de ton amour m'apporte tant de richesse, que je dédaigne alors de changer de place avec les rois.

XXX

Lorsque dans mes séances de réflexions silencieuses et douces je rappelle le souvenir des choses passées, je soupire à la pensée des choses que j'ai cherchées et que j'ai manquées, et je déplore de nouveau, à propos des malheurs passés, le précieux temps que j'ai perdu. C'est alors qu'il m'arrive de noyer des yeux qui ne sont pas habitués à couler, au souvenir d'amis bien chers cachés dans la nuit éternelle de la mort ; c'est alors que je pleure de nouveau les douleurs dès longtemps effacées de l'affection, et que je déplore la disparition de tant de choses évanouies. C'est alors que je puis regretter des chagrins passés en énumérant lentement malheur après malheur dans la triste liste des gémissements qui m'ont déjà arraché tant de larmes ; mais s'il m'arrive de penser à toi, dans ce moment-là, chère amie, toutes mes pertes sont réparées, tous mes chagrins sont finis.

XXXI

Ton cœur m'est cher au nom de tous les cœurs qui m'ont manqué et que j'ai crus morts ; là règnent l'amour et tous les tendres dons de l'amour, et tous ces amis que je croyais enterrés. Combien de saintes et tristes larmes le pieux amour n'a-t-il pas dérobées à mes yeux au nom des morts qui m'apparaissent maintenant comme des êtres qui ont changé de place et qui se sont tous réfugiés en toi! Tu es le tombeau où réside l'amour enseveli, tout paré des trophées de ceux que j'ai aimés et qui t'ont tous donné la part qu'ils possédaient en moi; ce que je leur devais à tous t'appartient maintenant à toi seul, je retrouve en toi leurs images que j'aimais, et toi qui les représentes tous, tu me possèdes tout entier.

XXXII

Si tu survis à la carrière qui me suffira, lorsque l'avare mort couvrira mes ossements de poussière, s'il t'arrive par hasard de relire encore une fois les pauvres et rudes vers de ton amant défunt, compare-les avec les progrès du temps, et lors même que toutes les plumes les auraient surpassés, conserve-les à cause de mon amour, non à cause de leurs rimes, que la valeur d'hommes plus heureux a dépassées. Accorde seulement cette pensée affectueuse, « si la muse de mon ami avait grandi avec les progrès de ce temps, son amour eût enfanté des choses plus précieuses que celles-ci, pour marcher d'un même accord dans un meilleur équipage, mais puisqu'il est mort, et qu'il se trouve de meilleurs poëtes que lui, je les tirai en l'honneur de leur style, et lui en l'honneur de son amour. »

XXXIII

J'ai vu bien des fois un soleil éclatant flatter, le matin, d'un œil dominateur le sommet des montagnes, baiser de ses lèvres dorées les vertes prairies, dorer les pâles ruisseaux par une céleste alchimie, permettant parfois aux plus vils nuages de passer avec leurs impures exhalaisons sur son divin visage, et de cacher ses traits au monde éperdu, tandis qu'il descendait vers l'occident dans cette disgrâce; de même j'ai vu un matin mon soleil briller de bonne heure sur mon front avec un éclat triomphant; mais hélas! ô malheur! il ne m'a appartenu qu'une heure, les nuages qui passaient me l'ont caché maintenant. Mais mon amour ne voit là dedans aucune cause de dédain, les soleils de ce monde peuvent être voilés, puisque le soleil du ciel est bien voilé.

XXXIV

Pourquoi m'as-tu promis une si belle journée et m'as-tu fait sortir sans mon manteau, pour permettre ensuite à de vils nuages de me rejoindre par le chemin, et de cacher ton éclat sous leur épaisse fumée? Il ne me suffit pas que tu perces à travers le nuage pour sécher la pluie sur mon visage battu par l'orage, car personne ne peut bien parler d'un baume qui guérit la plaie sans parer à l'ignominie ; tes regrets ne remédient pas à mon chagrin, tu te repens, mais la perte reste mienne, la douleur de l'offenseur n'apporte qu'un faible soulagement à celui qui porte la croix d'une grande injure. Ah! mais les larmes que répand ton amour sont des perles, elles sont précieuses et payent la rançon de toutes tes mauvaises actions.

XXXV

Ne te chagrine plus de ce que tu as fait, les roses ont des épines et les fontaines argentées de la vase, les nuages et les éclipses voilent le soleil et la lune, et des vers hideux dévorent les plus beaux boutons. Tous les hommes commettent des fautes, et moi-même j'en commets une ici, en autorisant tes fautes par des comparaisons, en me corrompant moi-même, en palliant tes torts, en excusant tes péchés plus que tes péchés ne le rendent nécessaire, car j'apporte un sens à ta faute sensuelle (ton adverse partie devient ton avocat), et je commence contre moi-même un légitime plaidoyer ; mon amour et ma haine se font une guerre civile si acharnée que je suis contraint de devenir complice de cet aimable voleur qui me vole si méchamment.

XXXVI

Laisse-moi avouer que nous devons rester deux, bien que notre amour indivisible ne soit qu'un, afin que je puisse porter tout seul et sans ton secours les défauts qui me restent. Dans nos deux amours, il n'y a qu'un seul respect, mais il y a dans nos vies une humeur qui nous sépare, qui n'altère pas l'unique effet de l'amour mais dérobe de douces heures aux joies de l'amour. Je ne puis pas toujours te reconnaître, de peur que les fautes que je pleure ne te fassent honte; tu ne peux pas toujours m'honorer publiquement de tes bontés, de peur d'enlever cet honneur à ton nom, mais ne le fais pas, je t'aime de telle sorte que, puisque tu es à moi, ta bonne réputation est mienne.

XXXVII

Comme un père décrépit prend plaisir à voir son enfant animé et à lui voir accomplir les exploits de la jeunesse, de même moi qui suis devenu infirme par les disgrâces acharnées de la fortune, je tire toute ma consolation de tes mérites et de ta fidélité, qu'il s'agisse de ta beauté, de ta naissance, de ta richesse ou de ton esprit, de l'une de ces qualités, de toutes, ou d'autres encore qui résident en toi et te font une couronne, je greffe mon amour sur tes trésors, en sorte que je ne suis ni infirme, ni pauvre, ni méprisé, tant que cette ombre me donne une substance qui fait que ton abondance me suffit, et que je vis d'une part de ta gloire. Vois, ce qu'il y a de mieux, je le désire pour toi, mon vœu est exaucé, et je me suis dix fois heureux!

XXXVIII

Comment ma muse peut-elle manquer de sujets d'invention, tant que tu respires, toi qui te répands dans mes vers comme une matière charmante; toi précieuse pour les éloges des plumes vulgaires? Oh! rends-en grâces à toi-même s'il se trouve en moi quelque chose qui soit digne de subsister devant tes yeux; qui pourrait être assez muet pour ne pouvoir t'écrire lorsque tu donnes toi-même le jour à l'imagination? Sois la dixième muse, dix fois plus précieuse que ces neuf sœurs d'autrefois, que les anciens invoquent, et que celui qui t'appellera à son aide sache produire des vers immortels qui survivent aux longues mémoires. Si ma muse légère plaît à quelqu'un dans ce temps curieux, c'est à moi que revient la peine, mais c'est à toi qu'appartient l'honneur.

XXXIX

Oh! comment pourrais-je convenablement chanter ton mérite, puisque tu es la meilleure partie de moi-même? Qu'est-ce que ma louange peut m'apporter à moi-même? et quand je fais ton éloge, ne fais-je pas le mien? Pour cela, du moins, vivons séparés et que notre cher amour perde son nom unique, afin que, par cette séparation, je puisse te rendre ce qui t'est dû, ce que tu mérites seule. O absence, quel tourment tu serais, si tes amers loisirs ne me donnaient pas la douce permission de passer mon temps dans des pensées d'amour qui trompent si doucement et le temps et les pensées, et si tu ne m'apprenais pas à faire deux d'un seul en louant ici celui qui demeure loin d'ici!

XL

Prends toutes mes affections, mon amour; oui, prends-les toutes; qu'auras-tu de plus que ce que tu avais déjà, mon amour? Il ne me restait pas d'amour qu'on pût appeler à vrai dire de l'amour, tout ce qui était à moi était à toi, avant que tu eusses encore pris ceci de plus. Si tu reçois mon amour pour mon amour, je ne puis pas te blâmer d'user de mon amour; je te blâme seulement si tu te séduis toi-même par un capricieux désir de ce que tu refuses. Je te pardonne tes larmes, charmant volcan, bien que tu me dérobes toute ma pauvreté, et cependant l'amour sait que c'est une plus grande douleur de supporter le tort que nous fait l'amour, que les injures bien connues de la haine; une grâce dangereuse dont tous les torts semblent des vertus me tue par ses dédains, cependant nous ne pouvons pas être ennemis.

XLI

Ces jolies fautes que commet la liberté, quand je suis parfois absent de ton cœur, conviennent à ta beauté et à ton âge, car la tentation te suit encore partout. Tu es aimable, tu es doux, fait pour être conquis, tu es beau, tu es donc fait pour être assiégé, et lorsqu'une femme vous recherche, quel est le fils d'Ève assez discourtois pour la quitter avant qu'elle ait prévalu? Hélas, tu pourrais pourtant me laisser ma place et reprendre ta beauté et ton humeur errante qui t'entraînent, dans leurs excès, jusqu'à t'obliger à manquer à une double fidélité, à celle de la femme puisque sa beauté t'attire, à la tienne, puisque ta beauté m'est infidèle.

XLII

Ce qui m'attriste, ce n'est pas qu'elle soit à toi, quoiqu'on puisse dire que je l'aimais tendrement; ce qui est la principale cause de mes gémissements, c'est que tu sois à elle, perte d'amour qui me touche de plus près.

Chers coupables, voilà comment je vous excuse; tu l'aimes parce que tu savais que je l'aimais, et elle, c'est pour l'amour de moi qu'elle me fait ce tort de permettre à mon ami de lui plaire. Si je te perds, ma perte est le gain de mon amie; en la perdant mon ami a trouvé ce que j'avais perdu, tous deux se retrouvent et je les perds tous les deux, et c'est pour l'amour de moi qu'ils m'imposent tous deux cette croix; mais voici ma joie, mon ami et moi nous ne sommes qu'un, douce flatterie, alors c'est moi seul qu'elle aime.

XLIII

Lorsque mes yeux se ferment, c'est alors qu'ils voient le mieux, car tout le jour ils voient des choses auxquelles ils ne prennent pas garde ; mais, lorsque je dors, je te vois en rêve. Obscurément brillants, leur éclat se dirige vers l'obscurité, et toi dont l'ombre illuminerait les ombres, comme la forme de ton ombre serait un spectacle charmant dans le jour pur, l'éclairant de ta lumière plus pure encore, puisque ton ombre brille ainsi à des yeux fermés. Comme mes yeux seraient heureux, dis-je, de te contempler, pendant la vie du jour, puisque pendant la mort de la nuit ta belle ombre imparfaite apparaît à travers un lourd sommeil à des yeux sans regards. Tous les jours me sont des nuits, tant que je ne te vois pas, et les nuits sont des jours éclatants, lorsque mes rêves te voient devant moi.

XLIV

Si l'épaisse substance de ma chair n'était qu'esprit, la distance injurieuse ne m'arrêterait plus en dépit de l'espace, j'arriverais alors des lieux les plus reculés, là où tu te trouves. Peu m'importerait alors, même lorsque mon pied poserait sur le point de la terre le plus éloigné de toi, l'agile pensée peut franchir les mers et la terre, aussi promptement qu'elle a conçu le désir d'arriver dans un lieu. Mais hélas, pensée qui me tue, je ne suis pas la pensée, je ne puis pas franchir d'innombrables lieues lorsque tu es loin de moi, je suis fait au contraire de tant de terre et d'eau que je suis obligé d'attendre en gémissant le bon plaisir de la terre, ne recevant de ces éléments pesants que des larmes amères, gages de la douleur de tous deux.

XLV

Les deux autres éléments, l'air léger et le feu puissant, sont toujours avec toi, où que je me puisse trouver; le premier est ma pensée, le second est mon désir; toujours absents et toujours présents, ils s'élancent d'un vol rapide, et lorsque ces éléments plus prompts sont partis pour accomplir auprès de toi une tendre ambassade d'amour, ma vie, composée de quatre, accablée de mélancolie, retombe dans la mort, en n'en possédant plus que deux jusqu'à ce que les désirs de la vie reparaissent avec ces messages rapides qui reviennent d'auprès de toi, et qui, venant d'arriver tout à l'heure, m'ont assuré de ta bonne santé et m'ont tout raconté; ceci dit, je me réjouis, mais peu de temps satisfait, je te les renvoie, et voilà que je redeviens triste.

XLVI

Mon cœur et mes yeux sont en lutte mortelle, pour partager la conquête de ta vue : mes yeux voudraient refuser à mon cœur la vue de ton portrait, mon cœur soutient que tu habites en lui, retraite que des yeux de cristal n'ont jamais pénétrée, mais les défendants repoussent cette prétention et disent que c'est en eux que se réfléchit ta belle image. Pour décider cette question on a appelé un jury de pensées, toutes habitantes du cœur, et d'après leur sentence la part des yeux transparents, ainsi que la part du pauvre, est fixée comme il suit : ce qui est dû à mes yeux, c'est l'extérieur de ton être, et le droit de mon cœur, c'est l'amour intérieur de ton cœur.

XLVII

Mon œil et mon cœur se sont ligués, et l'un rend souvent des services à l'autre, quand mon œil est affamé de regards, ou que mon cœur amorcé s'étouffe de soupirs, alors mon œil se régale du portrait de mon amour et invite mon cœur à ce banquet en peinture; parfois c'est mon œil qui est l'hôte de mon cœur et qui prend part à ses pensées d'amour; ainsi tantôt en peinture, tantôt grâce à mon amour, toi qui es absent, tu es toujours présent auprès de moi, car tu ne peux pas t'éloigner au delà de la portée de mes pensées, elles restent avec moi, et sont avec toi : et si elles s'endorment, tout en face de moi réveille mon cœur à la joie de mon cœur et de mes yeux.

XLVIII

Quel soin j'ai pris quand je suis parti de mettre sous des verrous fidèles les moindres bagatelles, afin qu'elles pussent rester pour mon usage dans des retraites sûres et éprouvées à l'abri de mains perfides! Mais toi, à côté de qui tous mes joyaux sont des bagatelles, ma plus grande consolation devenue mon plus grand chagrin, toi le meilleur et le plus cher, mon unique souci, tu es resté en proie à tout voleur vulgaire. Je ne t'ai enfermé dans aucun coffre, si ce n'est là où tu n'es pas, bien que j'y sente ta présence, dans la douce enceinte de mon cœur, d'où tu peux sortir, où tu peux rentrer à ton gré, et j'ai peur qu'on ne vienne te dérober jusque-là, car la fatalité devient voleuse quand il s'agit d'un butin aussi précieux.

XLIX

Prévoyant le temps, s'il vient jamais, où je te verrai jeter un regard sévère sur mes défauts, quand ton affection aura fait sa dernière addition, appelée à régler ses comptes par des conseils prudents, songeant d'avance au temps où tu passeras à côté de moi comme un étranger daignant à peine me saluer de ce regard qui est un soleil pour moi, quand l'amour cruellement changé trouvera des raisons d'une gravité durable, je me fortifie d'avance par la connaissance de ce que je mérite, et je lève la main contre moi-même pour défendre en ton nom tes bonnes raisons. Tu as pour toi la force des lois si tu quittes ton pauvre ami, puisque je n'ai point de cause à alléguer pour ton affection.

L

Comme je voyage pesamment par les chemins, lorsque le but auquel je tends, la fin de mon pénible voyage, enseigne à ce bien-être et à ce repos à dire : « Voilà tant de lieues faites pour t'éloigner de ton ami! » L'animal qui me porte, fatigué de ma tristesse, avance lentement et porte avec peine ce fardeau qui m'accable, comme si la pauvre bête savait par instinct que son cavalier ne goûtait pas une rapidité qui l'éloignait de toi; l'éperon sanglant que la colère enfonce quelquefois dans sa peau ne peut le faire avancer; il y répond par un gémissement douloureux qui m'est plus cruel que l'éperon à ses flancs, car ce gémissement me remet en mémoire que le chagrin est en avant et que j'ai laissé ma joie derrière moi.

LI

C'est ainsi que mon amour excuse la sentence criminelle de mon pauvre coursier quand je m'éloigne de toi; pourquoi me hâter quand je te quitte? jusqu'à mon retour il n'est pas besoin de courir la poste. Mais quelle excuse trouvera alors la pauvre bête, lorsque l'extrême vitesse me semblera pesante? C'est alors que je jouerai des éperons, fussé-je monté sur le vent; je ne m'apercevrai pas du mouvement en volant comme si j'avais des ailes; c'est alors que nul cheval ne pourra tenir tête à mes désirs, et le désir né d'un amour parfait et non d'une chair pesante hennira dans sa course furieuse; mais par amour, l'amour aura compassion de ma pauvre haridelle, puisqu'elle s'est entêtée à marcher lentement quand je m'éloignai de toi, je courrai vers toi et je la laisserai libre de s'en retourner.

LII

Je suis donc comme le riche qu'une bienheureuse clef amène devant les trésors précieux qu'il enferme, ne voulant pas les contempler à toute heure, de peur d'émousser la fine pointe d'un plaisir rare. Voilà pourquoi les fêtes sont si précieuses et si solennelles, c'est qu'elles viennent à de longs intervalles, enchâssées dans la longue année, placées à de longues distances comme des pierres précieuses ou comme les joyaux les plus rares dans un collier. C'est ainsi que le temps vous garde comme un coffre, ou comme une armoire cachée derrière un rideau, pour rendre un certain instant spécialement heureux en dévoilant de nouveau le sujet caché de son orgueil. Béni soyez-vous, vous dont les mérites donnent lieu de triompher quand on vous possède, de vous espérer quand on est privé de votre présence.

LIII

Quelle est donc votre substance et de quoi êtes-vous fait pour attirer à vous des millions d'ombres étrangères? Chacun a une ombre qui lui appartient, et vous, à vous seul, vous projetez toutes sortes d'ombres. Diane ou Adonis, son portrait n'est qu'une mauvaise imitation du vôtre; revêt-on de tous les artifices de la beauté la joue d'Hélène, vous voilà retracé de nouveau dans un costume grec; parle-t-on printemps, ou du temps où l'année foisonne, l'un paraît l'ombre de votre beauté, l'autre semble parée des dons de votre libéralité, et nous vous reconnaissons sous toutes ces formes adorables. Vous avez quelque part à toutes les grâces extérieures, mais vous ne ressemblez à personne et personne ne vous ressemble pour la constance du cœur.

LIV

O combien la beauté semble plus belle sous les ornements précieux qu'y ajoute la fidélité ! La rose est charmante, mais nous la trouvons plus charmante encore à cause de ce doux parfum qui réside dans son sein. Les églantines ont des nuances aussi vives que les pétales parfumées des roses, elles sont entourées des mêmes épines et elles se balancent aussi voluptueusement quand le souffle de l'été entr'ouvre leurs boutons, mais leur beauté est toute leur valeur, elles meurent sans qu'on les ait recherchées, elles se fanent sans avoir inspiré de tendresse, elles meurent pour elles-mêmes. Il n'en est pas ainsi des roses parfumées; leur suave mort engendre des parfums délicieux; de même pour vous, aimable et beau jeune homme, quand tous les charmes se flétriront, on distillera votre fidélité dans les vers.

LV

Le marbre et les monuments dorés des pensées ne survivront pas à cette poésie puissante; vous brillerez d'un plus vif éclat dans ces vers que sous des pensées couvertes de poussière, altérées par la négligence du temps. Lorsque la guerre destructive renversera les statues, et que les bouleversements déracineront les travaux de maçonnerie, ni l'épée de Mars ni les flammes dévorantes de la guerre ne pourront brûler le monument vivant de votre mémoire. Vous vous avancerez fièrement en face de la mort et d'une inimitié oublieuse, votre éloge trouvera encore une place même aux yeux de toute la postérité qui usera le monde jusqu'à la dernière sentence. Ainsi, jusqu'au jugement, jusqu'à ce que vous ressuscitiez vous-même, vous vivrez ici, et vous habiterez dans les yeux de ceux qui aiment.

LVI

Puissant amour, renouvelle tes jours, qu'on ne dise pas que ton ardeur est moins vive que celle de l'appétit qui n'est apaisé par la nourriture que pour un jour, et qui demain sera aiguisé de nouveau avec toute son ancienne vigueur. Amour, fais-en de même, qu'importe que tu aies satisfait aujourd'hui tes yeux affamés, jusqu'à ce qu'ils se ferment de satisfaction, recommence demain à regarder et ne tue pas l'âme de l'amour par une constante langueur. Que ce triste intérieur soit comme l'Océan qui sépare les côtes où deux fiancés viennent tous les jours sur la rive afin de jouir davantage du retour de leur amour quand il reviendra, ou bien, dès que c'est l'hiver qui, plein de soucis, fait désirer trois fois plus le retour de l'été et le rend plus précieux.

LVII

Je suis votre esclave : comment pourrais-je faire autrement que de me plier à toute heure et à tout moment à vos désirs? Je n'ai point de temps précieux à employer, point de services à rendre que ceux que vous demandez. Je n'ose pas me plaindre de l'éternité des heures pendant que je suis l'horloge, ma souveraine; en vous attendant, je n'ose pas trouver que l'absence est amère et cruelle, lorsque vous avez une fois dit adieu à votre serviteur; je n'ose pas me demander, dans mes pensées jalouses, où vous êtes, ni chercher à deviner vos affaires, mais tristement, comme un esclave, je vous attends sans penser à rien, si ce n'est que vous rendez heureux ceux auprès desquels vous êtes; l'amour est si fou que tout ce que vous voulez faire, quoi que vous puissiez faire, il n'y voit point de mal.

LVIII

A Dieu ne plaise, à Dieu qui, pour la première fois, m'a fait votre esclave, que je prétende contrôler dans mes pensées le temps de votre bon plaisir, ou vous demander compte de vos heures, moi qui suis votre vassal tenu d'attendre votre loisir! O que je souffre (moi qui suis à vos ordres) la prison et l'absence que m'imposent votre liberté, et que ma patience soumise jusqu'à la servitude supporte toutes les réprimandes sans vous accuser de lui faire tort. Allez où il vous plaira, votre charte est si puissante que vous pouvez de vous-même accorder des priviléges à votre temps, faites ce que vous voudrez, c'est à vous qu'il appartient de vous accorder le pardon de crimes commis contre vous-même. Moi je n'ai qu'à attendre, bien que d'attendre ainsi soit un enfer, et je ne blâme pas ce qui vous convient, que ce soit bon ou mauvais.

LIX

S'il n'y a rien de nouveau, mais que ce qui est ait déjà existé auparavant, comme nos cerveaux sont trompés lorsqu'ils sont en travail d'invention et qu'ils enfantent tout de travers pour la seconde fois un enfant qui a déjà vécu! O si l'histoire pouvait jeter un coup d'œil en arrière, seulement sur cinq cents révolutions du soleil, et me montrer votre image dans quelque livre antique depuis que l'esprit a pour la première fois été reproduit par des caractères, afin que je pusse voir ce que le vieux monde pourrait dire de cette merveille composite de votre nature, et savoir si nous avons fait des progrès, s'ils valaient mieux que nous, ou si les révolutions étaient les mêmes. Ah! je suis bien sûr que les beaux esprits des temps passés ont admiré et vanté des choses de moins de mérite.

LX

Comme les vagues s'avancent vers la plage couverte de cailloux, de même nos minutes marchent à leur terme. Chacune changeant de place avec celle qui la précède, toutes tendent en avant dans leur travail successif; un enfant qui vient de naître, une fois lancé dans la mer de lumière, rampe jusqu'à la maturité, et une fois qu'il en est couronné, des éclipses tortueuses luttent contre son éclat, et le temps, qui l'avait donné, détruit bientôt ses dons. Le temps disperse la fleur de la jeunesse, creuse ses parallèles sur le front de la beauté, se nourrit des raretés de la fidèle nature, et tout ce qui subsiste attend les coups de sa faux. Et cependant dans un temps qui n'existe encore qu'en espérance, mes vers subsisteront, à l'éloge de ton mérite, en dépit de sa main cruelle.

LXI

Est-il selon ton bon plaisir que ton image tienne mes pesantes paupières ouvertes pendant de longues nuits? Veux-tu que mon sommeil soit troublé pendant que des ombres qui te ressemblent abusent mes regards? Est-ce ton esprit que tu envoies si loin de toi, pour épier ce que je fais, pour découvrir chez moi des heures oisives, des sujets de honte, raisons et prétextes de ta jalousie! Oh non, ton amour est grand, mais il n'est pas assez grand pour cela; c'est mon amour qui me tient les yeux ouverts, c'est mon fidèle amour qui trouble mon repos, pour faire sentinelle en ton honneur. C'est pour toi que je veille, tandis que tu vis ailleurs, bien loin de moi, trop près de bien d'autres.

LXII

Le péché d'amour-propre possède mes yeux, mon cœur, tout en moi, et à ce péché il n'y a point de remède tant il est profondément ancré dans mon cœur. Il me semble qu'il n'y a point de visage si séduisant que le mien, point de taille si parfaite, point de fidélité si précieuse, et je me définis à moi-même mon propre mérite, comme surpassant tout autre de tout point. Mais lorsque mon miroir me montre comment je suis en réalité, battu par le temps et ridé par l'âge, je lis à rebours tout mon amour-propre, tant il serait inique d'avoir de l'amour-propre dans pareil visage. C'est toi qui es moi-même, et que je loue à ma place, colorant ma vieillesse de la beauté de tes jeunes années.

LXIII

Prévoyant le temps où mon ami sera devenu ce que je suis maintenant, lorsque la cruelle main du Temps l'aura usé et écrasé, lorsque les heures en s'écoulant auront épuisé son sang, et couvert son front de lignes et de rides, lorsque la matinée de sa jeunesse en sera venue à la nuit déclinante de la vieillesse, lorsque toutes ces beautés dont il est maintenant roi s'évanouiront ou se seront évanouies à ses yeux en emportant le trésor de son printemps, je le fortifie d'avance contre le cruel couteau de l'âge destructeur, afin qu'il ne puisse enlever de la mémoire la beauté de mon ami bien-aimé, quel que soit son pouvoir sur sa vie. Sa beauté subsistera encore dans ces lignes noires, elles vivront et lui en elles dans toute leur fraîcheur.

LXIV

Lorsque je vois les monuments élevés dans les temps passés par les riches et par les orgueilleux désignés par la main brutale du Temps, quand je vois abattues des tours naguère hautaines, et que l'airain éternel devient la proie de la rage des hommes, quand je vois l'Océan avide remporter des avantages sur le royaume de ses rives, et le jeune sol gagner sur les flots de la mer, que je vois le gain naître des pertes, et les pertes du gain, quand je vois tout ce changement dans la grandeur, ou la grandeur elle-même en venir à déchoir, ces ruines m'apprennent à réfléchir que le temps viendra et m'enlèvera mon ami. Cette pensée est comme une mort qui ne peut s'empêcher de pleurer tout en possédant celui qu'elle redoute de perdre.

LXV

Puisque ni l'airain, ni la pierre, ni la terre, ni la mer sans borne n'échappent à la puissance du funèbre destructeur, comment la beauté se défendra-t-elle contre cette fureur, elle qui n'a pas plus de force qu'une fleur? Comment l'haleine embaumée de l'été résistera-t-elle au siège désastreux des jours qui l'attaquent, puisque les rochers imprenables ne sont pas assez forts, et que les portes d'acier ne sont pas assez robustes pour échapper aux ravages du Temps? Oh! réflexion terrible! où peut-on, hélas! cacher le joyau le plus précieux du Temps pour éviter qu'il ne soit jeté dans le coffre du Temps? Quelle main assez robuste pourrait retenir son pied agile? ou lui interdire la destruction de la beauté? Personne, à moins que ce miracle ne réussisse en faisant resplendir mon amour au moyen de mon encre noire.

LXVI

Fatigué de tout ce que je vois, j'appelle la mort et le repos; le mérite naît mendiant et le misérable néant est paré de gaieté, et la foi la plus pure est indignement parjurée, l'honneur doré est honteusement mal placé, la vertu des jeunes filles est grossièrement déçue, la perfection du droit est injustement déshonorée, et la force est paralysée par une puissance boiteuse, la folie en guise de docteur gouverne la sagesse, la simple vérité est à tort appelée sottise, le bien captif suit le mal devenu le maître; fatigué de voir tout cela, je voudrais y échapper; seulement en mourant, je laisserais mon amour tout seul.

LXVII

Ah! pourquoi faut-il qu'il vive au milieu de la peste, et qu'il honore l'impiété de sa présence avant que le péché en prenne avantage pour se parer de sa société? Pourquoi le fard imiterait-il ses joues, et emprunterait-il un éclat mort à son teint vivant? Pourquoi la pauvre beauté chercherait-elle partout des roses imaginaires, puisque les siennes sont vraies?

Pourquoi vivrait-elle maintenant que la nature a fait banqueroute, et qu'elle n'a plus de sang qui puisse rougir à travers des veines animées? Elle n'a plus maintenant d'autre trésor que lui, et fière de tous les yeux, elle en vit uniquement. Elle le conserve précieusement pour montrer comme elle était riche autrefois, avant les derniers temps qui ont été si mauvais.

LXVIII

Ses joues sont comme la carte des joues passées, lorsque la beauté vivait et mourait, ou encore comme les fleurs, avant qu'on portât ces insignes bâtards de la beauté, avant qu'ils osassent se fixer sur le front d'un vivant; avant qu'on eût appris à raser les chevelures dorées des morts, ces dépouilles auxquelles les sépulcres ont droit, pour vivre une seconde fois sur une seconde tête, avant que les tresses d'une beauté morte en eussent paré d'autres, on avait en lui les saints jours du temps passé. C'est lui-même, sans ornement, sincère : il ne se fait pas un été de la verdure d'autrui; il ne dépouille pas ce qui est vieux pour orner de nouveau sa beauté, et la nature le conserve comme un tableau pour montrer à ce faux art ce qu'était autrefois la beauté.

LXIX

Il ne manque rien à tout ce que les yeux du monde voient en toi que les pensées du cœur puissent améliorer; toutes les langues qui sont la voix des âmes te rendent cette justice, ne disant que la vérité, suivant l'usage des ennemis, lorsqu'ils font des éloges. L'extérieur est couronné de louanges extérieures; mais ces mêmes langues qui te rendent si bien ce qui t'est dû affaiblissent ces éloges par d'autres accents en voyant plus loin que ne montrent les yeux. On pénètre la beauté de ton esprit, et ils la mesurent approximativement par tes œuvres, en sorte que leurs pensées avares, malgré la libéralité de leurs yeux, joignent à la beauté de tes fleurs l'odeur désagréable des mauvaises herbes; mais voilà pour quelle raison ton parfum ne répond pas à ta beauté : tu pousses avec trop d'abondance.

LXX

Ce n'est pas ta faute si on te blâme. La beauté a toujours servi de but à la calomnie. L'ornement de la perfection est le soupçon, corbeau qui traverse l'air le plus pur des cieux. Ainsi sois seulement vertueux; la calomnie ne fait que prouver ton mérite recherché par le temps; car le chancre du vice s'attaque toujours aux boutons les plus parfumés, et ton printemps se présente dans toute sa fleur et toute sa pureté. Tu as traversé les embûches de la jeunesse sans être assailli, ou en restant vainqueur. Cependant cet éloge ne peut pas être assez à ton honneur pour enchaîner l'envie qui grandit toujours. Si quelque soupçon de mal ne voilait pas ton éclat, tu régnerais seul sur tous les cœurs.

LXXI

Quand je serai mort, ne pleurez pas plus longtemps que vous n'entendrez retentir le sombre glas funèbre, annonçant au monde que j'ai quitté ce vilain monde pour aller vivre avec de vilains vers. Si vous lisez ces vers, ne vous rappelez pas qui les a écrits. Je vous aime tant, que je voudrais être banni de vos chères pensées plutôt que de vous rendre triste en pensant à moi. Ou bien, dis-je, si vous regardez ces vers quand je serai peut-être mélangé à l'argile, ne répétez même pas mon pauvre nom; mais laissez votre amour passer avec ma vie, de peur que le sage monde, s'enquérant de vos gémissements, ne se moque de vous à mon sujet quand je n'y serai plus.

LXXII

Oh! de peur que le monde ne prenne à tâche de vous faire énumérer quel mérite je pouvais avoir pour que vous conserviez de l'affection pour moi après ma mort, mon ami bienaimé, oubliez-moi tout à fait, car vous ne pourriez pas prouver qu'il y eût en moi quelque chose digne de vous, à moins que vous n'inventassiez quelque pieux mensonge, afin de faire pour moi plus que mon propre mérite, en accumulant sur le pauvre mort plus d'éloges que la vérité avare n'en voudrait accorder, de peur que votre fidèle amour ne soit convaincu de fausseté en parlant bien de moi par affection en dépit de la vérité; que mon nom soit enterré avec mon corps et ne survive pas pour vous faire honte, ainsi qu'à moi, car j'ai honte de ce que je produis, et vous devriez avoir honte aussi d'aimer des choses qui ne valent rien.

LXXIII

Tu vois en moi le temps de l'année où il ne reste sur les

branches qui tremblent de joie que des feuilles jaunies, en petit nombre, point du tout peut-être, chœurs nus et délabrés où chantaient naguère de gentils oiseaux. Tu vois en moi le crépuscule de ce qui reste du jour lorsqu'il disparaît à l'occident après le coucher du soleil, et que peu à peu la sombre nuit, seconde édition de la mort, efface tout à fait pour tout plonger dans le repos. Tu vois en moi les dernières lueurs de ce qui reste d'un feu qui brûle au milieu des cendres de sa jeunesse comme sur le lit de mort où il va expirer consumé par ce qui le nourrissait naguère. Tu vois tout cela, et ton amour en devient plus ardent pour aimer ce que tu seras obligé de quitter tout à l'heure.

LXXIV

Mais sois content, lorsque cette arrestation terrible contre laquelle il n'y a point de garantie viendra à m'entraîner, ma vie laissera dans ces lignes quelque intérêt, qui te restera en souvenir de moi. Quand tu repasseras ceci, tu repasseras la part de mon être qui t'était consacrée. La terre ne peut avoir que la terre, qui lui appartient; mon âme est à toi, c'est ce qu'il y a de meilleur en moi; tu n'auras donc perdu que le rebut de ma vie, la proie des vers, par la mort de mon corps, misérable conquête du couteau d'un scélérat, trop vile pour en conserver la mémoire. Il ne vaut que par ce qu'il contient, et ce qu'il contient, c'est ce qui te reste.

LXXV

Vous êtes à mes pensées ce que sont les aliments à la vie, les douces averses à la terre, et pour vous posséder en paix je soutiens un combat comme celui d'un avare avec sa richesse, tantôt il en jouit fièrement, et d'autres fois il redoute l'âge perfide qui lui dérobera son trésor; tantôt, je m'imagine qu'il vaut mieux être avec vous tout seul, tantôt je préfère que le monde soit témoin de ma satisfaction; parfois servi à souhait, je me rassasie de votre vue, d'autres fois, j'ai faim et soif d'un regard, ne possédant et ne recherchant d'autres plaisirs que ceux que j'ai eus ou que je puis trouver en vous. C'est ainsi que jour après jour, je languis ou j'abuse de mes joies, dévorant tout d'un coup ou séparé de tout.

LXXVI

Pourquoi mes vers sont-ils si stériles en orgueil nouveau, si loin de toute variation et de tout changement rapide? Pourquoi avec le temps n'ai-je pas l'idée de jeter un regard de côté sur les méthodes nouvelles et leurs arrangements étranges? Pourquoi écrivé-je toujours de la même manière, restant toujours le même, et revêtant mes inventions d'un habit si bien connu que chaque mot dit presque mon nom, indique leur naissance et d'où ils sont venus? Sachez, mon ami bien-aimé, que je parle toujours de vous. Vous êtes avec l'amour mon éternel sujet; ainsi, tout ce que je fais de mieux, c'est d'habiller d'anciennes paroles, et de recommencer à dépenser ce que j'ai déjà dépensé, car de même que le soleil est tous les jours nouveau et ancien, de même mon amour répète toujours ce qu'il a déjà dit.

LXXVII

Ton miroir te montrera comment ta beauté se fane ; ton cadran, comment tes précieuses minutes s'envolent; les feuilles blanches prendront l'empreinte de ton esprit, et tu peux goûter la science de ce livre. Les rides que ton miroir te montrent à bon droit rappelleront à ta mémoire les tombeaux ouverts ; d'après la fuite de l'ombre sur ton cadran, tu peux apprendre la marche perfide du temps vers l'éternité. Ce que ta mémoire ne peut conserver, vois, transmets-le à ces espaces déserts et tu verras que ces enfants nourris, enfantés par ton cerveau te feront faire une nouvelle expérience de ton esprit. Toutes les fois que tu te livreras à ces occupations, tu en profiteras et tu enrichiras ton livre.

LXXVIII

Je t'ai si souvent invoqué pour ma muse, et j'y ai trouvé une si généreuse assistance pour mes vers, que toutes les plumes étrangères ont adopté le même usage et dispensent leur poésie sous tes auspices. Tes yeux qui ont appris aux muets à chanter dans les airs, à la pesante ignorance à planer dans les cieux, ont ajouté des plumes à l'aile du savant, et ont octroyé à la bonne grâce une double majesté. Cependant sois fier surtout de ce que je produis, l'influence en est tienne, tout est né de toi, tu ne fais que perfectionner le style des ouvrages d'autrui et ajouter tes grâces à l'art de l'écrivain; mais je n'ai d'autre art que toi, et c'est toi qui élèves ma rude ignorance jusqu'aux hauteurs de l'érudition.

LXXIX

Tant que j'invoquais seul ton secours, mes vers possédaient seuls toute ta bonne grâce; mais maintenant ma suave harmonie décline, ma muse malade cède la place à une autre. Je t'accorde, mon amour, que tu es un trop aimable sujet pour n'être pas digne du travail d'une plume plus éloquente; mais tout ce que ton poëte invente sur ton compte, il te l'a dérobé et te le rend de nouveau. Il te prête la vertu et c'est à ta conduite qu'il a emprunté ce mot; il t'orne de beauté, et c'est sur tes joues qu'il l'a trouvée; il ne peut t'accorder d'autres éloges que ceux dont il trouve en toi la manière. Ne lui rends donc pas grâces de ce qu'il te dit, puisque tu payes toi-même ce qu'il te doit.

LXXX

Oh! comme je suis abattu quand je parle de vous, sachant qu'un esprit supérieur au mien use de votre nom, dépense toutes ses forces à le louer pour me lier la langue quand je célèbre votre renommée! Mais puisque votre mérite, aussi vaste que l'Océan, porte sur ses ondes la voile la plus modeste comme la plus orgueilleuse, ma téméraire petite barque, bien inférieure à la sienne, se montre audacieusement sur votre large sein, vos bas-fonds me suffisent pour flatter tandis qu'il vogue sur vos abîmes insondables; si je fais naufrage, je ne suis qu'un bateau sans valeur; pour lui, sa mâture est élevée et sa tournure est fière; s'il réussit et que j'échoue, ce qu'on peut dire de pis, c'est que mon amour a fait ma perte.

LXXXI

Ou bien je vivrai pour faire votre épitaphe, ou vous survivrez quand je pourrirai en terre; la mort ne peut enlever d'ici-bas votre mémoire, bien qu'on puisse tout oublier sur mon compte. Votre nom trouvera ici une vie immortelle, bien que pour moi, une fois parti, je doive mourir pour le monde entier; la terre n'a pour moi qu'un tombeau vulgaire, mais vous resterez enseveli dans les regards des hommes. Mes vers vous seront un monument que reliront des yeux non encore engendrés, et des langues à venir répéteront vos mérites quand tous ceux qui respirent en ce monde seront morts. Vous vivrez encore, tant ma plume a de vertu, là où la vie respire surtout, c'est-à-dire dans la bouche des hommes.

LXXXII

Je le veux bien, tu n'avais pas épousé ma muse, par conséquent tu peux sans infidélité, jeter un coup d'œil sur les phrases de dédidace qu'emploient les auteurs pour célébrer leur noble sujet, homme de tous les livres. Tu es aussi parfait en connaissances que par ton teint, ton mérite a des limites au delà de mes éloges, et tu es par conséquent obligé de chercher de nouveau quelque empreinte plus récente des progrès de nos jours. Fais-le, mon bien-aimé, mais lorsqu'ils auront imaginé tous les traits ampoulés que peut prêter la rhétorique, tu n'en resteras pas moins fidèlement représenté dans les paroles simples et vraies de ton véridique ami, leurs peintures grossières sont bonnes lorsque les originaux manquent de sang pour colorer leurs joues, pour toi, c'est abuser que d'en user.

LXXXIII

Je n'ai jamais vu que vous eussiez besoin d'être fardé, c'est pourquoi je n'ai point ajouté de fard à votre beauté. Je me suis aperçu ou j'ai cru m'apercevoir que vous étiez au-dessous de l'offre stérile de la dette d'un poëte, c'est pourquoi j'ai dormi en parlant de vous, afin que vous pussiez montrer, puisque vous êtes en vie, combien une plume vulgaire peut, en parlant du mérite, rester en dessous du mérite qui fleurit en vous. Vous m'imputez ce silence à péché, et ce sera ma gloire d'être resté muet, car je ne fais pas tort à votre beauté en gardant le silence, tandis que d'autres ouvrent une tombe en voulant donner la vie; il y a plus de vie dans l'un de vos beaux yeux que vos deux poëtes n'en peuvent imaginer à votre louange.

LXXXIV

Qui est-ce qui en dit davantage? qui est-ce qui pourrait en dire davantage que ce grand éloge : vous seul êtes vous? Dans quelles régions réside le trésor qui pourrait montrer où vécut votre égal? La plume qui ne sait pas prêter quelque éclat à son sujet est bien misérablement pauvre, mais celui qui parle de vous, s'il peut dire que vous êtes vous-même, prête ainsi de la dignité à son récit, en se contentant de copier ce qui est écrit en vous, sans gâter ce que la nature a rendu si visible; et cette copie fera honneur à son esprit et vaudra partout à son style des éloges. Vous ajoutez une malédiction à toutes vos beautés et à tous vos dons, vous aimez à être loué, ce qui ne vaut rien pour votre louange.

LXXXV

Ma muse a la langue liée; mais, par décence, elle reste en repos, tandis que des commentaires, à votre honneur, soigneusement compilés, sont conservés en lettres d'or dans des phrases revues par toutes les muses. Je médite de bonnes pensées, pendant que d'autres écrivent de bonnes paroles, et, comme un chantre illettré, je réponds « Amen ! » à toutes les hymnes que produit cet habile esprit, sous une forme soignée avec une plume raffinée. En vous entendant vanter, je dis « c'est bien cela, c'est vrai; » et à tous ces éloges j'ajoute quelque chose de plus, mais c'est, dans mes pensées, là où l'amour pour vous tient son rang comme par le passé, en dépit des paroles qui viennent les dernières; faites donc cas des autres pour leur éloquence et paroles, faites cas de moi pour mes pensées muettes, qui ne parlent qu'en actions.

LXXXVI

Est-ce l'élan impétueux de ces grands vers, lancés à pleines voiles, pour arriver jusqu'à une prise trop précieuse, jusqu'à vous, qui a renfoncé dans mon cerveau les pensées que j'y avais mûries, leur donnant pour tombeau le sein où elles avaient grandi? Était-ce son esprit, instruit par les esprits à écrire au-dessus de la portée des mortels, qui m'a frappé de mort? Non, ce n'est ni lui, ni les compères qui lui prêtent la nuit leur concours qui ont glacé mes vers. Ce n'est ni lui, ni cet esprit affable et familier qui, toutes les nuits, le rassassie d'intelligence, qui peuvent se vanter de m'avoir imposé silence, je n'ai souffert d'aucune terreur venue de là. Mais, lorsque vous lui avez prêté votre concours pour perfectionner ses vers, mon sujet m'a manqué, les miens en ont été affaiblis.

LXXXVII

Adieu ! tu es trop précieux pour que je te possède, et il est probable que tu sais ta valeur. La charte de ton mérite t'assure ta liberté, mes droits sur toi ont tous un terme; car quelle prise ai-je sur toi, si ce n'est ce que tu m'as donné? En quoi ai-je mérité une si grande richesse? Je ne possède point de droit à ce beau présent, en sorte que voilà mon privilége qui m'échappe. Tu t'es donné, sans savoir ce que tu valais, ou bien en te méprenant sur moi à qui tu le donnerais; ainsi ton grand don né d'une méprise rentre entre tes mains, sur plus mûr jugement. Je t'ai possédé ainsi comme un rêve nous flatte, j'ai été roi en dormant; en me réveillant, il n'en est plus question.

LXXXVIII

Quand tu seras disposé à me traiter légèrement et à donner mon mérite en butte au mépris, je combattrai pour toi contre moi-même, et je prouverai que tu es vertueux, tout en étant parjure. Comme je connais mieux que personne mes propres faiblesses, je ferai valoir en ton nom une histoire de défauts cachés qui me fera tort, et toi en me perdant tu acquerras une grande gloire, ce à quoi je gagnerai aussi, puisque attachant sur toi toutes mes tendres pensées le mal que je me ferai, s'il t'est avantageux, il aura pour moi un double avantage. Tel est mon amour pour toi, je t'appartiens si complétement que je veux porter tous les torts pour soutenir ton droit.

LXXXIX

Dis que tu m'as abandonné pour quelque défaut, et je m'étendrai sur cette offense, parle de mon infirmité, et je me mettrai tout de suite à boiter, je ne me défendrai point contre tes raisons. Mon amour, tu ne peux pas me traiter aussi mal que je me traiterai moi-même, en assignant une raison au changement que tu désirais; sachant tes volontés, je couperai court à nos relations, je me donnerai l'air d'un étranger, je m'absenterai de tes promenades, ma langue ne prononcera plus ton nom chéri, de peur de lui faire tort et de le profaner en parlant peut-être de notre ancienne amitié. A cause de toi, je me jure inimitié à moi-même, car je ne puis pas aimer celui que tu détestes.

XC

Maintenant déteste-moi si tu veux, maintenant si tu dois me détester un peu, pendant que le monde est disposé à contrarier mes désirs, fais alliance avec la fortune ennemie, laismoi plier, et n'arrive pas en arrière-garde comme dernière perte. Ah! quand mon cœur aura échappé à cette douleur, ne viens pas sur les derrières d'un malheureux vaincu; ne donne pas un lendemain pluvieux à une nuit agitée, pour faire tienne une ruine décidée. Si tu me veux quitter, ne me quitte pas le dernier, quand tous les autres petits chagrins m'auront porté leur coup, mais viens au début, afin que je goûte dès l'abord les dernières extrémités de la puissance de la fortune; alors d'autres séries de douleurs, qui me semblent maintenant des douleurs, ne seront plus rien auprès de ta perte.

XCI

Les uns se font gloire de leur naissance, les autres de leur habileté; d'autres de leur richesse, d'autres de leur force corporelle; d'autres encore de leurs vêtements, quoique la nouvelle coupe soit peu heureuse; d'autres enfin de leurs faucons ou de leurs lévriers, ou de leur cheval; et chaque caprice a son plaisir spécial, qui l'enchante plus que tout le reste; mais ces détails ne me touchent guère; je mets tous mes biens en un seul. Ton amour vaut mieux pour moi qu'une haute naissance; pour moi, il est plus riche que la richesse, plus glorieux que les vêtements précieux, plus charmant que ne le sont des faucons ou des chevaux. En te possédant, je me vante de posséder l'orgueil de tous les hommes. Malheureux en ceci seulement, c'est que tu peux m'enlever tout cela, et me rendre parfaitement misérable.

XCII

Mais fais tout ce que tu pourras pour te dérober à moi, jusqu'au terme de ma vie je suis assuré de te posséder, et la vie ne durera pas pour moi plus que ton amour, car elle dépend de cet amour. Je n'ai donc pas à craindre la pire des souffrances, puisque ma vie doit finir avec la moindre. Je sais qu'un état meilleur que celui qui dépend de ton caprice m'est réservé. Tu ne saurais me troubler par ton esprit inconstant, puisque ma vie repose sur ta révolte. Oh! quel bonheur est le mien, heureux d'avoir ton amour, heureux de mourir! Mais qu'y a-t-il d'assez complétement beau pour ne pas craindre une souillure? Tu peux me trahir, sans que j'en sache rien.

XCIII

Je vivrai donc ainsi, supposant que tu es fidèle, comme un mari trompé. Le visage de l'amour pourra me sembler toujours le même, quoiqu'il soit changé de nouveau; tes regards seront pour moi, ton cœur sera ailleurs : car la haine ne peut vivre dans tes yeux, de sorte que je ne pourrai apercevoir ton changement à mon égard. Souvent l'histoire d'un cœur faux est écrite dans un regard, dans une moue, dans un air sombre, dans des rides bizarres ; mais en te créant le ciel a voulu que le doux amour demeurât à jamais sur ton visage ; quels que soient tes pensées ou les mouvements de ton cœur, tes yeux ne parlent jamais que de douceur. Combien ta beauté devient semblable à la pomme d'Ève, si ta douce vertu ne répond pas à l'apparence !

XCIV

Ceux qui ont le pouvoir de faire du mal et qui ne veulent pas faire ce dont ils semblent le plus capables, qui émeuvent les autres et restent eux-mêmes comme un bloc de marbre, indifférents, glacés, et lents à la tentation, héritent avec justice des grâces du Ciel et savent épargner les richesses de la nature ; ils sont maîtres et seigneurs de leurs visages, les autres ne sont que les intendants de leur mérite. La fleur de l'été est douce pour l'été, quoique pour elle-même elle ne fasse que vivre et mourir ; mais si cette fleur devient une vile infection, la plus vile mauvaise herbe la surpasse en dignité ; car les plus douces choses deviennent parfois les plus amères ; les lis qui empestent ont une bien plus mauvaise odeur que les mauvaises herbes.

XCV

Combien tu rends aimable et douce la honte qui souille, comme un ver au cœur d'une rose odorante, la beauté de ton nom à peine entr'ouvert ! Oh ! dans quelles douceurs ne sais-tu pas enfermer tes péchés ! Cette langue qui raconte l'histoire de la vie, en faisant sur tes plaisirs des commentaires licencieux, ne peut en quelque sorte te blâmer qu'en te louant ; en prononçant ton nom, on donne de l'attrait à de fâcheux rapports. Oh ! quelle demeure ont les vices qui t'ont choisie pour leur habitation ! Toi dont le voile de la beauté couvre tous les défauts, et transforme en charmes tout ce que les yeux peuvent apercevoir. Sache faire usage, mon cher cœur, de cet immense privilége ; le couteau le mieux affilé s'émousse lorsqu'on ne sait pas s'en servir.

XCVI

Les uns disent que ton défaut, c'est la jeunesse, les autres que c'est le libertinage ; d'autres disent que ton charme, c'est la jeunesse, et la douce gaieté ; tous aiment plus ou moins ta grâce et tes défauts ; tu changes en grâces les défauts qui t'appartiennent. De même que sur le doigt d'une reine assise sur son trône, on trouve du prix au bijou le moins précieux ; de même les erreurs qui sont tiennes se transforment en vérités, et passent pour des choses vraies. Combien d'agneaux le loup cruel pourrait séduire, s'il pouvait prendre l'apparence d'un agneau ! Combien tu pourrais entraîner de ceux qui te contemplent, si tu voulais user de tout ton pouvoir ! Mais n'en fais rien ; je t'aime de telle sorte, qu'étant à moi, ta bonne renommée est mienne !

XCVII

Ah ! que mon absence loin de toi, charme de l'année qui s'écoule, a ressemblé à un hiver ! Quel frimas j'ai ressenti ! Combien j'ai vu de jours sombres ! Partout la nudité du vieux décembre ! Et pourtant, ces jours où j'étais loin de toi étaient des jours d'été ; l'automne enfantait, pleine de riches trésors portant le pesant fardeau du printemps, comme le sein d'une veuve après la mort de son époux. Et cependant cette abondante postérité ne m'apparaissait que comme une espérance d'orphelins, et un fruit sans père ; mais l'été et ses plaisirs t'accompagnent ; si tu t'éloignes, les oiseaux eux-mêmes sont muets ; ou, s'ils chantent, c'est avec un accent si triste, que les femelles pâlissent et redoutent l'approche de l'hiver.

XCVIII

J'ai été loin de vous au printemps, lorsqu'Avril à l'orgueilleux bariolage, revêtu de tous ses atours, répandait sur toute chose un bel esprit de jeunesse, que le pesant Saturne riait et sautait avec lui. Et cependant ni le chant des oiseaux, ni le doux parfum des fleurs à l'odeur et aux nuances variées, n'ont pu me faire chanter un refrain d'été, ni les cueillir du fier sein où elles croissaient. Je n'ai pas admiré la blancheur des lis; ni loué le sombre vermillon de la rose; tout cela n'était que des douceurs, des joies figurées, copiées sur vous, vous modèle de toutes les beautés. Je me croyais encore en hiver, et vous absente, je jouais avec tout tout cela comme avec votre ombre.

XCIX

Et je grondais ainsi la précoce violette. Charmante voleuse, où as-tu dérobé ton doux parfum, si ce n'est au souffle de mon amour? Tu as trop vivement coloré dans ses veines l'orgueil qui rougit ta douce joue. Je reprochais au lis d'avoir emprunté ta main, et aux boutons de marjolaine d'avoir volé tes cheveux; les roses tremblaient sur les épines, l'une rouge de honte, l'autre blanche de désespoir; une troisième, ni rouge ni blanche, avait pris un peu des deux autres, et à son larcin elle avait ajouté ton souffle embaumé; mais pour la punir, dans l'orgueil de toute sa beauté, une chenille envieuse la dévorait. J'ai vu beaucoup d'autres fleurs, mais je n'en ai pas vu une seule qui ne t'eût dérobé son parfum ou sa couleur.

C

Où donc es-tu, muse, toi qui oublies si longtemps de parler, de ce qui te donne toute ta puissance? Dépenses-tu ta vigueur pour quelque sujet indigne, et diminues-tu ta force, en la prêtant à quelque chant frivole et vil? Reviens, muse oublieuse, et répare bien vite par de doux accents un passé si mal employé; chante pour l'oreille qui estime tes vers et qui donne à ta plume du talent et de la puissance. Lève-toi, muse oisive, et regarde si le Temps a gravé quelque ride sur le doux visage de mon bien-aimé. S'il y en a une seule, fais la satire de la décadence, fais mépriser partout les ravages du temps. Donne à mon amour une renommée plus prompte que le Temps n'use la vie; tu pourras ainsi arrêter sa faux et son couteau recourbé.

CI

O muse vagabonde, comment te feras-tu pardonner de négliger ainsi la vérité retrempée dans la beauté? La vérité et la beauté dépendent toutes deux de mon amour, et tu fais comme elles; tu trouves là ta dignité. Réponds, muse, ne diras-tu pas par hasard : « La vérité n'a pas besoin qu'une autre couleur s'ajoute à sa couleur, la beauté n'a pas besoin d'un crayon pour faire ressortir la vérité de la beauté, ce qui est parfait l'est plus encore, lorsqu'on ne le mélange pas? » Parce que la louange n'est pas nécessaire, veux-tu rester muette? n'excuse pas ainsi ton silence; car il dépend de toi de le faire survivre à une tombe toute dorée, et de lui assurer les éloges des siècles à venir. Remplis donc ton office, ô muse. Je t'apprendrai comment il faut le faire vivre dans la postérité tel qu'il apparaît aujourd'hui.

CII

Mon amour est plus fort, quoique plus faible en apparence; je n'aime pas moins, quoique je paraisse moins aimer. C'est un amour vénal, que celui dont la bouche va partout publiant la riche valeur; notre amour était jeune, et encore dans son printemps, quand j'avais coutume de le célébrer dans mes vers; semblable à Philomèle qui chante au plus fort de l'été, et fait taire son chalumeau quand les jours prennent de la maturité. Non que l'été soit moins agréable aujourd'hui que lorsque ses hymnes mélancoliques faisaient faire silence à la nuit; mais tous les rameaux sont chargés d'une musique plaintive, et les plaisirs qui deviennent communs perdent leur charme précieux. Comme elle, je me tais parfois, car je ne voudrais pas vous importuner de mes chants.

CIII

Hélas! quelle pauvreté montre ma muse, quand elle a un tel sujet pour déployer son orgueil! La vérité toute nue a plus de valeur que lorsque tous mes éloges viennent s'y ajouter. Oh! ne me blâmez pas si je ne puis plus écrire! Regardez dans votre miroir, et vous y verrez un visage qui vient détruire toutes mes grossières inventions, qui ôte tout prix à mes vers, et me couvre de honte. Ne serait-il donc pas criminel, en voulant corriger, de gâter ce qui était auparavant beau? Car mes vers tendent uniquement à dire vos charmes et vos mérites; et votre miroir, quand vous le regardez, vous montre plus, bien plus que ne sauraient dire mes vers.

CIV

Pour moi, mon bel ami, vous ne serez jamais vieux, car votre beauté me paraît être aujourd'hui telle que je la vis quand je vous contemplai pour la première fois. Le froid de trois hivers a fait tomber des forêts l'orgueil de trois étés ; j'ai vu dans le cours des saisons trois beaux printemps se transformer en automnes jaunissantes ; trois fois les parfums d'avril ont été consumés par les chaleurs de juin, depuis que je vous ai vu pour la première fois dans votre fraîcheur, vous qui êtes encore vert. Ah ! pourtant la beauté, comme l'aiguille d'un cadran, se dérobe peu à peu, sans qu'on voie sa marche, de même votre teint charmant, que je crois voir toujours le même, ne reste pas immobile, et mes yeux peuvent me tromper. Entends donc ceci, ô toi, âge encore à naître ; avant que vous fussiez né, l'été de la beauté était mort.

CV

Qu'on n'appelle pas mon amour une idolâtrie ! Qu'on ne dise pas que mon bien-aimé est une idole, puisque tous mes chants et toutes mes louanges doivent à jamais le célébrer, lui et toujours lui. Mon ami est bon aujourd'hui, bon demain, toujours constant dans une perfection merveilleuse : ainsi mes vers, réduits à chanter la constance, n'expriment qu'une seule chose, et renoncent à toute variété. Beau, bon et fidèle, voilà tout mon sujet. Beau, bon et fidèle, en empruntant d'autres expressions et je dépense tout ce que j'ai d'invention à opérer ce changement, à mettre en un seul trois thèmes, qui me donnent une marge inouïe. On a souvent vu séparées, la beauté, la bonté et la fidélité, mais jusqu'à ce jour, elles ne s'étaient jamais réunies en une seule personne.

CVI

Quand je vois, dans les chroniques du temps passé, des descriptions des plus belles personnes, et de beaux vieux vers en l'honneur de dames qui sont mortes et de charmants seigneurs ; alors, dans le blason des perfections de la beauté, de la main, du pied, de la lèvre, de l'œil, du front, je vois que les plumes antiques ont voulu exprimer la beauté que vous possédez aujourd'hui. Toutes leurs louanges ne sont que des prophéties de notre temps, elles vous annoncent toutes ; si ce n'était qu'ils vous ont contemplée avec des yeux prophétiques, ils n'auraient pas eu assez de talent pour chanter vos mérites. Car nous, qui voyons maintenant le temps présent, nous avons des yeux pour admirer, mais nos langues sont inhabiles à vous célébrer.

CVII

Ni mes propres craintes, ni l'âme prophétique du vaste univers qui rêve aux choses à venir, ne peuvent assigner une durée à mon fidèle amour, ni le regarder comme exposé à une condamnation fatale. La lune mortelle a supporté son éclipse, et les tristes augures se rient de leurs propres présages. Les incertitudes sont maintenant parfaitement certaines et la paix proclame d'éternelles branches d'olivier. Mon amie est resplendissante de la rosée de ce temps embaumé, et la mort s'incline devant moi, puisqu'en dépit d'elle je vivrai dans ces pauvres vers, tandis qu'elle insulte à des tribus stupides et muettes. Et toi, tu trouveras ici un monument à ta louange, lorsque les cimiers et les tombeaux de bronze des tyrans auront disparu.

CVIII

Qu'y a-t-il dans le cerveau que l'encre puisse retracer, et que mon fidèle cœur n'ait pas dépeint pour toi? Quoi de nouveau à dire, quoi de nouveau à enregistrer, pour exprimer mon amour ou ton mérite accompli? Rien, cher enfant; mais cependant, il faut que je redise chaque jour la même chose, comme de saintes prières. Je ne trouve vieux rien de vieux; tu es à moi, je suis à toi, comme le jour où pour la première fois j'ai célébré ton nom charmant. L'amour éternel dans la nouvelle enveloppe de l'amour ne craint ni la poussière ni les outrages du temps; il ne laisse point de place à des rides nécessaires, l'antiquité lui appartient à tout jamais, et il trouve la première invention de l'amour là où le temps et les formes extérieures voudraient faire croire que l'amour est mort.

CIX

Oh! ne dites jamais que je n'étais pas fidèle, lors même que mon absence semblerait pouvoir faire douter de ma flamme. Il me serait aussi facile de me quitter moi-même, que de m'éloigner de mon âme qui repose dans ton sein. C'est la demeure de mon amour : si j'ai erré au loin comme ceux qui voyagent, je reviens enfin, au jour dit, et toujours le même, et j'apporte moi-même de l'eau pour laver ma souillure. Bien que toutes les erreurs qui assiégent tous les hommes aient régné en moi, ne crois jamais que mon cœur ait pu être assez honteusement souillé pour ne compter pour rien tous les mérites. Je ne vois rien dans ce vaste univers, rien que toi, ma rose; tu es mon tout.

CX

Hélas! il est vrai, j'ai erré çà et là et j'ai pris l'habit d'un paillasse au vu de tous; j'ai blessé mes propres sentiments, fait peu de cas de ce qu'il y a de plus précieux; et j'ai fait de vieux crimes avec des affections nouvelles. Il est trop vrai que j'ai contemplé la vérité d'un œil oblique et mécontent; mais, à tout prendre, ces écarts ont donné à mon cœur une jeunesse nouvelle, et mes tristes essais m'ont prouvé que tu valais mieux que tout le reste. Maintenant tout est terminé; possède ce qui n'aura pas de terme. Je n'aiguiserai plus jamais mon appétit dans de nouvelles épreuves, pour juger une plus ancienne amie, un Dieu d'amour, qui est désormais tout pour moi. Accueille-moi donc favorablement, toi qui es mon ciel, et reçois-moi sur ton sein si pur et si tendre.

CXI

Oh! par amour pour moi, blâmez la Fortune, cette déesse coupable de mes mauvaises actions, qui n'a pourvu à mon existence qu'en me forçant de faire appel au public, qui engendre les mœurs publiques. C'est pour cela que mon nom reçoit une flétrissure, et que ma nature porte presque l'empreinte de son travail, comme la main du teinturier; plaignez-moi donc, et souhaitez que je pusse me renouveler. Patient docile, je boirai des potions de vinaigre; je ne trouverai amère aucune amertume si elle peut combattre ma terrible maladie; j'accepterai tout châtiment qui pourra me corriger. Plaignez-moi donc, cher ami, et je vous assure que votre pitié suffira pour me guérir.

CXII

Votre amour et votre pitié effacent la marque que le scandale vulgaire a imprimée sur mon front. Que m'importe qu'on dise du bien ou du mal de moi, pourvu que vous abritiez mes défauts, et que vous approuviez mes qualités. Vous êtes pour moi l'univers entier, et je dois m'efforcer de recueillir de votre bouche soit le blâme soit la louange. Personne d'autre n'est rien pour moi, je ne me soucie de personne; que la destinée ou le jugement du monde me traite bien ou mal. Je jette dans un si profond abime tout souci des autres voix, que la langue de ma vipère ne peut plus ni critiquer ni flatter. Voyez comment je me console de l'oubli : Vous êtes si profondément établie dans mon âme, que tout le reste du monde me paraît mort.

CXIII

Depuis que je vous ai quittée, mon œil est dans mon cœur, et ce qui me conduit à travers le monde n'accomplit qu'à demi ses fonctions, et est à moitié aveugle; il a l'air de voir, mais en réalité, il est absent; car il ne transmet à mon cœur aucune forme d'oiseau ni de fleur, dont il s'empare ; l'esprit n'a point de part à sa rapide perception, et ne retient pas par lui-même ce qu'il saisit : car s'il voit le spectacle le plus affreux ou le plus charmant, la plus douce physionomie, ou la créature la plus difforme, une montagne ou l'Océan, le jour ou la nuit, un corbeau ou une colombe, il les revêt de votre forme. Incapable de plus, absorbé en vous, mon esprit trop fidèle me fait mentir.

CXIV

Peut-être mon cœur, rempli de votre image, accepte-t-il cette flatterie, qui est le fléau des souverains? Ou bien dirai-je que mon œil dit vrai, et que votre amour lui a enseigné ce miracle d'alchimie? Il transforme des monstres et des objets odieux en chérubins qui ressemblent à votre charmante personne, faisant de tout ce qui est mauvais un tout parfait, dès que les objets sont soumis à ses rayons. Oh ! j'avais raison au début; mon œil est un flatteur, et mon grand cœur l'accepte royalement. Mon œil sait bien ce qui charme son goût, et il prépare la coupe pour son palais. S'il est empoisonné, le mal n'est pas grand, puisque mon œil l'aime, et commence tout le premier.

CXV

Les vers que j'ai écrits jadis en ont menti; surtout ceux qui ont dit que je ne pouvais pas vous aimer plus tendrement; et cependant je ne concevais pas alors comment ma flamme alors si vive pourrait encore devenir plus ardente. Je songeais au temps, dont les innombrables accidents viennent annuler les vœux, et changer les décrets des rois, altèrent la sainte beauté, émoussent les désirs les plus vifs, et font changer d'objet aux esprits les plus puissants; hélas, puisque je craignais la tyrannie du temps, ne pouvais-je pas dire alors : « Maintenant je vous aime mieux que jamais? » J'étais certain de l'incertitude des choses, je couronnais le présent, je doutais du reste. L'amour est un enfant ; n'aurais-je donc pu le dire, et promettre une entière croissance à qui croît aujourd'hui ?

CXVI

Je n'admets point d'obstacles qui puissent entraver le mariage de cœurs fidèles. Ce n'est pas de l'amour qu'un amour qui change quand il trouve du changement, ou qui succombe et s'éloigne quand on s'éloigne de lui. Oh! non! c'est un fanal inébranlable qui contemple les tempêtes, sans jamais se laisser émouvoir par elles; c'est une étoile pour toutes les barques errantes; on ignore sa valeur, bien qu'on puisse mesurer la hauteur où il se trouve. L'amour n'est pas le jouet du temps, quoiqu'il frappe de sa faucille recourbée les lèvres et les joues vermeilles ; l'amour ne change pas avec les heures et les semaines rapides, mais il dure jusqu'au dernier jour. Si c'est une erreur, et qu'on puisse me le prouver, je n'ai jamais écrit, et nul homme n'a jamais aimé.

CXVII

Accusez-moi en disant que j'ai gaspillé tout ce dont j'aurais dû récompenser votre rare mérite; que j'ai oublié de faire appel à votre précieux amour, auquel me rattachent tous les jours tant de liens; que j'ai souvent vécu parmi des cœurs inconnus et négligé vos droits si chèrement achetés; que j'ai laissé le vent enfler toutes les voiles qui pouvaient me transporter bien loin de vous. Notez tous mes caprices et toutes mes erreurs ; accumulez vos reproches fondés sur des preuves véritables; regardez-moi d'un œil courroucé, mais ne me tuez pas dans votre haine qui s'éveille, puisque je dis, pour me défendre, que j'ai cherché à mettre à l'épreuve la constance et la vertu de votre amour.

CXVIII

De même que pour aiguiser notre appétit, nous approchons de notre palais des boissons acides; de même que pour prévenir des maladies encore à naître, nous sommes malades pour éviter la maladie, quand nous nous purgeons; de même, moi qui étais tout plein de votre inaltérable douceur, j'ai voulu me nourrir de sauces amères, et las de mon bien-être, j'ai trouvé une sorte de plaisir à être malade, avant que cela fût vraiment nécessaire. C'est ainsi que ma politique amoureuse, en voulant prévenir des maux qui n'existaient pas, a créé des maux certains, et amené le trouble dans une santé qui, fatiguée du bien, avait voulu être guérie par le mal. Mais par là j'ai appris, et je tiens la leçon pour bonne, que les drogues empoisonnent celui qui avait pu se lasser de vous.

CXIX

Ah ! combien j'ai bu de boissons faites de larmes de sirènes, distillées dans des alambics aussi effroyables que l'enfer : j'ai craint en espérant, et j'ai espéré en craignant, perdant toujours quand je me croyais près de gagner ! Quelles déplorables erreurs a commises mon cœur, tandis qu'il se croyait plus heureux qu'il ne l'avait jamais été ! Combien mes yeux ont erré loin de leur sphère, dans la folie de cette fièvre insensée ! O bénéfice du mal ! je comprends aujourd'hui que ce qu'il y a de meilleur est rendu meilleur encore par le mal ; et l'amour détruit, lorsqu'il se relève, devient plus beau, plus fort, plus grand qu'au premier abord. Je reviens suffisamment châtié, et je gagne à ma souffrance trois fois plus que je n'ai perdu.

CXX

Je suis bien aise aujourd'hui que vous ayez été jadis si froide à mon égard, et il faut que je me courbe sous le poids de ma faute, en souvenir du chagrin que je ressentis alors, à moins que mes nerfs ne soient d'airain ou d'acier martelé. Car si ma froideur vous a autant fait souffrir que j'ai souffert jadis de la vôtre, vous avez dû passer votre temps en enfer. Et moi, tyran que je suis, je n'ai pas songé à peser ce que m'avait autrefois coûté votre crime. Oh ! si votre nuit de douleur m'avait rappelé combien le vrai chagrin déchire le cœur, et si je vous avais offert, comme vous me l'offrîtes alors, l'humble onguent qui guérit les cœurs blessés ! mais votre faute d'autrefois m'est un gage. La mienne paye la rançon de la vôtre, et la vôtre doit payer ma rançon.

CXXI

Il vaut mieux être vil que d'être estimé vil, si, lorsqu'on ne l'est pas, on vous reproche de l'être ; le plaisir le plus légitime est condamné quand il est jugé, non sur notre sentiment, mais sur celui des autres. Car pourquoi les regards traîtres et faux des autres viendraient-ils troubler mon sang généreux? Ou pourquoi y a-t-il, autour de mes faiblesses, des espions plus faibles encore qu'elles, et qui trouvent mal ce que je crois bien? Non, je suis ce que je suis, et ceux qui mesurent mes fautes me prêtent leurs propres erreurs : je puis être droit, quoiqu'ils soient eux-mêmes de travers : il ne faut pas envisager mes actes par leurs méchantes pensées ; à moins qu'ils ne soutiennent ce mal général, que tous les hommes sont mauvais, et qu'ils triomphent dans leur perversité.

CXXII

Les tablettes que tu m'as données, sont gravées dans mon esprit avec un souvenir durable qui subsistera bien au delà du temps présent, de ce rang insignifiant, et jusqu'à l'éternité : ou du moins aussi longtemps que la nature laissera subsister mon esprit et mon cœur, jusqu'à ce qu'ils abandonnent au triste oubli leur part de toi, ton souvenir ne pourra jamais s'effacer. Ces pauvres tablettes n'en sauraient contenir autant, et je n'ai pas besoin de porter en compte ton précieux amour ; aussi ai-je eu l'audace de les donner à d'autres, pour me confier à des tablettes plus capables de le recevoir : garder un objet destiné à me faire souvenir de toi, ce serait faire entendre que je pourrais t'oublier.

CXXIII

Non ! Tu ne pourras te vanter, oh ! temps, de ce que je change : les pyramides construites avec un art nouveau, n'ont pour moi rien de nouveau, ni de singulier : elles ne sont qu'une autre forme d'un ancien spectacle. Le temps est court pour nous, aussi nous admirons ce que tu nous présentes d'ancien ; et nous préférons croire que cela est né suivant notre fantaisie plutôt que de croire que nous l'avons déjà entendu raconter. Je te porte un défi à toi dans tes annales ; le présent ni passé n'ont rien qui me surprennent ; car tes récits mentent comme ce que nous voyons nous-mêmes : ta constante précipitation grandit ou diminue les objets ; voici ce dont je fais vœu, et ce qui durera à jamais, c'est que je serai fidèle, en dépit de ta faux et de toi.

CXXIV

Si mon précieux amour n'était que l'enfant de la grandeur, la Fortune pourrait renier cet enfant bâtard, aussi sujet à l'amour ou à la haine du Temps que de l'ivraie cueillie au milieu de l'ivraie, ou des fleurs parmi d'autres fleurs. Mais non, il a grandi loin des accidents du sort; il ne souffre pas au milieu d'une pompe souriante, il ne succombe pas aux coups du sombre mécontentement, selon que la mode l'y invite; il ne craint pas la politique, cette hérétique qui fait son œuvre dans un bail d'heures rapides, mais il reste debout, suprême politique, qui ne grandit pas avec la chaleur, et que ne sauraient noyer les orages. J'en prends à témoin ces fous du temps, qui meurent pour le bien, après avoir vécu pour le crime.

CXXV

Que m'importerait de porter le dais, d'honorer dans la forme ce qui est extérieur, ou de construire pour l'éternité de vastes bases, qui seraient moins durables que les ruines ou le néant? N'ai-je pas vu tout perdre à ceux qui ne songeaient qu'aux biens et aux faveurs de ce monde, qui leur rendaient les plus grands hommages, et perdaient la simple saveur en cherchant des mélanges plus précieux? Pauvres ouvriers, qui se consumaient en regards! Non; je veux être obséquieux dans ton cœur, reçois mon oblation, elle est pauvre mais libre; nulle autre ne veut s'y mêler; elle ne connaît pas l'art, mais rends-la mutuelle; je me donne seulement à toi. Loin de moi, dénonciateur suborné! plus tu l'attaques, et plus l'âme fidèle échappe à ton pouvoir!

CXXVI

O toi, aimable enfant, qui tiens en ton pouvoir le miroir capricieux du Temps, et l'heure, sa faucille! Toi qui as grandi en décroissant, et qui nous montres tes adorateurs en train de se flétrir, tandis que tu grandis, ô charmante créature. Si la nature, souveraine maîtresse de ce qui périt tandis que tu avances, veut encore te retenir, elle te garde afin de déshonorer le Temps par son habileté, et de tuer les tristes minutes. Cependant crains-la, ô toi, favori de son caprice; elle peut retenir, mais non conserver son trésor; il faut finir par entendre son appel; elle ne se tait que pour te rendre.

CXXVII

Jadis ce qui était noir ne passait pas pour blanc, ou, lorsqu'on le jugeait tel, il ne portait pas le nom de beauté, mais maintenant le noir est l'héritier successif de la beauté, et la beauté est outragée par une honte bâtarde ; car depuis que la main a pris le pouvoir de la nature, pour embellir la laideur du faux attrait de l'art, la charmante beauté n'a plus de nom, ni d'heure sacrée, elle est profanée, lorsqu'elle n'est pas dans la disgrâce. Aussi les yeux de ma maîtresse sont-ils d'un noir de corbeau, ses yeux si beaux; et ils ont air de pleurer sur celles qui, n'étant pas nées avec le teint blanc, ne manquent d'aucun attrait, et insultent la créature par leur charme mensonger, mais lorsqu'ils pleurent, le chagrin leur va si bien que tout le monde dit que ta beauté devrait revêtir cet aspect.

CXXVIII

Combien, lorsque tu joues, toi qui es ma musique, une douce musique sur ce bois béni que font résonner tes doigts charmants, lorsque tu fais doucement obéir cette harmonie vibrante qui étonne mon oreille, combien souvent j'envie ces marteaux qui s'élancent pour baiser la tendre paume de ta main, tandis que mes pauvres lèvres, qui devraient recueillir cette récolte, rougissent à tes côtés de la hardiesse de ce bois? Pour être ainsi caressées, elles changeraient volontiers de place et de sort avec ces petits morceaux de bois sautillants sur lesquels tes doigts se promènent avec une douce élégance, rendant un bois mort plus heureux que des lèvres vivantes. Puisque ces impertinents marteaux ont un pareil bonheur, donne-leur tes doigts, et donne-moi tes lèvres à embrasser.

CXXIX

La luxure est la dépense de l'âme dans un abîme de honte, et jusqu'à ce qu'elle soit satisfaite, la luxure est parjure, meurtrière, sanguinaire, digne de blâme, sauvage, excessive, grossière, cruelle, et digne d'inspirer la méfiance dès qu'elle est satisfaite, on la méprise : on la poursuit au delà de toute raison, et dès qu'on en a joui, on la hait au delà de toute raison, comme une amorce placée à dessein pour rendre fou celui qui s'y laissera prendre. On la poursuit avec folie, et la possession vous rend fou, avant, pendant et après, elle est extrême. Dans l'avenir elle semble un bien suprême, dans le passé, elle n'est qu'une souffrance; d'avance, on la regarde comme une joie future, mais après, ce n'est plus qu'un rêve : tout le monde sait cela ; et cependant personne ne sait comment éviter le ciel qui conduit les hommes dans cet enfer.

CXXX

Les yeux de ma maîtresse ne sont rien auprès du soleil, le corail est bien plus vermeil que ne sont ses lèvres ; si la neige est blanche, ses seins sont noirs ; si les cheveux sont en fil de fer, elle a sur la tête des fils de fer noir. J'ai vu des roses panachées, blanches et rouges, mais je ne vois pas sur ses joues de semblables roses, et il y a des parfums encore plus charmants que le souffle qui s'exhale des lèvres de ma maîtresse. J'aime à l'entendre parler, et cependant je sais bien que la musique a un son bien plus agréable ; j'avoue que je n'ai jamais vu marcher une déesse; ma maîtresse, quand elle marche, foule le sol ; et cependant, de par le ciel, je crois que mon amie est aussi précieuse que toutes celles qu'on accable de comparaisons menteuses.

CXXXI

Tu es aussi tyrannique, telle que tu es, que celles dont les charmes les rendent fièrement cruelles. Car tu sais bien que pour mon cœur tendre et fidèle tu es le plus beau et le plus précieux des bijoux. Cependant, de bonne foi, il en est qui disent que ton visage n'est pas de nature à faire gémir l'amour. Je n'ose pas dire qu'ils se trompent, quoique je me le jure à moi-même dans la solitude. Et pour être sûr que je n'ai pas tort de le jurer, je gémis mille fois, mais en pensant à ton visage, quand je me repose sur ton sein, je déclare qu'à mon avis ton teint brun est plus blanc que tout au monde. Tu n'as de noir que tes actions, et c'est là, je pense, ce qui fait naître ces calomnies.

CXXXII

J'aime tes yeux, et ceux qui connaissent ton cœur me tourmentent de leur dédain, en faisant semblant de me plaindre : ils se sont vêtus de noir, et ils pleurent tendrement en contemplant ma douleur avec une charmante cruauté. Véritablement le soleil du matin qui brille dans le ciel ne pare pas même les joues grises de l'orient, et l'étoile qui se montre le soir, n'orne pas plus le sombre occident que ces deux yeux en deuil ne parent ton visage : Oh, si ton cœur pouvait donc aussi pleurer sur moi, puisque le deuil te va si bien, et si ta pitié pouvait s'étendre sur tout! Alors, je jurerais que la beauté elle-même est noire et que toutes celles qui n'ont pas ton teint sont laides.

CXXXIII

Malheur à ce cœur qui fait gémir mon cœur, par la profonde blessure qu'il fait à mon ami et à moi! N'est-ce pas assez de me torturer, sans qu'il faille encore réduire à l'esclavage mon plus cher ami? Ton cruel regard m'a enlevé à moi-même, et tu as encore plus complétement absorbé celui qui me tient le plus près au cœur; je suis abandonné par lui, par moi-même et par toi; triple tourment que d'être ainsi persécuté. Emprisonne mon cœur dans la forteresse de ton cœur d'acier, mais que mon pauvre cœur serve d'otage pour le cœur de mon ami; si tu me gardes, que mon cœur soit sa sentinelle; tu ne pourras pas user de rigueur dans ma prison; et pourtant si, car je suis tellement absorbé en toi, que moi et tout ce qui est en moi, nous t'appartenons par force.

CXXXIV

Maintenant j'ai avoué qu'il est à toi, et je me suis moi-même engagé selon ton bon plaisir; je me livre à toi, afin que tu délivres cet autre moi, qui seras ma consolation. Mais tu ne le veux pas, et lui, il ne veut pas être libre, car tu es prudente, et il est bon! Il a appris à écrire pour moi, sous ce joug qui le lie avec tout autant de puissance. Tu veux prendre la garantie de ta beauté, comme un vrai usurier, qui sait se servir de tout; et tu implores un ami, devenu débiteur par amour pour moi; je le perds pour m'en être servi sans générosité. Je l'ai perdu; nous sommes, lui et moi, en ton pouvoir; il paye la somme totale, et cependant je ne suis pas libre.

CXXXV[1]

Quel que puisse être le désir, tu as ta volonté, la volonté d'acquérir et de posséder à satiété; je sais trop bien qui te

---

[1] Les deux sonnets qui se succèdent ici, CXXXV et CXXXVI, sont presque incompréhensibles en français, parce qu'ils se composent d'une série de jeux de mots sur *will*, volonté; *will*, sera, et *Will*, abrégé de William, nom de baptême de Shakspeare.

contrarie, en venant ainsi ajouter à ta douce volonté. Ne veux-tu pas, toi dont la volonté est vaste et spacieuse, consentir une fois à cacher ma volonté dans la tienne? La volonté sera-t-elle toujours bien accueillie chez les autres, et toujours repoussée chez moi? La mer, qui n'est que de l'eau, reçoit pourtant la pluie, qui ajoute aux trésors de son abondance; daigne donc, toi qui es riche en volonté, ajouter à ta volonté une mienne volonté pour rendre ta volonté plus vaste encore. Ne tue pas des suppliants dans ta cruelle beauté. Ne pense qu'à un seul, à moi qui suis Will.

CXXXVI

Si ton âme te reproche ma présence, jure à ton âme aveugle que j'étais ton *Will* (ta volonté), et ton âme sait bien que la volonté y est admise. Remplis, en cela du moins, par amour, ma requête amoureuse. *Will* comblera le trésor de ton amour; oui, comble-le de volontés, et que la mienne en soit une, nous prouvons facilement que parmi des choses innombrables, une seule chose ne compte pour rien. Laisse-moi donc passer inaperçu dans la quantité, quoique je veuille compter dans le nombre de tes biens. Ne me compte pour rien, pourvu que tu comptes ce rien qui est moi, comme quelque chose qui t'est agréable. Aime seulement mon nom, et aime-le toujours: Alors tu m'aimeras, car mon nom est *Will*.

CXXXVII

O toi, Amour, fou aveugle, que fais-tu à mes yeux? ils regardent, et ne voient pas ce qu'ils voient; ils savent ce que c'est que la beauté, ils voient où elle réside, et cependant ils prennent ce qu'il y a de pire pour ce qu'il y a de meilleur. Si les yeux, pervertis par des regards trop partiaux, sont ancrés à la baie où voyagent tous les humains, pourquoi as-tu forgé des hameçons, avec la fausseté des regards, pour m'enlever mon bon jugement? Pourquoi mon cœur regarderait-il comme un domaine séparé ce qu'il sait être la propriété commune de tout l'univers? Ou, pourquoi mes yeux, qui voient tout cela, ne disent-ils pas que c'est un crime de mettre la belle vérité sur un aussi laid visage? Mon cœur et mes yeux ont commis des erreurs à l'égard de ce qui est bien et véritable, et maintenant ils appartiennent à cette triste fausseté.

CXXXVIII

Quand ma maîtresse jure qu'elle n'est que vérité, je la crois, quoique je sache qu'elle ment; afin qu'elle me prenne pour un jeune adolescent encore ignorant des fausses subtilités du monde. De même je crois à tort qu'elle me croit jeune, bien qu'elle sache que mes beaux jours sont loin; je me fie simplement à sa langue trompeuse. Ainsi des deux côtés nous supprimons la simple vérité. Mais pourquoi ne dirait-elle pas qu'elle n'est pas véridique? Et pourquoi ne dirais-je pas que je suis vieux? Oh! l'amour fait bien mieux de prétendre à une entière vérité, et le vieillard amoureux n'aime pas qu'on parle de son âge. Je lui mens, et elle me ment, et nos mensonges viennent nous flatter dans nos défauts.

CXXXIX

Oh! ne me demande pas de justifier le mal que la cruauté fait à mon cœur. Ne me blesse pas avec tes yeux, mais avec ta langue use avec pouvoir de ton pouvoir, et ne me tue pas par la ruse. Dis-moi que tu aimes ailleurs, mais en ma présence, ô mon cher cœur, garde-toi de porter ailleurs tes yeux. Quel besoin as-tu de me blesser par la ruse, quand ta force est trop grande pour que je puisse tenter d'y résister? Laisse-moi t'excuser: cela, mon amour sait bien, que ses charmants regards ont été mes ennemis; aussi détourna-t-elle mes ennemis de mon visage, afin qu'ils portent ailleurs leurs ravages. Mais ne le fais plus, et puisque je suis presque mort, achève-moi de tes regards, et délivre-moi de mes souffrances.

CXL

Sois aussi prudente que tu es cruelle; n'accable pas de trop de dédain ma patience qui a la langue liée, de peur que la douleur ne m'inspire pas des paroles pour exprimer ma souffrance que nul ne plaint. Si je pouvais t'enseigner la sagesse, cela vaudrait mieux que me dire que tu m'aimes, ô! mon amour, quand bien même je ne pourrais t'enseigner à les aimer, de même que les malades, lorsqu'ils sont près d'expirer, s'entendent toujours dire par les médecins qu'ils vont mieux. Car si je tombais dans le désespoir, je pourrais perdre la raison, et dans ma folie, je pourrais mal parler de toi. Et ce monde pervers est devenu si mauvais que des oreilles insensées pourraient bien croire des calomnies insensées. Afin que cela ne m'arrive pas, et que tu ne sois pas trahie, regarde devant toi, lors même que ton cœur orgueilleux se répandrait au loin.

CXLI

A vrai dire, je ne t'aime pas avec mes yeux, car ils remarquent en toi une foule d'erreurs; mais c'est mon cœur qui aime ce qu'ils méprisent, et qui se laisse charmer en dépit d'eux. Mes oreilles ne sont pas non plus charmées du son de ta voix : le tendre toucher, facile à s'émouvoir ni le goût, ni l'odorat ne m'inspirent le désir de trouver en toi seule mon plaisir; mais ni mes cinq facultés, ni mes cinq sens ne peuvent dissuader mon faible cœur de te servir, et j'abandonne la figure d'un homme pour être l'esclave et le malheureux vassal de ton cœur orgueilleux. Mais mon fléau devient mon profit, puisque celle qui me fait pécher est aussi celle qui me fait souffrir.

CXLII

L'amour est mon péché, et ta chère vertu, c'est la haine, la haine de mon péché, fondée sur un amour criminel. Oh! compare seulement ton état avec le mien, et tu verras qu'il ne mérite pas de reproches; ou s'il en mérite, qu'ils ne sortent pas de tes lèvres; elles ont profané leurs ornements vermeils, et scellé des promesses mensongères aussi souvent que les miennes, elles ont aussi souvent dérobé le bien d'autrui. Qu'il me soit permis de t'aimer, comme tu aimes ceux que tes yeux appellent autant que les miens t'importunent. Fais naître la pitié dans ton cœur, afin que, lorsqu'elle y croîtra, ta pitié puisse mériter d'inspirer la pitié. Si tu cherches à avoir ce que tu caches, puisses-tu être contredite par ton propre exemple.

CXLIII

De même qu'une bonne ménagère qui a perdu une bête de la gent emplumée se met à courir pour la rattraper, et met par terre son enfant, pour courir à toutes jambes après l'animal qu'elle aurait voulu conserver, tandis que son enfant négligé s'élance après elle, et pleure en voulant attraper celle qui ne songe qu'à poursuivre l'objet qui fuit devant elle, sans se soucier du chagrin de son pauvre enfant; de même tu cours après ce qui t'échappe, tandis que moi, ton pauvre enfant, je te poursuis de loin ; mais si tu parviens à attraper l'objet de tes désirs, reviens à moi, joue le rôle d'une mère, embrasse-moi, sois bonne ; je prierai pour que tu fasses ta volonté (*thy Will*), si tu daignes revenir pour apaiser mes bruyants sanglots.

CXLIV

J'ai deux amours, l'un tout consolation, l'autre tout désespoir, qui me tentent comme deux esprits. Mon bon ange est un homme au beau visage, et au teint blanc, mon mauvais ange, une femme, mal peinte. Pour m'entraîner plus vite en enfer, mon démon femelle cherche à éloigner de moi mon bon ange, et voudrait faire de mon saint un démon, en séduisant sa pureté par son orgueil infernal. Mon ange est-il devenu un démon ? J'en ai peur, mais je ne puis pas le dire positivement, tous deux viennent de moi, tous deux sont unis ; je soupçonne qu'un ange est dans l'enfer de l'autre. Mais je vivrai toujours dans le doute, jusqu'à ce que mon mauvais démon ait chassé mon bon ange.

CXLV

Ces lèvres qu'a formées la propre main de l'amour ont murmuré un son qui disait « je déteste, » à moi qui languissais d'amour pour elle ; mais, quand elle a vu mon état lamentable, la pitié est aussitôt née dans son cœur ; elle a réprimandé cette langue qui, toujours si douce, ne savait condamner que doucement ; elle lui a appris à murmurer de nouveau « je déteste, » mais en y ajoutant une conclusion aussi charmante que le jour, si beau lorsqu'il remplace la nuit qui est chassée comme un démon du ciel en enfer ; elle a dit dans sa cruauté « je déteste » et elle a sauvé ma vie en ajoutant « non pas vous. »

CXLVI

Pauvre âme, centre de mon argile pécheresse, trompée par ces puissances rebelles qui t'environnent, pourquoi languis-tu et souffres-tu dans la détresse, tandis que tu pares si pompeusement tes murs extérieurs ? Pourquoi tant dépenser, quand ton bail est si court, dans une maison qui s'écroule ? Les vers qui hériteront de tes excès, mangeront-ils ton fardeau ? Est-ce là le but de ton corps ? O mon âme, vis de la détresse de ton serviteur, laisse-le languir pour augmenter tes trésors ; achète les biens divins en vendant des heures de rebut : nourris-toi en dedans, ne sois plus riche en dehors; tu te nourriras ainsi aux dépens de la mort, qui se nourrit aux dépens des hommes, et la mort, une fois morte, il n'y aura plus à mourir.

CXLVII

Mon amour est comme une fièvre, qui désire ardemment ce qui entretient plus longtemps la maladie; il se nourrit de ce qui fait durer le mal, pour complaire à son appétit inégal et maladif. Ma raison, qui est le médecin de mon amour, furieuse qu'on n'observe pas ses prescriptions, m'a abandonné, et dans mon désespoir je veux un bien qui est la mort, et que la médecine avait défendu. Je ne puis plus guérir, la raison n'y peut rien, et ma folie a franchi toutes les bornes; mes pensées et mes discours sont ceux d'un insensé, ils s'écartent follement de la vérité, car j'ai juré que tu étais blanche, et j'ai cru que tu étais resplendissante, toi qui es aussi noire que l'enfer, et aussi obscure que la nuit.

CXLVIII

Hélas! Quels yeux l'amour a mis dans ma tête, ils n'ont aucun rapport avec des yeux véritables! Ou bien, s'ils en ont, où s'est donc enfui mon jugement qui censure faussement ce que mes yeux voient vraiment? Si l'objet qui charme mes yeux menteurs est beau, pourquoi donc le monde soutient-il le contraire? Si cet objet n'est pas beau, l'amour prouve bien alors que l'œil de l'Amour ne voit pas aussi juste que celui des autres hommes. Oh! non, et comment cela se pourrait-il? Comment l'œil de l'Amour pourrait-il bien voir, lui qui est tellement lassé de veilles et de larmes? Il n'y a donc rien de surprenant à ce que mes yeux commettent des erreurs; le soleil lui-même ne voit pas, tant que le ciel ne s'est pas éclairci. O toi, Amour rusé! tu cherches à m'aveugler par des larmes, de peur que des yeux clairvoyants ne puissent découvrir tes vilains défauts.

CXLIX

Peux-tu dire, ô cruelle, que je ne t'aime pas, lorsque je prends parti avec toi contre moi-même? Est-ce que je ne pense pas à toi, quand par excès d'amour, pour toi qui me tyrannises, j'oublie que je suis moi-même. Si tu détestes quelqu'un, est-ce que je l'appelle mon ami ? Si tu es courroucée, est-ce que je fais des courbettes à l'objet de ton courroux ? Et même quand tu es irritée contre moi, est-ce que je ne me châtie pas moi-même par des plaintes continuelles ? Quel mérite est-ce que je trouve en moi, qui me pousse à mépriser ton service, quand toutes mes meilleures qualités adorent tes défauts, et ne font qu'obéir au mouvement de tes yeux ? Mais, mon amour, continue à haïr, car maintenant je connais ton sentiment ; tu aimes ceux qui peuvent voir, et moi, je suis aveugle.

CL

Oh ! qui t'a donné ce pouvoir merveilleux par lequel tu gouvernes mon cœur, à force de défauts ? Comment peux-tu faire mentir mes yeux, et me faire jurer que ce qui est brillant ne pare pas le jour ? Comment peux-tu tellement orner ce qui est mal que dans tes actions les plus coupables, il se trouve toujours une force et une habileté qui font qu'à mes yeux tes plus grands défauts valent mieux que les plus belles qualités ? Qui t'a appris à me contraindre de t'aimer davantage ? Plus j'apprends et plus je vois de justes motifs de te haïr. Oh ! quoique j'aime ce que les autres abhorrent, auprès des autres tu ne devrais pas abhorrer ma condition : si ton indignité a fait naître en moi l'amour, je suis d'autant plus digne d'être aimé par toi.

CLI

L'amour est trop jeune pour savoir ce que c'est que la conscience ; et cependant qui ne sait que la conscience est née de l'amour ? Ainsi, belle trompeuse, ne me reproche pas mes fautes, de peur que ta charmante personne n'ait à s'en reconnaître coupable. Car si tu me trahis, je trahis ce qu'il y a de plus noble en moi par la trahison de mon corps grossier. Mon âme dit à mon corps qu'il peut triompher dans son amour : la chair ne demande pas d'autre raison, elle bondit à ton nom, et le désigne comme le prix de son triomphe. Fier de cette fierté, mon corps se contente d'être bon, pauvre esclave, de t'appuyer dans la vie, de succomber si tu succombes. Ne crois pas que ce soit par défaut de conscience que j'appelle mon amour, celle dont le précieux amour me relève ou me jette à terre.

CLII

En t'aimant, tu sais que je suis parjure, mais tu es doublement parjure, toi qui me jures de m'aimer; en fait, tu as manqué à tes vœux, tu as décliné ta foi nouvelle en jurant de nouveau de haïr après avoir aimé de nouveau. Mais pourquoi est-ce que je t'accuse d'avoir manqué deux fois à tes serments, moi qui ai manqué vingt fois aux miens? Je suis plus parjure que toi; car tous mes vœux sont des serments de te maltraiter, et j'ai perdu toute ma loyale foi en toi; car j'ai tant de fois juré que tu étais vraiment bonne, tendre, fidèle, et contente pour t'éclairer, j'ai voulu être aveugle, ou j'ai fait dire à mes yeux qu'ils voyaient le contraire de la vérité : j'ai juré que tu étais blanche et belle; quel parjure de proférer, contre toute vérité, un si odieux mensonge!

CLIII

Cupidon posa sa torche, et s'endormit. Une des filles de Diane en sut profiter, et plongea vivement ce brandon d'amour dans la source glacée d'une vallée de ce pays : cette fontaine emprunta au feu sacré de l'amour une chaleur perpétuelle et constante : elle devint un bain que les hommes regardent encore comme un remède souverain contre des maladies singulières. Mais la torche de l'amour vient se rallumer aux yeux de ma maîtresse; l'enfant voulut essayer d'en toucher mon cœur et moi, déjà malade, je voulais essayer des bains, et je me rendis en ce lieu, triste et souffrant, mais je n'y ai pas trouvé la guérison : le bain qui peut me guérir est là où Cupidon est venu chercher de nouvelles flammes, dans les yeux de ma maîtresse.

CLIV

Un jour, le petit dieu d'amour, s'étant endormi, posa à ses côtés sa torche qui enflamme les cœurs : une foule de nymphes qui avaient juré de rester chastes et pures vinrent errer dans ces lieux : mais la plus belle de toutes prit dans sa main virginale ce feu qui avait embrasé tant de milliers de cœurs fidèles : et le général du désir ardent fut désarmé pendant son sommeil par la main d'une vierge : elle éteignit la torche dans une onde glacée qui fut réchauffée à tout jamais par le feu de l'amour, et devint un remède salutaire pour les gens malades ; mais moi, qui suis sous l'empire de ma maîtresse, j'y suis venu chercher la guérison, et maintenant j'éprouve que le feu de l'amour réchauffe l'eau, mais que l'eau ne refroidit pas l'amour.

FIN.

TABLE DES MATIÈRES
DU TOME HUITIÈME.

RICHARD III

Notice.	3
LA VIE ET LA MORT DU ROI RICHARD III, tragédie.	7

HENRI VIII

Notice.	135
LE ROI HENRI VIII, tragédie.	137

TITUS ANDRONICUS

TITUS ANDRONICUS, tragédie.	241

POËMES ET SONNETS DE SHAKSPEARE

POEMES

Notice.	321
VENUS ET ADONIS, poëme	323

LA MORT DE LUCRÈCE, poëme.......................... 353
LA PLAINTE D'UNE AMANTE, poëme................. 405
LE PÈLERIN AMOUREUX, poëme..... 415

SONNETS

I A CLIV. 429

FIN

DU TOME HUITIÈME ET DERNIER

www.ingramcontent.com/pod-product-compliance
Lightning Source LLC
Chambersburg PA
CBHW050240230426
43664CB00012B/1772